本书获得国家社科基金一般项目“留学生汉语话语意义理解的语境效应的认知神经机制研究”（18BYY120）的资助

HUAYU CHUANCHENG RENTONG
JI CESHI YANJIU

华语传承、认同及测试研究

主　编　张金桥
副主编　李计伟　祝晓宏

暨南大學出版社
JINAN UNIVERSITY PRESS

中国·广州

图书在版编目（CIP）数据

华语传承、认同及测试研究/张金桥主编；李计伟，祝晓宏副主编．—广州：暨南大学出版社，2021.10
ISBN 978-7-5668-3216-0

Ⅰ.①华…　Ⅱ.①张…②李…③祝…　Ⅲ.①汉语—文集　Ⅳ.①H1-53

中国版本图书馆 CIP 数据核字（2021）第 172395 号

华语传承、认同及测试研究
HUAYU CHUANGCHENG RENTONG JI CESHI YANJIU
主　编：张金桥　副主编：李计伟　祝晓宏

出 版 人：张晋升
策　　划：黄圣英
责任编辑：詹建林　方思倩
责任校对：周海燕　黄晓佳　冯月盈　陈皓琳
责任印制：周一丹　郑玉婷

出版发行：暨南大学出版社（510630）
电　　话：总编室（8620）85221601
　　　　　营销部（8620）85225284　85228291　85228292　85226712
传　　真：（8620）85221583（办公室）　85223774（营销部）
网　　址：http：//www. jnupress. com
排　　版：广州尚文数码科技有限公司
印　　刷：佛山市浩文彩色印刷有限公司
开　　本：787mm×1092mm　1/16
印　　张：21.5
字　　数：501 千
版　　次：2021 年 10 月第 1 版
印　　次：2021 年 10 月第 1 次
定　　价：89.80 元

论祖语与祖语传承（代序）*

20 世纪 70 年代以来，祖语传承教育引起学术界的重视，陆续有成果问世；但是，作为事业的祖语传承教育也面临着许多挑战。中国是一个语言拥有大国，语言多而复杂，而历史上不同时期的移民又把中国的语言和方言带到世界各地，形成了多样的语言格局。海外华侨华人素有进行民族语言传承教育的传统，在不少方面积累了经验，但在理论方法上的梳理、总结才刚刚起步。本文拟在前人研究的基础上，就祖语传承教育中的一些基本概念进行分析讨论，以期对语言传承教育的理论方法有所贡献。

1 “祖语”的来源和含义

1.1 “祖语”概念的产生和发展

“祖语”这个术语译自英语 heritage language（以下简称“HL”）。HL 本是 20 世纪 70 年代加拿大安大略省的一个语言学习项目，当时指加拿大的非官方语言或土著语（Cummins & Danesi，1990）。① 90 年代，中国曾有学者从加拿大语言立法（周庆生，1994）、加拿大的民族语言传承教育（王燕燕、罗庆铭，1998）的角度有所提及或介绍，后者在标题中直接使用了“祖语”这个名称，但没有说明“祖语”这个名称的来源，也没有给“祖语”下定义；而在美国，这一时期开始把 HL 作为术语广泛用于语言政策和语言教育领域（Cummins，2005；曹贤文，2014）。美国外语教学委员会（ACTFL）1996 年制定的《21 世纪外语学习标准》中，“说祖语者”（heritage speaker）一词首次被频繁使用（曹贤文，2014）。一般说来，HL 这个术语在美国多用来指移民用语、土著语言或殖民者使用的语言②（Fishman，2001；Wiley，2001）。Fishman（2001）认为 HL 是指除英语之外的语言，是与学习者有“某种特殊家族联系”的语言。这可能是因为没有人把英语作为传承语言来学习。在他看来，HL 是家庭和文化传承的一部分，这门语言可能已不再使用

---

* 本文得到国家语委重点项目“海外华语使用情况调查”（项目批准号：WT125-2）、语委项目“全球华语多样性背景下的中国语言规划研究”（项目批准号：WT125-33）的支持。本文思考和写作过程中，曾向多位同仁朋友请益，得到大家多方面的支持和帮助。在此一并致谢，恕不一一提及。

① 欧洲则用 ethnic minority/language 来指劳工、移民和难民及其语言，同样意思的“社区语言”（community languages）1975 年以后也出现在澳大利亚的研究者中（Clyne，1991）。国际上还有以“Heritage Language Journal”命名的专门学术期刊（http://www.heritagelanguages.org/）。

② 应该是指非英语的殖民语言。

于家庭，也可能不会说，而要作为第二语言（下文简称“二语”）来学习。不过，家庭语言传承与祖语使用的关系比较复杂，需要进一步去探讨。国外学者在不同国别的 HL 研究方面取得了不少成果。在华语方面，吴英成、邵洪亮（2014）以新加坡华裔为视角，指出国籍身份、当地的社会语言生态以及华裔的不同世代、不同家庭常用语、不同教育背景等都会使个体对祖语的认同产生深远影响。周明朗（2014）则从华人社会的语言与身份的匹配角度对华语传承教育进行了深入讨论。

国内对 HL 研究的关注也已经开始。它以介绍西方相关研究为起点，发展得很快，正受到越来越多的关注。吴文（2012）介绍了 HL 研究的历程以及对中国的影响；曹贤文（2014）则在梳理“继承语”研究历程的基础上，以“继承语”作为理论视角对华文教学进行了细致考察；郭熙（2015）在长期关注海外华语和华文教育的基础上，把海外华语定义为一种“祖语”，其学习者则为“祖语生”，并就祖语生的祖语教学提出了建议；方夏婷（2016）对澳大利亚华裔中学生的祖语学习认同问题进行了调查和分析；王汉卫的“‘华二代’祖语保持研究”被批准列入国家社科基金 2016 年的重点项目。

1.2 “祖语”的中文译名

在我们将 heritage language 译为“祖语”（郭熙，2015）之前，HL 已经有多种中文译名，如“遗产语言”（周庆生，1994；秦悦，2013）、“祖裔语”（李丽、张东波、赵守辉，2013）、“祖裔语言”（赵守辉、张东波，2012）、“传承语言”（周明朗，2014）、“继承语”（吴文，2012；张广勇，2013，2014；曹贤文，2014）、“祖籍传承语”（张天伟，2014）、“族裔语”（吴英成、邵洪亮，2014）。而高虹（2010）还就 HL 的译名进行过专门讨论，并建议译成“继承语”。

在我们看来，简单地把 heritage 翻译成“遗产”“继承”或“传承”，在某种程度上限制了思考问题的范围。用“祖语”这个名称或许更能准确地表达 heritage language 的含义，更容易为中国人所理解，也更容易凸显语言传承研究的对象和范围。我们希望“祖语”这一术语能有助于从宏观上把握祖语传承的方方面面，为中国乃至世界范围的祖语传承研究的理论建设提供一些思考。跟“传承语、继承语、族裔语、遗产语言”等相比，“祖语”的结合能力更强，更易构成概念链术语群，相关术语的语义透明度也比较高，容易“见字明义”。例如：

祖语现象、祖语能力、祖语生、祖语政策、祖语中断、祖语传承、祖语崇拜、祖语文化、祖语使用者、祖语环境、祖语文献、祖语生态、祖语维护、祖语景观、祖语教育、祖语教学、祖语习得、祖语学习、祖语保持、祖语认同、祖语期待、祖语压力、祖语焦虑（感）、祖语磨损、祖语失却、祖语丧失、祖语消亡、祖语共同体、祖语机制、祖语分化、祖语异化。

这些术语应该会给我们带来更多的思考空间，就学科而言，涉及应用语言学、理论语言学、社会语言学、语言教学法、语言政策以及其他相关领域。

1.3 “祖语”的含义

本文的“祖语”虽源自 heritage language，但我们对它的认识则有所发展。这里的“祖语”取字面上的“祖传语言”之义，主要指社会主体语言之外作为语言文化传承的祖辈语言。西方学者还用 heritage language 指“由于个体转向另一门主体语言而没有完全习得的第一门语言”（曹贤文，2014），这是狭义的“祖语”，本文暂不讨论。

祖语不等于母语，尽管二者有密切的关系。母语这一术语不同学者、不同国家或地区有不同的理解，常跟第一语言（下文简称“一语”）和民族语言混淆。戴庆厦和何俊芳（1997）、李宇明（2003）、班弨（2005）、郭熙（2007）等分别从不同的角度对母语问题进行过论述，方小兵（2015）则在前人的基础上重新给母语下了定义。尽管如此，今后一个时期里，分歧会依然存在。在新加坡和马来西亚，不少人不理解为什么教华人华语要用“教洋人的方法来教”，他们不了解有的华人在学习华语时确实需要用第二语言教学的方法去教。一些年轻的新加坡华人还在英文报上提出英语是自己的母语，老一辈新加坡华人面临一种忧虑：英语会不会逐渐被新加坡华人认为是自己的母语？（周清海，2007）显然，新加坡年轻人提出英语是自己的“母语”，是“母语”这一概念的双重性所致；如果用“祖语”这个概念或许就不会产生歧义了，因为他们应该不会把英语当作祖语。因此，使用“祖语”这个术语，或许有助于厘清上述分歧，凸显研究焦点，更有利于教学教育目标的确定。

祖语也不等于民族语。不同的民族可能使用同样的语言，同一民族也可能使用不同的语言。祖语也不一定必然跟民族共同语、国家通用语或标准语相对应。它也可以指方言，例如，在澳大利亚，许多华裔都是把粤方言作为传承语言来学习的（方夏婷，2016），而在菲律宾，有的华人社会把闽南话作为文化传承的工具。而且在我们看来，方言在文化习得和传承方面的作用更为重要和突出。

最后要说明的是，本文所说的祖语和历史语言学中作为原始母语的祖语名同实异，不是同一概念；西方也有学者（Grinevald & Bert，2011）用 ancestral language 这个概念，与我们的想法相符。

2 祖语的性质和特点

按照我们的定义，祖语现象遍布世界各地，是一种跨文化现象。只要有移民、有殖民、有语言入侵，就会有祖语问题。因此，对祖语性质和特点的认识可以有多个角度，包括族裔、历史和社会政治，语言功能（如认同功能、情感功能和交际功能），语言学习等。下面主要从祖语的发展和现实中的地位出发做些讨论。

2.1 祖语的性质

2.1.1 *历史性*

就理论上说，祖语之所以成为祖语，一定有“祖”的历史存在。祖语现象大都是在一定的历史条件下形成的。Fishman（2001）从美国社会的具体情况出发，把祖语分为三类：①移民祖语，指美国独立后来自世界各国的移民所使用的任何一种语言，比如华裔使用的华语、日裔使用的日语；②原住民祖语，指居住在美洲大陆的原住民使用的印第安语；③殖民者祖语，指独立之前到来的欧洲殖民者使用的语言，主要有荷兰语、德语、芬兰语、法语、西班牙语、瑞典语等（高虹，2010）。可见，Fishman 的分类实际上是基于“祖语”的成因的。他对祖语的阐释之所以基于外延，大概也是出于这样的考虑。移民自然是导致“祖语”现象的主要因素，“原住民”之为“原住民”是因为有了“入侵者”。而对于征服者来说，他们的语言也可能因脱离故土而逐渐消亡，成为弱者。例如，葡萄牙语在世界各地发展很不相同。葡萄牙语曾经是澳门唯一的官方语言，随着社会的发展，尤其是澳门回归中国之后，葡萄牙语在澳门逐步边缘化，只能作为一种祖语存在。2011 年澳门人口普查数据显示，3 岁以上用葡萄牙语的人数为 4 022①。

Fishman 没有提及多民族国家内部语言竞争导致的“祖语”问题。例如，在中国，国家通用语言的推广和使用，国内经济快速发展和人口迁徙与流动以及国家通用语言基础方言的天然主体地位，汉族作为中华民族主体民族的地位，使得一些民族语言（如满语、畲语等）或方言正在或已经“祖语化”。充分认识祖语现象发生的历史性，对于建立科学理性的祖语认识观非常重要。祖语现象的出现，不少都伴随着“语言征服”和“反征服”，伴随着各种各样的语言权利，涉及多方的利益等，而对这些问题的认识都会影响到祖语传承，祖语保持，祖语教育和教学的目标、标准的成效等。

2.1.2 象征性

周明朗（2014）指出海外华语教育的目标有四个方面：①与华语匹配的身份认同；②提高华语沟通能力；③传承中华文化；④维系与祖籍国的联系。作为祖语教育，这是一种非常理想的境界或状态，也有其实在的意义。然而，在不少情况下，祖语教育的象征意义却大于实际意义。祖语与家族、家庭、认同、归属密切相关，它是与生俱来的、有特殊情感关系的语言（高虹，2010）。这种情感，主要是父辈的情感，随着代际距离的拉大逐渐减弱，大量移民第三代语言发生转移的现象已经证明了这一点。或许也正因如此，父辈希望通过祖语教育来努力拉近或提升这一感情。除了大规模移民又处于聚居状态，同时有系统的祖语教育之外，语言文化传承是相当困难的，有的或许无法避免地衰减为一种象征性的纯粹的文化符号，真正成为所谓的“遗产语言”。这种象征性的祖语很难长久维持所属者的归属感。

身份纠结在不少移民的后代中都存在。笔者不止一次被问到几乎相同的问题。例如，一位缅甸华人后裔问：在缅甸，我们被当成中国人；而在中国，我们被当成缅甸人。我们到底是什么人？前文所说新加坡青年的母语认同也反映出了这种纠结。澳门则是另一种情况。黄翊（2007）提及葡萄牙语在澳门有三种：①葡语土语；②土生葡语，说法虽因人而异，但十分接近葡萄牙的葡萄牙语；③中国人说的葡萄牙语。其中葡语土语有学者建议列为濒危语言，呼吁赶快抢救。土生葡人多通晓葡汉两种口语，不少是严格意义上的双语人，即同时以葡语和汉语粤方言为母语，但土生葡人大多认为葡语是他们的母语（黄翊，2007）。

2.1.3 资源性

“语言是资源”的观念近年来得到越来越多的认可。祖语虽然是一种被边缘化的语言，但它的资源性并没有改变。祖语的资源性是其价值的一个体现。有人把祖语当作一种政治资源或社会资源，更有学者指出，语言是一种人力资源（徐大明，2010）。在语言传承问题上，祖语在个体人力资源方面或许会缺乏活力，因为它往往不能直接获取个体利益；但作为族群或社会群体资源，祖语则具有指向群体利益的作用（郭熙，2013），成

① 这些数据由黄翊教授提供。

为族群的黏合剂，成为一种文化符号。语言话题很容易引起社会的共鸣，最容易跟情感联系起来，“保卫母语”之类的口号往往跟感情有关。中国纳西族的东巴文已经处于濒危状态，但在丽江古城区的语言景观中仍有大量使用。这里东巴文的使用更多地体现了其作为旅游文化资源的文化符号（李丽生、夏娜，2017）。由此可见，祖语作为文化资源已经引起了人们高度重视。

祖语是否可以作为经济资源还值得进一步讨论。语言的市场价值也决定了祖语的地位。一般说来，政治、宗教、科技和经济是祖语保持和祖语教育的动力，是祖语活力的决定因素。在一些地方，祖语教育的要求，使得它成为获取经济利益的一种手段；但与此同时，也意味着社会或者个人也得为祖语传承付出经济上的代价。

祖语作为学术资源应该是没有疑问的，因为它可以引领学者进入新的研究领域，形成新的研究视角。以澳门的葡萄牙语为例，黄翊（2007）说到的三种形式可供不同学术背景的人分别进行研究，例如，葡语研究者研究葡萄牙语的殖民地变体，汉语研究者可以研究土生粤方言，社会语言学可以研究克里奥尔化。近年来展开的华语视角下的新词语研究、中国语言规划研究等也不断取得成果。新加坡的发展在很大程度上获益于英、华双语资源。当我们说华语是资源的时候，强调的不只是中国的国家资源，也是华语所在地区的资源（郭熙，2010b）。在中国，葡萄牙语是一门外语，但在中国澳门，如果我们充分重视它的祖语地位，对中国的发展也会有不少的帮助。

2.2 祖语的特点

目前学界对祖语的特点还缺乏足够的认识。这里从社会中的地位和祖语自身的使用两个方面做些讨论。

2.2.1 边缘化

被“边缘化”是祖语的一大特点。从历史和现状看，随着祖语使用者社会生活环境发生的各种变化，祖语的应用价值不断衰减。这种衰减首先表现在交际功能的弱化上。作为主流社会以外的语言，祖语的使用范围受到一定限制，是劣势语（罗伯特·迪克森，2007）。它的交际范围和场合十分有限，主要是在家庭或社区使用，在更广阔的领域往往失去交际功能，甚至在社区和家庭也无法讨论“高层次”的问题。在新加坡，华语虽然是官方语言之一，但它不是行政语言，只限华人社会使用，在很多情况下只是“巴沙语言”（郭熙，2008）。在马来西亚，所谓“福建话”只用于家庭，华人社会讨论“高层次”的问题，要使用华语。①

导致祖语边缘化的原因各种各样。人们通常首先会想到生态。由于历史和现实的各种因素，不同祖语的生态并不相同。祖语的生态可以从内外两个方面考虑。祖语外部生态主要指祖语的母体的活力，内部生态则主要指内在的活力。例如，海外华人祖语的母体是中国的汉语，包括汉语的各种形式，如方言、不同时期的标准语或通用语等；澳门葡萄牙人的祖语母体是葡萄牙语；东干人的祖语是汉语西北方言。在共时状态下，有的祖语母体仍活跃在它的发源地，如华语和葡萄牙语；也有的祖语母体已经不存在，或处于濒危状态，如中国的满语。历史上也有不少例子。西夏亡国后，党项族人遭受蒙古人

---

① 马来西亚华语从大规模聚居、下一代母语习得以及有系统的母语教育的角度看，仍是华人社会语言生活的主体，是母语；尽管从整个马来西亚社会来说，它也在逐步边缘化，长远来看也面临“祖语化”的威胁。

屠杀，失去了共同生活的地域，少数幸存者不得不与其他民族间错杂居，从而渐渐为藏族、蒙古族等所同化，而南徙川康的党项人后裔，即现在所谓的四川木雅人的语言特征至今尚未完全泯灭。但该语言使用人口在减少，范围在缩小。（达瓦卓玛，2015）

祖语的生存和发展与祖语国或地区的关系非常复杂。祖语母体的强弱对祖语传承会有影响，但影响力似乎非常有限。

祖语的边缘化也受到内部生态的影响。国家的语言政策决定了内部生态的基调。不同国家、地区祖语的地位和生命力各不相同。所谓地位包括政治地位、经济地位、文化地位、功能地位等，生命力包括活跃、稳定、衰减等。其中语言地位的影响应该是很大的。以新加坡为例，无论是从人口比例还是华人的地位来看，华语在这里都不应该成为一种“祖语”。但是，新加坡的社会实际决定了新加坡的语言政策，从而构成了新加坡的祖语生态。在这里，马来族群是少数，但是由于地缘关系，保证了马来语传承的正常进行；印度族群因为自身的英语化，其使用的泰米尔语也就自然“祖语化”了。

语言功利主义带来了祖语的危机，但这种功利主义似乎又无可厚非：因为语言之所以存在就是以其工具性为前提的。政府对某种语言地位的确立，使其更易获取经济利益；也有使用者自身的原因，特别是处于双语状态下，其中一种语言的使用不如另外一种自如，或者其中一种语言的某种功能变体的适用范围受限，于是选取更方便的一种。陈保亚（2016）则认为提升语势需要提升语言积淀，政治、军事、经济条件不能完全取代语势在走向国际化中的作用。此外，祖语体系在不同国家、地区和群体中的发展也不同，有的存在体系性差异，也有的甚至“走样”，例如东干语。

2.2.2　需要学习

关于祖语需要学习的情况，Lynch（2003）有过详细的讨论。Chao（1968）发现，美国华人原先的语言在一代或两代人以后就会消失。第二代只对口语拥有有限的被动知识，而第三代就完全融合在这个大熔炉里了。父母和祖辈常常煞费苦心保留祖语，但所有这一切都将全盘消失。

由于缺乏习得环境，或是语言政策的不支持，加上一些移民无条件或无意愿让下一代自然获得祖语，祖语学习就成了祖语传承的重要途径。

祖语学习的内容包括几个方面：①祖语的语言系统，包括语音、词汇、语法和语用；②祖语所负载的文化；③祖语书面语。可以看出，与一般的母语学习相比，祖语学习的压力要大得多。除了多出语言系统的学习外，还要跟主流社会语言或强势语言争时间。如何安排、调节祖语学习，是相关语言规划设计的重点和难点。

祖语学习也不同于一般的二语学习，可惜的是我们在这方面还所知甚少。就目前的情况看，有习得的，也有非习得的；所习得的，有的是方言，有的是共同语。习得有不同的过程，学习也有不同的阶段。可以从静态的角度去看，也可以从动态的角度去看；可以从群体的角度去看，也可以从个体的角度去看。祖语生在祖语学习中有两端：一端是社会或家庭希望传承的语言，另一端则是祖语生的语言使用结果。

Campbell 和 Rosenthal（2000）提到祖语学习者一些语言特征：类似母语[①]的发音和流利性，掌握大部分句法规则，词汇量丰富，熟悉与语言使用有关的基本隐性文化规范

---

① 这里的“母语”指向当是“第一语言”。

（曹贤文，2014）。这里说的显然是一语祖语生的情况。作者还谈到这些学生缺乏正式的、高级的语域知识，读写能力差，使用不标准的变异形式，以及不同继承语说话者在语言能力上存在很大的差异等，这应该是属于语文学习的问题。事实上，祖语使用的主要问题是词汇量不足，尤其是文化词汇缺乏，表达不自如等，而也正是这种表达的不自如，使得祖语学习或使用者缺乏自信，从而减少使用频率，进而导致学习成果的不稳固。不应该把语言习得和语言学习混为一谈。有的祖语本身就没有书面语。把基本语言能力和经历过学校教育的语文水平混起来，是语言教育界的一个普遍现象，应引起注意。

影响祖语学习和使用的还有交际本身。例如，在新加坡，一些华语使用者不知道对方的祖语状况，为了避免交际的困惑，只好采用回避祖语使用的方式，优先选择地位强势的英语；为了照顾对方，还会采用语码混合的方式。我们曾调查了40多个华文水平优良的中学生的词语使用情况，他们在说华语时大量使用英语词汇，而且多是常用词。这样的一个后果是，下一代无法习得这些常用词，而只能通过第二语言学习的方式来获得（郭熙，2010a）。

祖语传承需要动用大量社会和个人资源，尤其是移民后裔，会把祖语学习看成一个包袱，因为祖语教育给他们带来了学习上的压力，需要付出许多努力。即使是华人占多数的新加坡，也因种种原因出现了“来生不愿做华人”的现象。英语华人语群为政府逼迫自己的孩子学习华语而愤愤不平（郭熙，2008），一些人曾经因下一代祖语学习的压力而离开新加坡。可以说，新加坡为保持祖语所付出的代价是巨大的。

3　对祖语传承研究的初步思考

祖语传承的理论问题讨论得已经不少，下面根据已有的观察和研究对祖语传承的类型做些初步的归纳，并就祖语传承研究应关注的方面做些讨论。

3.1　祖语传承的类型

就目前已知的情况来看，祖语传承类型主要有以下几个方面：

3.1.1　完全传承

完全传承者通常有其社会和家庭基础，除了完整习得母语外，还有机会接受系统的祖语教育，例如马来西亚华裔、新加坡部分华裔。

3.1.2　传承中断

祖语传承中断的情况远比我们过去所想的复杂。就新移民后代而言，大体有两种情况：一是习得期中断；二是语言教育期中断。例如西班牙、葡萄牙、意大利、匈牙利有大量的新移民，其后代有的尚未完成母语习得即随父母到新的居住地生活；也有不少是在学龄阶段随父母到这些地方。这些类祖语生虽说已经受到关注，但目前还缺乏具体的数据。在美国有相当数量的收养儿童，其中不少都出现了不同程度的祖语中断，也可以归为此类。就史上华裔来说，又有种种不同的情况。例如，有的是在家庭中习得部分祖语，但缺乏后续的祖语教育；有的则是接受了部分祖语教育，但没有继续下去。不同地方的学习情况不同，有的纳入正规的民族语言教育，如菲律宾的华文教育；也有的地方仅以半日制、周末班等方式进行。

3.1.3 完全隔绝

这里所说的完全隔绝是说下一代完全没有接触祖语的情况。当然，所谓完全隔绝其实并不绝对，因为他们所处的祖语家庭或者社区或多或少地给了他们一定程度的接触机会。上述复杂情况导致了祖语生群体的复杂性，也使得祖语层级复杂多样。吴英成（2003）采用 Kachru（1982）的理论，把全球华语划分为三大同心圈：内圈、中圈与外圈。他们各自的祖语学习是不同的。从语言习得的角度看，祖语生可以分为一语祖语生和二语祖语生两类。一语祖语生显然不同于外语生，但二语祖语生也与外语生有一定的差别。有迹象表明，他们中尽管有的并不会祖语，但其学习祖语的速度高于同等情况下的二语学习者，可惜的是还缺乏系统的比较。此外，第二语言教学在理论和方法上都取得了巨大的成就，但对祖语教学的研究才刚刚开始。探寻这两种学习的不同，显得非常重要。传统上有人把祖语限定在习得中的第一顺序，这可能会把具有祖语基因的学习者排斥在外。祖语教育在不同的国家会呈现不同的状态，甚至在一个国家的不同地区也会呈现不同的状态，需要区别对待。有一些祖语生习得了祖语，但可能是祖语源地社会的方言，这种源语言的优势如何利用，也是这些祖语标准语教学应该注意的。

3.2 祖语传承研究

祖语和祖语传承的复杂性带来祖语传承研究的广泛性和复杂性。下面提出几个较为迫切的话题做些初步讨论。

3.2.1 母语到祖语的演变过程

从母语到祖语，是一个复杂的演变过程。祖语传承研究应该重视这一演变过程。祖语现象多发生在移民及其后裔身上。由于多语言、多文化引起沟通的障碍和文化冲突，因此移民语言历来被有关方面看作问题，而且很长时间里一直致力于去解决它；但长久以来，对母语演化为祖语的条件研究不够。前面我们曾试图从不同的方面讨论祖语被边缘化的因素，包括外部和内部生态等，这些实际就是祖语化的因素，但并未能将其具体化。联合国教科文组织曾就濒危语言的确定制定了各种活力指标，母语和祖语的鉴别似乎也需要类似的指标或标准。事实上，明确了这些指标，也就明确了祖语形成的条件；而了解了这些条件，也就为防止“祖语化”打下了基础，做好了准备。

Montrul（2016）讨论了美国华人祖语传承的情况。他发现，这些祖语使用者处于中等社会经济地位，受过较好的教育。他们重视教育，孩子即使以前没学过英语，也会很快掌握以求在学校表现好一些，即使孩子们使用祖语，可能也不如其英语好。这一研究给我们的启示是，祖语使用者的经济地位、学习态度以及家庭和社会传统的影响或许都可以成为检验指标。

3.2.2 祖语教育目标的确定

何纬芸、苗瑞琴（2007）认为，祖语生（heritage language learner）“是对祖裔语言产生兴趣的人”，他们具有某种“传承动机”。但事实情况并非如此。就目前的祖语生来说，多是迫于家庭或社会的压力学习华文的。从社会和家庭的角度，不少家长希望下一代能尽可能地传承好自己的语言，希望他们能具有一定程度的祖语能力，而不仅仅限于家庭使用，但他们对下一代的最终能力未必能真正地认识。例如传承什么？是语言能力、语文能力还是其他？这种视角更加关注继承语学习者的语言能力及其水平上的差异。因此，如何建立与之相适合的教育目标非常重要。祖语生有责任也有权利学习和掌握祖语，重拾丢失的传统以再造历史。祖语教育是一种特殊情况下的语言文化传承教育。中国素有祖语教育的传统，打开华文教育的历史，到处都可以看到对祖语的重视。从私塾式教学到新式学堂，都是以祖语文化传承为目标的。然而，中国的祖语教育传统的贡献只是近年来才为人们所重视（郭熙，2013）。

3.2.3 祖语保持与祖语教育的形式

祖语保持是祖语社群所迫切希望的。在祖语、当地主流语言和国际语言之间的角逐中，祖语保持并不占优势，仍需要多重努力。祖语教育是一个重要方面，但不是唯一的方面。祖语生组成复杂，背景动机各异，如何有针对性地开展教育、用何种方式进行教育，需要有更多的研究投入。祖语保持一直以来的理念是建立在教育上的，但“永久第二代”应该是很有诱惑力的一种假想。教育的关键期应该予以重视。有必要进行关键期前的祖语储备，一旦祖语生的祖语意识得到增强，这将为他们提供更好的学习资源。上学和受教育有所不同。上学是受教育的条件，但如果学校教育不能很好地开展，就等于打断了孩子受教育的过程。与上学相比，受教育更具开放性，内容更广泛，可以在任何场合下进行。

3.2.4 祖语本体研究

祖语有原祖语，也有变异或本土化后的祖语。祖语的混合和交错也是常见现象。祖语在核心区会继续发展，这种发展的新形式也属于祖语；祖语使用者因种种原因也会拉大与祖语母体的距离，“世界英语”“世界西班牙语”和“全球华语”这些概念都表明了语言在不同区域的发展和变化。其中的共性和个性及其关系，需要有更多的关注。世界英语、世界西班牙语的研究有不少成果，全球华语研究也开始了词汇、语法的系统研究。这种研究既有学术意义，也有传承实际上的需要。

3.2.5 祖语资源库建设

祖语是一种资源，建设祖语资源库既是祖语传承教育的需要，也是语言研究的需要，更是语言服务的需要。祖语资源库可以给祖语传承者提供线上虚拟现实服务。祖语资源库包括语言景观或风貌、语言实况的数字化转化，以及语料、相关典藏、数据等。不少语言研究者都在濒危语言、方言方面做了类似的工作，但祖语资源库的建设还很少看到，而这些祖语的足迹在各地留下的历史印证，是一批宝贵的语言遗产。《全球华语词典》《全球华语语法》的编纂和研究过程一再向我们提出了类似的警示。

3.2.6 祖语活力调查与祖语能力评估

祖语活力是从社会的角度看相关祖语的存活状况或前景预测。可以通过不同的方式评价一种祖语的活力，应该充分认识祖语的外部生态和内部生态。就内部而言，包括祖语政策和祖语地位、祖语使用者及下一代的祖语态度、祖语的功能、祖语使用的场合等。

祖语能力评估则是祖语使用或学习者个体的祖语潜力和使用能力。祖语能力缺失有群体和个体两种情况。就华语作为祖语来说，目前所谓的“华二代、华三代”规律在不同的地方情况并不相同。“华二代”未必是实际上的第二代，在有的地方，第四代、第五代仍然可能是祖语的第一代。如何保持祖语处于第二代状态应该是祖语传承的一个重要任务。

4 结语

本文试图建立一套与祖语传承相关的概念，并以此推动语言传承研究。祖语现象是世界范围内的一种复杂的语言现象。在推崇多元语言文化的时代，祖语传承受到越来越多的重视。世界的语言多种多样，祖语现象也多种多样，有的语言以祖语状态呈现，有的则是二者并行，还有的则没有祖语形式存在。这些都值得我们去分析、思考。以往的研究多就单一祖语的现象进行观察和分析，缺乏宏观的理论思考。祖语传承中的一系列问题该有一个整体的理论框架和概念系统。祖语的历史性、象征性和资源性以及边缘化和需要学习的特点，促使我们关注祖语的外部生态和内部生态，有针对性地对祖语状况、祖语态度、祖语活力和各种祖语中断现象进行研究；祖语的变异、祖语规范的缺失、祖语规范的依赖、祖语的"独立"等也应该逐步进入我们的视野。此外，祖语在与当地主流语言和国际语言的角逐中往往不占优势，如何促使祖语保持和融入主流社会，从而获取更多政治、经济资源，更应引起重视。语言学、应用语言学和社会语言学家们可以从不同的角度来研究祖语问题。

（本文原载于《语言战略研究》2017 年第 3 期。作者：郭熙）

参考文献

CAMPBELL R，ROSENTHAL J. Heritage languages//ROSENTHAL J（ed.）. Handbook of under-graduate second language education. Mahwah：Lawrence Erlbaum Associates，2000.

CHAO Y R. The language problem of Chinese children in America. Aspects of Chinese Socio-Linguistics. Stanford：Stanford University Press，1968. ［中译文见卢德平. 美国华裔儿童的语言问题. 国外外语教学，1987（4）.］

CLYNE M. Community languages：the Australian experience. Cambridge：Cambridge University Press，1991.

CUMMINS J. A proposal for action：strategies for recognizing heritage language competence as a learning resource within the mainstream classroom. Modern language journal，2005，89（4）.

CUMMINS J，DANESI M. Heritage languages：the development and denial of Canada's linguistic resources. Toronto：Our schools/Our selves education foundation，1990.

FISHMAN J A. 300-Plus years of heritage language education in the United States//PEYTON J K，RANARD D A，MCGINNIS S（eds.）. Heritage languages in America：preserving a national resource. Washington，D. C. & McHenry：center for applied linguistics & delta systems，2001.

GRINEVALD C，BERT M. Speakers and communities//AUSTIN P K，SALLABANK J（eds.）. The cambridge handbook of endangered languages. Cambridge：Cambridge University Press，2011.

KACHRU B（ed.）. The other tongue：English across culture（2nd edition）. Urbana：University of Illinois Press，1982/1992.

LYNCH A. The relationship between second and heritage language acquisition：notes on research and theory building. Heritage language journal，2003，1（1）.

MONTRUL S. The acquisition of heritage languages. Cambridge：Cambridge University Press，2016.

WILEY T G. On defining heritage languages and their speakers//PEYTON J K，RANARD D A，MCGIN-

NIS S（eds.）. Heritage languages in America：preserving a national resource. Washington，D. C. & McHenry：Center for ppplied linguistics & delta systems，2001.

班弨．关于母语和本族语．民族语文，2005（6）.

曹贤文．“继承语”理论视角下的海外华文教学再考察．华文教学与研究，2014（4）.

陈保亚．语势：汉语国际化的语言条件——语言接触中的通用语形成过程分析．语言战略研究，2016（2）.

达瓦卓玛．甘孜州木雅语濒危现象分析．中国藏学，2015（4）.

戴庆厦，何俊芳．论“母语”．民族语文，1997（2）.

方夏婷．澳大利亚华裔中学生祖语学习与认同研究．广州：暨南大学，2016.

方小兵．多语环境下“母语”概念的界定：困境与出路．语言文字应用，2015（2）.

高虹．Heritage language 的由来及其中文译名．中国科技术语，2010（2）.

郭熙．华文教学概论．北京：商务印书馆，2007.

郭熙．多元语言文化背景下母语维持问题：新加坡个案．语言文字应用，2008（4）.

郭熙．新加坡中学生华语词语使用调查．华文教学与研究，2010a（4）.

郭熙．华文课程 B 应该真正“外语化”．新加坡联合早报，2010－03－26.

郭熙．华语传播和传承：现状和困境．世界华文教育，2013（1）.

郭熙．论汉语教学的三大分野．中国语文，2015（5）.

何纬芸，苗瑞琴．继承语之习得及其社会化//姬建国，蒋楠主编．应用语言学：西方人文社科前沿述评．北京：中国人民大学出版社，2007.

黄翊．澳门语言研究．北京：商务印书馆，2007.

李丽，张东波，赵守辉．新加坡华族儿童的家庭华语读写环境与词汇知识和阅读能力．华语文教学研究（台北），2013（4）.

李丽生，夏娜．少数民族地区城市语言景观中的语言使用状况：以丽江市古城区为例．语言战略研究，2017（2）.

李宇明．论母语．世界汉语教学，2003（1）.

罗伯特·迪克森．语言兴衰论．朱晓农，等译．北京：北京大学出版社，2010.

秦悦．加拿大官方双语政策背景下的汉语教育．国际汉语教育研究，2013（1）.

王燕燕，罗庆铭．加拿大的祖语教育和华文教育．语文建设，1998（3）.

吴文．继承语研究：应用语言学界冉冉升起的新星．西安外国语大学学报，2012（1）.

吴英成．全球华语的崛起和挑战．新加坡华文教学论文三集．新加坡：泛太平洋出版社，2003.

吴英成，邵洪亮．华裔汉语学习者解读：新加坡视角．世界汉语教学，2014（2）.

徐大明．有关语言经济的七个问题．云南师范大学学报，2010（5）.

张广勇．美国继承语教育对我国少数民族语言保护的启示．贵州民族大学学报（哲学社会科学版），2013（3）.

张广勇．国外继承语习得研究新进展．现代外语，2014（1）.

张天伟．美国祖籍传承语者英语提升项目：启示与思考．语言政策与规划研究，2014（2）.

赵守辉，张东波．语言规划的国际化趋势：一个语言传播与竞争的新领域．外国语，2012（4）.

周明朗．语言认同与华语传承语教育．华文教学与研究，2014（1）.

周清海．全球化环境下的华语文与东南亚华人的语言困境．全球化环境下的华语文与华语文教学．新加坡：新加坡青年书局，2007.

周庆生．语言立法在加拿大．语文建设，1994（4）.

总　述

当今时代，语言传承问题正在成为一个世界性难题，世界范围内的华语传承也面临着各种各样的困难和挑战。认清困难、化解挑战，是华语传承从业者的奋斗方向，也是研究者的学术使命。社会语言学家 Fishman（1964）提出，移民一代保持祖语，移民二代祖语和主流语言并用，到了第三代则会放弃祖语，转用主流语言。这个著名的语言保持与转用模式也在海外华裔群体身上不同程度地应验。华人普遍处于主流社会边缘，外部语言政策常有干扰，语言保持的支撑资源稀缺，祖语意识纠结淡漠，等等，都是影响华语传承的不利因素。阻断华语代际传承的不利环节，方能实现中华语言文化的永续流传。

海外华语传承有不少成功范式值得总结研究。例如，马来西亚华人社会拥有完备的华文教育体系、发达的华文媒体、不俗的华语能力、良好的华语环境，树立了一面引人瞩目的华语传承的旗帜。这一切得来殊为不易。马来西亚华人为了维持华语，在始终不利的外部生态环境中付出了极大的代价，才营造出较为理想的华语传承的小生境。海外华语传承之路始终不会平坦，从特殊的成功案例中提炼普遍的华语传承模式，打破 Fishman 的“祖语传不过三代”论，是华语传承研究可以为世界语言传承领域作出的理论贡献。

作为一项事业，海外华语传承历经百年，经验和教训都不可谓不多。但是，作为一个学术方向，华语传承研究是近几年才兴起的，已有的学术家底并不丰厚。华语传承事业形成了以华文教育为基本路径的发展模式，海外华文教育的兴衰起伏，大体映射了华语传承事业的历程，华文教育研究基本代表了华语传承研究的历史积淀。多年来，华文教育研究对“三教”（教师、教材、教法）问题花了很大的气力，这是对的，但是要实现中华语言文化传承的宏伟目标，不能不重视更为宏观的外部生态环境。从 2014 年开始，海内外以“三化”（专业化、标准化、正规化）建设为抓手，联手推动华文教育事业转型升级。实践和理论研究表明，语言传承事业或祖语教育要真正起到实效，外部生态环境非常重要，因应海外复杂多样的语境，华文教育研究也在转型升级，向华语传承研究转化，华语传承研究需要再出发（郭熙，2021）。

正是在这样的背景下，我们编纂了这本论文集，希望以此推动华语传承研究向前更进一步。本论文集一共收录 29 篇文章，除代序外分为四个部分：作为传承语的华语本体研究、作为传承语的华语习得与认同研究、华语测试研究、华语传承与社会文化研究。这四个部分或四个方面反映了当前国内华语传承研究最为重要的四个维度。以下按次序作简单的说明。

第一部分是作为传承语的华语本体研究，收录论文7篇。王晓梅《“古、方、普、外”——论全球华语研究的四个视角》认为全球华语研究需要考虑古汉语、方言、普通话和外语四个视角，以解释各地华语特征的结构特点与形成原因。李计伟的5篇论文由事实观察上升到宏观讨论：《论海外华语特色词的分类及其意义——以马来西亚华语为例》进一步认识海外华语特色词，将之分为词项特色词、义位特色词、搭配特色词和频率特色词四类。《大华语视域中“帮忙”用法的共时差异与历时变化》论证新、马、台湾地区“帮忙+NP对象”这一特色用法并非受英语影响或新时期汉语语法变异所致，而是对早期现代汉语的传承。《传承语的保守性与东南亚华语特征》证明新马华语变体的某些特色是直承早期现代汉语而来的，进而说明作为祖语的海外华语具有保守性。《南洋华侨早期国语推广刍议》从缘起、机构、效果、影响等四个方面梳理了南洋华侨早期国语推广的基本概况，强调了南洋地区早期国语推广的传承语教育性质。《东南亚华语视角下的现代汉语词汇变化研究》认为东南亚华语变体与现代汉语标准语互为视角，可以深化华语变体特征的归因研究，也可为现代汉语史提出新的研究课题。朱元《触因变异与语言共性——以新加坡华语为个案》以新加坡华语比较式“A+形容词+过+B”、持续非进行体“V住”以及回复体“V回”为例，说明华语系统不是平行地混合闽、粤、客等方言，而是依据跨语言或跨方言的演变规律来吸收融合。

第二部分是作为传承语的华语习得与认同研究，收有6篇论文。张金桥《印尼华裔留学生汉字正字法意识的形成与发展》采用词汇判断任务，发现低年级的华裔留学生已形成汉字正字法意识，且正字法意识随着年级逐步发展，左右结构的正字法意识始终优于上下结构。《印尼留学生汉语主动句被动句命题表征项目顺序》采用“句子—图画验证任务”探讨了印尼留学生理解汉语主动句、被动句所形成的命题表征中的项目顺序特点，发现母语主动句、被动句的理解特点影响印尼留学生汉语主动句、被动句命题表征项目顺序；这种影响作用与其汉语水平有一定的关系。王茂林、孙玉卿《印尼华裔留学生汉语三合元音韵母偏误分析》采用语音实验的方法，分析了印尼华裔留学生汉语三合元音韵母（iao/iou/uei/uai）的习得偏误情况。王功平《印尼华裔留学生汉语普通话双音节上上连读调偏误实验研究》调查了印尼华裔留学生连发两个上声音节的三类偏误表现，并给出纠偏对策。伍丽梅、张小林、张金桥《印尼华裔来华留学生方言面貌与族群认同的关系》发现方言习得状况影响族群认同，这种作用不受华裔代际与其汉语水平的影响，熟练掌握或保留一种民族语言将对华人后代的族群认同产生积极影响，而在方言的使用保护和传承教育中，家庭环境起着重要作用，华人方言社区担任着主要角色。刘玉红《印尼华裔新生代中华文化认同与华文教育研究》认为中华文化认同和华语传承互相促进：中华文化认同有助于华文教育，华文教育反过来又有助于中华文化的认同。

第三部分是华语测试研究，收录论文8篇。这一部分集中展示了华文水平测试（下文简称“华测”）体系的研发宗旨、理念、程序和实施成效。王汉卫《华文水平测试总体设计再认识——基于印尼、菲律宾、新加坡的调查分析》介绍了华测的总体设计思路，包括华测的基本性质、华语标准、华测能力标准、华测拟突出的内容与特色等，在调查结果的基础上，论证了以汉字为落脚点的华测能力等级的建立。《以华测促华教，以华测兴华教——王汉卫教授专访》从学理上论证了华测的必要性，又从其反拨作用和社会效应方面阐明了华测对于华文教育、海外华侨华人社会和国家的重要意义和价值。该文说明开发华文水平测试，首先面向华二代的语言能力，常模样组由此构建。王汉卫、刘熹蒨《华文水平测试汉字大纲研制的理念与程序》从基础、理念原则、字表定量和定级、字表检验几方面介绍了华测字表的研制过程。王洁《华文水平测试词汇大纲研制的理念与程序》介绍了面向华测的词汇大纲的研制过程。马新钦《华文水平测试文化分级大纲研制理念与程序》从研制原则、基本内容、结构框架、文化点分级、语料转化等几方面介绍文化大纲的研制过程。付佩宣、王汉卫《"华文水平测试"雏形阶段的效度验证及改进》对华测雏形阶段的测试数据进行了分析，从多个方面对其有效性进行了系统论证，进一步反哺、改进测试。王汉卫、陆佳幸《华文水平测试设计与实施》介绍了华测的研发背景、过程，重点讲解华测阅读考试的题型。《华文水平测试的设计与初步验证》介绍了华测的五大基本理念：标准加常模的参照体系、认知加语言的等级结构、听说与读写严格区分的命题方式、强化汉字能力、强化中华文化背景。以试测数据显示华测具有较好的鉴别和导向功能，宜作为海外华人祖语水平的统一标准。

第四部分是华语传承与社会文化研究，收录论文 7 篇。祝晓宏《试论华语语音教学系统的构建及实施》提出简化华语语音教学系统及其基本构成，从交际价值、身份认同和语言经济学等角度论证"儿化""轻声"无须纳入华语语音教学系统。王晓梅《华语、华文教育与认同：以马来西亚为例》以槟城州四所华文中学为例，讨论马来西亚的华人认同、华语管理与华文教育之间的关系，分析华校如何通过语言管理（主要是华语）来强化华人认同。李春风《缅甸华人母语认同代际差异及成因》分析了缅甸华人母语认同代际差异表现在语言选择、语言水平、语言学习时段及途径、语言规划、对下一代的语言期望等五方面，并各具特点。刘慧《印尼华族集聚区语言景观与族群认同——以峇淡、坤甸、北干巴鲁三地为例》考察印尼峇淡、坤甸、北干巴鲁三地华族集聚区华语标牌与族群认同之间的互动关系，发现其族群认同、语言能力、语言使用等存在较高的一致性，已形成华人言语社区。祝晓宏《语言景观视角下泰国华语使用及其变异》在调查泰国华语景观的基础上，描写华语景观中的语言变异现象，将泰国华语变异分为文化传承变异与华语习得变异两类，并提出对待变异现象的态度。邹春燕《马来西亚华语传承：从语言意识形态到实践》从语言意识形态、语言传承实践的角度去阐述马来西亚华语传承、发展曲折而有成就的历程，总结华语在马来西亚得以传承和发扬的主要因素。王玲、支筱诗《美国华裔家庭父母语言意识类型及影响因素分析》发现华裔父母语言意识存在差异，可以分为清晰积极类、模糊被动类和否定消极类等三类。

华语传承是海外华侨华人华裔传习祖语文化的语言实践，它既是华人个体的选择，也是华人社会的群体行为，更是祖籍国和所在国的国家行动。无论在哪一个层面上，华语传承研究都涉及很多学术问题，包括很多研究内容，需要跨学科的研究视角和方法（祝晓宏，2021）。我们曾梳理过国际上华语祖语传承领域内的主要进展，相比而言，本论文集作为目前国内华语传承研究的一次集中盘点，或隐或现地展现出四大特色。

一是研究论域触及华语传承的一些关键问题。本论文集的大部分论文都有明确的问题指向，例如，作为祖语的华语本体有哪些特点、华语要素习得有何特点、如何评估华裔祖语生的语言能力、如何通过语言测试保持华二代的语言水准、祖语和华裔生的身份认同是何关系等，这些问题的回答都有助于认识华语传承的内在机制。横向地看，华语本体的共时描写和历时考察、华语水平测试体系建设在国际上都是很少讨论的（Agnes Weiyun

He & Yun Xiao, 2008；Xiao Lan Curdt-Christiansen & Andy Hancock, 2014)。

二是研究视角和方法多元。华语传承研究是一个跨学科研究领域，涉及传承语研究、移民与语言、语言政策与语言规划、语言学、华文教育等多学科。本论文集采用的方法有语料库法、类型学方法、实验法、问卷法、民族志、访谈法等，甚至提出带有方法论性质的“大四角”方法，研究视角包括语言景观、语言接触、语言意识形态、语言管理等。这些方法和视角都是实证化、田野化和国际化的，有利于华语传承研究走向深化，也有利于华文教育研究和海外华语研究转型。

三是获得了一些重要的学术发现。例如，华语作为祖语跟母语具有充分的历史联系和继承关系；华语作为祖语习得具有自身的特征轨迹；华语作为祖语的能力标准需要充分考虑汉字、文化问题，标准的设定需要参考母语方能维系祖语的水准；华语作为祖语的传承路径依赖家庭、父母意识等因素，等等。这些发现有的具有传承语研究的普遍价值，有的对于推动华语祖语传承事业具有重要的应用价值。

四是研究范围主要集中在东南亚诸国。东南亚一直是海外华语传承的代表性区域，也是华语与华文教育研究的重头戏，相关研究资源积蓄深厚，形成了一定的学术路径依赖。针对东南亚的华语传承研究，也和国际上的华语传承研究主要关注美国、加拿大、英国、澳大利亚等形成照应和互补关系。未来随着调查视野的拓展，我们相信国内外华语传承研究的关注范围和问题聚焦将会进一步融合。

“打开一切科学之门的钥匙毫无疑问都是问号”，可以说，本论文集所涉及的诸多学术问题以及解决问题的方法、视角和得到的答案，共同形成了华语传承研究学术领地的一个个路标和起点，依据这些路标和起点，有志于华语传承研究的后来者们当能更快地找到学术门径，发现更加广阔的学术风景。

（张金桥、祝晓宏）

参考文献

FISHMAN J. Language maintenence and language shift as a field of inquiry: a definition of the field and suggestions for its further development, Linguistics, 1964, 2 (9).

HE A W, XIAO Y. Chinese as a heritage language: fostering rooted world citizenry. University of Hawai'i Press, 2008.

CURDT-CHRISTIANSEN X L, HANCOCK A. Learning Chinese in diasporic communities: many pathways to being Chinese. John Benjamins publishing company, 2014.

郭熙. 华语传承研究再出发. 语言战略研究，2021 (3).

祝晓宏. 近十年来的华语研究：现状与前瞻. 语言文字应用，2021 (2).

目录

CONTENTS

第三部分　华语测试研究

第四部分　华语传承与社会文化研究

第一部分

作为传承语的华语本体研究

"古、方、普、外"
——论全球华语研究的四个视角

1 "大三角理论"与"古、方、普、外"视角

20世纪，邢福义（1990，1991等）提出了现代汉语语法界非常有影响力的"两个三角理论"，用以分析现代汉语语法问题。其中，"大三角理论"（普通话、古代汉语、方言）被视为分析普通话语法问题的"外证"（眸子，1994）。邢福义（1996）认为普通话是"基角"，而方言和古代汉语"两角"可以解释和验证普通话的语法事实。事实证明，"大三角理论"对于分析具体的现代汉语语法问题行之有效。而且这一理论框架也应用到了海外华语的分析，例如李计伟（2012）采用"两个三角理论"分析了马来西亚华语的两个语法结构"介词 + X + 起见""以策 + X"，认为这两个结构与普通话有差异，而且都与南方方言和古汉语语法有联系。近年来，随着"全球华语"与"大华语"研究的展开，这一领域急需理论建设。刁晏斌（2017，2018）甚至提出了建立"全球华语学"学科，其依据之一便是这一研究领域已经具备了一定的理论基础和研究方法。刁晏斌所提及的相关理论主要有言语社区理论、共同语理论、语言资源理论、语言变异理论、华语规划理论、规范与协调理论与对外汉语学理论等。这些理论框架基本上都是宏观性的、从社会语言学角度提出的，忽视了微观的、涉及具体语言研究层面的理论。而研究全球华语，宏观层面的问题固然重要，微观层面的语言事实描写也同等重要，两个层面都需要一定的理论框架来支撑。

进入21世纪，汉语研究的视角开始由以普通话为核心转向全球华语。这个转变反映了"中国在语言规划方面也开始采用全球的视野"（王晓梅，2017），将现代汉语在各地的标准变体囊括在"全球华语"研究范围之内。随着《全球华语词典》和《全球华语大词典》的出版以及"全球华语语法"国家社科课题的展开，全球华语研究的理论探讨也急需提上日程。早在2008年，周清海（2008）就提出研究各地华语需要注意其所受到的南方方言的影响、古汉语的影响，以及不同外语的影响，等等。可以说，周清海的这个提法已经开始思考全球华语的理论架构，只不过还没有系统地整理。本文将通过马来西亚华语研究的成果，来论证全球华语研究（无论是词汇研究、语音研究，还是语法研究）应该充分考虑"古、方、普、外"四个视角来解释各地华语特征的结构特点与形成

原因。其中，“古”指的是古代汉语（包括近代汉语），即马来西亚华语所受到的古汉语影响；“方”指的是闽、粤、客等南方方言，即马来西亚华语所受到的闽、粤、客等方言的影响；“普”指的是普通话，即马来西亚华语与普通话的异同；“外”指的是英语、马来语、淡米尔语等，即马来西亚华语所受到的非汉语（当地语言）的影响。

以下我们尝试从这四个视角来分析它们对马来西亚华语的影响，并建构研究全球华语的“古、方、普、外”的理论视角。

2　古汉语视角

马来西亚华语（可能也包括新加坡华语）保留了相当一部分古汉语的词汇和结构。如周清海（2008）所言：“中国改革开放之后，华语区的华语，基本上是没有口语基础的语言。因此，华语口语里保留了许多书面语的词汇，而华语区的人，也分辨不了口语和书面语的差别。”而这些书面语中有些直接来源于近代汉语，甚至是古代汉语。

李计伟（2012）通过收集统计东南亚华语语料库①的用例，发现“介词＋X＋起见”这一结构在马来西亚华语中有不同于普通话的使用情况。介词“基于、鉴于、因为、由于、以”等可以进入这个结构，表示“产生见解、看法”的结构义。其中，“以＋X＋起见”和“因为＋X＋起见”见于近代汉语文献，其他结构则是马来西亚华语自创的。通过文献检索，他发现古代汉语中能进入这个结构的介词多达13个。可见，马来西亚华语中有别于普通话的“介词＋X＋起见”的用法源自古代汉语。李计伟的研究展示了马来西亚华语中“古”的成分及其演变。以下我们列举更多的例子来说明这种情况。

（1）是项活动由福建会馆主办。

（2）他日前出席妇女组18周年纪念会庆晚宴时，如是指出。

（3）但甫一开机录影，她很快就能进入状况。

（4）大会当晚也颁发特别礼物给甫于上个月荣休的前任校长刘书棋。

（5）李平福在毕业典礼致词上表示，每次出席毕业典礼都让其感到光荣，惟今次没有杨忠礼董事长的参与……

（以上例句均出自《星洲日报》，2017年11月16日）

以上例句中有三个古汉语成分“是”“甫”“惟”，均为马来西亚华语书面语常用词汇。“是”一词延续了古汉语代词的用法，在例（1）、例（2）中均可由现代汉语较常用的代词“此”替换。而且，“是”形成了一些惯用搭配，如“是项”“如是”等。我们利用东南亚华语语料库检索“如是”，得到4 997个用例，经常与“如是”搭配的动词包括“表示、指责、回应、建议、回答、勉励、表态、高呼、批评、调侃、披露、写道”等。“甫”一词即“开始、刚刚”的意思，也是古汉语词汇，大量出现于马来西亚的华文报纸，例（3）、例（4）中的“甫”都可由“刚”替换。我们在东南亚华语语料库发现1 603个用例，“甫”可直接用在动词或动词性结构之前，也可用在介词结构之前，表

---

① 东南亚华语语料库是暨南大学华文学院创建的语料库，其中的马来西亚华语语料主要参考了《独立新闻在线》《韩视新闻中心》《光华日报》《马新社中文网》《亚洲时报》等。

示时间。前者如“甫成立、甫落幕、甫上任、甫发言、甫过去、甫加入该党、甫在十天前宣布、甫被冻结、甫开始发言、甫因为调升油价事件”等，后者如“甫在今年一月、甫在十天前、甫在第二天、甫在五月间”等。例（5）中“惟”字的使用更普遍，我们在东南亚语料库一共找到了10 047个用例。这些句子中的“惟”通常都可以用“只是、不过”等转折连词替换。除了与“有”连用，形成“惟有”的固定搭配之外，“惟”通常用在小句句首，表示轻微的转折。

（6）我们认为，惟有马华公会脱售南洋报业股权，撤走代表马华接管南洋的高层主管，释放出媒体自由营运空间，才能使《南洋商报》重新获得生机。

（7）雪州政府惟有自己宣布自己为先进州。

（8）多名《内安法令》扣留者便深受其害，受凌虐的程度比起该名女子有过之而无不及，惟没有引来太大的关注。

（9）白小保校委员会随后致函要求与部长会面，惟至今仍得不到部长的回应。

（10）后来，凯里透过益资利有限公司向胡桑慕沙发律师信，惟后者高姿态放话：“放马过来”（Bring it on!）

（11）她承认她将门掩上，惟没有关上。

（以上例句均出自东南亚华语语料库）

例（6）、例（7）中“惟有”形成固定搭配，在语料库中共有807例，基本可以用“只有”替换，其用法与单用的“惟”是不同的。例（6）中的“惟有”用在条件小句中，表示唯一条件。例（8）至例（11）中的“惟”都用在复句的后一小句，表示轻微的转折。使用“惟”的句子大部分比较正式，如例（6）至例（10），不过我们也发现像例（11）这样正式程度较低的句子。

马来西亚华语书面语中古汉语词汇“是”“甫”“惟”的使用无疑加强了表达的正式程度，因此中文报纸或者电视、电台新闻经常使用这些有“古意”的词汇。例如，“之”是出现频率很高的一个文言词汇，根据东南亚华语语料库的统计，它总共出现了136 953次。其中很多用法可以用“的”取代，例如“FM母公司高层已经发出内部通告，收回停播之成命”，“之”的语用效果显然比“的”要正式、庄重、严肃。此外，这些保留古汉语词义的词汇也形成一些固定搭配，如“如是、惟有”等，形成双音节结构更好地嵌入现代汉语的句子中。至于马来西亚华语保留古汉语用法的原因，主要是因为马来西亚华语与中国普通话在1949年之后因为政治的隔绝而走上了各自发展的道路，马来西亚更多地保留了早期国语的语言特点（王彩云，2016）。

此外，在中马建交之前，马来西亚的华裔学生大多到台湾地区留学①，这些留台生的中文受到台湾“国语”的深刻影响。而台湾“国语”“古旧色彩较为浓厚”（刁晏斌，1998，2018），沿用了不少古汉语和近代汉语的用法。马来西亚中文报纸的编辑和记者很多都是留台生，他们的语言使用对普罗大众造成了一定的影响。因此，我们在考察马来西亚华语（尤其是书面语）的特点时，古汉语的影响是不容忽视的，“古”是研究全球华语很重要的一个视角。

---

① 马来西亚政府到20世纪90年代才开始允许学生到中国大陆地区留学。

3　方言视角

描写马来西亚华语，方言的影响必须考虑。这里的方言主要指闽、粤、客等南方方言，即马来西亚华人祖籍地的方言。方言对马来西亚华语的影响是直接的、深入的、全面的，以下分别论述。

3.1　方言的表层影响——词汇借用

方言对马来西亚华语的直接影响表现在后者直接吸收来自闽、粤、客等方言的词汇，不仅指经过“协调”之后进入华语的方言词汇（郭熙，2002），也指大量活跃于马来西亚华语口语的方言词汇。进入华语的方言词汇已经比较稳定，是马来西亚华语词汇的有机组成部分，例如“肉骨茶、大耳窿、薄饼、针车、金瓜、老千、家婆”等（潘碧丝，2012），这部分词汇往往也是马来西亚华语与普通话有差异的词汇。由于马来西亚各大方言群处于杂居的状态，方言之间的接触非常普遍，因此很多词汇是各大方言共享的，很难确定其来源。而活跃于马来西亚华语口语的方言词汇则是指那些连音带义一起借入而未定型（或者说未规范）的词汇，它们只是在口语的层面出现，而书面语尚未接纳。不过这些方言词汇的使用非常普遍，而且即使是不会方言的人也经常使用。例如，以粤语发音的“靓女、靓仔”、以闽南话发音的“咖啡乌”① “清采（衬采）”② 等。这些活跃于口语的方言词汇是语言（方言）接触的直接产物，闽南话、粤语是马来西亚的强势方言，不仅对马来西亚华语的形成有直接影响，而且也对马来语和马来西亚英语造成了一定影响。

3.2　方言的深度影响——语法复制

承前所述，闽粤方言与华语、马来语等处于深度、长久的接触之中，因此它们对马来西亚华语的影响不仅仅限于词汇层面。可以说，闽粤两大方言对马来西亚华语特征的形成有深刻的影响。众所周知，词汇是语言中最活跃的部分，而语音和语法则相对稳定。处于深度接触的语言不仅体现在词汇层面，更重要的是语音和语法结构也会彼此影响。闽粤方言对于马来西亚华语的深刻影响正体现在语法结构方面，例如，马来西亚华语中表示疑问（询问原因、目的）的成分“做么”（王晓梅，2016）和句尾的“的”字（王晓梅、何元建，2016），这两项语法特征的形成应该都受到了闽粤方言相应语法结构的影响。以“做么”为例，粤语有“做乜”，闽南话有“做物”，客家话有“做介”，潮州话有“做呢”，这些方言的共同作用促成了马来西亚华语“做么”的形成，这种相似结构的相互影响也可能是语法复制现象（吴福祥，2014）。而在句法层面，马来西亚华语口语中副词“先”的后置（例如“你走先”）是复制粤语的句法规则，“看没有”是复制闽南话“看无［khuã bo］”而来。总之，马来西亚特殊的语言（方言）接触情况导致了闽粤等方言对马来西亚华语的深度影响，并且在语法层面有所体现。

---

①　咖啡乌：［ko pi ɔ］指没有加奶的咖啡。详细释义可参考《全球华语大词典》（李宇明主编，2016）。

②　清采：［tshin tshai］指言行举止等随便，马虎不认真。马来语和英语也借入了这个闽南语词汇，分别写作 cincai 和 chin chai。详细释义可参考《新加坡闽南话词典》（周长楫、周清海，2002）。

3.3 方言的全面影响——语音的迁移

这里的全面影响指的是闽粤等方言对马来西亚华语的影响不仅限于词汇层面，也体现在语法、语音等方面，即语言的各个层面都能找到方言影响的痕迹。鉴于词汇、语法方面已经论及，这里着重谈一下语音的层面。闽粤等南方方言的音系结构与华语的差异很大，声、韵、调的差异特征很多。就声调而言，马来西亚华语口语的一个特征就是增加了一个带喉塞音韵尾的高降调（黄婷，2016），而这个类似入声调的调型就是受到方言的影响而产生的。黄婷使用实验语音学的方法对10位槟城人的华语声调做了调查，结果发现在360个单音节词中有13.1%读成“第五声”，而这个声调与去声调不同，其主要特征是有喉塞音韵尾，时长较短，在四个声调中都有分布。她提出的一个解释为槟城福建话（即闽南话）影响了这些调查对象的华语声调，是L1迁移的表现。黄婷的这个结论是可信的，早在20世纪90年代陈重瑜（1993）就发现新加坡华语中存在“第五声”，其描述与黄婷大体相当，而新加坡华语在形成过程中也受到闽南话的深刻影响。语音和语法是语言中比较稳定的部分，而马来西亚华语由于受到闽粤等方言的影响在这两个方面都表现出与普通话不同的特征，有些特征甚至打破了原有的类别格局，例如调类的增加，这些都说明方言对马来西亚华语的影响是全方位的。因此，我们在研究全球华语的过程中，需要将方言的因素充分纳入考虑，方言视角是非常重要的一环。

4 普通话视角

早期的全球华语研究多数采用普通话的视角，即把其他地域的现代汉语标准语变体与普通话进行比较，找出异同点。早期的研究多关注差异，例如《台湾话的特点及其与内地的差异》（刁晏斌，1998）、《不同华人社区词语差异浅论》（张维耿，1988）、《新加坡华语和普通话的差异与处理差异的对策》（周清海，2006）等。处理这些差异的理论框架也随之出现，例如郭熙（2002）从语言规划角度提出的“协调论”，主张对域内外的汉语进行协调，“提高域内汉语和域外汉语的沟通度”。这些比较的视角和研究的确为全球华语研究奠定了基础。不过，普通话的视角还需要注意的是“普通话‘有’而各地华语‘没有’的现象”以及各地华语没有变的部分（周清海，2016），这样才不会以偏概全。下面我们以比较句式为例来看马来西亚华语的“变”与“未变”。

我们发现马来西亚华语书面语存在一种特殊的比较句式，即“A较B为C”。以下是来自东南亚华语语料库中的例句：

（12）太平洋赤道中间部分的海面水温将下降至<u>较正常为低</u>。

（13）在霹雳州国州议席出现三角战的选区，其得票数<u>较人民公正党为优</u>。

（14）不过欧股跌幅在美国10月就业成长数据<u>较预期为好</u>。

（15）公正党在投票站不远处的搭棚也<u>较国阵为多</u>。

（16）申请者<u>较前为少</u>。

（17）这个年度演说<u>较以往的演说为短</u>。

（18）失业人数继续下降，是由于总就业人数升至历史新高，而增长速度<u>较总劳动人口为快</u>。

（19）黑市外币汇率远较官方的汇率为高。

（20）一旦中国商品漂洋渡海，其质量必然高于国内的同样内销商品，甚至价格也不一定较国内为高。

例（12）至（20）都是马来西亚华语的比较句，主要用于书面语，其格式为“A 较 B 为 C”，属于差比句。其中“A 和 B”为比较项，A 为比较主体，B 为比较基准。“较”在这里是“比较”的意思，是比较标记，为介词，“介所比”（黎锦熙，1924）。“较”之前可以出现修饰成分，常用的有“远”，例如“但冰山融化速度远较预计为快”“黑市外币汇率远较官方的汇率为高”等。“远较”已经形成一个固定搭配，强调 A 与 B 之间的差距很大。C 为比较结果，通常为单个的形容词，而且我们发现的语料中几乎全都是单音节形容词［例外见例（22）］，如“低、优、好、多、少、短、快、高”等。不过，《现代汉语常用虚词词典》（曲阜师范大学编写组，1987）中有一例是双音节形容词，即“将我的译作驱除，以及未名社的横祸，我那时颇觉得北方官长办事较南方为森严”。关于比较结果之前的“为”字，张国光（1998）在谈到古代汉语中的抉择询问句“X 与 Y 孰 W”时认为“抉择询问句最大的一个特点是 W 项都是单音节形容词”，而这些单音节形容词前面可以加一个“为”字，让其“子句化”，例如“人无一字，吾有万言，孰者为优”（《论衡 · 自纪篇》）。如例（12），其比较项为“（目前的）海面水温”与“正常（的海面水温）”，比较结果为“低”。有时候比较项“A”并不出现，如例（16），比较的是“现在（或者今年）”与“前”，但是“现在（或者今年）”省略，只出现了比较项“B”，比较的内容是“申请者（人数）”，比较结果是“少”。

普通话不常用这样的比较句式，普通话与之相近的比较句式是“A 较 B 更为 C”，句中的比较项“A”也可以不出现，“为”的功能则是“附于某些表示程度的单音节副词后，加强语气，例如极为、甚为、颇为、尤为”（《现代汉语词典》第六版）。这样的句式马来西亚华语也有，例如“路途只会较十年前更为艰辛”（东南亚华语语料库）。事实上，目前很多研究比较句式的论文都没有讨论“A 较 B 为 C”这一句式。那么，为什么马来西亚华语书面语会大量使用这一比较句式呢？而且除了充当句子的谓语成分之外，这一句式还可以充当定语等句法成分，如例（21）和（22）中的“较正常为高”和“较十年前为强势”都充当了定语，用来修饰后面的名词中心语。这说明这一比较句式的句法功能已经呈现多样化的特点。

（21）可是拉尼娜对大西洋的一些地区包括非洲，却会造成较正常为高的气温和更干旱的现象。

（22）现在区内的政策制定者都在操作较十年前为强势的货币。

高名凯（1986）在《汉语语法论》中曾经提及这一比较句式，指出在古文中，表示差级的方法包括“较……为……”形式，例如“然分类以求，亦尚易尽，较之泛滥无归者则为少矣”（张之洞《书目答问略例》）。他进一步指出，在口语中，这一形式已经被“比（较）……（更、还）……”所代替。可见，“A 较 B 为 C”这一比较句式是古汉语语法的遗留，而马来西亚华语书面语保留了这一相对古老的句式，同时又使用其他的比较句式，甚至从方言借用一些特殊的比较句式，例如“A 大过 B”等。这说明马来西亚华语语法的确保留了一些普通话已经不用的句法格式，但是大部分的语法结构仍然遵循普通话的语法规律。

以上我们以比较句为例，演示了如何以普通话的视角来分析马来西亚华语的语法结构。如周清海先生所言，将来我们还要注意那些普通话“有”、而马来西亚华语“没有”的结构，解释其规律，研究其成因。这样，全球华语的研究将更全面与深入。

5 外语视角

全球华语研究外语视角的重要性不言而喻。由于多数的华语变体都出现在多元语言、多元文化的语境之下，当地的主要语言和国际语言或多或少都对华语造成一定影响。这些影响通常以词汇层面的影响为主，以语音和语法层面的影响为辅。词汇层面的影响主要体现在词汇的借用方面，这个领域的研究已经很丰富，例如汪惠迪（2002）就指出新加坡华语词汇吸收了大量马来语词汇，例如“峇峇、峇迪、纱笼、罗杂、巴刹”；周凯琴（2010）对马来西亚华语与马来语的双向借词做了深入研究，将马来语借词按照借入方式分为音译词、意译词、半音译半意译词、音译加义标词四类。《全球华语词典》和《全球华语大词典》也对各地华语的外语词源做了标注。这些研究成果都采用了外语视角来分析各地华语词汇的构成。

除了当地主体民族的语言，研究时还需要考虑的是前殖民者的语言的影响，例如英语对于马来西亚华语的影响，荷兰语对于印尼华语的影响，等等。以马来西亚为例，它是英国前殖民地，在1967年《国语法案》颁布之前，英语一直被作为官方语言使用，英语在东马的官方地位直到20世纪80年代才终止。再加上70年代之前，英校以英语为教学媒介语，因此英语在马来西亚的使用非常广泛。此外，个人多语和社会多语是马来西亚的常态，多种语言一直处在长期且深入的接触状态。因此，英语对马来西亚华语也造成了一定影响。同样的，词汇作为语言最敏感的部分，首先吸收了大量来自英语的音译词，例如“摩托、巴仙、巴士、安娣”等。

无论是来自马来语还是英语，除了以上定型的音译借词之外，马来西亚华语口语中还活跃着一大批原形原音借用的非汉语成分。例如“Uber，Taxi，Teh，kopi，mata，saman，roti canai，kuasa”① 等。这些词汇多数有相应的中文翻译，但是由于都是常用词，日常生活使用频率很高，因此马来西亚华人习惯直接以原词原音的形式借用。这与语码夹杂（code mixing）还有些不同，这些词汇似乎已经固化为马来西亚华语词汇库的一部分。当人们提到相关事物时，头脑首先涌现的是这些词，而非规范之后的中文词汇。例如，“roti canai”对应的中文为“印度飞饼（煎饼）”，但是马来西亚华人几乎不用这个中文词汇，在语流中直接用原词发音。这种现象在多语社会经常发生，马来西亚华人大多数都是多语人，他们的词汇库由多个语言或方言构成，如马来语、英语、华语、粤语、闽南语等。这些语言或方言的文化词汇或者高频词很容易进入马来西亚华语，除了音译的形式之外，原词直接借用的情况也很普遍，这也是语言深度接触的结果之一。

外语对马来西亚华语的影响不限于词汇，语法的层面也值得关注。下面我们以马来

---

① Uber，优步；Taxi，出租车；Teh，茶；kopi，咖啡；mata，警察；saman，罚单；roti canai，印度飞饼；kuasa，斋戒。

西亚华语的“被”字句为例，来分析英语语法对其的影响。例（23）至（26）中的被动句与普通话的用法基本相同。“被”之后的施事可以出现，如例（23）（24），也可以不出现，如例（25）（26）。就其语法功能而言，“被”字句既可以充当主要的谓语成分，如例（23）（24）（26）；也可以做定语，修饰名词性成分，如例（25）。就语用而言，“被”字句既可以与表示贬义或不愉快的词汇搭配，如例（25）“被欺负”；也可以用于表示褒义的句子，如例（24）“被火红的神州大地吸引了”。

（23）整个首都被浓厚的烟雾深锁。

（24）他们的注意力，已经被火红的神州大地吸引了。

（25）好象一个经常被欺负的小孩。

（26）此后的“冥诞”，偶尔有人质问工委会的领导与干部何在，更多时候已被遗忘。

（本节的例句均出自东南亚华语语料库）

然而，我们也注意到马来西亚华语的“被”字句有其自身的特点，如例（27）至例（30）。这些句子中的“被”都可以省略，直接利用句意表示被动的意思即可，如“名字念出时”“法令至今没有废除”“流动手提电话广泛使用”“不重开”。王波（2009）认为马来西亚华语的“被”字句存在过度使用的问题，并将其归因于英文句法的影响。不可否认，例（27）至（30）都可以找到对应的英文翻译①，而且马来西亚很多的中文新闻的确是从英文版本或者马来语版本翻译过来的，但是倾向于使用“被”字句表达被动似乎已经成为马来西亚华语的一个特点。因此，我们不能只是简单地将其定性为“滥用”或者“过度使用”，甚至是错误使用，而应该从具体的语言事实出发，归纳其使用的规律和特点。

（27）马青总团长候选人廖中莱的名字被念出时，获得中央代表热烈呼声。

（28）实在看不出这个法令至今还没有被废除的理由。

（29）在流动手提电话被广泛使用之前。

（30）白小原校作为一间设备完善的华文小学，没有理由不被重开。

就例（27）至例（30）而言，只要“被”之前的体词性成分是受事，那么主要动词则以被动的形式出现。如例（29）中“流动手提电话”是“使用”这一动作的受事，因此“使用”一词需以被动的形式“被使用”出现。同理，例（27）中的“念”与“名字”，例（28）中的“废除”与“法令”，例（30）中的“重开”与“白小”都构成了动作与受事的语义关系，因此都以被动的形式出现。再如例（31）（32），“剔除”与“贫穷问题”，“输出”与“价值观”也是同样的语义关系，因此也都使用了被动形式。

（31）贫穷问题应该被剔除。

（32）但这种价值观是必须被输出的。

与普通话比较，马来西亚华语显然比较倾向使用有标记的被动句式，即使句子里暗

---

① 相应的被动结构的翻译分别是 was announced，was abolished，was used，was reopened。

含意念的被动也不例外。从这一点看，马来西亚华语的句法似乎向英语和马来语靠拢。英语的被动语态形式要求严格，而马来语动词也有其被动语态的变化形式①，华语在与英语和马来语长期接触的情况下，也许受到了它们潜移默化的影响。除了语言接触的原因之外，马来西亚华文没有口语基础也是导致差异的重要原因（周清海，2008）。如前所述，马来西亚华语普及之前，闽粤客三大方言是主要方言。因此，马来西亚华语在形成过程中，没有像普通话那样有北方方言作为基础方言。具体到“被”字句，这种缺乏北方方言基础的共同语就用了类推的方式，将存在受事关系且受事前置的句子都用“被”字句表示。此外，如果从语用的角度探讨，有形式标记的被动句显然有强调句子被动的意思，与单纯意念的被动在表达上还是有区别的，不能简单地归因于过度使用。这种情况在新加坡华语中也有（陆俭明等，2002）。

6 结论

本文以马来西亚华语的词汇、语音、语法研究成果为基础，尝试提出分析马来西亚华语乃至全球华语的理论框架，即从古代汉语、汉语方言、普通话、外语四个视角来分析全球华语的特点。就马来西亚华语来说，这四个视角缺一不可，因为它既有古代汉语词汇、语法结构的残留，也深受闽、粤、客等南方方言的深层影响，同时又以普通话为规范标准，再加上多语环境造成的“多向度语言接触”（陈保亚，2012）而难以避免地受到马来语、英语等当地强势语言的影响。这些因素叠加在一起共同作用于马来西亚华语，造就了其不同于其他华语变体的语言特色。

“古、方、普、外”的理论视角也适用于新加坡、印度尼西亚等华人人口众多、华语变体自成一格的区域。例如印尼华语，其方言影响应以闽南话为主，个别地域的客家话也有一定的影响力；其外语影响以印尼语为主，以荷兰语、英语为辅。总之，在描写全球华语之前，首要任务是了解各地的社会语言状况。能够准确地辨析全球华语中的“古、方、普、外”成分或影响，要求研究人员对古代汉语、当地主要方言、强势语言（包括前殖民语言）都要有一定的认识和基础，只有这样，才能把各地华语描写清楚，并与普通话进行有效比较。希望此文能够抛砖引玉，引发学界对全球华语理论的交流和探讨，从而推动全球华语或大华语理论建设的进程。

（本文原载于《全球华语》（*Global Chinese*）2019 年第 5 卷第 1 期。作者：王晓梅）

参考文献

KARIM N S. Malay grammar for academics and professional. Kuala Lumpur: Dewan Bahasa dan Pustaka, 1995.

陈保亚. 马来西亚多语现象：一种独特的接触类型. 当代评论，2012.

---

① 马来语有三种方式表示被动，其中较典型的被动句结构式“受事 + di - 动词 + oleh + 施事”，di 是表示被动的前缀，oleh 是介词，引出动作的发出者（Nik，1995）。

陈重瑜. 华语研究论文集. 新加坡：新加坡国立大学华语研究中心，1993.
刁晏斌. 台湾话的特点及其与内地的差异. 中国语文，1998（5）.
刁晏斌. 试论建立“全球华语学”的可能性与必要性. 语言战略研究，2017，2（4）.
刁晏斌. 全球华语的理论建构与实证研究. 北京：华语教学出版社，2018.
高名凯. 汉语语法论. 北京：商务印书馆，1986.
郭熙. 普通话词汇和新马华语词汇的协调与规范问题：兼论域内外汉语词汇协调的原则与方法. 南京社会科学，2002（12）.
郭熙. 域内外汉语协调问题刍议. 语言文字应用，2002（3）.
黄婷. 马来西亚华语语音音韵研究. 台湾清华大学，2016.
黎锦熙. 新著国语文法. 北京：商务印书馆，1924.
李计伟. “两个三角”理论与海外华语语法特点的发掘. 汉语学报，2012（3）.
李宇明. 全球华语大词典. 北京：商务印书馆，2016.
陆俭明，张楚浩，钱萍. 新加坡华语语法的特点. 新加坡华语词汇与语法. 新加坡：玲子传媒私人有限公司，2002.
畔子. 语法研究中的“两个三角”和“三个平面”. 世界汉语教学，1994（4）.
潘碧丝. 多元方言下的渗透与包容：马来西亚华语中的方言词语. 云南师范大学学报（对外汉语教学与研究版），2012，10（3）.
汪惠迪. 新加坡华语特有词语探微. 新加坡华语词汇与语法. 新加坡：玲子传媒私人有限公司，2002.
王波. 从马来西亚华文书面语的语法特点谈语法规范问题. 敲开语言的窗口：华语的使用现象. 沙登：联营出版有限公司，2009.
王彩云. 从虚词变异看马来西亚华语与早期现代汉语的关系. 全球华语，2016.
王晓梅. 马来西亚华语口语中的疑问成分“做么”. 汉语学报，2016（2）.
王晓梅，何元建. 从语言接触看马来西亚华语疑问句尾的“的”字. 中国语文，2016（5）.
王晓梅. 全球华语国外研究综述. 语言战略研究，2017，2（1）.
吴福祥. 结构重组与构式拷贝：语法结构复制的两种机制. 中国语文，2014（2）.
现代汉语常用虚词词典. 杭州：浙江教育出版社，1987.
现代汉语词典（第6版）. 北京：商务印书馆，2015.
邢福义. 现代汉语语法研究的两个“三角”. 云梦学刊，1990（1）.
邢福义. 现代汉语语法问题的两个“三角”的研究：80年以来中国大陆现代汉语语研究的发展. 语言教学与研究，1991.
邢福义. 汉语语法学. 长春：东北师范大学出版社，1996.
张国光. 比较句中比较词的更替和比字句. 贵州师范大学学报（社会科学版），1998（2）.
张维耿. 不同华人社区词语差异浅论. 语言教学与研究，1988（4）.
周长楫，周清海. 新加坡闽南话词典. 北京：中国社会科学出版社，2002.
周凯琴. 马来西亚汉语和马来语借词的相互渗透之研究. 新加坡国立大学中文系与北京大学中文系双学位硕士毕业论文. 新加坡国立大学，2010.
周清海. 新加坡华语和普通话的差异与处理差异的对策. 联合早报，2006－03－21.
周清海. 华语研究与华语教学. 暨南大学华文学院学报，2008（3）.
周清海. “大华语”的研究和发展趋势. 汉语学报，2016（1）.

论海外华语特色词的分类及其意义
——以马来西亚华语为例

1 问题的提出

描写是进一步研究的基础。对于中国大陆地区以外华语变体的描写，可以有两种方法：第一种就是把某一个华语变体作为一个独立、陌生的系统进行描写，恰如我们对某个民族语、汉语方言所进行的全面描写一样，要描写其整体面貌，例如非华语使用者如果想了解马来西亚华语，就必须采用这种方法。第二种方法是基于普（通话）—华（语）对比来描写某个华语变体的特色之处，就是把某个华语变体与现代汉语普通话的不同之处揭示出来；这是当前国内外学者描写华语变体的基本方法，如周清海、萧国政（1999），郭熙（2002），汤志祥（2005），刘文辉、宗世海（2006），黄婉桦（2010）和黄华迎（2014）等。

华语词汇的描写与研究近年来取得了可喜的进步，比如由李宇明教授主编的《全球华语词典》和《全球华语大词典》的出版，就极大提升了人们对全球不同华语变体词汇面貌的认识。但华语词汇的描写与研究有不同的目的，比如为编修全球华语词典或国别化的华语词典，为制定海外华测的“华语标准”（王汉卫等，2013），为认识华语变体的词汇系统及其与现代汉语词汇系统的差异等。研究目的不同，我们观察研究对象的侧重点亦应有所变化。

华语词汇描写研究的对象是什么？很多人可能都会说是华语特色词。但到底什么是华语特色词，却并不容易回答。比如《全球华语词典》在“前言”中说“尽可能记录各地有特色的词语和词义”，在“凡例”中却说“主要收录20世纪80年代以来各华人社区常见的特有词语”。很明显，“有特色的词语和词义”与“各华人社区常见的特有词语”之间并不能画上等号，特有词语应该是特色词语的一个子集。到了《全球华语大词典》，收词范围有所扩大。主编李宇明在该词典的“序”中说：“《全球华语大词典》是《全球华语词典》的升级版。《全球华语词典》主要收录具有各华语社区特色的语文词，视点在异，录异以求通。《全球华语大词典》进一步搜罗特色词并再行甄别……并收录华人社会的共用词，还酌收一些文化词。”可见，华语特色词是这两部词典收词的核心和主体。

对华语特色词的判定，一方面受制于我们对华语变体的认识程度，一方面取决于我们的研究目的。华语特色词是一个上位概念，其下还可以依据具体特色分为不同的次类；关于各个次类的划分标准及其命名，各家是有较大分歧的。如周清海、萧国政（1999）将新加坡华语词语与现代汉语普通话的差异主要分为“词的意义相同，词形选择不同”“词形相同，义项选用不同”“词形词义相同，色彩和用法不同”等三类；郭熙（2002）从普—华对比与域内外华语协调的角度，将新加坡华语和马来西亚华语的特色词分为“名称相异而所指相同”“名称相同而所指不同”“名称和所指相同，色彩和用法不同”“各自特有词语或流行语”等四类；汤志祥（2005）则将“华语区域特有词语”分为“特义异形异音”“同义异形异音”“近义异形异音”三类。这些分类，几乎每一个小类的命名都涉及几项标准，不易理解，同时也导致命名不够简洁。

本节基于对马来西亚华语的研究，尝试将华语的特色词分为如下四类：①词项特色词；②义位特色词；③搭配特色词；④频率特色词。希望这一分类能深化我们对中国大陆地区之外的华语变体与现代汉语普通话词汇系统差异的认识，为进一步完善《全球华语词典》和《全球华语大词典》提供参考。本节注明出处的语料来自《东南亚华文文学大系·马来西亚卷》(10 本)，未注明出处的用例则来自暨南大学海外华语研究中心“东南亚华文媒体语料库”的“马来西亚部分”和马来西亚华语语料库（MHYL）。

2　华语的词项特色词

词项（word item）就是某个语言或语言变体的词库中的一个项目。所以，所谓华语的词项特色词，就是基于与现代汉语普通话的对比，为某华语变体所有而现代汉语没有的词语。一个词项，包含词音、词形和词义三个方面，只要有一个方面（其中词音指声、韵、调有重大差异；词义指该词的所有义位，而不是某个义位有别）与现代汉语普通话有别，就应该认定其为词项特色词。比如体貌助词“了（le)”，在马来西亚华语和新加坡华语中大多数时候都被读为“liǎo”，从语音上讲，与普通话有重大差异，应该被认定为词项特色词，《全球华语词典》和《全球华语大词典》应该收录。

我们从来源的角度，把马来西亚华语的词项特色词分为外来词、方言词、文言词与社区词等几类，下面分别来看。

第一，来自外来词的词项特色词。在马来西亚华语中，有为数不少的源自马来语、英语等语言的借词，比较常用的有：“甘榜（村庄，马来语 kampung 的音译)”“巴冷（一种刀，马来语 baleng 的音译，有时候直接说‘巴冷’，更常见的是加上类名说‘巴冷刀’)”“巴刹（菜市、集市，马来语 pasar 的音译)”“罗里（卡车，英语 lorry 的音译，有时候也译作‘罗厘’)”“杯葛（抵制，英语 boycott 的音译)”“巴仙（百分比，英语 percent 的音译)”“依格（英亩，马来语 ekar 的音译，ekar 来自英语的 acre)”等。来看用例：

（1）由于禽流感在甘榜居民后院饲养的鸡群中散播，而非商业养鸡场，无法一举灭鸡，为灭鸡行动增添了一定的难度。

（2）卡巴星曾经问他，为甚么华人习惯守在自己的生活圈子里，不进入其他种族的生活，不进入马来人的甘榜？

(3) 他知道事情非同小可了，刚满从船舱中找出了一把“巴冷”，一边加大了力气，把船划得更快一点。(马汉《渔村纪事》)

(4) 他说，被击毙的劫匪是30余岁的本地华男，持有3瓶汽油和一把巴冷刀。

(5) 每天早上，当地的妇女和小孩会到巴刹买菜，渔夫收工后则到附近的咖啡店喝茶。

(6) 他透露，吉兰丹每天共有5万只肉鸡被在巴刹售卖。

(7) 负责驾驶休旅车的司机席尔瓦指出，车子撞上前方行驶的罗里时，所有人都在睡梦中，只有他和兰卡巴星清醒。

(8) 我们的生意做得大，三架罗里也不够用，加上载黄梨常要塞车。(马崙《黄梨成熟时》)

(9) 当马来社会已经不再相信主流媒体，甚至杯葛第三电视、《马来西亚前锋报》等媒体时，华社竟然阻止不了马华公会收购南洋报业控股。

(10) 如果当局在5月学校假期前仍无法修正失误的内容，董总将展开“正确历史(正史)运动”，号召全国杯葛使用四年级历史课本。

(11) 只是，马币脱钩至今，币值一直在狭窄的一两巴仙之间波动，近期印尼盾狂贬，甚至引发了马币贬值的可能。

(12) 渔村里的华裔居民占了90巴仙，多数源自于福建及潮州籍贯。

(13) 政府虽表明在乡村的地契更新费，一依格是马币两百元，但部长并没有清楚说明郊区和乡区的差别。

(14) 该大厦占地4.09依格，于2010年4月12日动工，2012年12月17日竣工，并于2013年1月15日正式交给关税局官员。

第二，来自方言词的词项特色词。李如龙（2013）曾指出，海外华人在外定居，但他们带走的母语是中国东南部的汉语方言，在东南亚各地，闽粤方言早期也是强势方言，词汇进入华语比较方便，但同时又缺乏严格规范，这就使得海外华语的汉语方言词较多。在马来西亚华语中，来自闽粤方言的词为数不少。如“头家”“住家”“间中”“出街”“标青”等：

(15) 郑云城也是评论人，他非议说，上述文章暴露了典型的马华公会“头家政治”心态，一定要有个人利益，才会站出来做事，所以也认定别人也是如此。

(16) 老板娘索性把瓶子捏在手里晃：头家，黑色的酱料不全是豆油，这是醋，中国乌醋！

(17) 大批记者今日在沙里尔和居民代表的带领下，巡查数间受影响住家，只见一户人家延墙角裂开宽约一寸的缝隙，裂缝足可容纳一根手指有余。

(18) 讵料，郑志豪在晚上11时返回1A座11楼住家休息时，却被埋伏在楼梯间的纵火狂偷袭。

(19) 风帆并没有停下脚步。秋宁听到的是他沉重脚步的回音。间中仿佛是隔了千山万水。(李忆莙《困境》)

(20) 该外劳于一周前因胸部疼痛，间中拿了3次病假，他于两天前进入新山中央医院治疗，过后病逝。

（21）虽然已是老夫老妻，但两人还是保持着牵手的动作，不管是出街还是在家里看电视。

（22）这则专访出街后，国内各语文报纸纷纷转载，其中一家英文报如此报道："新上市交易所将派发马币8亿6 000万元股息予股东。"

（23）这是一个非常严重的迷思，因为并非所有学生都能够在学术成绩上考获标青的成绩。

（24）原棕油是马来西亚表现标青的领域。

例（15）和例（16）中的"头家"来自闽南语，义为"老板"。例（17）至例（24）中的"住家""间中""出街""标青"均来自粤语。"住家"就是"住户""住宅"；"出街"就是"上街""面市"；"间中"为名词，其意义为"其间""其中"；"标青"是形容词，义为"出色""出类拔萃"。

第三，来自文言词的词项特色词。由于马来西亚华语形成、发展的历史比较长，在其形成、发展的过程中，从早期现代汉语乃至近代汉语中吸收了一部分词语，而这些词语在今天的现代汉语普通话中已不再使用或者极少使用，从普—华对比的角度而言，我们可以将之归为"文言词"；这样的词语有"学额""献议""提点""泰半""杪"等：

（25）她说，新山宽柔五小发生两百名家长漏夜排队为孩子抢学额的事件，反映了华小不足的严重性。

（26）2011年入学年起，马大中文系的收生学额每年仅15人，扣除每年几乎都出现临阵退缩的"逃兵"，近3年来都只有13至15名中文系本科生。

（27）他们于是献议我出任政治部人员一职，只需将马大华文学会的事务记录下来，交给政治部人员，他们每月会给我二百元薪酬。

（28）如果巫统接受组织联合政府的献议，那么伊党可能开出条件，巫统会先征求国阵成员党的意见吗？

（29）此外，也希望他对我崎岖的命运有所提点，为我指引一道明路。（柏一《红疯子》）

（30）引用这爱意绵绵、涵义深远的歌词为庄重的国庆日主题，当局的处心积虑、用心良苦已是不言而喻，柔情的提点大马各族人民，57年前一个新国家的诞生，也是大家生于斯、长于斯，以及死于斯的最后情感归属。

（31）泰半马来人族群仍然贫富悬殊，处在赤贫水平。

（32）那些卖了一两代人的小贩，年年月月捧出的面食和糕粿，泰半不靠供应商供货，而是自家生产制造。

（33）当局将在隔离观察两只熊猫约1个月后，由首相纳吉于6月杪为位于国家动物园的熊猫馆主持开幕礼。

（34）副首相丹斯里慕尤丁说，政府将于年杪前探讨豁免中国、印度、巴基斯坦、孟加拉和斯里兰卡等国一次入境的签证费，以化解大马在应对两宗空难和掳绑游客所带来的冲击，放眼在明年能够取得890亿令吉的旅游收入。

例（25）和例（26）中的"学额"，科举时代指每次考试录取的府县学生的名额，在马来西亚华语中，其意义类似现在中国大陆常说的“（中小学）学位”“招收名额”；该词在民国时期的汉语中尚有使用。例（27）和例（28）中的“献议”，义同“建议”，在民国时期的汉语中常用。例（29）和例（30）中的“提点”，义为“提醒指点”，近代汉语小说有用，如《二十年目睹之怪现状》第六回：“教导呢，我是不敢说；不过处处都想提点你，好等你知道些世情。”该词在今粤语中也有使用。例（31）和例（32）中的“泰半”就是“大半”“大部分”；这个词在汉语史上出现很早，如《汉书》：“至于始皇，遂并天下，内兴功作，外攘夷狄，收泰半之赋，发闾左之戍。”唐代颜师古注曰：“泰半，三分取其二。”该词在民国时期的汉语中有用。上述四个词语，《现代汉语词典》（第六版）均未收录。例（33）和例（34）中的“杪”，用在“年”“月”或四季之后，表示“末尾”，今天的现代汉语普通话已极少使用，《现代汉语词典》（第六版）将之标注为“书面语”，该词在民国时期的汉语中比较常用。

第四，来自社区词的词项特色词。关于“社区词”，田小琳（2004）说：“社区词是社会区域词的简称，它和文言词、方言词、外来词一起，构成现代汉语词汇一般词语的重要来源和组成部分。”“社区词则别开生面地叫我们看到，使用汉语的不同社会区域，还流通着反映该社会区域的社会形态的一批词语，包括反映该社区的政治、经济、文化等形态的词语。”如“通译员（翻译）”“图测（规划图）”“组屋（政府建造的居民住宅）”“娘惹（土生的女性华人）”“终站（终点站）”“准证（许可证）”“东协（东盟）”“积犯（惯犯）”“波道（频道）”“滑鼠（鼠标）”“电眼（电子眼）”“交通圈（交通环岛）”“敢敢（勇敢地、果敢地）”等等。来看几个用例：

（35）警方给他的表格是马来文的，是由一名警察翻译成英文，再由通译员译成蒙古语给他听，所以他才知道内容。

（36）现年26岁的女佣祖丽亚娜在法庭通译员读完控状后即当场认罪。

（37）他也表示，工程局不会因大城堡居民反对，而修改相关高路的建造结构图测。

（38）一旦图测获得县议会批准，便可公开招标。

（39）幸亏昨天，在他第四次的考试大关上，他居然“过关”了，领到了一张准证。（马汉《平安夜》）

（40）只有持有准证的支持者才获准进入提名站范围内，至于无准证的人士则须听从警方指示，逗留在警方所规定的各政党支持者阵营的范围里。

（41）当马来西亚人再度来到未来的十字路口，华裔朝野政治，似乎又绕回18年前的交通圈。

（42）他指出，这项全程长4公里的工程是从武吉丁雅交通圈至柔府水闸，工程包括兴建双行道高架公路及平地双行大道。

（43）老三是牛性子一个，一言不合，他敢敢掉头就走。（爱薇《回首乡关》）

（44）我们要教孩子敢敢跑去告诉大人。这就是教育，说实话后，孩子都会懂得辨别。

关于“敢敢”，陈重瑜（1986）指出，在新加坡华语口语中，“敢敢”常用，并且新加坡闽南语中有“敢敢”之说法，但是台湾的闽南语却无。在马来西亚华语中，这个词也有使用。

3　华语的义位特色词

“义位”就是词义的基本单位。“义位是词义的构成单位，是语义中能够独立运用的最小单位。有的词只有一个义位，为单义词；有的词有两个或两个以上义位，为多义词。”（苏宝荣，2000）一般说来，进入词典，一个义位就是一个义项。某一个词，现代汉语普通话和某个华语变体都有，但该华语变体却具有现代汉语普通话所没有的义位，这样的词，我们称之为“义位特色词”。下面以“素质”“报效”“操作”“投入”“离开”“夜”“慢”“浓”“把”为例来说明问题。

在现代汉语中，名词“素质”有三个义位，一是“事物本来的性质”，二是“素养”，三是“心理学上指人的神经系统和感觉上的先天的特点”，其中以第二个为常用。在马来西亚华语中，这些意义也有使用，但更常用的是另外一个义位，即“质量”“品质”，这一点与新加坡华语相同。如：

（45）对普腾而言实在是难堪的决定，也是进一步反映出，普腾的产品素质实在有待改善。

（46）全马各地区的空气素质正常，不过，印尼及马来西亚的林火热点剧增。

（47）只是在九十年代的中国生活素质还没现在好，中国人也还不流行收藏书画，许多名家画作就这样被海外收藏家买走。

（48）你来这里可以欣赏高素质的演出，还给予一班表演艺术人员实际的支持，何乐而不为？

动词“报效”，在现代汉语中只有一个意义，就是“为报答对方的恩情而为对方尽力”。这一意义在马来西亚华语中偶有使用，但更常用的是“提供”“捐赠”这一义位。如：

（49）我们放一个大架子，放菜呀、米呀、油呀、盐呀、米粉呀，都是村民们报效。

（50）这名善心人士答应捐献一块位于士毛月的土地，及报效一间价值超过一亿元的中医学院。

（51）峇冬加里大屠杀收尸人黄天来（74 岁）指出，当年年仅 8 岁的他在事发 10 天后，随着爸爸及其他 15 名老前辈一同前往案发地点收尸，以罗里载送尸体至乌鲁音，再由家属辨认及第三者报效棺木。

（52）巴生光华国中筹建综合楼和提升讲堂筹款晚宴获得热烈反应，原本已报效 120 桌的辉煌大酒楼将“加码”至 130 桌，报效当晚全场的餐席。

动词“操作”在现代汉语中指“按照一定的程序和技术要求进行活动或工作”；在马来西亚华语中，由这一意义的“操作”所组成的“电脑操作”“操作规程”“操作方法”等均有使用，但其“操作”的含义很宽泛，有诸多独特的搭配。从普—华对比的角度而言，我们可以根据这些不同的搭配，分别给“操作”概括出不同的更加具体的意义来。如：

（53）因此教总促请教育部继续聘请临教以填补有关的空缺，以免影响华小的正常操作。

（54）中央政府即时宣布丹州实施宵禁，但于事无补，州政府陷入瘫痪，不能操作。

（55）提及仙本那再次发生掳人案，是否意味着沙巴东部特别保安指挥区操作失败，他给予否认。

（56）另外，马六甲阿弥陀佛洗肾中心更因缺乏经费，而于2010年9月停止操作。

（57）CK滑机油经销公司董事主席郑自宽披露，公司搬来新厂投入操作至今已一年半，期间共遭遇两次劫案和一次偷窃案。

（58）分析师指出，马航保留操作的国内航线比预期更多，共达19个，这使它成为整个航线重组计划中的赢家之一。

（59）据说就快退休了，但这时他脑筋的操作，却迅速得很："不会是优等吧？"（驼铃《焚》）

（60）我随着家人逃难到山芭里去，整天在田芭里操作，更是无缘读书。（马汉《过江泥菩萨》）

上述用例中的"操作"，例（53）～（55）可以解释为"（机构的）运行"，例（56）～（58）可以解释为"（公司、机构的）运营"，例（59）可以解释为"运转"，例（60）则可以解释为"劳作"。

根据《现代汉语词典》（第六版），"投入"具有名词、动词、形容词三种词性，四个义项。在马来西亚华语中，除此以外，还有一个动词意义"加入（某个机构、团体、行业等）"，如：

（61）现年30岁的法蒂玛自1996年投入警队，当时为辅警，2005年被调到特别行动部队。

（62）青年团长黄顺荣，也呼吁更多人多参与该会活动，投入该大家庭。

（63）参与及投入华人社团的，真的是剩下"有心人"了，差别在于有的人致力于社会工作，有的人则处心积虑纠缠于权位争夺。

（64）换句话说，接下来这几年全国每年将只有不超过30位中学华文教师投入杏坛。

动词"离开"，在现代汉语中只有一个意义，就是"跟人、物或地方分开"，但是在马来西亚华语中，还有一个动词意义，相当于"距离""离"，用于两个处所或两个时间点之间表示二者之间的空间距离或时间距离。如：

（65）警方还派出一架直升机在空中盘旋，监视状况，直升机一度低飞至离开地面300公尺与400公尺之间的距离，直升机低飞造成的强风把示威人群的衣物掀起。

（66）加上其他在野党，总数将是57席，离开否决国阵三分之二国会议席，还有16席之多。

（67）目前，离开2006年新学年开学日期只剩下区区两个多月的时间，但是教育部迄今尚未对华小四年级数理教学方案作出明确的宣布。

（68）原本这个离开第12届大选不远的补选，更何况战场设在马华公会的堡垒区内，在野党理当效仿"孔融让梨"的精神。

现代汉语中，"夜"是个名词，但在马来西亚华语中，"夜"还具有形容词用法，义为"（夜）深、（夜里时间）晚"如：

（69）真对不起，这么夜还把你吵醒。（李忆莙《痴男怨女》）

（70）过去，她一个人在怡保那里，我们都非常的担忧，一直叮嘱她要特别小心，不要太夜打烊，不熟的顾客可以不要做，岂知，竟然还是会遭遇如此不幸！

形容词“慢”在现代汉语中的意义与“快”相对，表示“速度低；走路、做事等费的时间长”。而在马来西亚华语中，除此义以外，“慢”还具有“晚”“迟”的意思，并且较为常用。如：

（71）易言之，虽然少年安华出身学生运动，但论年龄却比纳吉慢了12年从政。

（72）就是说黄梨厂吃不完黄梨，载去也无法下车，慢几天再砍。（马崙《黄梨成熟时》）

（73）这就是为甚么，在过去十几年里，很多外国汽车厂都转往起步较慢，但相对比较开放的泰国投资设厂，使泰国赢得了“亚洲底特律”的美誉。

（74）可惜起步太慢，不然早就是殿堂级数的达人。

“浓”是现代汉语很常用的一个形容词，它有三个义项，分别是与“淡”相对、颜色“深”和“（程度）深”；分别可以有“浓茶”“浓绿”“兴趣很浓”等搭配。而在马来西亚华语中，除了这三个义项之外，还有一个新的意义，即表示“（机会的可能性）大、高”。如：

（75）是的，听说我升级的机会很浓，但是事情还没有尘埃落定，谁也不敢肯定。（朵拉《胜利者》）

（76）消息说，三名副主席人选中，前三名候选人中选的机会最浓。

根据《现代汉语词典》（第六版），量词“把”一共有五个用法：①用于有把手或能用手抓起的器具，如一把刀；②用于一手抓起的数量，如一把米；③用于某些抽象的事物，如一把年纪；④用于手的动作，如拉他一把；⑤用于动作、事情的次数，如过把瘾。这些搭配，在马来西亚华语中均有使用，但除此以外，量词“把”在马来西亚华语中可以计量“嘴”与“声音”。如：

（77）人民公正党鹅麦区国会议员阿兹敏阿里也插一把嘴：“国会成为巴刹，因为我们有来自林茂的巴刹主席！”

（78）在巫统代表大会第二天，代表口中难得地出现了一把自省的声音。

4　华语的搭配特色词

所谓华语“搭配特色词”，是指这样的词语，现代汉语普通话和某个华语变体都有，并且在理性意义或者说概念意义上基本没有差异，但它们在该华语变体中却具有现代汉语普通话所没有的搭配。词语搭配不同，基于它们所形成的语言面貌就不同，要想深入认识华语变体与现代汉语的差异，搭配特色词必须纳入描写与研究视野。需要指出的是，词语的褒贬色彩不同，形成的搭配也不一样。周清海、萧国政（1999）曾指出，“遣送”在普通话中是有贬义的，但是在新加坡华语中却是中性的；由于褒贬色彩不同而造成的搭配差异，也可以归入我们这里所说的搭配特色词。

下面以马来西亚华语的“课题”“收藏”“帮忙”“灵光”“优越”“丰盛”“圆满”“间”“粒”来说明问题。

在现代汉语中，“课题”的意思是“研究或讨论的主要问题或亟待解决的重大事项”，而在具体的搭配方面，“课题”主要与科研或严肃而重大的问题相关；但是在马来西亚华语中，“课题”很少与科研相关，面临或亟待解决的事项、问题都可以叫“课题”，在问题的“重大”程度上有所减弱。如：

（79）因此，我们可以看到马来西亚执政当局在处理汽油涨价课题时，也特别谨慎。

（80）他认为，目前情况很混乱，对马航未来首脑人选的课题，他也不愿置评，因为目前的情势似乎不再是纯粹的商业决策而已。

（81）卡立强调，他不会因为水荒问题而辞职。“人民所要看到的是专业化的解决问题，而非政治化这个课题。”

（82）或许只有当我们不再把个人性向当作攻击对手的工具，不再把同性恋课题当成隐讳时，才是真正的不歧视同性恋，才真正是一个尊重他人自由选择的宽容社会所应有的态度。

动词“收藏”，在现代汉语普通话中的意义是“收集保藏”，充当其宾语的主要是“文物”“艺术品”等具有重要价值的东西，这样的搭配在马来西亚华语中也有，但除此以外，马来西亚华语的“收藏”还有很多现代汉语普通话所没有的搭配。如：

（83）第二，一般相信用在死者身上的炸药属于C4级炸药，而这个新产炸药一般上收藏严密，究竟如何会掉入相关警员的手中？

（84）占米说，他每晚午夜12时就会把当天的录影带收藏在他办公室的台架上。

（85）他指出，经过调查后，那两名男子带领执法单位至他们被捕附近的一间货仓，起获共6 000公升收藏在大油槽的柴油。

（86）警方因此推断死者即是当时遭人肢解，然后被收藏在雪柜内。

“帮忙”在现代汉语普通话中是一个不及物动词，如果涉及所帮对象，或以“帮X一个忙”这种离合词形式出现，或用介词“给”引介所帮对象而置于“帮忙”之前。但是在马来西亚华语中，“帮忙”却是一个及物动词，在具有离合用法的同时，也可以像汉语普通话的“帮”和“帮助”那样直接带宾语。如：

（87）身为家中长子，我小时候还得不时帮忙父亲载送鸡蛋到市区的商店。

（88）如果你不要帮忙我们，就直接告诉我们，那就算了。

形容词“灵光”，《现代汉语词典》（第六版）的解释是：“〈方〉好；效果好。”在现代汉语普通话中，“灵光”通常与“头脑”搭配，而在马来西亚华语中，“灵光”还通常与“语言”搭配。如：

（89）一名来自吉打州居林区的年老代表陈楚江，由于马来语不灵光，只能以生硬的马来语发言。

（90）表示不分种族，不分语言才是人民公正党的斗争方向，其中就有马来人代表在演讲中大秀灵光的华语，表示掌握多一种语言，就多了竞争能力，赢得现场出席者掌声鼓励。

形容词“优越”，《现代汉语词典》（第六版）对它的解释是“优胜”“优良”。在现代汉语中，“优越”常与“条件”“地位”“地理位置”“地理环境”以及类词缀“感”“性”搭配，这些在马来西亚华语中也很常见。但是“优越”在马来西亚华语中还有很多组配是现代汉语没有的。如：

（91）汉达和利道安从中一到中三都由于成绩优越而被编在同一班上课。（碧澄《牵》）

（92）该国总统于今日会晤首相拿督斯里阿都拉后，宣布提供6名大马优越生至其国进修的奖学金作为答谢。

（93）另一方面，一名来自吉打州的马来考生在所报考的22项科目中，竟然考获20科1A及2科2A的全A佳绩，优越表现创下历年之冠。

（94）沙菲说，为了把大马打造成为教育优越的国家，政府将会在马来西亚第9计划下，在吉兰丹，丁加奴及雪兰莪各设立1间工艺学院。

（95）将高教学府提升成为卓越中心的措施已经被鉴定为一个建立优越研究大学的重要课题和需求。

（96）以公正原则为基础，继续推动学生斗争议程，加强学生的优越素质和团结力量，谋取学生权力和为社会贡献，共同建立一个民主，自由和公正的校园。

（97）为了打造一个拥有国际地位的高等学府，更为国家培育更多优越的人才，朝野政党应该携手合作，一起商讨对策来回应高教部将在九月国会会期提呈的修订案。

（98）不过仍然无法招回身处在外的人才，也没有办法吸引优越的外国公民前来我国工作。

（99）用更优越的政策压倒国阵，民心自然归顺，一举两得，这不是比“幽灵议员”“916执政”更务实更可靠吗？

（100）首相是在国内安全部秘书长丹斯里阿都阿兹尤索夫在这里出席部门的优越服务颁奖礼上，提到有关婚礼的进行时间时，纠正了他的说法。

形容词“丰盛”义为“丰富（指物质方面）”，在现代汉语中，主要搭配“物产”“饭菜”等；但在马来西亚华语中，还有一些特殊的搭配，来看：

（101）各族人民都将因为学好华文而受惠，让华文教育发展的结果为国家带来丰盛的经济效益。

（102）一旦回教党身上的羽毛丰盛后，他们就会带来很大的祸害。

“圆满”在现代汉语中的常见搭配是“圆满的答复”“圆满地解决”“圆满结束”“解决圆满”，表示“没有欠缺，让人满意”；而在马来西亚华语中，这些搭配均有使用，除此以外，“圆满”还可以直接修饰表示时段的时间短语。如：

（103）前副首相安华被革职圆满六年的那一天，终于赢回了个人的人身自由与尊严。

（104）目前距离第2 000天只剩下175天，“慈祥、中庸、温和”的阿都拉上台圆满两年两个月，他为什么连重开一所校舍结构稳固、设备齐全的白小都那么困难？

在现代汉语中，个体量词“间”主要用于计量房屋的最小单位，如“一间教室”“一间卧室”“三间门面”等。在马来西亚华语中，除了这些搭配，量词“间”还可以用于计量“学校”“公司”“银行”“医院”“别墅”等非单间性的机构或建筑。

(105) 我不担忧因为我们还是位处世界首200名大学，而且这也是第一次一间大马大学能够在人文科挤入世界首50名，及在社会科学挤入世界首100名以内。

(106) 上述两所学校尚有数十个空学额，现在八打灵再也地区家长都可以把学生送到区内任何一间华小学就读。

(107) 花2亿4 300万元建可容纳650名囚犯的监狱，相等于为每一名囚犯花38万元，这笔钱足以在古晋建一间别墅。

(108) 其实，公司股票超过面值，只能说明这是一间有盈利的公司。

(109) 这是缺乏专才和经验下无法良好管理一间银行的典型例子。

(110) 黄家泉在上届大选向华都牙也选民发出的发展选区承诺，包括设立一间华都牙也人民医院，以及拨款马币50万元兴建九洞民众会堂等大型计划，到目前都没有实现。

在现代汉语中，个体量词“粒”一般用于计量形体较小的圆形或块状事物，如“一粒米”“一粒药丸”“一粒子弹”等；而在马来西亚华语中，除了这些搭配，量词“粒”还可以用于“球”“榴莲”“柚子”“黄梨”“苹果”等形体较大的事物。如：

(111) 相信曾经领导槟州马华3年有余的陈广才有最深刻的体会，如今交棒于廖仲莱，等于把一粒热山芋转手。

(112) 政治恶斗排第一的马来西亚，则像一粒笨重的热汽球般，等着各种问题慢慢从通胀和经济衰退中浮现了，非要痛到不行了，才急着求医。

(113) 他发表声明说，年初接受身体检查，到四月证实右颈有一粒恶性肿瘤后，立即戒酒，并接受多次化疗及电疗。

(114) 这是本地榴梿，一公斤5令吉，挑了一粒是9令吉，谁料小贩剖开后，她用手沾了一点品尝，觉得榴梿口味不合心意，就走开不买。

5　华语的频率特色词

要全面认识其他华语变体与现代汉语的区别，除了“有无”这个问题之外，还应该关注“多寡”的问题。所谓“有无”，就是哪些词汇语法现象是某个华语所有而现代汉语没有的，比如前边提到的词项特色词、义位特色词、搭配特色词都是在描写华语变体所有而现代汉语没有的东西。所谓“多寡”，就是要关注其他华语变体与现代汉语在某个词汇项目或语法项目上使用频率的差异。比如，在现代汉语中常用的“五讲四美”“双规”等数字缩略现象在大陆地区之外的华语变体中就极少使用。同样，有很多的词语，在一些华语变体中很常用，而在现代汉语中较少使用。这种差异也是我们认识全球华语面貌所不能忽视的。我们将其他华语变体常用而现代汉语不常用或少用的词语称为华语的“频率特色词”。

首先来看时间名词“当儿”，在现代汉语多用于口语，相当于“时候”。汉语普通话中的“在……的当儿”“当……的当儿”“……的当儿”等格式，在马来西亚华语中也有使用，但是其使用频率远高于普通话。如上述格式在暨南大学“东南亚华文媒体语料库”之“马来西亚部分”（HWMM，约1亿字次）就有409条用例；而在北京大学CCL现代汉语语料库（CCLX，约3亿字次）中，有410条用例。即现代汉语以三倍于马来西亚华语的语料规模，才有与之相当的使用频率。如：

（115）我常在他输血的当儿，坐在幽黯的角落自言自语。（李忆莙《红颜》）

（116）半岛的天空被烟霾笼罩的当儿，马来西亚的经济看来也要明年方能放晴。

（117）但是要做到这点却是相当困难的，除非负债去支撑，不然在通货膨涨的当儿，政府难免要调高各种收费以应付日渐增加的开销。

（118）在庆祝57岁的诞辰当儿，我们只能祈祷，会有越来越多的各民族年轻人胸怀民主开放，愿意跨越种族的藩篱，共享国家的财富。

动词“恋栈”可以解释为“留恋”。在CCLX中，共有26条用例，如：“恋栈北京的士兵，则不可能成为未来的元帅！”说明该词在汉语普通话中有使用。但在HWMM中，“恋栈”则有109条用例，该词在马来西亚华语中的使用频率远高于现代汉语普通话。如：

（119）那些恋栈政府高职的马华公会高层，更不会轻言放弃难得的升官机会。

（120）纳吉指出，国阵并不恋栈权位，相反的，国阵希望我国人民继续投选国阵政府，是出自对国阵的信任。

动词“撙节”为“节约”“节省”之义，多用于书面语。在HWMM中，“撙节”有用例195条，而在CCLX中仅有12条，可见该词在马来西亚华语中远比在现代汉语普通话中常用。

（121）槟州首席部长林冠英在槟州行政议会后表示，为了撙节开支槟州政府决定暂缓购买供议员们，还有议长使用的手提电脑和打印机。

（122）正当各州政府和中央政府在这个艰难时期采取各项撙节措施之际，登嘉楼州政府竟动用巨额，购买14辆马赛地豪华房车充当官车。

在现代汉语中，文言词“予”多与“给”“赋”“交”等动词构成双音词“给予”“赋予”“交予”使用，偶尔有“V＋NP1＋予＋NP2”（如“送画予人”）、“予人＋NP”（如“予人无限的想象空间”）的格式出现，用例也非常之少。而在马来西亚华语中，“予”的这两种格式出现得非常频繁：从使用数量上看，我们以“予人”为检索对象，在CCLX的前50条用例中，仅有1例“予人＋NP”双宾语结构；而在HWMM中，前50条中竟有17条之多。这表明“予”在马来西亚华语中远比在现代汉语中活跃。来看“V＋NP1＋予＋NP2”与“予人＋NP”这两个格式的用例：

（123）南洋报业控股曾于2003年10月份，发出一批红股予股东。

（124）她也提呈死者家属的受害影响报告予法庭，指死者家属在此案发生后，心中存有阴影及担心，不敢出外，希望法庭给予合理判决。

（125）警察部队自然比其他公共服务部门更易予人纪律败坏的印象。

（126）彭茂燊赞扬彭丽媛为人诚恳，完全不会傲慢，全程微笑示人，予人亲切的感观。

形容词“熟络”在现代汉语中也有使用，如在 CCLX 中就有 21 条用例，但是《现代汉语词典》（第六版）并未收录。而在 HWMM 中，“熟络”有 48 条用例，远远多于现代汉语。“熟络”义同“熟悉”，如：

（127）这时刘先生就献计表示自己与移民厅内部人员非常熟络，并且愿意帮助小毛脱离牢狱之苦。

（128）我不会看中文，但我与拉杭区甘榜遮档的居民都很熟络，那天去买东西，华裔阿嫂突然问我怎么会出现在报章上，而且还骂阿鲁姆甘，我觉得很奇怪。

形容词“淡静”义近“平静”，该词在 CCLX 中也有 24 条用例，而在 HWMM 中，“淡静”有 320 例之多，表明该词在马来西亚华语中远较普通话常用。来看具体的例子：

（129）巫统党选话题一度淡静下来，最近却因妇女组署理主席宣布挑战老树盘根的现任主席拉菲达而再次成为媒体热话。

（130）大马股市今早开市在淡静的交投下呈上扬趋势，市场焦点落在特定建筑股项。

需要指出的是，有些词语可能会兼属上述四种分类中的两类，例如“当儿”，我们这里将它归入了频率特色词，其实它在今天新加坡华语、马来西亚华语中的一些搭配也是现代汉语普通话所没有的，比如前文例（118）的“在庆祝 57 岁的诞辰当儿”。如果不顾语体差异，在普通话中一定要在“当儿”前加个“的”，但在马来西亚华语中，很多时候不需要这个“的”。再如：“因为在经济不景及民怨高涨当儿，政府应该会发送更多的支援，以重振经济。”

6　结论：华语特色词分类的意义

我们依据对马来西亚华语词汇的描写，将华语特色词分为四类：词项特色词、义位特色词、搭配特色词和频率特色词。除频率特色词以外的前三类特色词，可以涵盖当前关于全球华语特色（有）词语研究上所提出的各式名目，并且显得简单明了。华语词汇的描写研究有不同的目的。目的不同，我们对四类华语特色词的取舍与处理就不同。

如果为了编纂《全球华语词典》或《全球华语大词典》之类的辞书，词项特色词毫无疑问是首先要考虑并且必须要收录的；“甘榜”“头家”要收，“德士”要收，“了（liǎo）”也要收。义位特色词要不要收录，则存在读者对象与编纂技术上的考量。如果收，就要考虑现代汉语与其他华语变体都有的义位要不要收录这个问题。收，对中国读者而言，显得烦琐，对词典本身而言，则会增加容量；不收，则可能会让读者误认为某个义位特色词在某华语变体中仅具有特色义位的意义。2010 年出版的《全球华语词典》对义位特色词偶有收录，采用的处理方法是仅收特色义位。例如“美”，注释说：“质量好；新鲜；味美。”而没有收录“美”在现代汉语普通话中常用的“美丽”“得意”等义位。前文提到的“报效”，《全球华语词典》没有收录，如果在修订《全球华语词典》时仅仅收录其“提供”“捐赠”这一特色义位，那么很有可能留给读者这样的疑问：现代汉语常用的“为报答对方的恩情而为对方尽力”这一意义在马来西亚华语中有没有呢？鉴于此，我们认为不妨采用“互见”的方式加以说明。比如在“报效”词条下，首先解释其特色义位，然后说明其他意义同现代汉语；如有条件，最好说明特色义位与共有义位的使用频率，比如在马来西亚华语中，“提供”“捐赠”这一义位的使用频率就远高于现代汉语常用的“为报答对方的恩情而为对方尽力”这一义位。

搭配特色词由于没有产生新的义位，所以编修《全球华语词典》《全球华语大词典》等辞书可以不必考虑，但这一类现象却应该为华文教学与华文水平测试所重视。对于华文教学，搭配特色词的意义在于对华裔留学生学习过程中搭配偏误的分析。对于华文水平测试，搭配特色词是制定等级标准的一个重要参照点。王汉卫等（2013）说，华测需要结合华语研究，以典型华裔为常模对汉语母语者标准进行调校，最终得到“华语标准”。比如形容词“优越”修饰“成绩”“表现”等，在东南亚各华语变体中就比较普遍，“帮忙”带宾语在东南亚各华语变体及中国台湾地区“国语”中均较为常用，应该成为制定“华语标准”可参考的一点。

频率特色词的提出提醒我们，研究现代汉语普通话与其他华语变体的差异，除了“有无”问题，还应该关注“多寡”问题。这也符合功能语言学的“以用为基观（a usage-based perspective）”，重视频率在语言变化以及呈现语言面貌中的作用，同时也是认识全球华语变体之间差异的一个观察点。比如我们常说，马来西亚华语和新加坡华语具有较深渊源且表面看来差异不大，但就在“撙节”这个词的使用频率上，二者表现出了极大的差异，同样的语料规模（暨南大学海外华语研究中心东南亚华文媒体语料库的马来西亚部分和新加坡部分），“撙节”在马来西亚华语中有195条用例，而在新加坡华语中仅有2条。

与较为成熟的英语世界变体的描写与研究相比，我们对全球华语的研究才刚刚起步。本文以马来西亚华语词汇为例，对特色词提出了一个全新的分类方法，以期推进、深化我们对华语词汇面貌的认识，更大程度地拓展全球华语词汇研究的学术空间。

［本文原文为英文，刊载于 *International Journal of Knowledge and Language Processing*，2014，5（4）。作者：李计伟］

参考文献

陈重瑜．新加坡华语语法特征．语言研究，1986（1）．

郭熙．普通话词汇和新马华语词汇的协调与规范问题．南京社会科学，2002（12）．

郭熙．话说“华语”：答旧金山华文电视台“八方论坛”主持人史东问．北华大学学报（社会科学版），2010，11（1）．

黄华迎．马来西亚华语词语研究．西南大学，2014．

黄婉桦．马来西亚华语和汉语标准语词语差异研究．暨南大学，2009．

李如龙．海外汉语方言研究的新视野：读《全球华语词典》．辞书研究，2013（1）．

李宇明．全球华语词典．北京：商务印书馆，2010．

李宇明．汉语的层级变化．中国语言学书院讲座．北京语言大学，2013．

刘文辉，宗世海．印度尼西亚华语区域词语初探．暨南大学华文学院学报，2006（1）．

苏宝荣．词义研究与辞书释义．北京：商务印书馆，2000.
汤志祥．论华语区域特有词语．语言文字应用，2005（2）.
田小琳．香港社区词研究．语言科学，2004（3）.
王汉卫，黄海峰，杨万兵．华文水平测试的总体设计．华文教学与研究，2013（4）.
周清海，萧国政．新加坡华语词的词形、词义和词用选择．中国语文，1999（4）.

大华语视域中“帮忙”用法的共时差异与历时变化

1　问题的提出

在现代汉语中，“帮忙”是一个常用动词。孟琮等（1999）、吕叔湘（1999）等对“帮忙”均有收录与解释。在汉语作为第二语言的教学中，“帮忙”因其“离合”用法而成为教学中的一个重点和难点。例如，彭小川等（2004）即以“‘我要帮忙他’为什么不对?”为题，将“帮忙”列为“对外汉语教学语法释疑 201 例”之一。

彭小川等（2004）指出：“‘帮忙’，这类动词的用法比较特别，组成这个词的‘帮’与‘忙’可以合起来用，如：看到朋友有困难，当然应该帮忙。也可以离开、分开用，如‘帮他的忙’。”“我要帮忙他”这种配位方式在现代汉语中不合语法，要说成“我要给他帮忙”“我要帮他的忙”等才行，但“我要帮忙他”在新加坡华语、马来西亚华语和中国台湾地区的现代汉语等诸多华语变体中却是常见的用法。

郭熙（2006）指出：“我们过去更多的是静态地观察汉语，忽略了变化中的汉语；更多的是从中国大陆的角度看待汉语，忽略了跨国、跨境情况下的汉语运用。”“华语的研究，尤其是着眼于空间维度推移上的华语研究，将是我们观察汉语标准语的一个重要窗口。”本文将首先以当前的现代汉语普通话为基本参照，描写新加坡华语、马来西亚华语和中国台湾地区现代汉语中动词“帮忙”与现代汉语普通话在用法上的共时差异；进而考察“帮忙”在汉语历史上用法的历时变化，指出新加坡华语、马来西亚华语和中国台湾地区现代汉语中动词“帮忙”的特殊用法源自早期的现代汉语或者传统国语，并非受英语之影响等所致。

本文所使用的语料，新加坡华语、马来西亚华语主要来自暨南大学“东南亚华文媒体语料库”，部分例句为我们自己搜集所得；现代汉语语料主要来自北京大学中国语言学研究中心（CCL）语料库、北京语言大学 BCC 语料库及老舍作品全集；台湾现代汉语语料来自台湾地区“‘中央研究院’现代汉语标记语料库”；民国时期的语料主要来自“民国文献大全”。

2 大华语视域中“帮忙”用法的共时差异

刁晏斌（2015）基于历史和现实两个基础，将“华语”定义为“以传统国语为基础、以普通话为核心的华人共同语”。在此基础上，李宇明（2017）提出“大华语”的概念，即“大华语是以普通话/国语为基础的全世界华人的共同语”，并将华语变体大致分为四类：“大陆的普通话”“台湾的‘国语’”“香港、澳门的华语”“新马印尼文莱的华语”和以欧洲、北美为代表的正在形成的“其他华语”。下面，我们将首先以在整个东南亚地区最有影响、彼此也最为接近的新加坡华语和马来西亚华语为例，描写动词“帮忙”不同于现代汉语普通话的用法：

（1）我还以为是什么事，这个我一定帮忙你的。［《小学课本》，转引自祝晓宏（2016），新加坡］

（2）目前，有两位朋友在帮忙他，一人帮忙设计网页，另有朋友在他不在时顶替他贴文。（马来西亚）

（3）我一心想着要帮忙乞丐，通常会施舍一令吉至5令吉。（马来西亚）

（4）新传媒新闻报道，内阁资政李光耀说，新加坡在帮忙马来西亚和印尼发展特别经济区上，将给予同样的重视。（新加坡）

（5）方健维的人生可以说是与食物分不开，他中学时身兼数职，除了上学，还得到阿依淡巴刹帮忙爸爸看档，同时也到菜馆当学徒。（马来西亚）

（6）她接受采访时也指出，目前各方送来的物资非常足够，但是在没有自来水供应下，她奉劝欲施于援手的志工，应该等当地恢复水供后，才前往帮忙灾黎重建家园。（马来西亚）

（7）她已婚，丈夫也是工人党党员，但是只会在幕后帮忙竞选活动，所以两人组成竞选“夫妻档”的可能性不大。（新加坡）

（8）该会筹委会主席陈水塘指出，该会每年所举办的盂兰胜会，都获得当地居民的鼎力支持，包括有者特别抽空来参与活动，义务帮忙活动的进行。（马来西亚）

（9）母亲让孩子帮忙家务。（马来西亚）

朱彦（2004）将动词“帮忙”的语义结构描述为：事物$_1$—帮—事物$_2$〈事物$_2$—忙〉。

但根据事件场景，该结构还应该加入“忙的原因”这一语义成分。让我们通过一个具体的例子来加以说明：“花子和母亲打个招呼，挽袖子洗手要帮忙包饺子。母亲却微笑着阻止她，说：‘不用你啦，王连长和我就行了。花子，到西炕上帮娟子的忙去吧！’”（冯德英《苦菜花》）在这个例子中，“事物$_1$”是“花子”，“事物$_2$”是“王连长和母亲”，“王连长和母亲”忙于“包饺子”，所以“花子”要“帮忙包饺子”。在该场景中，“包饺子”是“事物$_2$”的所忙，或者说是“事物$_2$”忙的原因。忙的原因可以是一个事件，如“包饺子”，也可以是一个事物，如“忙家务”中的“家务”，原因成分前可以有个标记“于”，如“忙于包饺子”和“忙于家务”，也可以隐含而不出现，如“忙包饺子”和“忙家务”。基于上述分析，我们将“帮忙”的语义结构重新描述为：事物$_1$—

帮—事物$_2$〈事物$_2$—忙—（于）事物/事件$_3$〉。为叙述简便，我们将“事物$_1$”记为“$NP_{施事}$”，“事物$_2$”记为“$NP_{对象}$”，“事件/事物$_3$”记为“$VP/NP_{原因}$”——为区分计，分别标记为“$VP_{原因}$”和“$NP_{原因}$”。

基于上述语义结构，我们可以将上文所举新、马华语中动词“帮忙”的用法描述如下：在例（1）至例（3）中，动词“帮忙”直接后加$NP_{对象}$，形成“帮忙 + $NP_{对象}$”结构；例（4）至例（6），动词“帮忙”后加$NP_{对象}$再加$VP_{原因}$，即“帮忙 + $NP_{对象}$ + $VP_{原因}$”结构；例（7）至例（9）中，动词“帮忙”后加$NP_{原因}$，形成“帮忙 + $NP_{原因}$”结构。这三种结构都是新、马华语常用而今天的现代汉语普通话所没有的。

在中国台湾地区的现代汉语中，“帮忙”的用法与新、马华语基本相同，上述三类结构均较为常见。来看例子：

（10）过去学生视帮忙老师、参与公共事务为荣誉，现在许多学生则避之唯恐不及，如果要帮，有些还会问酬劳。

（11）如果有清新、年轻、有能力的好人才要出来参选，却被政党排除，那么他很乐意帮忙这些人。

（12）文大校方表示，安排上课地点是各系系办的权责，学校只能尽力帮忙同学减少通车之苦。

（13）我帮忙她把杂货搬进她家，她发动抽水马达后，便热心地带我参观院子。

（14）原来当初相亲时，钟全辉只告诉她“家里有田”，没说她必须帮忙田事，因此刚结婚的半年内两人时有争执。

（15）钱先生在美国帮忙余先生的业务；而我则在台北效劳。

（16）他绝对亲自替业者“跑件”，随时以“特案”方式处理，对于重大投资案件，政府有义务替民众帮忙解决。

上面的例（10）至例（15），与新、马华语的用法是一致的。除此以外，在中国台湾地区现代汉语中，“帮忙”的“$NP_{对象}$”这个语义成分还可以用介词“替”引介，如例（16），这一用法也是今天的现代汉语普通话所没有的。

新加坡华语中“帮忙”的一些特殊用法，在既往的华语研究中已屡有论及。如陈重瑜（1986）在论述新加坡华语“应分解之动宾复合词不予分解”这一语法特征时就提到了“帮忙”，其所举的例子是“你来帮忙我好吗”和“你帮忙我一次啦”，指出这是新加坡华语的特殊用法，其在现代汉语普通话中相对应的说法应该是“你来帮我忙好吗”和“你帮我一次忙啦”，但并未明确指出这一用法的来源。陆俭明等（1996）在描写新加坡华语“不及物动词当及物动词用”这一特点时，也提到了“帮忙”能够带体词性宾语，其所举例子是：“只和他见了一次面的陈老师，竟这么的关心他，帮忙他，他怎么不感动呢？”和“你看看有什么地方可以帮忙的，尽量帮忙他们”。关于新加坡华语这一特点的成因，陆俭明等（1996）和陆俭明（2018）指出：“不及物动词带宾语，……有的是受英语影响所造成的，如‘挑战’带宾语就是受英语影响造成的。……但是，从根本上说，部分不及物动词和形容词逐渐演化为能带宾语，这主要还是语言表达要求简洁、经济的结果。因此这些说法都将有生命力。”周清海（2008）也提到，在新加坡华语里，

"帮忙""提名""休养"等词，常常带宾语，并援引前述陆俭明等（1996）的观点来对此一现象做出解释。祝晓宏（2016）在描写这一现象时也提到，"从以上用例来看，最常用的动宾式复合词带宾语的是'帮忙'一词。……普通话中离合式动词带宾也是越来越普遍，比如'入籍德国、对阵巴西队'等，这是新时期现代汉语最重要的语法变异现象"。此外，李计伟（2014）也简单描写了马来西亚华语中的"帮忙 + $NP_{对象}$ + $VP_{原因}$"结构，但未做出来源上的解释。

从上述论述可以看出，对于新加坡华语、马来西亚华语中"帮忙"能够带宾语现象的成因，目前还未取得一致的认识。但与陆俭明等（1996）、陆俭明（2018）、周清海（2008）的看法相映成趣的是，在对外汉语教学中，"帮忙 + $NP_{对象}$"经常被认为是外国学习者尤其是英语背景学习者常会出现的一项偏误。无疑，这一偏误现象又强化了我们认为"帮忙"带宾语是受英语影响所致的观点。

陈重瑜（1986）、陆俭明等（1996）、陆俭明（2018）、周清海（2008）、祝晓宏（2016）提到的例子都属于"帮忙 + $NP_{对象}$"这一配位方式，比如"帮忙我""帮忙他（们）"等。通过前文的大量例子，我们可以看到，在新加坡华语中，动词"帮忙"与现代汉语普通话不同的用法，并非仅有这一类。如果将上述三类特殊用法统一起来考察，再考虑到新加坡、马来西亚和中国台湾等不同地区的华语变体在这些特殊用法上的高度一致性，恐怕就很难用受英语影响等原因来解释了。

在考察新、马等地的华语时，可以发现这样一种现象，即新、马华语的一些特有词语或一些词语的特殊用法，在早期现代汉语或者传统国语中都曾经存在过；在中国大陆地区现代汉语百余年的变化中，这些现象逐渐消失了，但却保存在与大陆地区现代汉语"同源异流"的这些华语变体中。李宇明（2017）提到，在现代汉民族共同语的形成和发展过程中，港、澳和海外华人社区也在一直跟队而行，而台湾也在民国政府迁台之后，逐渐成了'国语'的中心。Montrul（2016）指出，在传承语（heritage language）研究中，如果将传承语者的传承语跟其祖籍国的同一语言进行对比，需要注意祖籍国语言的"历时变化（diachronic change）"，一般说来，"移民集团的语言往往要比留居故土者保守"。这些事实及理论论述提醒我们，对于华语变体的一些词汇、语法特色，在寻找其成因时，对现代汉语进行一定时间纵深的历时考察是必不可少的。

3 现代汉语动词"帮忙"用法的历时变化

在汉语史上，"帮忙"是一个相对晚近的词。在《汉语大词典》中，"帮忙"的最早例证来自《红楼梦》第四十五回："宝玉每日便在惜春那边帮忙。"前文提到，在新、马华语及台湾现代汉语中，动词"帮忙"的特殊用法主要有如下四类：第一类"帮忙 + $NP_{对象}$"结构；第二类"帮忙 + $NP_{对象}$ + $VP_{原因}$"结构；第三类"帮忙 + $NP_{原因}$"结构；第四类"替 + $NP_{对象}$ + 帮忙"结构。前三类为新、马华语和中国台湾地区的现代汉语共有，第四类为台湾地区现代汉语常用，而新、马华语鲜见。

据考察，"帮忙"的这四种与现代汉语普通话不同的特殊用法，在现代汉语的早期历史上均出现过。下面我们将分类考察上述四类用法在汉语中的发展变化。

第一类："帮忙 + $NP_{对象}$" 结构

"帮忙 + $NP_{对象}$" 这一配位方式，在现代汉语普通话中是不合语法的；如果 "帮忙" 要带 "$NP_{对象}$" 这一语义成分，可以离合的形式实现，即："帮 + $NP_{对象}$ + (……) + 忙"；也可在其前用介词 "给" "为" 等引介 $NP_{对象}$。"帮忙 + $NP_{对象}$" 这一用法，在清代文献中仅有个别用例，但在民国时期的文献中，这一用法较为常见。来看下面的例子：

（17）苏莲芳道："现在事已如此，他肯也要他帮助吾，不肯也要他帮忙吾的了。"（清坑余生《续济公传》第 60 回）

（18）县役毛四，在娶李氏时，曾帮忙过自成，自成也很感激他。（民国许啸天《明代宫闱史》第 93 回）

（19）所谓拼音帮忙文字者，就是文字止能用长久时间，耗重大费用，养成一部分人的学问。（吴敬恒《补救中国文字之方法若何?》，《新青年》1918 年第 5 卷第 5 期）

（20）学生讲演队向观者痛陈闽鲁事件之由来及天津事变之经过，及今后吾人应取之态度，群众咸鼓掌，人丛中竟有大呼 "我们也得出来帮忙学生呀" 者，足知其受感动之深也。（《北京学界之游街大会》，《申报》，1920 年 2 月 3 日）

（21）乙兵："我们若不是疯子，何至帮忙仇敌，来杀我们的好友?"（鸿干：《牺牲者》第一幕，《中国青年》1926 年第 5 卷第 116 期）

（22）大家说："我们来帮忙他吧，不然合作就成了虚名了。"（《我们来帮忙他吧》，《华北合作》1934 年第 21 期）

（23）新年大概不少新气象，但在故乡那可扫兴得很，因为气候太不帮忙人。（英光军：《新年忆旧》，《申报》，1936 年 1 月 1 日）

（24）韩玉忙插嘴道："不是这么说，彼此都应该帮忙，徐先生帮忙凤笙，凤笙也帮忙徐先生，你们二位，表面上各奔前途，精神上仍是共同合作的。"（陈慎言：《逍遥花》，《申报》，1948 年 4 月 7 日）

上面的例子，从文体上看，有小说，有新闻报道，亦有话剧等，并且例（17）、例（20）、例（21）、例（22）、例（24）中的 "帮忙 + $NP_{对象}$" 结构都出现于对话或者直接引语中。由此我们可以认为，这一用法在当时的口语中应该是有使用的。从使用地域上看，例（20）报道 "北京学界之游街大会"，例（22）是一则短新闻，写天津蓟县农村合作社社员的事："蓟县壕门村合作社社员张某，是一个忠厚农民，平时以贩卖鸡鸭铜铁等作为副业。七月三十日他应该归还合作社一笔借款，不过张某极穷，若将款归还，就没了作生意的本钱了。当时非常为难，社员开会时，监事主席李兰亭，就解说合作意义与张某困难情形，大家说：'我们来帮忙他吧，不然合作就成了虚名了。'" 从这两例可以看出，"帮忙 + $NP_{对象}$" 结构在京、津等华北一带是有使用的。更为有趣的是，在老舍先生二十世纪三四十年代乃至新中国成立初期的作品中，有大量 "帮忙 + $NP_{对象}$" 结构的用例。如：

（25）往回说吧，你要是教我去作副局长，而且一点不抱怨我不帮忙你，我就去。（老舍《东西》，1939 年）

（26）她开首便帮忙了丁务源，还想敷衍一切活的东西，就连院中的大鹅，她也想多

去喂一喂。（老舍《不成问题的问题》，1944 年）

（27）他有点神神气气的，不会以劳力换钱，可常帮忙别人。他会唱，尤以数来宝见长。简称疯子。（老舍《龙须沟》，1950 年）

（28）只要咱们平安地过去这一关，我还得多借重你，请你作副经理呢！你这么帮忙我，我十分感激，不能叫你白受累！（老舍《春华秋实》，1953 年）

“帮忙 + $NP_{对象}$” 这一用法在现代汉语中是何时消亡的呢？为此，我们详细考察了北京语言大学 BCC 语料库的“历时检索”部分（1946 年至 2015 年的《人民日报》语料）。考察发现，新中国成立以后，“帮忙 + $NP_{对象}$” 这一用法日趋罕见：1949 年 3 例，50 年代仅 1958 年和 1959 年各 1 例，60 年代仅 1960 年和 1961 年各 1 例，70 年代没有用例，80 年代仅 1980 年和 1982 年各 1 例，此后消亡。三十余年的语料共有 9 个用例，其使用频率远远低于民国时期的语料。来看例子：

（29）老段也越想越摸不着头脑，怎么办呢，怎么才能帮忙这位新来的同志呢？（《人民日报》，1949 年）

（30）在我们大队里、生产队里，谁不会做什么活，我们就去帮忙谁。（《人民日报》，1961 年）

第二类：“帮忙 + $NP_{对象}$ + $VP_{原因}$” 结构

“帮忙 + $NP_{对象}$ + $VP_{原因}$” 这一用法，在现代汉语中不合语法，如果要表达这一意义，需将“帮忙”替换为“帮”和“帮助”。“帮忙 + $NP_{对象}$ + $VP_{原因}$” 这一用法，在民国时期的文献中较为常见。来看下面的例子：

（31）原来左宗棠从前虽奉帮忙曾国藩大营军务之命，倒底不是主体官儿。（民国徐哲身《大清三杰》第 52 回）

（32）我又退一步想，隐忍苟存，作目前的救济，叫我父亲劝导我母亲和妹子不要闹架子，要帮忙我的妻打理家务。（《一个黑暗的家庭》，《北京大学学生周刊》1920 年第 13 期）

（33）她平日除了帮忙房东太太料理家事之外，没事就找我同姊姊谈天。（琴慧：《留美漫记 · 小市场》，《学衡》1933 年第 78 期）

（34）抱定这样目的去研究教育的人，如果不是有意自欺欺人，甘心帮忙那些另有野心的人去欺骗麻醉民众，那结果一定要陷于绝望，永远寻不着出路。（《怎样研究教育》，《申报》，1934 年 4 月 15 日）

（35）兄弟希望我们两方的工作，能帮忙我们政府来解这数十年来的悬案，使两大国的友谊更进一步。（《中英委员会勘滇缅界务经过 · 梁委员闭会辞》，《申报》，1936 年 5 月 28 日）

（36）洪兰友先花了半个多钟头帮忙主席周钟岳报告选举的种种注意事项，并且调兵遣将分配好监察员的岗位，十一点一刻开始投票。（《国大纪程 · 中国人民的选择》，《申报》，1948 年 4 月 20 日）

同样，“帮忙 + $NP_{对象}$ + $VP_{原因}$” 结构在老舍先生的作品中也不乏用例，例如：“徐芳蜜：‘可笑！第一，作官搂钱就是汉奸，你已搂了不少钱，而且正托我帮忙你再多搂一点！’”（《残雾》，1939）“恐怕痛哭一场才更合适！告诉你吧，我的作用就是能帮忙你解决了你自己不能解决的问题，秦大夫——佟继芬他与我没关系！”（《面子问题》，1941）“他绝对不肯运动任何人帮忙他作主任或校长。”（《四世同堂》，1944）

在BCC语料库的“历时检索”部分，“帮忙 + $\text{NP}_{\text{对象}}$ + $\text{VP}_{\text{原因}}$”在从1946—1960年这15年间，尚有20余个用例，进入60年代，“帮忙 + $\text{NP}_{\text{对象}}$ + $\text{VP}_{\text{原因}}$”逐渐消亡。来看几个例子：

（37）“老太太，不要哭了！我们就是来帮忙你老人家收麦的。”陶班长像亲儿子对母亲似的安慰她。（《人民日报》，1947年）

（38）杨进小俩口这天回家也特别早，杨进主动把院中荒了几年的花木整理起来，媳妇帮忙婆婆做饭。（《人民日报》，1953年）

第三类：“帮忙 + $\text{NP}_{\text{原因}}$”结构

“帮忙 + $\text{VP}_{\text{原因}}$”是“帮忙”自出现起便已具有、并且今天依然常用的用法，而“帮忙 + $\text{NP}_{\text{原因}}$”在早期现代汉语中有着一定的使用频率，但1949年之后就基本上绝迹了。在今天的现代汉语普通话中，“帮忙别的工作”和“帮忙家务”这种“帮忙 + $\text{NP}_{\text{原因}}$”结构不符合语法规范，但如果改成“帮忙做别的工作”“帮忙做家务”这种“帮忙 + $\text{VP}_{\text{原因}}$”结构就可以了。

在民国文献中，我们发现“帮忙 + $\text{NP}_{\text{原因}}$”用例有数十条，其中一部分为新闻或文章标题，但并不仅限于标题，如下面的例（39）至例（41）为标题用例，其余均出现于正文中：

（39）黄陂请王克敏帮忙公债。（《顺天时报》，1922年9月29日）

（40）孙科向全国商界请帮忙财政。（《益世报》，1927年10月9日）

（41）如何训练孩子会帮忙家事？（《农业进步》，1936年第4卷第6号）

（42）中央党部特派员郑异、梁中权、林品石三十一日午移寓市指委会，下午召集保委会人员谈话，请在正式党部未成立期间帮忙工作。（《津市党部筹备选举》，《申报》，1929年2月1日）

（43）因此我们的组织有些纷乱，职权也不能划清，同时舞台上底职演员也都不能专心预备戏而来帮忙前台底工作了。（《关于难剧运动的来函》，《申报》，1930年6月17日）

（44）梅贻琦续之讲演，题为“工程教育”，提出三点：（一）工程师们要帮忙工程研究事业的发展，（二）多给工程学生实习机会，（三）注意培植艺徒。（《胡适歌颂工程师们》，《申报》，1948年6月7日）

从例证的来源报纸来看，这一用法在当时的使用范围还是相当广泛的。在老舍先生的作品中，“帮忙 + $\text{NP}_{\text{原因}}$”结构与前两类结构相比，较为少见。如：“我们有人，可是为办这件事，必得把乐意帮忙这件事的生活维持费找出来。”（《一年来“文协”会务的检讨》，1939年）。

北京语言大学BCC语料库的“历时检索部分”，用例极少，说明新中国成立后，“帮

忙 + $NP_{原因}$”迅速消亡。来看仅见的两例：

(45) 内线股工人金连奎、张振国、赵古勋、方普祥、刘志方等五人，从东直门等处工作回来，饭也没有吃，就自动帮忙别的工作。(《人民日报》，1949 年)

(46) 而女孩子要比男孩子耐心，帮忙家务、照看弟妹比男孩强。结果，上学的是男孩，留家帮忙的是女孩。(《人民日报》，1965 年)

第四类：“替 + $NP_{对象}$ + 帮忙”结构

在今天的现代汉语普通话中，能出现在“介词 + $NP_{对象}$ + 帮忙”格式中的介词一般是“给”和“为”，“替 + $NP_{对象}$ + 帮忙”结构已不用。在晚清与民国文献中，能进入这一构式的介词主要有“替”“和”“对”“向”“给”“为”等六个。其中，在民国文献中，“替”是非常常用的，“和”的用例也不少见。1949 年之后，“替”依然有所使用，但频率明显下降，“为”“给”成为这一格式主要使用的介词，60 年代之后，“替 + $NP_{对象}$ + 帮忙”逐渐消亡。来看一些例子：

(47) 东手来西手去，也不过替人家帮忙。事到如今，钱也完了，人情也没有了，还不同没有用过钱的一样。(清李伯元《官场现形记》第二十八回)

(48) 我们家里割稻子、收麦子的时候，一遇了天气不好，大家忙得不了，他就来替我们帮忙。(民国平江不肖生《侠义英雄传》第四十三回)

(49) 倘遇她敌不过仇人时，千万要替她帮忙。(徐耻痕《玉雀》，《侦探世界》，1923 年第 15 期)

(50) 老太太，老实对你说一句，我这回出城来，是替你们帮忙来了。(张恨水《东北四连长》第九回，《申报》，1933 年 6 月 18 日)

(51) 为什么外国人和我们帮忙而不怕死，我们中国人自己负着责任倒没有他勇气，没有他热心。(《李宗仁对七军军官训话》，《申报》，1927 年 12 月 1 日)

(52) 你别着急，要找媳妇，为嫂的可以和你帮忙，要哪一路的也有。(张恨水《东北四连长》第二回，《申报》，1933 年 3 月 26 日)

(53) 我们应该一致团结起来和政府合作，一致起来向政府帮忙。(《总商会力助关税自主之文件》，《申报》，1927 年 8 月 11 日)

(54) 华北财政已有头绪，平津银界允对政府帮忙，宋日内回京向中央报告。(《宋与各外使接洽展付庚款事》，《申报》，1933 年 2 月 17 日)

上面的例 (47) 至例 (50) 均使用介词“替”引介所帮之对象。1934 年出版的《平民月刊》第 10 卷第 2 期上有一则“随感”，题目是“不能替朋友帮忙的不是人”，非常口语化的一句话，加之民国时期的大量用例，可见“替 + $NP_{对象}$ + 帮忙”在当时的通用程度。关于表受益关系的与事介词“替”，李炜、王琳 (2011) 指出，这一用法的“替”并非方言，而是“南支”官话；在清代琉球官话课本《人中画》中，一个“替”可通表与事范畴的受益、相与和指涉三种关系；在清代中后期以北京官话为主要特征的《红楼梦》和《儿女英雄传》中，前者主要使用“给”和“替”，且二者势均力敌，后者中“给”的数量则远远超过“替”，成为受益介词的代表。由此可知，在民国文献中，“替”

进入“介词 + $NP_{对象}$ + 帮忙”格式，是其时与事介词“替”在官话中的一种正常用法。

新中国成立之后，直至20世纪60年代，“替 + $NP_{对象}$ + 帮忙”尚有一些用例，来看：

（55）校长，您对人热心，定县城里熟人又多，一定请您替我帮忙！（杨沫《青春之歌》第二部第一章）

（56）柯西金和威尔逊在他们的联合公报上，露骨地提出要搞什么“越南战争”的“政治解决”，替美帝国主义帮忙。（《人民日报》，1968年）

综上，新、马华语和中国台湾地区现代汉语中使用的“帮忙”的四类特殊用法，在现代汉语的历史上均存在且不乏用例，考虑到新、马华语相对良好的历史传承，我们可以认为，新、马华语中的“帮忙 + $NP_{对象}$”格式并非受英语影响而产生的，而是跟台湾地区现代汉语一样，来自早期现代汉语。

1913年4月14日出版于新加坡的《振南日报》的“南洋”新闻中，有“中华学校演说词”和“传习国语所之组织”两篇报道，前文中说：“此华侨语言之复杂，实为教育上一大障碍也。诸公等有鉴于此，创办时，即实行用普通语教授，可谓知所本矣。”后文中说：“槟屿近有热心家多人，以旅居此土之侨胞，话言互异，则感情曷由而生，他日回国，尤为不便，故特组织一华侨国语传习所，以冀将来收统一语言之效。顷闻已组织就绪，并择定汕头街门牌字六十四号为传翻之所，大约开幕之期不远云。”这两则新闻中的“普通语”或者说“国语”是什么面貌呢？老舍先生给出了明确的回答。老舍先生在1934年10月的《大众画报》第12期上有一篇《还想着它》的文章，记述了其由伦敦到新加坡及在新加坡工作、生活的见闻。文中说：“顶可笑的是在南洋各色小孩都讲着漂亮——确是漂亮——的北平话。”前文已经看到，老舍作品中前三类结构均有使用。从这些信息，我们可以窥知20世纪初“国语”或“普通语”在新、马的传播状况，今日新、马华语的一些特殊用法，当承继自早期国语。

行文至此，还有一个问题要追问，即这四种用法在新中国成立之后的现代汉语中逐渐消亡，那么，消亡的原因是什么？这是值得探讨的一个问题。

如前文所述，“替”本属“南支”官话，在清末即逐渐被在北方官话中占据优势的“给”所取代，这是介词兴替使然；而“帮忙 + $NP_{对象}$”结构、“帮忙 + $NP_{对象}$ + $VP_{原因}$”结构、“帮忙 + $NP_{原因}$”结构的消亡，我们认为，除了语体的原因之外，主要原因应该是“帮忙”“帮”和“帮助”这个词汇聚合中成员的相互竞争、协调，竞争与协调的结果就是彼此的分工更为明确。因为，动词“帮忙”早期的用法实际上是涵盖“帮”“帮助”的主导用法的。1932年11月出版的《事业与修养》上有一篇题为《帮忙》的文章，其中有一段是：“事之最不易为者，莫若帮人忙；同样，事之最难者，亦莫若求人之帮忙。帮忙之种类甚多：有学问上之帮忙，有工作上之帮忙，……我今日帮人之忙，则他日人亦帮我之忙，是谓之‘互相帮忙’。”前文提到的“帮忙”的四种用法，加上这一段中的用法，基本上涵盖了今天现代汉语普通话中“帮忙”“帮”和“帮助”三个词的用法范围。“帮忙 + $NP_{对象}$”结构、“帮忙 + $NP_{对象}$ + $VP_{原因}$”结构的消失，应该是因为这两个结构是“帮”“帮助”能够出现的主导性结构，竞争的结果导致彼此分工更为明确，从而形成基本的互补分布。

4 结语

在“大华语”的视域中，现代汉语普通话、新加坡华语、马来西亚华语、中国台湾地区的现代汉语在动词“帮忙”的用法上存在共时差异。“帮忙 + $NP_{对象}$”结构、“帮忙 + $NP_{对象}$ + $VP_{原因}$”结构、“帮忙 + $NP_{原因}$”结构，新、马华语和中国台湾地区现代汉语常用而现代汉语普通话不用；“替 + $NP_{对象}$ + 帮忙”结构，台湾地区现代汉语使用而新、马华语和现代汉语普通话不用。

通过对“帮忙”一词的历史溯源，可以发现，这四类特殊用法在清代以来的汉语历史上均曾经出现过，这些结构在民国汉语中的使用相当频繁，前三类结构在老舍先生的作品中均常见，新中国成立后逐渐衰亡；考虑到早期现代汉语或传统国语在新加坡、马来西亚和中国台湾地区的传承、使用，我们应该认为新、马华语中的“帮忙 + $NP_{对象}$”等结构并非受英语影响所致，亦非现代汉语在新时期的变异，这一结构跟其他三类结构一起，均来自早期现代汉语或者说传统国语。

从方法论上讲，我们谈论中国大陆地区之外的某个华语变体的特色，大都是以现代汉语普通话为标准，采用普—华对比的方法来描写该华语变体；凡为该华语变体所用而普通话不用或者极少使用者，均视为该华语变体的特色；这种方法同样是世界语言跨变体对比研究的经典方法。(Kortmann & Schneider，2005）运用这一方法，我们可以发现华语变体之间的共时差异，进而就需要为这些差异寻找形成原因上的解释。但在归结大陆地区之外的华语变体特征的形成原因时，我们常常忽略了一个方面，那就是现代汉语标准语百年来同样发生了较大变化。现代汉语普通话、台湾地区现代汉语、东南亚华语变体“同源异流”，大陆地区之外的华语变体的某些特色可能就是直承早期现代汉语而来，只是这些特色在现代汉语普通话中消失了。“帮忙”这个例子说明，如果没有对早期现代汉语的研究，就可能导致我们归因错误；同样，如果没有大陆地区以外的华语作为参照，我们同样无法发现现代汉语变化的一些事实。

（本文原载于《汉语学报》2018 年第 4 期。作者：李计伟）

参考文献

KORTMANN B，SCHNEIDER E W. A handbook of varieties of English：a multimedia research tool. Berlin：Mouton de Gruyter，2005.

MONTRUL S. The acquisition of heritage languages. Cambridge：Cambridge University Press，2016.

陈重瑜. 新加坡华语语法特征. 语言研究，1986（1）.

刁晏斌. 论全球华语的基础及内涵. Global Chinese（《全球华语》创刊号），2015（1）.

郭熙. 论华语研究. 语言文字应用，2006（2）.

李计伟. 基于对比与定量统计的马来西亚华语动词研究. 汉语学报，2014（4）.

李炜、王琳. 琉球写本《人中画》的与事介词及其相关问题：兼论南北与事介词的类型差异. 中国语文，2011（5）.

李宇明. 大华语：全球华人的共同语. 语言文字应用，2017（1）.

陆俭明. 新加坡华语语法. 北京：商务印书馆，2018.

陆俭明，张楚浩，钱萍. 新加坡华语语法的特点. 南大语言文化学报（创刊号），1996（1）//郭熙. 全球华语研究文献选编. 北京：商务印书馆，2015.

吕叔湘主编. 现代汉语八百词（增订本）. 北京：商务印书馆，1999.

孟琮、郑怀德等. 汉语动词用法词典. 北京：商务印书馆，1999.

彭小川等. 对外汉语教学语法释疑201例. 北京：商务印书馆，2004.

周清海. 华语研究与华语教学. 暨南大学华文学院学报，2008（3）.

朱彦. 汉语复合词语义构词法研究. 北京：北京大学出版社，2004.

祝晓宏. 新加坡华语语法变异研究. 北京：世界图书出版公司，2016.

传承语的保守性与东南亚华语特征

1 华语作为传承语与传承语的保守性

近些年来，传承语（heritage language）及其习得研究逐渐成为世界范围内语言研究的一个热点话题。根据 Montrul（2016），传承语是一种母语，是文化或民族语言上的少数民族语言（minority language），它存在于双语环境中，其中有另外一种具有社会政治优势的多数民族语言（majority language）被使用；传承语通常为移民及其子女所使用。受输入的质与量、实际社会使用、语言声望等因素影响，传承语者的传承语能力跨度极大，从类母语到仅在某些语言技能上具有一定的能力不等。

Kim，Montrul 和 Yoon（2009）及 Montrul（2016）均提到，在传承语研究中，如果将传承语者的传承语与其祖籍国的对应语言进行对比，一定要注意祖籍国对应语言的历时变化。如现在韩语有 caki、casin 和 caki-casin 三个回指形式，本土韩国人和近期移民美国的韩英双语者区分这三种回指形式的局部（local）和长距离（long-distance）约束，但早期移民美国的传承语者只有一个两项的回指系统，即将 caki 和 casin 视为一个，均为局部约束。这是因为 casin 作为长距离回指形式在韩语中是一个相对晚近的变化。所以，在美老年韩语传承语者的语法，跟韩语早期阶段的语法比较接近。Montrul（2016）进一步指出：移民集团的语言要比留居故土者保守。这即是本文所说的“传承语的保守性”。

关于传承语的保守性，传承语研究的奠基人之一、美国学者 Polinsky（2018）也提到，一些研究者指出这样一种事实，就是传承语者的话语通常听起来“保守（conservative）”“陈旧（archaic）”“过时（obsolete）”。之所有这种保守性（conservativeness），是因为传承语者通常从其上辈那里学习传承语，与祖籍国的同龄人不同，传承语者不能在与单语习得环境中成长起来的同龄人的交际中完成社会化。对此，我们可以补充的是，在信息传播不甚便捷的以前，移民对祖籍国发生的包括语言在内的变化无从知晓或不甚敏感，这也是传承语保守性的一个原因。基于这些论述，我们可以说，保守让传承语在一定程度上保留了传承语者祖籍国对应语言已经变化了的某些方面；显然，从发展的角度而言，保守性是传承语特征的一个重要来源。

整体而言，海外华人的华语从性质上讲是一种传承语，华文教育是传承语教育或者说祖语教育（郭熙，2017）；传承语与母语并不矛盾，前文所引 Montrul（2016）明确指出，传承语是一种母语。本文以新加坡、马来西亚华语为考察对象，原因是南洋早期华文文献能够证明百余年前新、马地区媒体与华校较为广泛地使用当时中国的“国语”或“官话”，并且在后来的发展过程中，因其学校教育、语言政策等因素而传承良好。关于南洋早期华侨学生的国语学习及其传承语性质，可以从如此几则记载窥其一斑：

南洋侨民杂处，若埠之大者，可各人独立一学校；倘埠之小者，必合全埠人组织一学校。则此一学校，无论何处人均聚于其中，将以何种语言以教授乎？此华侨语言之复杂，实为教育上一大障碍也。诸公等有鉴于此，创办时，即实行用普通语教授，可谓知所本矣。（《中华学院演说词》，新加坡《振南日报》，1913 年 4 月 14 日）

四、课程：各科均依照新学制编定之，除因本地需要特别注重英文外，其余均用国语教授。（《中南学校招生广告》，新加坡《新国民日报》，1924 年 1 月 7 日）

华人学校生徒，计分三类：（甲）自幼即在英文学校肄业英文，希望受英文完全教育，仅于课外时间，往中文学校补习中文。（乙）自幼即肄业于中文学校，希望受中文完全教育，多数更希望稍习英文，程度以能达到通晓商业英文为目的。（丙）自幼即在中文学校肄业，望能在十岁或十一岁时，在英文学校习英文。[《（吉隆坡）政府拟华童补习英文办法》，新加坡《新国民日报》，1925 年 7 月 8 日]

这三则记载告诉我们这样一些信息：南洋侨民在双语或多语环境中，“特别注重英文”，并努力推广国语；三类“华人学校生徒”中，甲类和丙类是典型的汉语传承语者，其区别在于学习中文和英文两种语言的起始点不同。根据 Montrul（2016）和 Polinsky（2018），传承语的最大特点之一，就是其使用者对传承语的精通度个体差异巨大：从极少语言知识到类似母语。这一点从早期文献记载中也能窥知一二。1929 年老舍先生离开英国，在新加坡滞留半年，在其发表于 1934 年的散文《还想着它》中，有关于当时南洋个别学校语言使用情况的记录：“学校也很好。学生们都会听国语，大多数也能讲得很好。”“顶可笑的是在南洋各色小孩都讲着漂亮——确是漂亮——的北平话。”这是母语水平或者接近母语水平的情况。“我侨蓬飘国外，代游年湮，数典忘国，迄今人尽巫言，家无汉字。”（《又多一学校，在东婆罗洲》，《新国民日报》，1919 年 10 月 2 日），这是母语零起点或者极少母语知识的情况。

基于上述记载及传承语的保守性，我们可以设想在今日的东南亚华语中，当保存着彼时国语的某些成分，而这些成分在今日现代汉语普通话中已发生了变化。如此，当我们以“普（通话）—华（语）”对比的方法来描写东南亚各华语变体时，这些保留在东南亚华语中的早期现代汉语成分就成了东南亚华语的特色。当然，保留并非意味着一成不变，甚至仅留下一些痕迹。

本文将选择当前新、马华语的若干明显的词汇语法现象，将之与早期现代汉语和南洋早期华文报刊语言进行对比，以证明今日东南亚华语的某些词汇语法特征源自传承语的保守性，从而纠正我们在东南亚华语特色来源认识上的一些错误，并引起大家对百年来现代汉语变化和华语变体历时发展问题的关注。

2　东南亚华语的词汇语法特征及其与早期现代汉语的对应

限于篇幅，我们无法对相关词汇语法现象进行全面描述，下面主要从新、马华语中选择五个词汇语法现象进行论述：①名词后缀“儿”及名词“当儿”的使用；②动词“报效”及“报效+受事宾语”结构；③形容词“优越”及其与名词的搭配；④“在+NP+毕业”结构；⑤“向NP+VP”结构中VP的多样性。

关于本文的例句，新、马华语的语料来自暨南大学“东南亚主要华文媒体语料库”和自制语料库，例后注明国别；早期现代汉语的例子来自北京语言大学BCC语料库及老舍等作家的作品；南洋地区早期文献的例子，来自笔者阅读所得，主要是早期出版于新加坡的《新国民日报》《振南日报》和《叻报》等。

2.1 名词后缀“儿”及名词“当儿”的使用

新、马华语中都有一些儿尾①词。东南亚华语使用者多为中国南方闽、粤、客方言背景，那么这些儿尾词从何而来？是传承自早期现代汉语，还是在后来某个阶段学习普通话所致？关于这个问题，祝晓宏（2016）指出，新加坡华语会在无需用“儿”的地方使用“儿”，发生“过度概括”，这反映了新加坡华语在模仿普通话方面的一种倾向。这表明祝晓宏（2016）认为这些儿尾词是新加坡华人学习普通话时过度模仿或类推所致。祝晓宏提到的例子有“伞儿”“上回儿”“一所儿（房子）”“（黑压压的）人头儿”等；需要指出的是，这些例子今天新、马华语已经极少使用，口语和书面语中最常用的儿尾词是“当儿”。

祝晓宏（2016）提及的新加坡华语的儿尾词，在早期现代汉语作品中均有使用。例如：

（1）我要租一所儿房子。（李仲刚《现代华语读本》）

（2）我的老人没挣下什么财产，可是有一所儿房。（老舍《我这一辈子》）

（3）请您高高手儿，饶我这一回儿吧。（李仲刚《现代华语读本》）

（4）他妈的，坐完车不给钱，您说是什么人头儿！（老舍《龙须沟》）

《现代华语读本》于1932年在日本出版，是面向日本人的汉语教科书，作者李仲刚，北平人。在南洋地区早期的国语教科书及早期华文报章中，儿尾词同样非常常见，例如：

（5）他和伊最后谈话的那天晚上，岂不是同今儿一样有花儿、树儿、草儿、月亮儿、蛙声儿的，可是伊呢？（步唐：《窗外的蛙声》，《新国民日报》，1925年1月23日）

（6）转头来，书案之上，卧着美术封面的信儿一封。（梦芦：《爱的死》，《新国民日报》，1925年7月15日）

（7）我刚正在水中一起一落的当儿，微听见叫喊的声音渐渐近来，然而我终竟失了知觉。（小弹：《运命的灯》，《新国民日报》，1928年1月17日）

（8）正在这当儿，火柴熄了，烛火、炉火什么都没有了。（《卖火柴的女孩子》，《南洋华侨国语读本教授书》小学高级第三册，1932年）

实际上，儿尾在早期现代汉语中的使用是很频繁的，甚至作为一种避免同音词的手段而被鼓励多用。赵元任（1934）曾如此写道：“在文法上‘l’（儿）韵当名词记号儿的，应该放开了胆儿多用用。”在该文中，赵元任先生提到“母亲的姐妹”应该称呼

① 之所以称“儿尾”而不是“儿化”，是因为在东南亚华语中，“儿”音跟前一音节的融合度很低。

“yel（姨儿）”，这个“姨儿”也是今天不用的。

在新、马华语中，“当儿”这个儿尾词非常常见，不仅口语，正式书面语中也多有使用。例如：

（9）许多新加坡国会议员表示，总理的信息很切合实际需要，尤其是在消费税正要往上调整的当儿，总理承诺会给予有需要的人帮助，令人鼓舞。（新）

（10）新传媒新闻报道，就在新加坡准备庆祝42周年国庆的当儿，新加坡也在举办一个巡回展，要让新加坡人对首十年的建国路程，有深一层的了解。（新）

（11）因为在经济不景及民怨高涨当儿，政府应该会发送更多的支援，以重振经济。（马）

（12）在庆祝57岁的诞辰当儿，我们只能祈祷，会有越来越多的各民族年轻人胸怀民主开放，愿意跨越种族的藩篱，共享国家的财富。（马）

与“一所儿”“一回儿”等一样，新、马华语的“当儿”应该是早期现代汉语的传承、遗留，例（7）、例（8）表明，“当儿”在南洋早期文献中是有使用的。根据文献，时间名词“当儿”最早出现在晚清小说中，晚清松友梅的京味小说《小额》就使用频繁。20世纪60年代以前的现代汉语语料中，“当儿”还比较常见，后来逐渐衰退，近年来几无使用。“当儿”在北京语言大学BCC语料库“历时检索”（下文简称“BCC历时”）中的使用频率见图1－1。

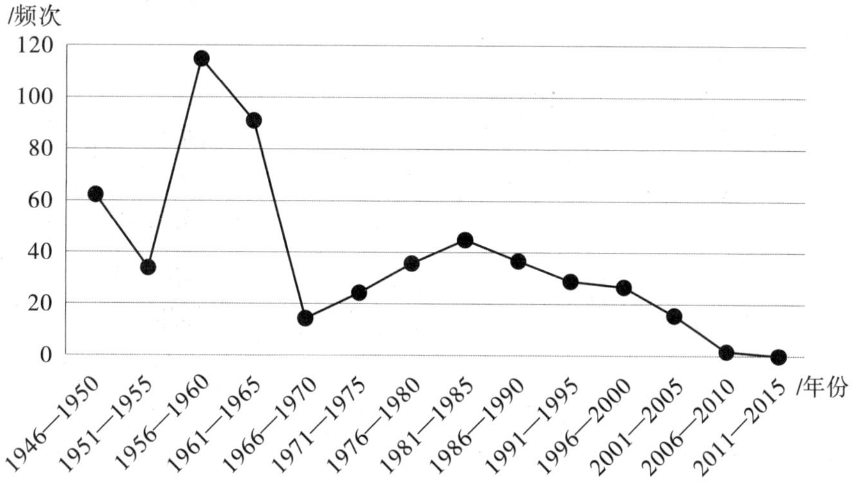

图1－1　“当儿”的出现频次（1946—2015年）

“当儿”在50年代《人民日报》中的用例，其使用语境与搭配跟新、马华语一致。如：

（13）接着，很多关心中英关系和世界和平的人，在“对中国和平委员会”发展分会的当儿，探询和要求该会与其他保卫和平的组织采取联合行动。（《人民日报》，1951）

（14）今天，当我们庆祝朝鲜解放十四周年的当儿。请记住吧，亲爱的朝鲜战友，中国人民是永远永远用整个心身支持你们的。（《人民日报》，1959）

如果从当前的现代汉语普通话出发，由于普通话没有或极少使用“当儿”“一回儿”“一所儿”等，我们多会认为它们是东南亚华人对普通话的过度模仿或者过度类推所致，但考虑到这些儿尾形式在早期现代汉语及南洋早期文献中的广泛使用，考虑到南洋华侨早期的国语推广以及传承语发展的保守性，我们应该认为它们是早期国语的传承与保留。

2.2 动词“报效”及“报效+受事宾语”结构

在马来西亚华语和新加坡华语中，动词“报效”有如下搭配，其中马来西亚华语更为多用：

（15）她庆幸目前有善心人士报效奶粉给两名女儿至年杪，以减轻他们的负担。（马）

（16）原本已报效120桌的辉煌大酒楼将“加码”至130桌，报效当晚全场的餐席。（马）

（17）这名善心人士答应捐献一块位于士毛月的土地，及报效一间价值超过一亿元的中医学院。（马）

（18）好多人捐出珠宝和股票，一些人报效药品和衣服，许多人捐出了部分的工资。（新）

《现代汉语词典》（第7版）对“报效”的释义是“为报答对方的恩情而为对方尽力”；当前的现代汉语普通话中，动词“报效”常见的搭配为“报效国家/祖国/社会/家乡”等。显然，这一释义无法解释例（15）至例（18）中的“报效”。另外需要指出的是，“报效国家/祖国/社会/家乡”等搭配在新、马华语中也有使用，新加坡华语使用较多，马来西亚华语较为少见。

根据《汉语大词典》，动词“报效”有两个意义：一是“报恩效力”，其后跟对象宾语，如“报效国家”；二是“旧指以财物奉献官府、上司”，后接受事宾语，如“报效巨款”。显然，例（15）至例（18）中的“报效”接近第二种意义，根据上下文，可以将之解释为“捐赠”。这一意义的“报效”在近代汉语和早期现代汉语中较为常见，例如：

（19）如此者应酬了一个月下来，居然有些人上他的吊，报效一万银子的有三个，八千银子的有四个，六千银子的有十来个。（清李伯元《官场现形记》）

（20）胡、卢报效巨款：胡仁寿、卢舍二君各捐年俸共五千两。（《胡、卢报效巨款》，《太平洋报》，1912年5月17日）

（21）胶济路局卖废料，价值四十万元，报效大选费用。（《胶济路局卖废料》，《京报》，1923年8月29日）

（22）查敝商栈等并无呈请党部及市府拟报效某处若干元之事。（《来函更正》，《新天津》，1931年7月19日）

（23）省垣各戏院报效寒衣费。（《省垣各戏院报效寒衣费》，《南宁民国日报》，1938年10月16日）

（24）买张文凭去哄他们，好比前清时代花钱捐个官，或英国殖民地商人向帝国府库报效几万镑换个爵士头衔，光耀门楣，也是孝子贤婿应有的承欢养志。（钱锺书《围城》）

在南洋早期的华文报刊中，由“捐赠”意义的“报效”构成的“报效+受事宾语”结构可时常见到。李宇明（2017）指出，大华语之现今状态，与现代汉民族共同语的规范建设和传播历史密切相关；在现代汉民族共同语的形成和发展过程中，海外华人社区也在一直跟队而行。苏培成（2010）也提到，1926年在北京举行的国语研究会十周年纪念会，南洋各埠华侨均有代表参加。由此我们可以认为，今日新、马华语中的此类用法当源自早期现代汉语。下面是来自南洋早期华文报刊的“报效+受事宾语”的用例：

（25）南洋大酒店报效雪糕计四十名，共来银二百六十九元二角；顺利行报效香烟计一百二十四名，共来银二百六十一元七角三占。（《新嘉坡育英学校民国十四年演剧筹款会进支款目汇录总结列呈公鉴》，《新国民日报》，1925年10月31日）

（26）适此次畅融公司，报效潮剧一晚，该校董事即乘此机会，发起筹款，为建筑校舍之经费。（《占卑热心公益之可风》，《新国民日报》，1926年7月13日）

（27）我中华革命事业，在秘密运动之始，其以金钱及精力，甚而至于生命，来相报效者，稍有耳目，应无不知我侨外同志，实居首功。（《华侨教育委员会成立通告》，《新国民日报》，1928年1月27日）

（28）本坡南华女学校教员乐德予女士，素来关怀教育，热心公益，特赠送学生桌椅十副，黑板一面，其余报效校具诸物者，甚形踊跃。（《又多一平民教育机关》，《新国民日报》，1930年2月11日）

2.3　形容词“优越”及其与名词的搭配

《现代汉语词典》（第7版）对“优越”的解释是“优胜”“优良”。在当前的普通话中，“优越”多与“条件”“性能”“地位”“地理环境”等搭配。但在新、马华语中，“优越”所搭配的名词性成分，从语义类别上讲，远比普通话丰富。在新、马华语中，“优越”除了与普通话相同的搭配，还可以搭配如下几类名词。

第一，“成绩”类名词，例如：

（29）新加坡科技学校校长蔡初发说，“我们的主要对象就是有优越的成绩的学生，他们对应用学习课程非常有兴趣的学生，我们都很希望吸引他们来”。（新）

（30）马大百年历史的良好声誉，并不应该因为如今已获得优越的成就，而终止了马大以后的一切努力与发展。（马）

第二，“表现”类名词，例如：

（31）连续三年外资每年45亿，“槟城的经济表现也非常优越，我们的失业率低于2.1%，乃全国最低。”（马）

（32）新加坡选手刘遐满和张峰源虽然在第11场赛事中名列第五，但还是凭着更优越的整体表现，确定为新加坡夺下第二枚帆船金牌。（新）

第三，“教研”类名词，例如：

（33）沙菲说，为了把大马打造成为教育优越的国家，政府将会在马来西亚第9计划下，在吉兰丹，丁加奴及雪兰莪各设立1间工艺学院。（马）

（34）将高教学府提升成为卓越中心的措施已经被鉴定为一个建立优越研究大学的重要课题和需求。（马）

（35）我也知道布城医院拥有专为乳癌及内分泌乳腺疾病医治的优越中心。（马）

第四，“品质”类名词，例如：

(36) 以公正原则为基础，继续推动学生斗争议程，加强学生的优越素质和团结力量，谋取学生权力和为社会贡献，共同建立一个民主，自由和公正的校园。(马)

(37) 正如西蒙所言，卡莉有着优越的潜质，需要的只是一首足以表现的歌。(马)

(38) 这么昂贵的东西，性能优越很多吗？(新)

第五，“人才”类名词，例如：

(39) 为了打造一个拥有国际地位的高等学府，更为国家培育更多优越的人才，朝野政党应该携手合作，一起商讨对策来回应高教部将在九月国会会期提呈的修订案。(马)

(40) 不过仍然无法招回身处在外的人才，也没有办法吸引优越的外国公民前来我国工作。(马)

上面这些搭配都是今天普通话所没有的。但上述某些搭配或者与上述某些搭配类似的例子，在早期现代汉语中是广为使用的。例如“成绩”类名词，在“BCC 历时”中，“优越”与“成绩”的搭配［含“成绩优越”“优越（的）成绩”］从 1946—1961 年的 16 年间曾连续出现；1961 年以后基本上不再使用。在“BCC 历时”中，“优越”与“成绩”搭配的用例如：

(41) 她们都坚强地向我们表示：以最优越的成绩，供献给伟大祖国的航空事业。(《人民日报》，1953)

(42) 题材和内容更加丰富多样，特别在表现劳动人民新的精神面貌方面取得了优越成绩。(《人民日报》，1960)

此外，在新中国成立前后一段时期的现代汉语中，“优越”还有其他一些与新、马华语相同的搭配，而今天已不再使用：

(43) 而正是由于他制订出的战略，一个被技术优越的敌人包围着的军队，才能够建立与发展。(《人民日报》，1948)

(44) 会上又表演了赛马、射箭等精彩节目，选出了优越射手和善骑的儿童等。(《人民日报》，1949)

(45) 但同时普利文承认越南人民军的优越力量。(《人民日报》，1952)

(46) 就一般情况来说，若干有名的学校在教学设备上和师资配备上比较其他学校要优越些，但是两者的距离是不会相差悬殊的。(《人民日报》，1953)

(47) 生产生产资料的工业的优越增长，是工业和农业的消费品迅速增加的基础。(《人民日报》，1953)

这种搭配的大范围的一致性，表明今日东南亚华语中“优越”的特殊搭配来自早期现代汉语。在早期南洋地区的报纸上，我们也发现了个别类似的用例，例如：

(48)“多治兄弟”的三种大六机筒汽车，确系汽车界最优越最低廉的汽车呀。(《价廉物美的三种汽车》，《新国民日报》，1928 年 12 月 8 日)

2.4 “在 + NP + 毕业”结构

在当前的现代汉语普通话中，动词“毕业”通常由介词“从”“于/自”引介所毕业的学校，构成“从北京大学毕业”和“毕业于/自北京大学”结构。但在今日的新、马华语中，除了这两个结构，还有一个“在 + NP + 毕业”结构，例如：

（49）再加上如果有关画家是在国际具权威性的艺术学院毕业，或曾经或目前也正在担任某艺术学院或机构的讲师和院长，就更添收藏家的兴趣，其身份地位更为其作品的价位锦上添花。（马）

（50）伊斯汉夏是1985年在吉隆坡出生，在5名兄弟姊妹中排行第2，小学及中学都在吉隆坡蕉赖康乐中小学（Taman Cannought）毕业，并在PMR初中评估考试中获得6科A及在大马教育文凭考获5科A。（马）

（51）苏莱曼与妻子育有1男2女，其中2人已在直落甘望中华公学毕业，目前就读国中，小女儿也将在明年入学该华小，在家里，父亲与孩子们以马来语和华语交谈。（马）

（52）杨应平自1996年在吉隆坡美术学院美术系毕业，当时，想要开画展并不如想象中容易。（马）

上述“在 + NP + 毕业”结构，在早期现代汉语和南洋早期报刊中均较为常见。在老舍先生的作品中，这一结构使用频繁；根据“BCC 历时”，这一结构在二十世纪五六十年代的《人民日报》中依然使用，之后逐渐消亡。例如：

（53）我既没在师范学校毕业，自然没有资格作事。（老舍《赵子曰》）

（54）当他在高等小学毕业的时候，还有人来在门前贴喜报，唱喜歌。（老舍《四世同堂》）

（55）我……我学过的东西都早忘干净了！我在大学还没毕业就去参军。（老舍《西望长安》）

（56）可是地山在那时候已经在燕大毕业而留校教书，大家都说他是个很有学问的青年。（老舍《敬悼许地山先生》）

（57）解放后，他虽不能做工，由儿媳在厂做工供养他，但他的生活比以前好得多了，且有一个儿子已在大学毕业，他谈到现在的生活，谈到美好的远景，心情异常开朗和愉快。（《人民日报》，1957）

（58）有一个解放初期在大学毕业的技术员，由于自以为有技术，一心想成名成家，因此，在一九六五年参加真空制盐新技术的设计时，上了走资派的当，犯了错误。（《人民日报》，1969）

在早期南洋华文报刊中，“在 + NP + 毕业”结构亦常见，例如：

（59）现在我在高小毕业了。（廖桂芬：《现在我已经毕业了》，《新国民日报》，1929年8月28日）

（60）那年冬，他便在高小毕了业，明年就考进了S中学。（张霞次：《弱者》，《新国民日报》，1929年11月18日）

2.5　“向 NP + VP”结构中 VP 的多样性

在现代汉语普通话和东南亚华语中，“向”都是一个高频常用介词，可以引介方向、对象、目标等。但新、马等地的华语有很多普通话所没有的“向 NP + VP”结构，即能出现于该结构中的 VP 远比现代汉语普通话多。祝晓宏（2016）谈到了新加坡华语中“介词的窜用”现象，所举例证中有“以‘向’代‘跟’”，如“向警方联络”“向妈妈讲”等，认为这两个短语在普通话中要用“跟”或“和”。显然，这里的“窜用”，是以当前的普通话为标准看待新加坡华语所得出的结论。说“以‘向’代‘跟’”是“窜用”，表明作者认为与现代汉语普通话相比，新加坡华语中“向”的搭配范围扩大了。与新加坡华语相比，马来西亚华语中能够进入“向 NP + VP”结构的 VP 从语义的类与例的角度均更为多样，我们下面主要描写马来西亚华语，并将之与老舍先生的语言以及南洋早期国语进行对比。

首先，在马来西亚华语与老舍先生的语言中，涉及“言说”的很多动词能够进入“向 NP + VP”结构，而这些结构在当前的普通话中已经不说，或者接受度很低。例（61）至例（65）来自马来西亚华语，例（66）至例（70）来自老舍先生的作品：

（61）警方上门后，年逾 60 岁的弱智妹妹还向邻居称说：“我姐姐只是在睡觉”。（马）

（62）虽然印尼任由林火肆虐，但过去经常向超级强国大声说话的马来西亚，为何面对印尼时总是战战兢兢，甚至要“看雅加达的脸色做人”？（马）

（63）马华讽刺行动党不敢向伊党呛声，行动党嘲讽马华怕巫统。（马）

（64）厂商高层向员工交涉不果后，离开宿舍门口。（马）

（65）他向对方讨价还价后，最后以赔偿 600 令吉了事。（马）

（66）然后向我说：“你！你敢打我？洋人也不打我呀！”然后又向那两个小孩说：“踢！踢他！看他敢惹洋人不敢！”（老舍《五九》）

（67）二位弟兄不好意思彼此商议那件事，所以都偷偷的向李先生谈论过。（老舍《也是三角》）

（68）她们诚意的向你商量，本来你的病是吃小药饼或看电影都可以治好的，可是你的身份高多了呢。（老舍《小病》）

（69）这是冯先生时时向人提醒的一点，也就是这些刻石的所由来。（老舍《泰山石刻序》）

（70）可是作家自己没法向别人交涉，因为没有法令可根据。（老舍《怎样维持写家们的生活》）

上面这些“向 NP + VP”结构，在今天的普通话中，其中的“向”要换成“对”“跟”，或者直接将“向”后的 NP 成分移到 VP 之后构成动宾结构来表达。方清明（2017）提到，“向青少年进行教育及解释工作”“向顾客随便搭讪”“向我父母谈话”等搭配是汉语二语习得中介词“向”常出现的偏误；但这些搭配在早期现代汉语以及老舍先生的作品中，是合语法的。考虑到东南亚华语的传承语性质以及东南亚早期国语的使用情况，我们认为例（61）至例（65）中介词“向”的用法应该是传承自早期国语，而非习得偏误。在早期南洋出版的华文报刊以及国语教科书中，涉及“言说”动词的“向 NP + VP”结构很常见，例如：

（71）……与鸨理论，鸨讥嘲并作，谓君七尺丈夫，不能保全一弱女子而向老身饶舌

耶？（《难兄难弟》，《叻报》，1887 年 8 月 19 日）

（72）诸商翁如有求购高丽参者，无论趸发、零售，务祈向本号代理人益成公司锦利号商议价目，格外从廉，特此广告，即希公鉴。（《高丽真参》，《叻报新闻纸》，1917 年 2 月 5 日）

（73）小学生便举着我向他说："先生是找这个吗？"［《银圆的自述（六）》，《南洋华侨国语读本教授书》第 5 册，1932 年］

（74）这时，我想扑入向他质问，可是抚心一想，何必多此一举！（兼言：《爱的误会》，《新国民日报》，1932 年 6 月 29 日）

其次，马来西亚华语还有如下几组"向 NP + VP"结构可以与老舍先生的语言或南洋早期报刊用例构成对应，如：

（75a）这类思想和言论对国家团结只有破坏，不会有任何帮助，要向极端主义抗战，政府和民间要做的是表明立场，重新教育。（马）

（75b）既不向校长作战，自然罢考须暂放在一边。（老舍《大悲寺外》）

（75c）如何向恶家庭奋斗？（南洋平民第六年级梁少兰《如何向恶家庭奋斗？》，《新国民日报》，1926 年 12 月 10 日）

（76a）因向民政党高层争权不遂，曾永森最终再重返马华至今。（马）

（76b）我这么想了：他既是仗着我满足他的志愿，而我又没向他反抗，大概他也得明白以后我的行动是自由的了，他不能再管束我。（老舍《阳光》）

（76c）那时想向父亲反抗，也无及了。（张霞次：《弱者》，《新国民日报》，1929 年 12 月 3 日）

（77a）虽然敦沙顿花园属于马来族群居多的地区，可是民众对蓝卡巴星的到来反应非常热烈，更有不少民众主动的向他握手并且要求合照。（马）

（77b）他又向武端握手，武端从洋服的裤袋中把手伸出，轻轻的向赵子曰的手指上一挨，然后在他的黄肿脸上似是而非的画了一条笑纹。（老舍《赵子曰》）

（78a）卡沙里忠告年收超逾 50 万令吉商家必须在有限的数天内赶紧向该局注册，本月杪之前没有注册的商号将面对 3 万令吉及最高监禁两年的对付。（马）

（78b）闻某某等君决定，不日向政府注册云。（《砂捞越将有华文报出现》，《新国民日报》，1925 年 3 月 13 日）

除此之外，马来西亚华语能够、而今之普通话不能进入"向 NP + VP"结构的 VP 还有：核对资料、招揽、翻案、进货、签订合约、收集资料、指引门路、登记、接洽、分享、分发、录取口供、合作、挖角、获取、采取行动等。在老舍先生的作品中可以、但今天已不能出现在"向 NP + VP"结构中的 VP 主要有：攻打、革命、算账、瞄准、袭击、服务、交换条件、交稿、解除婚约、斗争、决斗、抢、恫吓与示威、摸索、哭一场、亲近、研究、奉承等。

上述"向 NP + VP"结构中的 VP，从语义的角度而言，大多属于袁毓林（2010）提及的"准二元动词"，准二元动词分为"协同动词"和"针对动词"两类。就例（61）至例（70）而言，其中的动词均为"协同动词"，即动词所表示的动作、状态是由两个或两个以上的个体协同作用而形成的。袁毓林（2010）指出，协同动词 Va 多能够出现于"NP_1 + prepNP_2 + Va"句式中，该句式常用的介词有"和""同""跟""与"；而介词"向"常出现于由部分"针对动词 Vb"出现的"NP_1 + prepNP_2 + Vb"中。由此可知，与当前普通话相比，马来西亚华语、早期现代汉语"向 NP + VP"结构中的 VP 在语义上更为多样，既包含协同动词，又包含针对动词。

3 结语

相对于祖籍国语言，传承语在发展上具有一定的保守性。所谓"保守"，其实是因为传承语使用者对祖籍国所发生的一切不那么敏感了，其中当然包括语言——当祖籍国语言发生变化之后，远离故土的传承语使用者依然保留着他们之前所掌握的语言，并将之传给下一代。但需要指出的是，"保守"并非一成不变，传承语者的语言会在双语/多语环境中受到其他语言的影响，会因长期使用于家庭等非公众场合而在词汇、语法等方面产生衰退，同样会随着代际传承及传承语的不完全习得而产生变化。这就要求我们在鉴别海外华语特征的时候，要能够甄别特征的诸多来源途径。同时，我们也要意识到，源自保守性的语言传承和语言接触以及语言习得等因素在不同地区的华语变体和不同代际的传承语者的传承语中所起的作用是不同的。

本文通过五个例证说明，传承语的保守性是海外华语特色形成的原因之一，而这一点在之前的研究中被忽略了。之所以如此，我们认为主要有三个原因：一是没有认清海外华语的传承语性质，二是对海外华语的历时发展或者说早期国语在海外的传播情况不甚了解，三是对百年来现代汉语的变化事实不甚清楚。这三个方面，是我们今后在全球华语研究中需要注意的。

现代汉语普通话和东南亚华语变体"同源异流"，华语变体的某些特色是直承早期现代汉语而来的，只是这些特色在现代汉语普通话中消失了；如果忽略了传承语的保守性，就可能导致我们对华语变体特色的来源认识错误，因为海外华语保存了一些今天普通话已经衰亡的词汇语法现象。这一点，也让海外华语成为我们考察近百年来现代汉语演变的一个重要视角。

最后，让我们以一个有趣的例子结束本文。在意大利罗马等地的华语中，包括年轻华裔在内的当地华人多以"公司"来称"超市""去超市买东西"和"逛超市"，常常说成"去公司买东西"和"逛公司"。之所以如此，是因为意大利早期华人移民生活在中国的那个年代还没有超市，基本的生活日用品都是在百货公司购买，之后出现的自选超市被他们顺其自然地称为"公司"，然后又把这一称谓自然地传授给下一代。根据"BCC 历时"，在现代汉语中，"百货公司"在新中国成立初期使用频繁，进入 20 世纪 80 年代逐渐开始消亡，而"超市"在 1995 年左右才开始通行。

（本文原载于《华文教学与研究》2019 年第 3 期。作者：李计伟、张翠玲）

参考文献

KIM J-H, MONTRUL S, YOON J. Binding interpretations of anaphors by Korean heritage speakers. Language acquisition, 2009 (16).

MONTRUL S. The acquisition of heritage languages. Cambridge：Cambridge University Press，2016.
POLINSKY M. Heritage languages and their speakers. Cambridge：Cambridge University Press，2018.
方清明．现代汉语介词用法词典．北京：商务印书馆，2017.
郭熙．论祖语与祖语传承．语言战略研究，2017（3）.
李宇明．大华语：全球华人的共同语．语言文字应用，2017（1）.
苏培成．当代中国的语文改革和语文规范．北京：商务印书馆，2010.
袁毓林．汉语配价语法研究．北京：商务印书馆，2010.
赵元任．“连书”什么词类．国语周刊，1934（120）.
祝晓宏．新加坡华语语法变异研究．北京：世界图书出版公司，2016.

南洋华侨早期国语推广刍议

1 引言

“国语运动”是20世纪中国语言生活中的一件大事，黎锦熙在20世纪30年代就曾撰写《国语运动史纲》（2011/1934）一书，来总结国语运动四十余年的发展过程以及其中的种种争论。但该书仅限于讨论当时中国国内的国语推广，并未涉及海外，比如华侨众多的南洋地区。时至今日，我们对彼时南洋地区华侨国语推广的相关情况依然缺乏有足够史料支撑的全面认识；而对这一问题的研究，不仅可以补充《国语运动史纲》，更关系到包括对新加坡华语、马来西亚华语等华语变体在内的东南亚华语这个全球华语“中圈”（吴英成，2009）相关问题的理解与认识。

李宇明（2017）指出，“大华语”之现今状态，与现代汉民族共同语的规范建设和传播历史密切相关；在现代汉民族共同语的形成和发展过程中，海外华人社区也在一直跟队而行。苏培成（2010）也提到，1926年在北京举行的国语研究会十周年纪念会，南洋各埠华侨均有代表参加。关于南洋华侨早期的国语推广状况，这些叙述还是极其简略的，尤其是考虑到侨民人口数量、代际传承、侨民汉语南方方言背景、多元语言文化环境、所在地殖民统治的教育制度等诸多因素，南洋华侨的国语推广必然有其独特的地方，其效果也必然受到上述诸多因素的影响。本文拟通过对《新国民日报》（1919—1933）等早期华文报刊相关文献的梳理，从“缘起”“机构”“效果”与“影响”四个方面，较为全面地梳理南洋华侨早期国语推广的基本状况。

本文的主要材料来自《新国民日报》（具体引例中简称“《新》”）。《新国民日报》创办于新加坡，与槟城的《光华日报》南北呼应，是研究中国现代史与战前新、马乃至整个南洋地区华人史的重要文献。我们查阅的《新国民日报》的时间跨度为1919—1933年，这是国语运动最为关键的阶段：1919年五四运动、新文化运动，语言问题得到了全社会的关注，白话文兴起，并被纳入了国民教育体系，而1937年“七七事变”发生，国语问题逐渐被边缘化；在南洋同样如此，比如马来西亚学者徐威雄就认为，1919年到“二战”前后，是马来西亚“华语史”的“国民教育普及阶段”。在此期间，该报保存连续、完整，其“本坡新闻”与“华侨消息”等栏目基本涵盖整个南洋地区，多有关于国语推广及华文教育的信息，这是本文选择以其为材料来源的主要原因。

2　缘起

一个国家之国语的选择、标准的确立以及推广，是语言规划的首要工作。中国国语运动中，南洋华侨在教育、报业人士及爱国侨商的呼吁、推动下，积极、主动地将“国语”在“五方杂处”的“异域”推广开来，但受制于各种社会因素或者说移民所特有的“传承语（heritage language）”环境，早期南洋华侨的国语推广自有其特点。

关于南洋华侨国语推广的原因，可以概括为三点：一、浓烈的爱国合群之心；二、优越的文化心态；三、巨大的语言歧异。第三点是当时中国国内与南洋地区共同的，也是国语运动的主要原因之一；前两点是我们在认识南洋华侨国语推广时需要尤为注意的。但需要指出的是，由于南洋华侨多为闽、粤两省移民，其语言的歧异远甚于国内，并且由于侨居海外，语言的互通、统一关乎国家认同、族群团结等，这也让南洋华侨社会将对语言歧异的认识与爱国、合群联系起来。

我们知道，近代兴起的国家主义（nationalism）从一开始就与语言密不可分，语言被认为是国家或族群认同的特殊外显标记；保存及推广语言，是维持这种认同的重要方法。Edwards（1985）指出，少数族群成员的认同常处在危险之中，因此可能会比多数族群成员更为强调其族群性。所以，对于上文提及的前两点原因的认识，除了国家主义在近代的广泛流行，还要充分考虑到侨民的少数族群身份及其认同焦虑。这种焦虑在其看到随着代际传承下一代有被同化趋势及土生华人多被完全同化的时候，尤为强烈。

先说第一点，浓烈的爱国合群之心。

因为早期南洋地区为英、荷等国的殖民地，侨民入籍者少，“漂泊”“寄居”心态较重，对祖国的思念、眷恋亦较为浓厚，正所谓“侨居国外，则爱国之心易生”（《星洲华侨教育界欢迎江亢虎博士演讲录》，《新》，1923 年 12 月 1 日第 8 版）。“我们虽则侨居在这南洋地方，但是我们的根本究竟还在中国。……现在虽则在英、荷两国的属地上做事情，到底是个寄居的客人。……譬如一个瓜蔓，蔓延到狠远的地方，然而他的根依旧长在这块土上。这块土或是坏了，被水没了，被火烧了，仅是这瓜蔓离得极远，长得极茂，也是立刻会受影响，枯槁死的。”［《例言》（续），《新》，1919 年 10 月 2 日，第 2 页］

南洋华侨将爱国情感与语言统一、国语推广紧紧联系起来，冀望以语言来团结国家和族群。在《新国民日报》上，一些“时评”“社论”和关于华社的新闻，甚至广告，都从爱国合群的角度阐述了学习国音、国语的重要性，呼吁侨民尽量学习国语。如“韩立中君以国音为爱群爱国之媒介，而不可不多多传习也。”（《国音夜学又多两处》，《新》，1922 年 10 月 26 日，第 6 页）“仰即通令各校，一体以国语部教授儿童，以一语言而存国性。”（《学校教授宜用国语》，《新》，1929 年 9 月 28 日第 6 版）“尤其是咱们侨居海外的同胞，寄人篱下，五方杂处，统一语言，更加要紧。”（《南洋中华国语统一总会开发起人大会纪》，《新》，1930 年 4 月 1 日第 6 版）语言的学习需要动机，有用才有动力，面对南洋早期国语在社会场合使用不多之情状，甚至有人提出，对于“国语”，“吾人宁可会而不说，切不可根本不会”［《华侨国语学校开校典礼纪盛（一）》，《新》，1930 年 1 月 6 日第 6 版］，这就完全出于爱国与族群认同等传承动因了。再来看一些有代表性的说法：

(1) 建国家、秩种族，其条例所系，曰语言、文字、风俗。……呜呼！语言之关系于天下国家也，大矣！(《统一语言之研究》,《新》, 1920 年 1 月 14 日，第 3 页)

(2) 合群！爱国！不知道国语怎么可以呢？外人谓中国人如一盘散沙，就是我们有省界乡界、言语不统一、没有感情的缘故！诸君，你爱国吗？爱群吗？可以不学国语吗？(《国语、注音字母、白话文法》,《新》, 1921 年 4 月 1 日，第 7 页)

华侨国语学校创办人张贞樑在《新嘉坡华侨国语学校第一周年纪念特刊（一）》(1931)"发刊词"中这样写道："本校创设之宗旨，在使土生侨胞，先从读国文说国语，然后进而赏识宗邦文化，而增其爱国之心，以免数典忘祖，长沦外化。"这里重点提到了"土生侨胞"这一特殊群体，就是屡见于南洋早期报章的"土生华人"，所谓"土生"就是在南洋当地出生的。就语言能力而言，土生华人不仅不谙国语国文，有些甚至连母方言也丢掉了，因此常被认为"沦于外化"。"生平颇伤心于土生华人不谙华文华语，数月前自解义囊，特倡'中华国语夜校'，以教彼土生人。"(《热心家逝世》,《新》, 1923 年 4 月 11 日，第 6 页) 由此可见，要避免被同化、保持对国家的认同，学习国语是重要手段。

再说第二点，优越的文化心态。中国几千年未曾间断的文明，让南洋早期的华侨自认在文化上是远优越于当地土著居民的，比如马来人（巫人）。由此出发，"着巫装""说巫言""入巫校"就被认为是自甘堕落，"着华服""说华语""读华校"则被认为是爱国、保持族群优越感和传承优秀民族文化的表现。整个南洋地区情况均是如此，在关于缅甸、菲律宾、暹罗（今泰国）、安南（今越南）等地的报道中，均能见到类似内容。

从认同的意义上讲，语言与服装一样，同为外显的认同标记。在早期南洋地区的一些新闻报道中，华人着他族服装与说他族语言一样，被认为是一种"自弃"行为，关乎国体。比如《妇女爱国》(《新》, 1919 年 10 月 4 日，第 9 页) 这则新闻就提到了华侨妇女穿马来服装的问题："南洋某埠，近有爱国份子，睹妇女巫装有关国体，时向稍开通男女界演说，……盖此等装束，为巫人服制，非中国衣冠。识者忧之，吾国虽弱，尚有文化，何自弃乃尔。"至于使用他族语言和入读他族学校，在一些人看来则堪称"沦于夷狄"了。来看几则记载：

(3) 我侨蓬飘国外，代游年湮，数典忘国，迄今人尽巫言，家无汉字，固已无讳庸讳。倘长此不变，则堂堂中国神明之胄裔，不将如螟蛉之同化于果蠃而后已耶？"(《又多一学校，在东婆罗洲》,《新》, 1919 年 10 月 2 日，第 9 页)

(4) 呀埠马踏地也，廿余年前，野蛮不堪言状，自属荷领土后，文化日开。近复设有巫文学校一所，……不料有华人某甲，素称文明，家亦中资，因贪学费之廉，舍华校而入巫校，甘心子女与马踏为伍，非下乔木而入幽谷欤?!（《胡为弃华校而入巫校》,《新》, 1919 年 10 月 29 日，第 9 页)

(5) 暹罗六坤埠，我国人侨居其地者，不只万余，成家致富者，颇不乏人。惟衣食住居，以及交际礼节，多颇暹俗，读暹书，说暹话，与土人毫无界别。揆厥原因，皆由未受祖国教育所致。近闻有热心家某某君等，恐优秀华胄沦于夷狄，特提议创办华文学校，普施祖国教育。(《六坤有创办华校之提议》,《新》, 1920 年 5 月 27 日，第 9 页)

第三点，巨大的语言歧异。

中国语言的歧异，在国语运动中，作为论证国语统一、国语推广之必要性的证据得到过较为充分的讨论。在对这一点的认识上，多操闽、粤方言的南洋华侨更是认识深刻。但与国内有区别的是：在与友族杂处的环境中，由“乡音”不同造成的侨民之间的感情隔膜、不睦以及按方言不同各自办学等现象，让作为统一认同群体的“华人族群”自感羞愧或被友族嘲笑，是当时一些人士呼吁“学习国语”“统一语言”的一个重要理由。

关于侨民的语言歧异及其给华侨社会带来的不便，在菲律宾从事国语推广数十年的北京人伊静轩在《七十年来的菲华国语推行运动》（1973）中有详细介绍：“自清末至民初，埠中尚无其他华侨学校，本校学生系闽粤兼收。而国语在当时，犹未普遍，因方言之不同，故粤籍董事提议另开粤籍学生班，聘粤籍教师，专教粤籍学生。至于教授英文，则仍与闽籍学生混合上课。同属国人，因言语不一，于汉文则闽粤分级而教，于英文则同堂而读，不特可笑亦复可叹。”“因侨社大多数侨胞，不懂国语，所以在举行各种纪念大会时，演讲者必须请人翻译。除了翻译福建话以外，还要翻译广东话，往往在开会时间拖延很长，至感不便。”“那时华侨社会有一种堂斗的风气［西报每每张大其词，称之为‘堂会战争（Tong war）’］，动不动就成群结伙大打出手。打斗的原因，固然很多，但语言不通，发生误会，亦为其中原因之一。”

“华族昔南渡，筚路启山林；橡风椰雨地，劳动生黄金。国力莫及，外患已深，言语分畛域，识者倍忧忱。一炉而共冶，国语是正音。同声，同调！同德，同心！”（《新嘉坡华侨国语学校校歌》）这里体现出这样一个逻辑：语言歧异导致不同方言群体的隔阂、不睦，进而导致族群与国家的一盘散沙；所以，要在认同的意义上维持族群性达到“同德”“同心”，首先必须“同声”“同调”，这也是当时“教育救国”思想的一种体现。

3　机构

国语的推广和传播，需要教育机构和社会、学术团体来实施、服务。就南洋的情况而言，在国语推广运动中，实施机构主要是学校和国语讲习所，相关的服务机构主要是华文报社和书店等。这与当时中国国内区别不大。但我们需要进一步了解的是，在使用不同语言、多族群聚集的南洋，这些机构的数量、分布如何，华文学校的师资来源、所用课本、教学语言及课程设置如何，等等。这些对于我们认识早期国语推广及华文教育的性质至关重要。

先来看学校和国语讲习所。

黎锦熙（2011/1934）提到1919年的《国语统一进行方法》的议案，文中明言：“统一国语既然要从小学校入手，就应当把小学校所用的各种课本看作传布国语的大本营。”由此可见，学校尤其是小学及其所用课本在国语传播中的重要作用。在《新国民日报》上，关于学校在国语推广中作用的论述比较多见。例如：“欲语言统一，非普及教育，无以收其功。”（《平民求学之机会》，《新》，1922年10月21日，第6页）下面的这则记载，就凸显了华校教育对于国语（华语）推广及国家认同建构的重要意义：

（6）仰光函云：余（访员）某日偕友人偶往直塘和源号内访友，忽瞥见两幼童华装玩耍于店前，友人见其性和可爱，乃执其手而问以华语，竟能以华语还答。友人戏谓：

"若尔缅装，当给尔饼。"该童摇首不应。复问其故，乃答谓："我是华人，若缅服则为缅类，岂不羞死。"……又闻某君云："此幼童曾入华校数月，故有祖国之观念，是由于受教育得之者。反观彼等，言缅言、服缅服，行走道上，施施然以为得意，不知祖国为何物，不知尊重国体，宁不羞死！"（《教育之感化力》，《新》，1919 年 12 月 15 日，第 9 页）

中国人素来重视教育，即使移民海外，依然如此。20 世纪初，南洋华侨教育也逐渐完成了从私塾教育向新式学校教育的转变。从学校数量及办学类型来看，二十世纪二三十年代的南洋华文学校具有"数量多""类型丰富"的特点。据《去年中海峡殖民地华人注册学校之报告》（《新》，1925 年 7 月 13 日第 8 版）之介绍，新加坡、槟榔屿、马六甲、纳闽四地，注册的华人学校总数为 291 所，教员总数 732 人，学生总数 15 418 人，数量不可谓少。就办学类型而言，从《新国民日报》来看，使用国语教学的学校除一般小学、中学和专门的国语学校外，还有或独立或附设的"半夜学校""半日中文班""国文特别补习班""国语夜学""国音夜学""注音字母夜学校"等。一般的学校服务于正常求学的侨童，夜学或补习班服务于成人及在英文学校求学的学生。来看下面的两则记载：

（7）本坡熊时元君等所创办之五育补习学校，……因其为补习性质，又不限学生之年龄、职业、籍贯，随各人之程度高低，日夜皆可分级教授，且完全用国语，不用方言，故一般青年工人、商店伙友与求上进之学生，均称便利，报名者极为踊跃。（《"又多一学校"续讯》，《新》，1925 年 2 月 26 日第 8 版）

（8）本校为普及教育、统一语言起见，特多设国语半日班，由午后一时半至三时半，分小学、师范两级。学科：国语，分读法、作法、书法及信札。……星洲大坡尼律八拾三号静方女学校启。（《静方女校招生广告》，《新》，1930 年 1 月 7 日第 7 版）

这些不同类型的华文学校，除了人口集中的"大埠"，在当时一些华人数量不多的"小埠"上亦有分布："然自民国成立后，南洋华侨初而提倡兴学，继而建设学校，迄今无论大小各埠、荒僻村落，都有我华校之设。"（《南洋华侨之兴学热》，《新》，1924 年 2 月 27 日第 12 版）再来看下面一则记载：

（9）余往马打山，至亚冷名小驻。……兵房对面，为甲必丹厝，傍有学校一所，学生二三十，适经课授时，余仅在校外参观。该教员操国语教授，腔口颇似北音，讲解精细。后听该学生讲法读法，亦均操国语，字句明白，颇有精神。如此侨童，或不至为巫风所同化。该处侨商、华人不多。（《亚冷名商学状况》，《新》，1923 年 6 月 6 日第 12 版）

就学校师资尤其是国语师资而言，早期南洋华校的教师多来自中国内地，"教师南来""教师归国""教师临别慷慨""介绍教员"等新闻、广告等屡见报端。伊静轩（1973）也提到，"菲律滨华侨中学，遂于民国十二年在马尼拉正式开办。当时华侨中学的教师以江浙人居多，教授课业均用国语。"从 1919—1933 年的《新国民日报》所刊登的上百则各地华校的"教师征聘启事"来看，90% 以上均要求"完全国语教授""谙普通话""普通话纯熟""国语纯熟""国音纯正""善操国音""读音纯照国音字母"等。

来看如下几则不同地区华校的“教师招聘启事”：

（10）本校欲聘普通科教员一位，以能完全国语教授及谙闽粤语者为合格。每周担任教授卅小时，月奉修金七十元，膳费在内。……巴生呀岳峇都益智学校。（《新》，1920年1月12日，第10页）

（11）敝校欲添聘教员一位，教授英文及其他学科，以英汉文能直接翻译兼谙普通话者为合格，除膳宿费由校供应外，每月束修一百盾。……苏门答腊占碑中华学校启。（《新》，1920年3月25日，第9页）

（12）本校现在要聘请一位教员，以有中学卒业程度，能担任图画、手工、音乐、体操等科及完全用国语教授者为合格。……暹罗宋卡国民学校董事部启。(《新》，1924年6月16日第6版)

（13）敝校系高小学校，拟聘十九年份男校长、女教员各一位（夫妇同居更妙）。资格高中以上毕业，国音纯熟者为合格。男任国语、算学、图画等科，兼精英文科，每月薪金七十元。女任歌舞、刺绣及普通等科，月薪五十元，膳费概系在内。……彭亨北根公立中华学校董事部启。（《新》，1930年1月7日第18版）

通过这些信息，我们可以看到，南洋早期华文学校对教师的要求充分考虑到了学生的方言背景以及住在地语言的社会需求。华文教育要想长远发展，师资还得立足于自身培养，今天的东南亚华文教育依然面临这一问题。南洋早期部分华文学校已经意识到了这一点，开始增办“师范班”，一方面增加师资，另一方面弥补“南来”师资的“缺点”：“以教育之机关而论，方言互用，教材杂投。……以教育者而论，……来自祖国者虽通于教育但不悉侨情，侨生南岛者虽悉侨情而不通教育，而且，前者多通汉而不通英，后者多通英而不通汉。因为这种缘故，所以我们要培养出一种国语纯熟、品学兼优、中西并通的师资来。”（霹雳和丰兴中学校：《本校增办师范科的宣言》，《新》，1928年1月18日第15版）

在对南洋早期国语推广梳理的过程中，我们认为有一个问题需要重新认识，那就是早期华文教育或国语教育的性质。目前一般认为，早期华文教育或者国语推广，就是母语教育；但从南洋早期国语教育的文献来看，确切的说法应该是传承语性质的母语教育。根据Montrul（2016），传承语是一种母语，是文化或民族语言上的少数民族语言（minority language），它存在于双语环境中，其中有另外一种具有社会政治优势的多数民族语言（majority language）被使用；传承语通常为移民及其子女所使用。受输入的质与量、实际社会使用、语言声望等因素影响，传承语者的传承语能力跨度极大，从类母语到仅在某些语言技能上具有一定的能力不等。从这个角度及早期华文报章对国语教育、华文教育的记载来看，我们可以说，由于侨民的“蓬飘”“寄居”身份和受当地社会政治及语言环境影响之原因，其以学校为主要阵地的国语教育具有强烈的“传承语教育”色彩，或者说，总体而言，其本质上就是一种传承语教育，或者说祖语教育（郭熙，2017；李计伟，2019）。

受住在地社会语言环境影响，或为生活、形势所迫，南洋早期的华校学生，较为注重住在地主要语言，尤其是殖民者语言（英文与荷文）。从语言能力来看，传承语者是双语者，有的是共时双语者，有的是继时双语者，双语能力多不均衡，传承语能力差别尤其大。《（吉隆坡）政府拟华童补习英文办法》（《新》，1925年7月8日第12版）对华校学生的分类充分说明这一点："华人学校生徒，计分三类：（甲）自幼即在英文学校肄业英文，希望受英文完全教育，仅于课外时间，往中文学校补习中文。（乙）自幼即肄业于中文学校，希望受中文完全教育，多数更希望稍习英文，程度以能达到通晓商业英文为目的。（丙）自幼即在中文学校肄业，望能在十岁或十一岁时，在英文学校习英文。"这三类学生，甲类和丙类是典型的汉语传承语者，其区别在于学习中文和英文两种语言的起始点不同，乙类则接近于完全的汉语母语者。再来看下面的记载：

（14）本校自开办以来，各处学生来学者极为踊跃，惟向在英文学校读书学生每欲来学，其英文、算学已至四五号者，尚可合格，独国文一门，较之肄业中国学校者相差极远。……本校为提倡国学、广育人才起见，拟专开国文特别补习科一班，额数四十名。凡在英文学校而有志学习国文者，幸勿失此时机。兹将须注意各点列下：（一）资格：凡在英文学校已读至三号而年龄在十三岁以上者，无论曾经学过国文国语与否，均可受试。（二）学科：实用国文语法、读法、写法、作法。（《南洋华侨中学校国文特别补习班招生广告》，《新》，1919年10月30日，第13页）

（15）四、课程：各科均依照新学制编定之，除因本地需要特别注重英文外，其余均用国语教授。（《中南学校招生广告》，《新》，1924年1月7日第12版）

（16）华校在日间加授英文，……学生之注重英文者，中文必受影响而退步。……既而提议华校加授荷文，以应环境之需要。……华校教育之远逊于荷华学校者，实因荷文较为适用，吾人不必过于泥守国家主义，亦勿令以回国升学为目标，仅仅加授英文，华校确有加授荷文之必要，深望华校与荷华发生密切关系，荷华宜加授中文，视地方情形而变通办法云。（《日惹〈华侨教育会议续志（二）〉》，《新》，1925年1月18日第12版）

这几则信息，说明部分华校适应当地社会语言环境，"特别注重英文""加授英文""加授荷文"之同时努力推广国语的事实。从传承语教学的角度看，这是传承语者的传承语能力跨度极大的一个主要原因。

作为推广国语的专门机构，国语讲习所在南洋地区也有分布，其师资与学校一样，多来自中国大陆，从数量上来讲，南洋的国语讲习所较为少见，其教学对象主要是失学者和社会成人。来看下面的记载：

（17）邦咯小埠，地属奇甸，吾侨居此者亦不多。惟鉴吾人之交际，同是国人，因语言互异，致彼此畛域，非急设法，以图补救，不足以为功。爰集该埠诸热心家商议，现筹有基金，创设鼎新国语讲习所培养青年子弟，以备中年失学者，统一言语。（《邦咯鼎新国语讲习所之告成》，《新》，1919年10月1日，第9页）

还有一点需要指出的是，南洋早期的学校教育，主要以小学为主，受制于师资、经费等，能够办到中学者极少。所以，当时广东、上海、南京、厦门等地的中学、大学对南洋子弟的招生，"鼓励及指导海外华侨子弟回国求学"（《中国大学院华侨教委会组织大纲》，《新》，1928年1月31日第8版），也在一定程度上促进了国语在南洋的推广。

再来看华文报社和书店。

东南亚是华人最为集中也是华文报刊最为集中的地区之一。1815年创刊于马六甲的

《察世俗每月统记传》（*Chinese Monthly Magazine*），是海外各地最早的华文报刊，被称为"华文杂志的鼻祖"。1927 年中国《教育杂志》第 19 卷第 2 期上有一份《南洋华字日报调查表》，其中提到分布于荷属棉兰、荷属巴达维亚、荷属三宝垄、荷属泗水、荷属西利伯、英属加坡、英属槟榔屿、英属吉隆坡、英属缅甸、美属菲律宾、法属安南、暹罗等地的华文报纸 27 种，本文所主要依据的《新国民日报》亦在其中。进入民国时期，尤其是五四运动之后，这些报纸越来越多的内容采用白话文书写，这对国语学习及其社会应用起到了很好的推动作用。"报纸就是函授的，学校就是面授的，不过函授与面授的区别。"（《报纸与学校》，《新》，1921 年 11 月 24 日，第 6 页）就很好地说明了这一点。1919 年 10 月 1 日《新国民日报》第 9 页有一篇名为《报纸与华侨》的社论，明确说明："然欲使吾侨之爱宗邦之观念由弱而转强者，舍报纸之力不为功。……用浅近的文法、纯正的意思，引诱吾们侨胞。"同时，报纸上所刊登的关于"国语统一""国语论争""国语教学法"的新闻与介绍，如张士一《国语统一问题》（《新》，1921 年 4 月 26 日—5 月 12 日第 14 版）、蔡元培《练习国语的利益》（《新》，1927 年 11 月 15 日第 14 版）、《小学国语教学法的商榷》（《新》，1928 年 1 月 12 日—2 月 20 日第 14 版）等，也在一定程度上宣传了国语及其教学，影响着人们对国语推广的认识。

学校对于国语推广的重要性，首要方面就是其所采用的课本。我国两家著名的出版社商务印书馆和中华书局在当时的新加坡均有分社，其广告也频繁出现于报端，当时南洋华校所用之教材亦多来自这两家出版社："华侨学校向用商务印书馆和中华书局所出版之教科书。"[《星洲华校对南洋华侨教育会议之提案（二）》，《新》，1929 年 5 月 24 日第 8 版] 1921 年 12 月 1 日《新国民日报》第 8 页有中华书局广告一则："诸君要讲国语，先要听熟国语的正音。国语学大家王璞先生的正音，国语留声机片，全套七十四元。国语留声机片课本，全一册，三角。"1932 年 10 月 26 日《新国民日报》第 1 版有"商务印书馆国难后之出版物（经英属七州府提学司、荷属汉务司审定）"广告一则，其中提到"（小学校用）国语教科书（编辑者沈百英，校订者张国基，共八册）""（小学校用）南洋常识教科书（编辑者赵景源，校订者张国基，共八册）""（小学校用乡土教材）自然课本（编辑者陈问樵，校订者沈厥成，共四册）"。这套由华侨教育家、中国出版家及侨居南洋的作家、学者合作编写的教科书，既紧扣中国标准，又"依照南洋情形"（笔者注：此为广告语）、采收"南洋特殊材料"（笔者注：此为广告语）编撰，可以说是具有"当地化"色彩的教材。再来看下面两则记载：

（18）各学校总理、校长先生公鉴敬启者：本年秋季开学应用之书籍、图画、仪器、文具等件，敝分馆已于上月中旬大帮运到，足应各地各校之需，倘承惠顾，即可照发，决无延误。……新嘉坡商务印书分馆谨启。（《商务印书馆启事》，《新》，1925 年 7 月 15 日第 2 版）

（19）《评点南洋学生国文成绩（四册）》：本书是雷铁厓先生选的，内容分甲乙两编。甲编历史题，乙编杂题。——南洋学生作文的好榜样，南洋学生的国文菁华，是同时可以说的！（《梹城兢兢书局图书汇报》，《新》，1925 年 11 月 10 日第 13 版）

应该说，当时南洋华校的教材主要来自中国内地，并在一定程度上贴合了当地的具体情况。关于这一点，可以参看于锦恩等（2011）对《新编南洋华侨高小国语读本》的具体分析。这些使用当时国语编写的课本，通过广大华校，影响了年青一代的华侨，而这也在很大程度上奠定了今日东南亚华语书面语的基础。

4 效果

南洋早期华侨的国语推广，其效果如何？这个问题的回答不能看局部的、个别的论述。前文我们曾简单论述过早期国语教育的性质——汉语作为传承语的教学。而传承语的最大特点，就是其使用者对传承语的精通度个体差异巨大：从极少语言知识到类似母语。前文征引的一些文献已经表明，有的华侨学生“均操国语，字句明白”，有的则“与土人毫无界别”。

1929 年，老舍先生离开英国，在新加坡滞留半年。在发表于 1934 年的散文《还想着它》中，有其所见的当时南洋语言使用情况的记录：“我没钱，没工夫，广东话，福建话，马来话，我都不会。”“学校也很好。学生们都会听国语，大多数也能讲得很好。”“顶可笑的是在南洋各色小孩都讲着漂亮——确是漂亮——的北平话。”《新国民日报》1930 年 1 月 7 日第 6 版登载的《华侨国语学校开校典礼纪盛（二）》中也提到了老舍：“舒舍予先生演说谓：吾自英京伦敦回来，曾在该处任大学院国语教授五年，……对于陈树南医生言辞极表赞同云云。”这记载了老舍先生参加华侨国语学校活动并呼吁大家学习国语的情况，其后来的散文是对那段见闻的记录。如果单就老舍先生的记述来看，南洋华侨学生的国语水平是很高的——“漂亮的北平话”，国语推广的效果是显著的。但这只是新加坡一部分学校的情况，如果考虑到整个南洋地区，我们可以看到：受制于居住地社会环境，华校多以双语或多语教育为主，不同类型的学校对国语的重视程度不同；某些地区（如巴城，即巴达维亚，今雅加达）华侨子女入他族学校者远多于入华校者，地区差异大；总体而言，采用国语教授的学校只是一部分。来看如下记载：

（20）山口羊培南学校，自倡办以来，科学之完备，教授之得法，早已脍炙人口。此次该校国民班举行毕业式，……五由毕业生三人答词，一操英语，一操国语，一操南音，语颇流利，坐座者神为之一动。（《山口羊培南学校举行毕业式的盛况》，《新》，1923 年 2 月 20 日，第 12 页）

（21）统观本岛各埠学校之状况，在华侨方面的，多数以国语教授，课程符合国内部章，宜矣！但对于英文一科，未免略逊，而教会方面独缺国语一科，且注重英文云。（《英领北婆罗岛华侨教育概况》，《新》，1928 年 1 月 21 日第 20 版）

（22）巴城附近二十五公里以内，华侨总数不下七八万，所设立之学校，华文日学校，……统计学校廿五间，男女学生共约三千，男生约二千，女生则仅约一千而已，男教员约共八十人，女教员约共三十人。……华侨子女入荷巫各校肄业者，闻共至七八千人以上，比之华校，不啻多二三倍。……较之华校，其收费之多，常至数倍。记者尝细考华侨之所以多喜欢送子女入荷巫校去的，实有两大原因：其一因祖国纠纷日久，夷而列于次殖民地地位，国已不足以庇民，民（尤其是侨民）之于国，亦日冷淡。……其二因生活所迫，同为具两手一脑的人类，白脸皮的，每日所得，多至数十盾，黄脸皮的，每日所得，少或不及半盾。……吾意特欲一般华侨习外国文，须先通解本国语言文字，最低限度，亦要读外国文之后，再补习华文，然后才配称是华侨。否则，不如直截了当称是土著巫来由人。[《爪哇巴城华侨学校最近底概况》(二)，《新》，1928 年 1 月 17 日第 20 版]

(23) 国语教授，国内已尽量推行，南洋华侨学校，亦有采用之者，惟据调查所得，当属少数。如广东、福建各省所办之侨校，每藉口于学重，不能国音，仍须土语教授，甚且采用巫语，不一而足。(《学校教授宜用国语》，《新》，1929 年 9 月 28 日第 6 版)

Montrul (2016) 和 Polinsky (2018) 均指出，判定一种语言是否传承语的关键因素就是所在地的社会语言环境。通常，传承语是双语环境中的少数语言，移民社区是典型的传承语社区。从早期报章文献来看，南洋早期华侨对于国语的学习及其学校教育，无疑是符合这些特征的。

另外，南洋华侨多为中国南方闽、粤、客方言区籍，即使学习国语，在发音上亦很难达至标准，这一点《南洋小学读音与国语之商榷》(《新国民日报》，1920 年 1 月 30 日)一文已经指出："读音宜用国音：今日南洋各小学校，除一二小部分私立者外，读音固皆用普通音矣，然其所谓普通音者，是否即全国统一之国音，尚难判断。"从国语推广的效果而言，在整个南洋地区，书面语的统一性要远大于口语的统一性，今天依然如此。

5 影响

关于南洋华侨早期国语推广的影响，要放在南洋地区华语形成与发展的整个历史过程中来考量，但"华语的形成与发展"这个话题目前尚未得到充分的关注与研究，主要原因是缺乏历时材料。本文通过对《新国民日报》(1919—1933) 十几年语料的阅读，可以追寻到国语推广深远影响的一些线索，比如在当时的报纸上使用的一些词语或结构——同时也是中国早期现代汉语常用的，今天依然活跃在新、马华语中，而它们在今天的现代汉语普通话中却消失了。这些词语或结构就成了新、马华语的特色所在。无疑，这种现象是以学校和华文媒体为主要阵地的"国语推广"随着代际传承保留到今天的结果。限于篇幅，我们仅看几个特别的例子：

(24a) <u>在中国经济经历"L 型走势"当儿</u>，50.9% 的企业家认为宏观经济"偏冷"，47.8% 认为"正常"。(《央行调查：五成居民叹房价物价高》，新加坡《联合早报》，2016 年 9 月 19 日)

(24b) <u>在庆祝 57 岁的诞辰当儿</u>，我们只能祈祷，会有越来越多的各民族年轻人胸怀民主开放，愿意跨越种族的藩篱，共享国家的财富。(《57 岁的庆典》，马来西亚《光明日报》，2014 年 9 月 2 日)

(24c) <u>在我校庆祝五十周年校庆的当儿</u>，由衷敬祝我校校务如日中天，蓬勃向上！(《计顺菲华中学五十周年校庆，嘉宾云集师生欢庆共享成果》，菲律宾《世界日报》，2014 年 2 月 7 日)

在今天的新加坡、马来西亚及菲律宾华语中，都有一些儿尾词，最常用者为例 (24) 中的"当儿"，这个词在今天的普通话中已不用。东南亚华语的使用者多为中国南方闽、粤、客方言背景，汉语南方方言并无儿化，那么这些儿尾词从何而来？是传承自早期国语，还是在后来某个阶段学习普通话所致？关于这个问题，祝晓宏（2016）指出，新加坡华语会在无需用“儿”的地方使用“儿”，发生“过度概括”，这反映了新加坡华语在模仿普通话方面的一种倾向。这表明祝晓宏（2016）认为这些儿尾词是新加坡华人学习普通话时过度模仿或类推所致。祝晓宏提到的例子有“伞儿”“上回儿”“一所儿（房子）”“（黑压压的）人头儿”“当儿”等。实际上，儿尾在早期国语中的使用是很频繁的，甚至作为一种避免同音词的手段而被鼓励多用。赵元任（1934）曾如此写道：“在文法上‘l’（儿）韵当名词记号儿的，应该放开了胆儿多用用。”下面来看《新国民日报》上的众多儿尾词中的一些用例，在当时，“当儿”就非常常见：

（25a）他和伊最后谈话的那天晚上，岂不是同今儿一样有花儿、树儿、草儿、月亮儿、蛙声儿的，可是伊呢？（《窗外的蛙声》，《新》，1925 年 1 月 23 日第 14 版）

（25b）转头来，书案之上，卧着美术封面的信儿一封。（《爱的死》，《新》《南风》别刊，1925 年 7 月 15 日第 15 版）

（25c）我刚正在水中一起一落的当儿，微听见叫喊的声音渐渐近来，然而我终竟失了知觉。（《运命的灯》，《新》，1928 年 1 月 17 日第 15 版）

（25d）于这当儿，大家都表示心欢意足了。（《吃玫瑰酥糖之一夜》，《新》，1929 年 1 月 28 日第 15 版）

在新、马等地的华语中，有很多普通话所没有的“向 NP + VP”结构，即能出现于该结构中的 VP 远比现代汉语普通话多。祝晓宏（2016）谈到了新加坡华语中“介词的窜用”现象，所举例证中有“以‘向’代‘跟’”，如“向警方联络”“向妈妈讲”等；认为这两个短语在普通话中要用“跟”或“和”。显然，这里的“窜用”，是以当前的普通话为标准看待新加坡华语所得出的结论；说“以‘向’代‘跟’”是“窜用”，表明作者认为与现代汉语普通话相比，新加坡华语中“向”的搭配范围扩大了。与新加坡华语相比，马来西亚华语中能够进入“向 NP + VP”结构的 VP 从语义的类与例的角度均更为多样。来看下面今日马来西亚华语、老舍先生的语言以及南洋早期国语的一些用例对比：

（26a）警方上门后，年逾 60 岁的弱智妹妹还向邻居称说：“我姐姐只是在睡觉。”（《尸体发黑腐烂，邻居闻臭揭悲剧》，马来西亚《星洲日报》，2014 年 4 月 27 日）

（26b）厂商高层向员工交涉不果后，离开宿舍门口。（《合约期逝世获赔薪，外劳罢工骚乱平息》，马来西亚《光明日报》，2014 年 8 月 24 日）

（26c）虽然敦沙顿花园属于马来族群居多的地区，可是民众对蓝卡巴星的到来反应非常热烈，更有不少民众主动的向他握手并且要求合照。（《巴刹拜票，蓝卡巴巧遇阿布》，马来西亚《光明日报》，2014 年 5 月 18 日）

（26d）这类思想和言论对国家团结只有破坏，不会有任何帮助，要向极端主义抗战，政府和民间要做的是表明立场，重新教育。（《泼墨：一个内阁先同轨》，马来西亚《光明日报》，2014 年 10 月 24 日）

老舍作品中的一些用例能够跟上述马来西亚华语的用例构成一致性的对比：

（27a）然后向我说：“你！你敢打我？洋人也不打我呀！”然后又向那两个小孩说：“踢！踢他！看他敢惹洋人不敢！”（老舍《五九》）

（27b）可是作家自己没法向别人交涉，因为没有法令可根据。（老舍《怎样维持写家们的生活》）

（27c）他又向武端握手，武端从洋服的裤袋中把手伸出，轻轻的向赵子曰的手指上一挨，然后在他的黄肿脸上似是而非的画了一条笑纹。（老舍《赵子曰》）

（27d）既不向校长作战，自然罢考须暂放在一边。（老舍《大悲寺外》）

而与这些用例类似的例子在早期南洋地区的报纸上均可见到：

（28a）他听了我不要他拉，就把车停了，向我说：“先生，还有一半路哩，为什么不坐？”（《残冬》，《新》，1922 年 2 月 21 日，第 14 页）

（28b）那时想向父亲反抗，也无及了。（《弱者》，《新》，1929 年 12 月 3 日第 17 版）

（28c）诸商翁如有求购高丽参者，无论趸发、零售，务祈向本号代理人益成公司锦利号商议价目，格外从廉，特此广告，即希公鉴。（《高丽真参》，《叻报新闻纸》，1917 年 2 月 5 日，第 2 页）

（28d）如何向恶家庭奋斗？（《如何向恶家庭奋斗?》《新》，1926 年 12 月 10 日第 15 版）

在今日的新、马媒体语言中，早期国语使用而今日普通话已经消失的词汇语法现象是比较常见的。无疑，这种现象主要是因“传承语的保守性”（Montrul，2016；Polinsky，2018）而从早期国语传承到今天，关于这一问题，可以参见李计伟（2018a，2018b），而这也从另一个方面呈现了早期国语推广对南洋地区产生的深远影响。

6　结语

东南亚是全球华语研究的重点区域。目前我们已经大概知悉了东南亚华语的基本面貌，尤其是其相对于当前现代汉语普通话的典型特征，但这些特征从何而来，就目前的研究来看，还缺乏一定纵深的历时考察，而要展开东南亚华语研究的历时维度，南洋华侨早期的国语推广又是其中的一个重要议题。

本文依据早期华文报刊及相关文献，从“缘起”“机构”“效果”“影响”等四个方面较为全面地论述了早期国语在南洋地区的推广情况。通过对文献的梳理，我们想重点强调两点：一是南洋地区早期国语推广或者华文教育的传承语教育性质，二是南洋地区早期国语推广奠定了今日东南亚华语书面语的基础。基于这两点，我们就可以将现代汉语的发展、海外华语的发展与传承语的发展及其保守性等课题结合起来，从而对海外华语的形成与发展有一个较为清楚的认知。

（本文原载于《华文教学与研究》2020 年第 2 期。作者：李计伟）

参考文献

EDWARDS J. Language, society and identity, Oxford: Basil Blackwell Ltd, 1985.

MONTRUL S. The acquisition of heritage languages. Cambridge: Cambridge University Press, 2016.

POLINSKY M. Heritage languages and their speaker. Cambridge: Cambridge University Press, 2018.

郭熙. 论祖语与祖语传承. 语言战略研究, 2017, 2 (3).

黎锦熙. 国语运动史纲. 北京. 商务印书馆, 2011/1934.

李计伟. 大华语视域中“帮忙”用法的共时差异与历时变化, 汉语学报, 2018 (4).

李计伟. 东南亚华语视角下的现代汉语词汇变化研究. 马来西亚华人研究学刊, 总 (21), 2018.

李计伟.《传承语习得》述评. 外语教学与研究, 2019, 51 (2).

李宇明. 大华语: 全球华人的共同语. 语言文字应用, 2017, 1 (3).

苏培成. 当代中国的语文改革和语文规范. 北京: 商务印书馆, 2010.

吴英成. 汉语国际传播: 新加坡视角. 北京: 商务印书馆, 2009.

徐威雄. 马新华语的历史考察: 从十九世纪末到 1919 年. 马来西亚华人研究学刊, 2012 (15).

伊静轩. 七十年来的菲华国语推行运动. 马尼剌中西小学校七十周年纪念特刊, 马尼拉: 马尼剌中西小学校, 1973.

于锦恩, 蒋媛, 鹿牧. 国语教材《新编南洋华侨高小国语读本》简析. 海外华文教育, 2011 (3).

赵元任. “连书”什么词类. 国语周刊, 1934 (120).

郑慧馨, 宋德喜等. 新嘉坡华侨国语学校第一周年纪念特刊. 新加坡: 新嘉 (加) 坡华侨国语学校出版, 1931.

祝晓宏. 新加坡华语语法变异研究. 北京: 世界图书出版公司, 2016.

东南亚华语视角下的现代汉语词汇变化研究

1　问题的提出

李宇明（2016，2017）指出，“大华语”是“以普通话/‘国语’为基础的全世界华人的共同语”。李宇明（2017）将华语变体主要分为五种：中国大陆的普通话、台湾的“国语”、香港澳门的华语，以及新、马、印尼、文莱的华语和其他华语。由于社会、历史和语言环境的不同，各地华语变体表现出“同源异流”“大同小异”的多样共存格局。

本文将在“大华语”的视野中，以新加坡华语、马来西亚华语和菲律宾华语等东南亚华语变体为视角，举例性地考查中国大陆地区现代汉语词汇的变化。关于该项研究，我们有如下几点需要说明：

第一，现代汉语词汇变化的研究成果不可谓少，但这些研究往往都侧重于现代汉语词汇增加了什么，而很少谈其减少了什么，即使有所涉及，也多为社会文化类词语，如郭伏良（2001）和张小平（2008）；这背后的原因，如弗罗姆金和罗德曼（1994）所说：“词语也可以从某种语言中消失，虽然旧词的消失从不像新词的产生那么引人注目。……某个词的消失是不引人注意的——没有人再想到它；也没有人再用它；它从语言中消失了。”在华语视野下，其他华语变体与大陆地区华语发展的不平衡性，尤其是作为传承语的东南亚华语变体发展的“保守性”，为我们提供了一个考察现代汉语词汇“衰亡”现象的绝佳“视角”。

第二，从性质上讲，海外的华语变体是一种“传承语（heritage language）”。Montrul（2016）提到，如果将传承语者的传承语与其祖籍国的语言进行对比，一定要注意祖籍国语言的历时变化。如韩国语有 caki、casin 和 caki-casin 三个回指形式，调查发现本土韩国人和近期移民美国的双语者区分这三种回指形式的局部和长距离约束，但早期移民的传承语者只有一个两项回指系统，即将 casin 和 caki 视为一个，都是局部约束；这是因为 casin 作为长距离回指形式在韩国语中是一个相对晚近的变化。所以，年龄大的传承语者的语法跟韩国语的早期阶段比较接近。Montrul（2016）还进一步指出：移民集团的语言要比留居故土者的语言保守。基于这一点，本文将以东南亚华语变体为参照视角来审视现代汉语词汇变化。

第三，本文所涉及的新加坡华语、马来西亚华语语料主要来自暨南大学海外华语研究中心的“东南亚华文媒体语料库”和前人相关研究著作，菲律宾华语语料来自本人依据《菲律宾商报》《世界日报》自制的语料库。考察现代汉语词语变化依据的是北京语言大学“现代汉语词汇历时检索系统”（简称“BCC 历时”）。根据荀恩东等（2015）的介绍，当前开放使用的“现代汉语词汇历时检索系统”收集了 1946—2015 年长达 70 年的《人民日报》语料，“随着时间的推移，语料规模逐渐扩大，在 1996 年前后达到最高峰，接近 1970 年最低点的两倍。这是报刊信息量加大，社会传媒发展的结果”。作为中国发行量最大的官方报纸，《人民日报》的语言可以反映现代汉语的基本面貌及其使用。

下面分别从名词、动词、形容词等重要词类中选择若干词语进行论述。

2 东南亚华语视角下现代汉语词语变化举隅

名词方面，以“运动家”“素质”和“当儿”为例。

（1）你的个子修长，健壮如牛，是天生的运动家。（李忆莙《风华正茂花亭亭》）（马）

（2）在追求学问与人生的岁月里，总爱不平则鸣的她，一步一脚走上了国际反矿场运动家，并与国际和澳洲不同的组织、社区团体，以及土著社群建立了长期的合作关系。（马）

词缀“家”在现代汉语中表示“掌握某种专门学识或从事某种专门活动的人”，如“专家”“科学家”“艺术家”“社会活动家”等，但马来西亚华语中，有一个当前的现代汉语普通话所没有的词“运动家”。“运动家”有两个意义，一个等同于现代汉语的“运动员”，另一个则是参与某项社会运动或活动的领导性人物，相当于普通话的“活动家”。需要指出的是，在当前的马来西亚华语中，这两个意义的“运动家”已极少使用。在“BCC 历时”中，这两个意义的“运动家”都有使用，并且以“运动员”义为常用。1946—1948 年没有用例，1949—1958 年“运动家”连续出现，分别为 8 例、17 例、1 例、13 例、6 例、4 例、3 例、13 例、2 例、2 例。1959—1979 年的 20 年间，仅 1961 年（3 次）、1962/1963/1974 年（1 次）出现过，其余年份均无。之后的 20 世纪 80 年代，比“文革”期间略有上升，但仍不多见，1980 年 3 次，1982、1985、1986、1987 年各 1 次，1984、1988 年各 2 次，其余年份均无。1990 年至今，“运动家”消失不用。来看几个用例（例子后面标明其语料年份）：

（5）到一九五〇年末，苏联的运动家总数已经达到一千四百万人。苏联体育运动的成绩，已经超过资本主义世界最高的水平。（1950 年）

（6）远在大革命时期，著名的农民运动家彭湃同志在广东领导农民进行土地革命，不但反动派想暗害他，自己的地主家庭也反对他。（1956 年）

（7）据新华社莫斯科 9 日电，《苏联体育报》8 日在一篇述评最近举行的欧洲男子速滑赛、莫斯科速滑冠军赛和苏中男子速滑赛的文章中赞扬了中国运动员王金玉在伊尔库茨克比赛中所取得的成绩。文章说，“吉林和伊尔库茨克的两次比赛结果表明，我们的客人——多项运动家没有弱点。他的每一项目的成绩都值得赞扬。”（1962 年）

（8）30 年代初期，一位同学的母亲是有名的女权运动家。（1980 年）

周清海、萧国政（1999）提到，在新加坡华语中，名词“素质”比现代汉语普通话多了一个义项“品质”，比如在新加坡华语中可以说“高素质的生活”。实际上，在马来西亚华语中也是如此，如以下例子中的“素质”均可以解释为“品质”“质量”：

(9) 全马各地区的空气素质正常，不过，印尼及马来西亚的林火热点剧增。(马)

(10) 从整体来看，国民学校的素质并不出色，有的更是出现纪律问题，学风低落。(马)

在《汉语大词典》中，“素质”的第三个义项是“事物本来的性质”，最后一个用例为朱光潜《艺文杂谈·欧洲书牍示例》：“罗马在鼎盛时代，文艺的发达登峰造极，书牍的素质也因之提高。”这里的“素质”就是周清海、萧国政（1999）提到的“品质”之意。《现代汉语词典》（第六版）中，“素质”的第一个义项也是“事物本来的性质”，但没有举例，这或许表明这一意义在当前的现代汉语普通话中已不常用。暂且不论“身体素质”的“素质”是否属于这一意义，但“素质”和“空气”“学校”搭配等与新、马华语类似的用法在当前的现代汉语普通话中是没有的。根据对“BCC 历时”的检索与甄别，我们发现，“品质”“质量”意义的“素质”在 20 世纪 90 年代以前的现代汉语语料中，可以与“书籍”“秧苗”“产品”等搭配，择数例如下：

(11) 书籍的素质必须符合群众日益高涨的文化要求。(1950)

(12) 我们拟在一面举行短期专业训练，一面分层分年提高省、专、县级的医院与卫生预防机构的素质，使能按级的负起指导和培训工作。(1957)

(13) 曾呈奎在对《山东科技报》记者谈话时说，十几年来，我国海洋水产总量一直徘徊不前，产品的素质也不高。(1979)

(14) 这几年中长篇小说素质的上升比较显著，不少原来从事中短篇小说的作家，很多人同时也潜心于鸿篇的经营。(1986)

在马来西亚华语中，“学校”“政府”“华社”“企业”等“机构”也可以与“素质”搭配，在现代汉语普通话中，这种搭配在 1980 年以前也偶有出现，比如例（12）。但从 1980 年开始，随着改革开放带来的经济活跃，此前未见的“企业（的）素质”这个搭配开始大量出现，然而，2000 年以后这一搭配越来越少，2010 年以后基本上消失了；“BCC 历时”中“企业（的）素质”（1980—2015 年）的出现频次见图 1-2。在当前的现代汉语普通话中，“素质”多用于人或与人相关的名词，比如“身体素质”“政治素质”“道德素质”“文化素质”等，而不再用于机构。

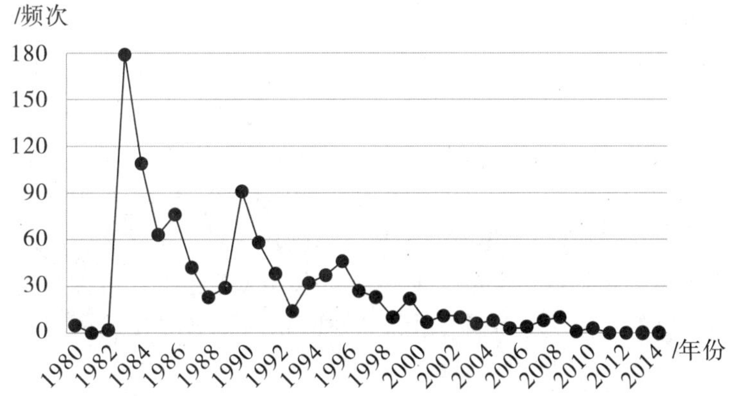

图 1-2 “企业（的）素质”的出现频次（1980—2015 年）

根据《现代汉语词典》（第六版），口语名词“当儿”有两个意义：一个是“当口儿”，如“正在犯愁的当儿，他来帮忙了”；另一个是“空儿”“空隙”，如“两张床中间留一尺宽的当儿”。在新加坡华语、马来西亚华语和菲律宾华语中，第一个意义的“当儿”非常常见，不仅口语，甚至是比较正式的文体中也多有使用，来看下面的例子：

（15）许多新加坡国会议员表示，总理的信息很切合实际需要，尤其是在消费税正要往上调整的当儿，总理承诺会给予有需要的人帮助，令人鼓舞。（新）

（16）新传媒新闻报道，就在新加坡准备庆祝 42 周年国庆的当儿，新加坡也在举办一个巡回展，要让新加坡人对首十年的建国路程，有深一层的了解。（新）

（17）因为在经济不景及民怨高涨当儿，政府应该会发送更多的支援，以重振经济。（马）

（18）在庆祝 57 岁的诞辰当儿，我们只能祈祷，会有越来越多的各民族年轻人胸怀民主开放，愿意跨越种族的藩篱，共享国家的财富。（马）

（19）我校董事会一直非常关心各样教改项目，相信在诸位的努力下，我校必能因势顺变，与时并进，追求优质教育。在我校庆祝五十周年校庆的当儿，由衷敬祝我校校务如日中天，蓬勃向上！（菲）

根据文献，时间名词“当儿”最早出现在晚清的小说中，比如晚清松友梅的小说《小额》中就频繁使用。20 世纪 50 年代以前作家的作品中，“当儿”还比较常见，尤其是北方作家，比如老舍。下面是“BCC 历时”中的几个例子：

（20）接着，很多关心中英关系和世界和平的人，在“对中国和平委员会”发展分会的当儿，探询和要求该会与其他保卫和平的组织采取联合行动。（1951）

（21）今天，当我们庆祝朝鲜解放十四周年的当儿。请记住吧，亲爱的朝鲜战友，中国人民是永远永远用整个心身支持你们的。（1959）

（22）其次，人们的不同思想的斗争也没有充分展开，在思想斗争可能很尖锐的关头，在畏惧困难的保守思想开始抬头的当儿，作为先进思想的旗帜的人物高建民，却暂时离开了斗争的场合。（1963）

（23）当我做好了准备工作，就要提笔写作的当儿，来了个“大跃进”，当时有个词儿叫“形势逼人”。（1980）

“BCC 历时”中“当儿”的使用频次，如按照年度来看，1949 年最多，为 35 次，然后是 1961 年的 33 次和 1958 年的 27 次。如将 1946—2015 年这七十年中“当儿”的使用频次每五年求和，其使用趋势见图 2；其中以 1956—1960 年这五年最高，共有 115 次，其次是 1961—1965 年的 91 次和 1946—1950 年的 63 次。根据荀恩东等（2015），在“BCC 历时”中，“文革”时期各年度的语料规模比其前后十年略少，但“当儿”的使用频次却与其前后十年，尤其是“文革”前十年，有较大差距，这或许是这一特殊时期的特殊语言面貌所决定的。但从 1980 年开始，“BCC 历时”各年度的语料规模是有比较大幅度的增加的，但是从图 1 - 3 可以看到，自 1981—1985 年之后，“当儿”的使用频次是逐渐下降的，2001—2005 年有 16 次，2006—2010 年为 2 次，2010—2015 年完全绝迹。

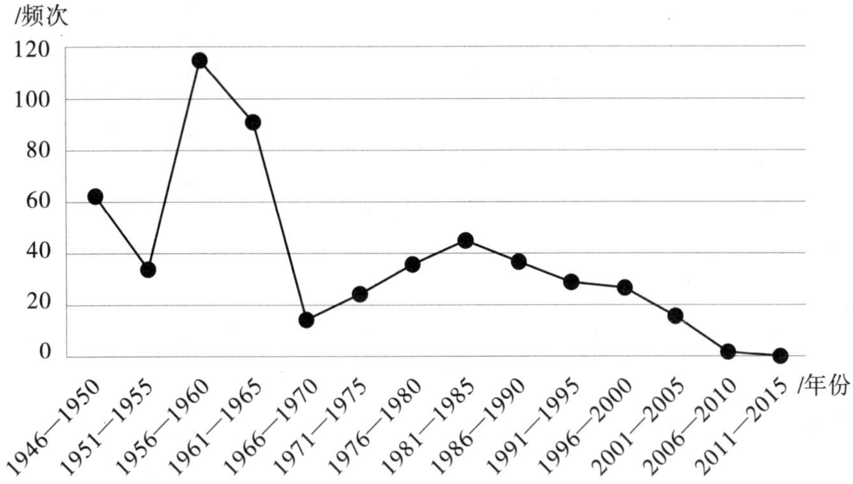

图 1-3 “当儿”的出现频次（1946—2015 年）

动词方面，以“收藏”“装置”和“俾”为例。

首先来看动词“收藏”。在现代汉语普通话中，充当“收藏”宾语的主要是“文物”“艺术品”等具有重要价值的东西，这样的搭配在马来西亚华语中也有，但除此以外，马来西亚华语的“收藏”还有很多现代汉语普通话所没有的搭配。来看例子：

（24）一天，为了要给即将要生日的新妈妈一个惊喜，我准备把礼物收藏在爸妈的房间里。我蹑手蹑脚地来到他们的房间，准备找个地方来收藏礼物。

（25）由于慧婷是家中独女，父母亲接获消息后情绪激动，家人担心慧婷父母想不开，已把厨房里的刀具利器收藏起来，以防老人家做傻事。

（26）在刑事法典 411 条文下，任何人不诚实地接收或收藏任何赃物，并明知或有理由相信该赃物为赃物，必须判处最高可达 5 年监禁、或罚款或两者兼施。

（27）他说，把私人的隐秘资料收藏在电脑会比较安全。

《现代汉语词典》（第六版）对“收藏”的解释是：“收集保藏”，举的例子是“收藏文物”。在当前的现代汉语普通话中，像例（24）至例（27）这样的搭配是没有的。但是在“BCC 历时”中，20 世纪 80 年代中期以前，类似于例（24）至例（27）的用法是常见的，并且时间越前，此类搭配越多，来看如下例子：

（28）苏北灾区群众在苏北行署及中共苏北区党委多种早熟作物及代食品的号召下，只盐城、淮阴两专区，即收藏山芋叶、山芋干等代食品四百余万斤，今春种菜二百余万亩。（1950）

（29）我们参观了他们的种子仓库，这里有两间瓦房，地面上打扫得干干净净，正准备收藏小麦和油菜种子。（1962）

（30）墨西哥朋友帮助他们建立“训练营”，收藏武器，购买他们需要的东西，掩护他们。（1962）

（31）果树队的社员冒雨赶到后，看到十连的同志早已把苹果收藏好了，便紧紧握住干部战士的手说：“谢谢同志们！要不是你们深更半夜的起来，集体财产就要受到损失啊！”（1972）

在“BCC历时”中，“收藏”一词的使用频次，1979年以前普遍偏低，其中1961年最高，为107次。1979年以后，其使用频次逐年攀升，由1979年的79次达到1998年的483次，然后开始下降，2008年仅为18次。“收藏”使用频次的变化反映了中国社会生活的变化，中国改革开放后的30年，也正是中国收藏逐渐升温又随之降温的30年。“BCC历时”中“收藏热”一词的使用频次也显示了这一点。在“BCC历时”中，“收藏热”第一次出现于1987年，2次；最后一次出现是2006年，2次；1994年到2003年不间断出现，其中1994年5次，1995年7次，2000年5次，2001年7次。2006年以后，“收藏热”无一用例。改革开放后持续二十余年的“收藏热”也改变了“收藏”的搭配倾向，20世纪80年代中期以前常见的、类似于马来西亚华语例（24）至例（27）那样的搭配不见了。

《现代汉语词典》（第六版）对“装置”的解释是：①动词，安装；②名词，机器、仪器或其他设备中，构造较复杂并具有某种独立功用的部件。在当前的现代汉语中，其动词意义极少使用，常用的是其名词意义，而在马来西亚华语和菲律宾华语中，“装置”的动词意义与名词意义同样常用。

（32）据雪州水务工程局的统计，单是在雪州与联邦直辖区，需要重新装置的水管长度达5 010公里。（马）

（33）车子的外部装饰可随意拆卸、装置，车主可随着自己的心情、天气或时节的转变，改变车子的颜色和外部装饰。（马）

（34）警方说，监控器录像显示了三名身份不明的男子装置了该土制炸弹。（菲）

（35）在周一的例会期间，计顺市议会于第三和最终读通过了建议在所有市立学校装置闭路电视摄影机的一项决议案。（菲）

在“BCC历时”中，2014年“装置”共有105条用例，无一例动词用法；2015年用例共73条，其中仅有一例是动词用法。图1－4是1946—2015年这七十年中动词“装置”的使用趋势。

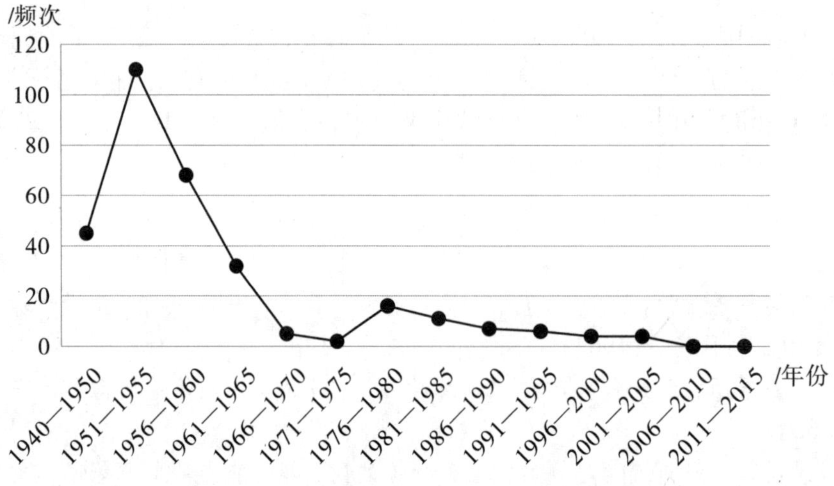

图1－4　动词“装置”的出现频次（1946—2015年）

从图 1－3 我们可以看到，“文革”之前“装置”的动词用法是很常用的，“文革”后使用频次逐渐下降，2006 年至今，趋于消亡。下面来看几个用例：

（36）天津、青岛中国纺织建设公司有些厂，上海个别厂都在车间安装了通风装置或打冷气的装置。天津棉纺三厂在马达周围装置了马达栏，在清花机练子上装置了安全罩。(1951)

（37）有的地方装置了彩牌和灯饰，呈现出一派节日气氛。(1975)

（38）他在陕西的高校中首家装置了多媒体闭路电视教学控制中心。(2000)

使令动词“俾”在《现代汉语词典》（第六版）中的释义是：“〈书〉使（达到某种效果）：俾众周知；俾有所悟。”“俾”在今日之现代汉语普通话中已经极少使用，但在马来西亚华语、菲律宾华语中则使用频繁。来看几个例子：

（39）是项比赛也获得各酒店的赞助蛋糕，俾州内的体育与康乐团体、工厂及狮子会等志愿团体的 26 个团体能顺利参与赛会。(马)

（40）我们认为这是我们在党内各层次进一步加强合作与承诺的重要时刻，俾为来届大选作好准备。(马)

（41）凡吾会员子女就读大、中、小学及幼儿园，学业成绩及格，操行良好，需要补助者，请持校方成绩单影印本向本会各地区联络人登记，俾便核办。(菲)

（42）宝泉庵正炉董事长陈培维以及多位华祖贤达莅临观礼指导，俾使大会增添光彩，再后由本总会执行副理事长陈荣旋致谢词。(菲)

在“BCC 历时”中，使令动词意义的“俾”的使用情况可以 20 世纪 60 年代为分水岭：60 年代之前，尤其是新中国成立前后，使用频繁；60 年代之后偶有使用，但大多出现于文献引文和涉台新闻报道或文章中，尤其是自 2001 年至 2015 年的 15 年间，近乎绝迹。下面来看“BCC 历时”中的几个用例：

（43）吾广东同胞必当加紧在毛主席领导下协助解放军及当地各级人民政府，迅速建立革命秩序，恢复社会繁荣，肃清匪特，安定后力，加紧生产，努力支前，海外侨胞踊跃归国投资及沟通侨汇，俾广东全境早日解放，为建设康乐幸福安居乐业之新广东而奋斗。(1949)

（44）要加强领导，提高现有中医的政治与技术水平，俾能随时代的进化而进化。(1956)

从 1946 到 1960 这 15 年间“俾”的使用频次如图 1－5：

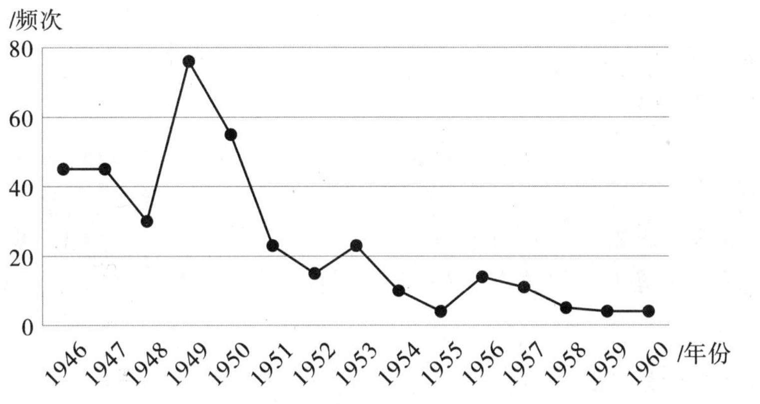

图 1－5　“俾”的出现频次（1946—1960 年）

形容词方面，以“优越”“丰盛”为例。在现代汉语普通话中，“优越”极少搭配“成绩”，不能或极少搭配“大学”“学术”“教育”“人才”“技术”“质量”“计划”“政策”等名词，而这些搭配在马来西亚华语中较为常见，这里仅举两个与“成绩”搭配的例子：

(45) 郭洙镇以本身子在全国大选中战绩优越，多数票往往高居党内国会议员之上，来反驳林敬益说他不受基层欢迎的指责。

(46) 马来西亚并不是没有能力在体坛取得优越的成绩，只不过是需要获得来自各单位的全力合作与协助。

例（45）和例（46）中“优越”的搭配是当前现代汉语普通话所没有的。在当前的普通话中，“优越”多与“生活”“条件”“地理位置”等搭配，不能与“成绩”搭配。在“BCC 历时”中，“优越”与“成绩”的搭配［含“成绩优越”“优越（的）成绩”］从1946—1961 年的16 年间曾连续出现，1952、1953、1960 年三个年度出现的频次最高，均为11 次；1950 年9 次，1954 年6 次，其余均年度低于5 次；1961 年以后基本上不再使用。在“BCC 历时”中，“优越”与“成绩”搭配的用例如：

(47) 如旅顺市李家沟党的支部书记，亲自掌握领导，扫除文盲工作的干部以身作则参加学习，全村造成了一种人人以学习为光荣的风气，所以得到优越的成绩。(1950)

(48) 水丰、江界、秃鲁江、金刚山发电厂等许多中小型发电厂在完成国家计划方面取得了优越的成绩。(1972)

此外，在新中国成立初期的现代汉语中，“优越”还有其他一些与马来西亚华语相同的搭配：

(49) 而正是由于他制订出的战略，一个被技术优越的敌人包围着的军队，才能够建立与发展。(1948)

(50) 首先发挥他的优越天才，渊博的学问，坚忍的毅力，完密的计划，领导苏联无产阶级，不断努力，完成社会主义国家的建设。(1949)

(51) 会上又表演了赛马、射箭等精彩节目，选出了优越射手和善骑的儿童等。(1949)

(52) 苏联的机器制造和冶金加工工业，蒸气透平，水力透平，汽锅，冶金设备等生产，将以最快的速度增长着。生产生产资料的工业的优越增长，是工业和农业的消费品迅速增加的基础。(1953)

上述这些搭配与马来西亚华语有着很大的相似度，而在今天的普通话中，大多不再使用或极少使用。

“丰盛”义为“丰富（指物质方面）”，在现代汉语中，主要搭配“物产”“饭菜”等，但在马来西亚华语和菲律宾华语中，还有一些特殊的搭配，如“经济效益”“生命”等，来看：

(53) 各族人民都将因为学好华文而受惠，让华文教育发展的结果为国家带来丰盛的经济效益。(马)

（54）除了工作的需要，精通英语其实也能开拓思维、打开广阔视野，令自己的生命更丰盛。（马）

（55）可是，因为有邢老师，我才能很快的融入高师生活，在那度过两年收获丰盛的高师生涯。（马）

（56）该学校于今年的排名有所上升应归功于用于进行科研的资金及奖励有所增加，校内的设备及实验室得到升级，支持博士及硕士学位学生的奖学金，通过博士回归方案及到访教授方案聘用教职人员、给在UP任都物毕业生予以丰盛的奖励及荣誉，以及跟随国际化的脚步。（菲）

（57）这位老人家一手带大了六七个儿女，又带大了几个小孙孙，如今个个羽毛丰盛，各奔西东，她的孙儿辈总忘不了这位外婆，老祖母。（菲）

（58）开学后儿童育乐中心有太空剧场的维修，但开学前儿童育乐中心则准备了丰盛的节目让小朋友的暑假有一个快乐的结束。（台）

这些搭配虽不见于今日之普通话，但在新中国成立前后的现代汉语中是有使用的，来看“BCC历时”中的用例。如：

（59）你们所赠送的这些丰盛的礼物，将留下我们友情的永久的纪念。（1949）

（60）其他各共和国的集体农场与国营农场的农民，也获得了丰盛的成果。（1950）

（61）在伟大的苏联帮助之下，我国人民获得了最可靠的保障，可以稳步地建设新中国，使国家工业化，并提高人民的生活水平和文化水平，使我们青年能更快地得到一个美好和丰盛的生活。（1950）

（62）用集体农庄几位庄员在集体农庄成立前后的经济状况对比，就可以非常清楚地看出，集体农庄给了农民多么丰盛的利益。（1952）

（63）大会的收获是十分丰盛的，不但有八个项目的成绩打破了全国最高纪录，更重要的是它给人们展示了新中国工人体育运动的新面貌。（1955）

（64）同时又受日本海副热带高压的影响，因此长江流域雨量丰盛，特别是鄱阳、洞庭湖地区雨量大，持续时间长，这就造成这些地区的河流水位急骤上涨。

副词方面，我们以“在在”“单只”为例。

《现代汉语词典》（第六版）收有“在在”一词，解释说“〈书〉副词”，意思是“处处”，比如“在在皆是”。“在在”在当前的现代汉语普通话中是极少使用的，但在马来西亚华语和菲律宾华语中使用频繁，来看例子：

（65）他形容，这些现象在在警示着我国，癌细胞正在我国蔓延，我们必须确认问题，并着手解决问题。（马）

（66）事实上，根据教育部的统计，有高达百分之九十五的华裔家长把孩子送到华小受教育，这在在说明了华裔子弟对华小的实际需求。（马）

（67）当然，在这些“毒骡”中，也不排除有个别人是“做好事”帮别人带行李惹祸。这就在在提醒人们，在海关，千万不要随便答应陌生人带行李的要求，哪怕对方付上报酬，也一概拒绝，这是保全自身的最好方法。（菲）

（68）亦因为人类的“自投罗网”，或者过分使用，连候车、用膳或出恭，在在手不

离机，这是太超过了。(菲)

但在新中国成立前后的文献中，“在在”使用频繁，来看“BCC 历时”中的例子：

(69) 因此蒋方现正在全国到处进攻、征兵、征粮、摧残民族、民权、民生，并单独下令召集所谓国民大会；美方亦坚不撤兵停援，在在表示他们决无和平民主的意图。(1946)

(70) 在聂市长的报告中，已经提到，北京市有许多必要的建设工作待做，诸如卫生事业，修理下水道，建设马路等等，在在需款，因此，就需要征税。(1949)

(71) 艾森豪威尔和杜勒斯最近陆续发表的狂妄言论及其倒行逆施，在在说明美国侵略者不但不愿在朝鲜“善罢甘休”，反而企图把战火燃烧得更加猛烈。(1953)

(72) 加上我们研究工作者思想解放不够，旧的传统、新的权威，在在都成为阻挠我们前进的障碍。(1960)

如将 1946—2015 年这七十年中“在在”的使用频次每五年求和，其使用趋势见图1－6：

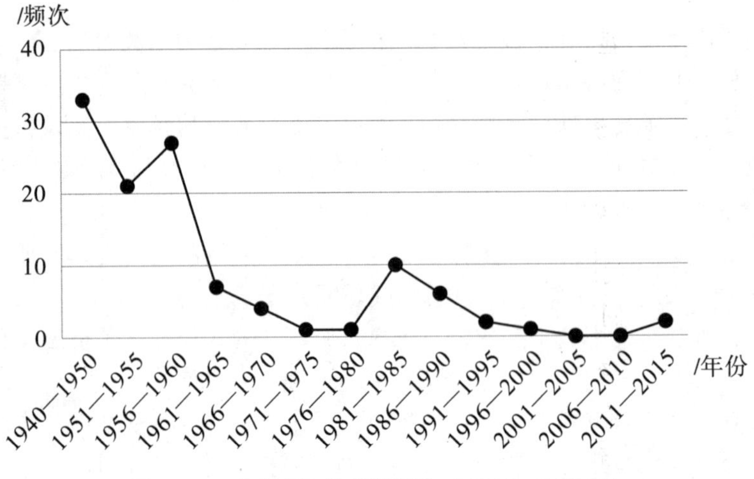

图 1－6 “在在”的出现频次（1946—2015 年）

从上图可见，“在在”在“文革”前使用频率逐渐下降，由 1946—1950 年的 33 次下降到 1961—1965 年的 7 次，“文革”后略有上升，但又迅速下降，今现代汉语普通话已极少使用。

(73) 他说，此事件不但令非土著感到愤怒，连土著也感到不满及不安，而且不单只半岛，即使沙巴和砂拉越的人民和领袖也表达了不满。(马)

(74) 民主行动党秘书长林冠英说，单只在食物的价格便上涨了 12%，马来西亚人极需援助以应付物价高涨的难关。(马)

在上面的两个例子中，范围副词“单只”由“单”和“只”并列组合而成，在马来西亚华语中较为常用，在“BCC 历时”中，其使用频次每五年求和，使用趋势如图1－7：

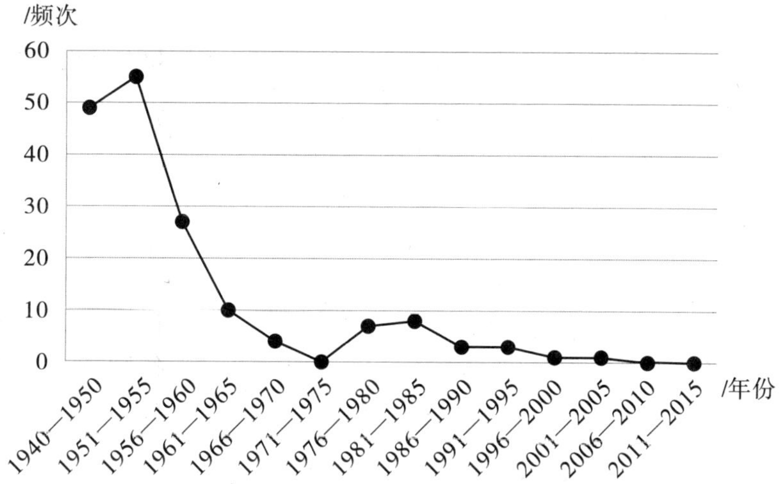

图1－7 “单只”的出现频次（1946—2015年）

来看“BCC历时”中的一些用例：

（75）据被俘的杨显明旅长说，单只他们一方面，就打了一百万发以上子弹。（1946）

（76）根据不完全的统计，单只上星期天，就来了包括四百六十八人的五十四个代表团。（1954）

（77）单只上海市公安局，就有一百多人被迫害致死。（1980）

表敬称的第二人称代词“您”，在现代汉语中极少加“们”来表示集合概念。但在菲律宾华语中代词“您们”依然常用，来看几个例子：

（78）李逢梧博士在致词中表示：非常欢喜得到尊敬的张市长一行的光临，您们是来自家乡的领导，是来自家乡的亲人，让我们倍感亲切，感受到各位的深情厚意。

（79）阿姨，您们先到我家坐，我先送按摩师回去！

（80）这份不寻常的荣耀成就，都是有赖广大热心的观众爱护和支持。本台特此敬向您们献上最崇高的感恩和谢意。

在“BCC历时”中，“您们”的使用频次，如按照年度来看，1950年最多，为104次；然后是1951年的94次和1953年的74次，总体呈逐渐下降趋势。如将1946—2015年这七十年中“您们”的使用频次每五年求和，其使用趋势见图1－8：

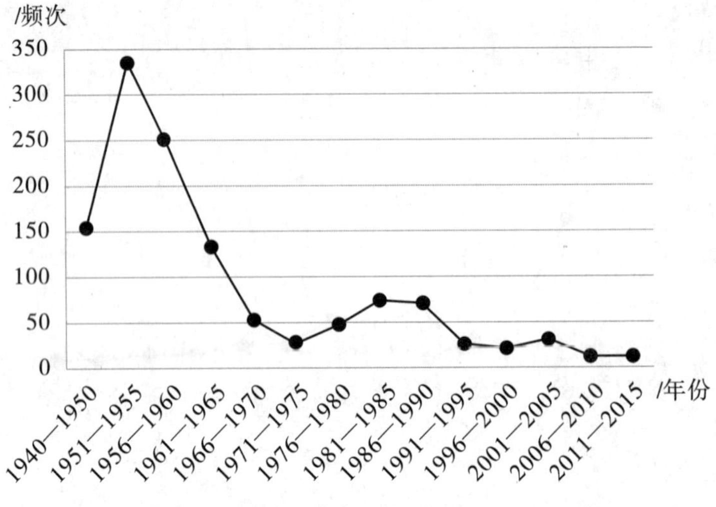

图 1－8 “您们”的出现频次（1946—2015 年）

来看几个不同年代的例子：

（81）组织护麦委员会实行联村护麦，并进行田间选麦种，实行快收、快打、快晒，以防风雹，作到保种保收。这些工作进行情形，下回当再报告您们。（1950）

（82）大门上挂着巴中两国的国旗，还有一幅巨大的标语写着：“您们的访问会加强巴中两国的友谊。”（1956）

（83）中国运动员深情地对尼泊尔朋友说：“在您们的国土上，您们热情地欢迎我们；今天，您们来到我们国家，这是我们向朋友学习的很好机会。”（1971）

（84）少先队员代表赞扬获奖作者说：您们写的书是我们最好的朋友。（1982）

介词方面，以“打从”为例。“打从”在今日之现代汉语普通话中是较少使用的；《现代汉语词典》（第六版）将之标注为“方言词”。但在马来西亚华语和菲律宾华语中，“打从”使用频繁，来看例子：

（85）廖秀珍笑说，她是道地的布先人，打从 9 岁起便跟着母亲一起摆档卖咖哩面，不知不觉，一晃眼就卖了四十多年。（马）

（86）捍卫华教与独中的当事人，关心华教事业者会打从心底里赞赏与尊重，将心比心。（马）

（87）我打从孩提时起，不论在什么地方，无论多吵，我照睡可也。（菲）

（88）自有华社百年来先贤传流至今，这些争当华社领袖佼佼者，打从揭穿其内心那只蠢蠢欲动的肚子蛔虫，不难发现这些有头有面，富得发赫的富人，不外乎是要争来飘飘然，戴在头上一顶理事长的帽子，尽管那是吃力不讨好，消耗大笔金银，浪费时间和精力。（菲）

在“BCC 历时”中，“打从”从 1946—2005 年一直均有使用，最高频次为 1981 年的 12 次；2005 年以后，偶有使用，随之渐趋消亡。该词的使用频率变化见图 1－9：

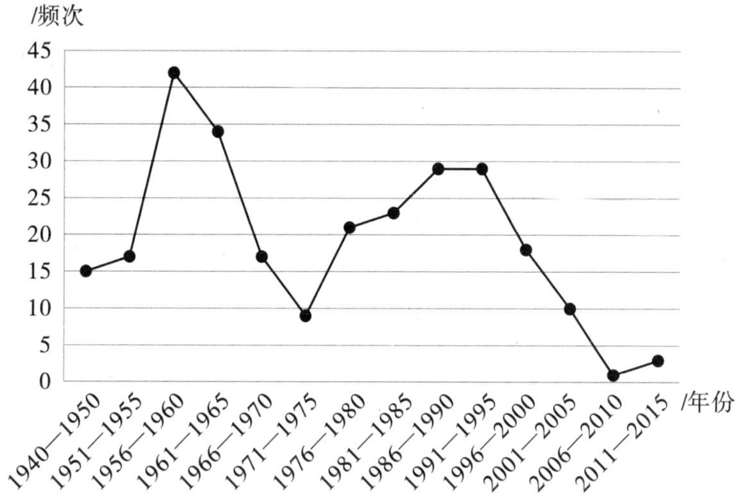

图 1－9　“打从”的出现频次（1946—2015 年）

3　结论及相关问题的讨论

根据前文的例子，我们可以将现代汉语词汇的“衰亡”概括为如下几个类型：

第一，词项的消失：运动家、俾、在在、单只。

第二，义位的消失：素质、装置。

第三，搭配的变化：收藏、优越、丰盛。

第四，使用频率的降低：当儿、您们、打从。

基于上述考察，我们可以提出或证实如下一些看法：

第一，海外华语是我们考察近百年来现代汉语标准语演变的一个很好的参照视角。视角不同，看到的语言景观也就不同。以普通话为标准的普—华对比方法，可以发现中国大陆地区之外的华语变体不同于现代汉语普通话的重要特征；但如果在“华语”的视域中以所发现的其他华语变体的特征为视角，对现代汉语进行历时考察，则可以发现现代汉语标准语近百年来所发生的一些变化。比如本节所提及的现代汉语标准语在词汇层面的这些变化，如果不借助华语这个视角，或许我们就不会关注这些问题，更谈不上对这些问题的研究。

第二，现代汉语标准语已经历百余年的发展，应该加强其历时变化的研究，并注重相关理论问题的探讨。现代汉语史的研究，有两个核心问题，一个是现代汉语史的分期，另一个是现代汉语发展演变的原因。就分期而言，刁晏斌（2006）将现代汉语史分为四个阶段，即“1919—1949 年”“1949—1966 年”“1966—1978 年”“1978 年至今”。本文的考察主要涉及后三个阶段，通过本文的例子我们可以看到，“1978 年至今”实际上还可以细化，比如“企业（的）素质”“当儿”“装置”的动词用法、“俾”“在在”“单只”“打从”“您们”等基本上都是在进入 21 世纪以后逐渐走向消亡或变得极不常用的。而且，这些例子所展示的变化体现了这样一种演变规律：非常口语化的词语消失了，如

“当儿”；非常书面化的词语也消失了，如“俾”“在在”。就演变原因而言，刁晏斌（2006）提到了“社会政治生活及其变化”“与外界接触和开放程度的变化”“政府的语文政策及其推行”等宏观因素。我们这里仅结合“收藏”的搭配变化来谈一点，即语言生活反映社会生活变化——中国改革开放后的30年，正是中国“收藏”逐渐升温并降温的30年，而改革开放后持续二十余年的“收藏热”也改变了“收藏”的搭配倾向，使其仅用于“文物”“古董”等具有重要价值的东西。结合社会变化与现代汉语词汇系统，对这些词语的演变原因作出探究和解释，将是非常有价值的。

第三，现代汉语标准语历时变化的研究可以深化我们对华语变体特征形成原因的探讨。与当前的现代汉语标准语相比，东南亚华语，比如马来西亚华语的特色词汇，有来自汉语南方方言者，如“标青”“住家”“漏夜”等；有来自马来语和英语者，如“甘榜”“巴刹”“巴仙”等；有来自古近代汉语者，如“杪”“泰半”“仵作”等；当然还有当地华人所创造的“社区词”，如“组屋”“发展商”等。但在归结华语特征的形成原因时，我们常常忽略了一个方面，那就是现代汉语标准语百年来同样发生了较大变化。现代汉语普通话和东南亚华语变体“同源异流”，华语变体的某些特色可能就是直承早期现代汉语而来，只是这些特色在现代汉语普通话中消失了。也就是说我们通过将其他华语变体与当前现代汉语标准语对比而得出来的华语变体特色词汇，有可能是现代汉语标准语的变化而造成的，如果没有对现代汉语史的研究，就可能导致我们对华语变体特色词语的来源认识错误。比如本文提到的“俾”，在当前普通话中没有使用，而在粤语中“俾”是常用的使令动词，很多研究者会想当然地将之归为来源于粤语的一个特色词。实际上，粤语中的“俾”与马来西亚华语、菲律宾华语和中国台湾地区现代汉语中的“俾”在语法功能上有较大差异。

本节的研究是初步的、举例性的。如果将1919年作为现代汉语的开端，现代汉语也走过了100多年的发展历程。在这100多年中，我们的现代汉语究竟发生了怎样的变化，可以说到目前为止，我们并没有一个清楚的、全面的认识，这其中一个主要原因就是我们缺乏一个观察现代汉语变化的“视角”或者“窗口”。现在，中国大陆地区之外的华语变体的研究已经取得了诸多重要研究成果，如李宇明主编的《全球华语大词典》（2016）的出版及邢福义先生主持的国家社会科学基金重大项目“全球华语语法研究”所发表的一系列论文等。以这些成果为基础，用“华语”这个视角来审视现代汉语的变化，我们将能够认识现代汉语所发生之变化的一个重要方面；通过描写这些变化的过程来探究变化规律和原因，无疑具有非常重要的意义。

（本文原载于马来西亚《马来西亚华人研究学刊》2018年第21辑。作者：李计伟）

参考文献

KORTMANN B，SCHNEIDER E W. A handbook of varieties of English：a multimedia research tool. Berlin：Mouton de Gruyter，2005.

MONTRUL S. The acquisition of heritage languages. Cambridge：Cambridge University Press，2016.

陈重瑜. 新加坡华语语法特征. 语言研究，1986（1）.

刁晏斌．现代汉语史概论．北京：北京大学出版社，2006.

郭伏良．新中国成立以来汉语词汇发展变化研究．保定：河北大学出版社，2001.

郭熙．普通话词汇和新马华语词汇的协调与规范问题：兼论域内外汉语词汇协调的原则与方法．南京社会科学，2002（12）.

郭熙．论华语研究．语言文字应用，2006（2）.

郭熙．话说“华语”：答旧金山华文电视台“八方论坛”主持人史东问．北华大学学报（社会科学版），2010，11（1）.

李宇明．全球华语词典．北京：商务印书馆，2010.

李宇明．全球华语大词典．北京：商务印书馆，2016.

李宇明．大华语：全球华人的共同语．语言文字应用，2017（1）.

荀恩东，饶高琦，谢佳莉，等．现代汉语词汇历时检索系统的建设与应用．中文信息学报，2015，29（3）.

张小平．当代汉语词汇发展变化研究．济南：齐鲁书社，2008.

周清海．新加坡华语变异概说．中国语文，2002（6）.

周清海，萧国政．新加坡华语词的词形、词义和词用选择．中国语文，1999（4）.

祝晓宏．新加坡华语语法变异研究．北京：世界图书出版公司，2016.

触因变异与语言共性

——以新加坡华语为个案

1 引言

以往谈新加坡华语的语法，一般是以中国现代汉语普通话为参照进行比较，罗列新加坡华语的语法特征，并且指出个别特征源于哪些汉语南方方言的干扰。譬如：作副词用之“多”“少”出现于动词之后是受粤语和客家话干扰的结果，例如：吃少一点、买多一本；“有”用在动词性词语前面作状语，例如：“你有去过吗？/我有去过”，来源于闽、粤方言（陈重瑜，1983）。吴英成（1985）《新加坡华语语法研究》以在台湾的新加坡侨生联谊会的131位新加坡留学生为调查对象，通过问卷的方式，对新加坡华语特有句法的普遍程度进行了定量研究。吴英成所做的调查可以说是为陈重瑜（1983）进行了补充，其价值在于对新加坡华语的句式进行了定量分析，从而证明这些句式为新加坡华语社群所接受，并非偶发的语言现象。然而，吴英成也只是就所观察到的现象指出汉语南方方言对华语的句法结构有所干扰，没有做更细致的说明。

其他的跟语法相关的研究还有陆俭明、张楚浩、钱萍（2002）《新加坡华语语法的特点》、Chua（2003）“The Emergence of Singapore Mandarin：A Case Study of Language Contact”、潘家福（2008）《新加坡华社的多语现象与语言接触研究》、祝晓宏（2008，2016）《新加坡华语语法变异研究》、刘慧博（2010）《新加坡华语与普通话的分歧研究》等。其中，Chua（2003）和潘家福（2008）应用语言接触理论探讨新加坡华语和汉语南方方言接触的情况。祝晓宏（2008，2016）则从语体的角度出发，以书面文献、大型语料库和问卷调查为材料，系统地比较新加坡华语和普通话语法的使用差异。刘慧博（2010）从新加坡《联合早报》2009年刊发的文章中提取与普通话分歧的语料，以此建立一定量的语料库，再通过分析，概括新加坡华语在词汇和语法方面的若干特征性项目，并逐项与普通话进行比较，以显示新加坡华语和普通话在词汇和语法方面的分歧所在，进而探索分歧的成因。刘氏认为，英语和汉语南方方言的干扰以及汉语历史词语的遗留问题是造成新加坡华语和普通话产生分歧的主要原因。

不论是描述新加坡华语语法的特点，还是从语言接触和社会语言学的角度探讨新加坡华语语法与普通话的分歧，学者们都秉持方言干扰主导华语发生变异这一思路。这其实说的是语言接触理论中所谓的转用引发的干扰（shift induced interference），即语言用户在语言转用过程中将其母语特征带入其目标语（target language）。这种干扰源于转用目标语的语言社群对目标语的不完善学习（imperfect learning）（Thomason & Kaufman，1988；Thomason，2001，2003；吴福祥，2007）。在新加坡的情况就是，原本以汉语南方方言为母语的华人在转用华语时，不仅不能完善地学习华语，还将方言的某些特征带入华语，而这些特征为华语最初用户所模仿并进而得以扩散。

新加坡华语确实在语音、词汇、语法上表现出某些汉语南方方言的特征。基于华语在新加坡这个多语社会的形成过程与历史背景，我们不排除汉语南方方言对华语有所干扰。然而，新加坡华人社群所使用的汉语南方方言不止一种，因此，目前这类哪个现象源于哪个方言的说法给人的印象似乎是方言对华语的干扰是随机且不受限制的。譬如陈重瑜（1983）指出新加坡华语中有指物宾语（直接宾语）在前，指人宾语（间接宾语）在后的倒置双宾式，例如（陈重瑜，1993）：

（1）给一点钱我。

（2）他给三本书我。

关于这种句式，陈重瑜表示："标准华语中之词序为指人宾语在前，指物宾语在后。粤语（及吴语）中则两可。新加坡华语受粤语影响亦为两种词序并存。"

我们可以接受变异的动因为语言接触所导致的方言干扰，但是牵涉其中的方言不止一个，新加坡华语的双宾句式为什么选择粤语的句式而不跟随闽语？

根据张敏（2010），闽语（尤其是分布于其核心区域，即福建沿海、台湾以及广东潮汕地区的闽语）作为一种最典型的南方方言，其双宾式不用"动词+直接宾语+间接宾语"（倒置双宾），而用的是跟北方方言一样的"动词+间接宾语+直接宾语"。例如：

（3）我乞汝钱。（我给你钱）

根据 Aikhenvald（2007）所提出的促动语言干扰的语言因素，语言之间预先存在的结构相似性有利于形式与结构的转移。换言之，彼此接触的语言之间若存在相似的形式与结构，两者会相互加强，即接触中的语言其相似性促进语言往相类似的结构发展。按照这一说法，新加坡华人在学习华语时应该会优先选择跟华语的双宾结构类似的闽语的双宾式，而非粤语的倒置双宾式。如若这般，新加坡华语的双宾式是不是就用跟北方方言一样的形式，而不会变成像粤语的双宾式？这些疑问引发我们对目前方言干扰的说法提出问题：无论从语言用户或从语言系统的角度而言，哪种现象受哪个方言干扰是怎么决定的？

此外，若将新加坡华语视为一个动态发展的语言系统，并且跨越世代来看待新加坡华语的演变，我们所谓的新加坡华语的特点并非方言干扰所能概括。因为随着 1979 年讲华语运动①的推行，新加坡华人社群中的年轻一代基本上已不谙方言。再加上华文教育体系渐趋完善，学校教授华文以现代汉语普通话为标准，一些原来存在新加坡华语中的

① 讲华语运动于 1979 年由新加坡总理李光耀发起，鼓励新加坡华人多讲华语（汉语北方官话）少用方言。其宗旨包括：（1）简化语言环境，让新加坡华人有一个共同的沟通语言；（2）促进新加坡华人之间的沟通与了解；（3）营造一个有利于推行双语政策的讲华语的环境。（数据来源：http://www.mandarin.org.sg/，2013 年 9 月 27 日）

现象正在消失，譬如第五声①。此外，有些结构却仍顽固地保留在新加坡华语中，譬如动补结构中“到”取代“得”出现于补语之前，例如：气到我半死、弄到一地都湿了。②既然我们说新加坡华语的语音、词汇、语法现象源于不完善学习，是方言干扰的产物，那么，随着学习的完善，这些现象应该都一并消失，可是为什么某些现象在消失的同时，其他一些现象却得到保留？这些现象为什么能世代传承？

关于新加坡华语的变异，除了过去以语言接触，即方言干扰做出解释，我们认为语言共性（linguistic universal）在这里起了一定的作用。

本文以新加坡华语的比较式“A + 形容词 + 过 + B”、持续非进行体“V 住”以及表示动作或事件回复的“V 回”为例，通过考察福建话（泉州、漳州）、潮州话、广州话和客家话中与新加坡华语这些句式相应的形式，说明闽、粤、客等方言在新加坡华语里不是平行地混合。虽然我们承认新加坡华语是汉语北方方言系统受汉语南方方言干扰而形成的一个语言系统，但我们不能因此假定新加坡华人所说的几个主要的汉语南方方言在华语里有一致的表现。从社会、历史的角度来说，新加坡华语是语言接触的产物，但在类型学上，新加坡华语是一个语言系统，我们应该将它放在世界语言，或者将范围缩小些，放在汉语方言中来看待，从而发现其个性以及它跟其他语言构成的共性。本文以新加坡华语为例，说明语言共性对语言接触所可能产生的变异有所制约。

下面第二节，我们先略述华语在新加坡的形成与发展。第三节，我们以新加坡华语的三个语法形式，即比较式“A + 形容词 + 过 + B”、持续非进行体“V 住”以及表示回复的“V 回”为例，通过方言材料（福建话、潮州话、广州话和客家话）和跨语言证据来证明语言共性在华语与方言接触过程中所起的制约性。第四节是结论。我们要指出的是，方言母语者在学习华语的过程中将方言的结构特征转移到华语是华语之所以不同于北京话的原因，但针对语言系统的变异，这只是个笼统的说法，因为从系统所表现出的形式来看，不是说福建话的人转移福建话的结构特征、说潮州话的人转移潮州话的特征、说广州话的人转移广州话的特征……如果是这样，新加坡华人社群所说的华语就会出现几种变体，而不是一个可以作为交际的共同语。反之，我们在变异中看到了共性。换言之，新加坡华语不是随意变化的。即使是吸收方言的某些结构，那也不是任意的，而是依循语言演变的规律做出的选择。

详细论述之前，我们先来了解华语如何在新加坡这个多语环境中形成与发展的。

---

① 陈重瑜（1981）、Chen（1982）和卢绍昌（1981）指出，新加坡华语除了阴平、阳平、上声、去声，还有第五个声调。这个声调有以下性质：（1）是一短促的下降调，调值通常是［51］，也有时是［53］；（2）它的持续时间较短，因之听来有“中断”的感觉；（3）带这个声调的音节都有一个喉塞音（glottal stop［ʔ］）的韵尾，此韵尾有时很清楚，有时较模糊；（4）这个塞音韵尾不但截短了声调的持续时间，也使得音节的辅音韵头变为强音（fortis），因而近似浊辅音。譬如说“呼吸”的“吸”，新加坡华语读［çiʔ］/［$çi^{51/53}$］。陈重瑜将这第五个声调称为“第五声”，并且认为它是中古入声字通过汉语南方方言的保留而干扰新加坡华语的声调。

② 在新加坡华语里，当动词或形容词带状态补语或程度补语时，动词或形容词后常常得跟一个助词“到”（陈重瑜，1983；陆俭明等，2002）。例如：高兴到睡不着、讲到很投入、被人家打到半死。陈重瑜（1983）认为，新加坡华语里的这种现象来自粤语、厦门话和潮州话的干扰。她指出，粤语此等结构中补语之前用“到”，厦门话和潮州话中之［kaʔ］及［kau］亦相当于“到”。

2　华语在新加坡的形成与发展

2.1　新加坡的语言环境

新加坡从开埠到建国，一直以来都维持着一个多元种族和文化的社会。主要的民族包括华人、马来人、印度人以及欧亚人，其中华人人口最多，占总人口的74.1%（2010年人口普查）。华人人口由几个主要的方言族群，即闽、粤、客家、海南所组成。

在政治上，新加坡是英国的殖民地，英语通行于行政机构和商贸领域。再加上新加坡地处马来亚半岛，特殊的地理因素使马来语在生活中也甚为通行。新加坡华人普遍使用英语和华语沟通，以汉语方言为辅。

2.2　华语在新加坡的形成与发展

19世纪初，从中国华南地区移民到新加坡的华人只会说各自的家乡方言。根据当时的使用情况，这些方言主要是福建话（漳州、泉州）、潮州话、广州话、客家话和海南话等汉语南方方言。个别方言族群自立社团和会馆以照顾族群的利益。会馆的其中一项任务就是为族群设立华文学校。而这些华文学校沿袭私塾传统，除了书法和珠算，主要教授三字经、千字文、四书五经等，并以方言为教学媒介。

据李恩涵（2003）记载，自1911年辛亥革命之后，中国反封建、反帝国主义以改造旧中国的革命运动开展起来，其影响力直接冲击新加坡华人社会。1919年的五四运动与其相伴而来的新文化运动之影响所及，使得新加坡的华校教学媒介由方言改为国语，学校课本由文言改为白话。福建会馆于五四运动之后，领导推动华校国语运动。虽然如此，华语的教学和使用只限于学校范围，华人的日常用语还是方言。

根据新加坡1957年以母语为对象的全国人口普查报告书的资料，在全国人口中，以华语作为母语的，只有0.1%，而自称可以讲华语的，在华人人口中也仅占26.7%。根据调查，华人社群中最通行的方言是福建话，接着按其使用情况依次为潮州话、广州话、海南话、客家话、福州话等。直到1979年讲华语运动的推行，讲华语的人口才直线上升，同时，讲方言的人口也明显下降。

值得注意的是，新加坡是在没有中国普通话口语基础、没有中国普通话直接影响的情况下推广华语的。这是由于中国政权转变之后，新加坡与中国就断绝外交往来，两国之间的交流中断了二十几年。因此，新加坡人所接触的书面语，在新加坡与中国建交以前，也不是中国现代汉语的书面语，而是五四运动前后时的汉语书面语（周清海，2002）。

总的来说，华语在新加坡的形成与发展是基于历史与社会因素的。它一开始是在没有中国普通话为基础的情况下，在成人的语言使用中发展起来的。由于新加坡的多语环境，华语与英语、马来语、淡米尔语及汉语南方方言等其他语言有所接触；简言之，新加坡华语是在与其他语言接触的环境下形成的语言。因此，新加坡华语与作为汉民族共同语的普通话之间存在差异，这些差异主要体现在语音、词汇、语法上。

若说新加坡的华语受到汉语南方方言的干扰，方言干扰给华语带来的变异也不是任意和无限度的。具体而言，语言接触所引发的变异，其过程不一定是一对一地将母语的结构特征照搬到目标语，其中还受到其他一些内部和外部条件的制约。内部条件如语法化（grammaticalization）、重新分析（reanalysis）等；外部条件如社会语言学所考虑的语言用户的教育背景、年龄、性别、职业、该语言所处的语言环境等。本文将新加坡华语视为一个系统，从语言的个性和共性去考虑华语与方言接触后所产生的变异。

3　方言干扰和语言共性

这一节，我们以三个实例：比较式"A + 形容词 + 过 + B"、持续非进行体"V 住"和表示回复的"V 回"与汉语南方方言［福建话（漳州、泉州）、潮州话、广州话、客家话］和跨语言材料进行比较，说明这些似乎单纯源于方言干扰的句式其实受制于跨语言演变规律。

3.1　比较式

根据 Greenberg（1963）*Some universals of grammar with particular reference to the order of meaningful elements*，语序类型（type of word order）在语言类型学中占有重要地位，而比较句的语序类型是其中的重要一项。过去的研究指出新加坡华语的比较式"A + 形容词 + 过 + B"是受到汉语南方方言的比较句干扰而形成的，但基于闽、粤、客等汉语南方方言不仅仅只有一种比较式且各方言的比较式不完全一致，我们认为有必要重新检讨方言干扰的说法。方言干扰似乎不能完善解释新加坡华语比较式"A + 形容词 + 过 + B"的形成。

我们从比较方言及跨语言材料着手，归纳新加坡华语比较式的类型，进而探讨构成新加坡华语比较式"A + 形容词 + 过 + B"的语言因素。

3.1.1　新加坡华语的比较式"A + 形容词 + 过 + B"

新加坡华语的比较式主要有三种形式：

（Ⅰ）"A + 比 + B + 形容词"，例如：

（4）你的女儿成绩比他儿子好。
（5）这个箱子比那个大几倍。

（Ⅱ）"A + 形容词 + B + 数量"，例如：

（6）我小他三岁。
（7）这个牌子比那个牌子贵两块。

（Ⅲ）"A + 形容词 + 过 + B"，例如：

（8）我走路的速度快过他跑步。
（9）你妈妈需要你多过你需要她。
（10）我在这边买还便宜（过）外面①。

第一种形式跟北京话相同。第二种形式虽不是普通话典型的比较式，但这种形式现

① 这个例子显示新加坡华语的内部演变，比较式"A + 形容词 + 过 + B"有时会省略"过"。

在在现代汉语普通话里也很流行（陆俭明等，2002）。第三种形式新加坡华语用得很频繁。虽然陈建民（1986）指出，北京口语里偶尔可以听到"一浪高过一浪"的说法，但也只有少部分的形容词能出现在这种形式，如"一天好过一天、青菜贵过鱼肉、一阵紧过一阵"。换言之，"A＋形容词＋过＋B"不是北京口语的普遍形式。

祝晓宏（2008，2016）认为，新加坡华语里的"形容词＋过"可能是受粤语、闽语和英语甚至古汉语的多重影响。他指出，在粤语和闽语里，"X＋形容词＋过＋Y"这样的句式很普遍；而在英语里，使用"主语X＋系动词＋形容词A的比较级＋than＋宾语Y"句式。新加坡华语处于闽、粤方言和英语这种多语多方言的环境里，句法上受这些"语言"的渗透和影响，毫不奇怪。许多人既说方言，也说英语，其口语和书面语里自然会倾向于使用比较熟悉的结构，这是语言习得的正迁移的结果。陈重瑜（1986）、Chua（2003）则表示，"A＋形容词＋过＋B"这种比较句式是粤语的特征，潮州话、海南话有这种句式乃受粤语影响。他们认为，新加坡华语跟粤语有密切接触，自然会受到粤语的干扰。

按陈重瑜、Chua、祝晓宏的说法，无论具体是闽语还是粤语，新加坡华语的比较式"A＋形容词＋过＋B"源于汉语南方方言。为求证方言干扰主导新加坡华语比较式"A＋形容词＋过＋B"的形成，我们对通行于新加坡的几个主要汉语南方方言，即福建话、潮州话、广州话和客家话的比较式进行了考查。

3.1.2　方言的比较式

比较式在福建话（漳州、泉州）、潮州话、广州话和客家话里有不同的表现。

（Ⅰ）福建话。

在福建话里，常见的比较式是"A＋比＋B＋较＋形容词"。例如（周长楫，周清海，2000）：

（11）小弟比阿兄较坏。（弟弟比哥哥坏）
（12）我比伊较会食。（我比他能吃）

有时也用"A＋较＋形容词＋B"。例如（周长楫，周清海，2000）：

（13）小弟较坏阿兄。（弟弟比哥哥坏）
（14）我较摰食伊。（我比他能吃）

这种比较式也可以在比较结果后面再加上数量值，例如（周长楫，1998）：

（15）我较加伊三岁。（我比他大三岁）

福建泉州还有"A＋恰＋形容词＋B"。例如（陈章太，李如龙，1991）：

（16）汝恰悬我。（你比我高）

此外，福建话还有一种没有比较标记的比较式"A＋形容词＋B"。例如：

（17）我矮伊。（我比他矮）（周长楫，1998）
（18）我勇汝。（我比你健壮）（陈法今，1982）
（19）伊大汉我。（他比我高大）（陈法今，1982）

（Ⅱ）潮州话。

潮州话常见的比较式是“A + 形容词 + 过 + B”。例如：

（20）狗大过猫。（狗比猫大）（李新魁，1994）

（21）伊人个感情好过乜哋个。（他们的感情比什么都好）（李永明，1959）

此外，表示比较程度时，潮州话常用“A + 夭 + 形容词 + B”。例如（李新魁，1994）：

（22）我夭大汝。（我比你较大）

（23）我个夭大，许个夭细。（我的比较大，那个比较小）

（Ⅲ）广州话。

广州话的比较式主要是“A + 形容词 + 过 + B”。例如（高华年，1980）：

（24）佢细过我。（他比我小）

（25）我老豆梗系肥过你嘞。（我父亲一定比你胖）

有时也用“A + 比 + B + 形容词”。例如（李新魁等，1995）：

（26）铁比铜硬。

此外，在形容词的后面加词尾“得”，构成“A + 形容词 + 得 + 过 + B”比较式，有强调的意思。例如（高华年，1980）：

（27）呢嗖边个忙得过张院长呀！（这儿谁也比不上张院长忙呀）

（28）冇人快得过你。（没有人比你更快）

（Ⅳ）客家话（大埔）。

表示比较，客家话有两种表现形式：

（i）“A + 比 + B + 靠 + 形容词”，例如（何耿镛，1993）：

（29）厓比佢靠大。（我比他大）

（30）佢比厓靠会食。（他比我能吃）

梅县客家话用“过”，即“A + 比 + B + 过 + 形容词”。例如（林立芳，1997）：

（31）佢比你过高。（他比你高）

（ii）“A + 形容词 + 过 + B”，例如（何耿镛，1993）：

（32）厓大过佢。（我比他大）

（33）佢高过厓。（他比我高）

如果要表示“我比他大三岁”，不用“A + 形容词 + 过 + B”，即不能说成“厓大过佢三岁”，而是直接说成“厓大佢三岁”（我大他三岁），即“A + 形容词 + B + 数量”。

我们将北京话、福建话、潮州话、广州话和客家话里主要的比较式整理为表 1 - 1：

表 1－1　北京话、福建话、潮州话、广州话、客家话的比较式

北京话	福建话	潮州话	广州话	客家话
A＋比＋B＋形容词	A＋比＋B＋较＋形容词	A＋形容词＋过＋B	A＋形容词＋过＋B	A＋比＋B＋靠/过＋形容词
A＋形容词＋B＋数量	A＋较＋形容词＋B＋（数量）	A＋夭＋形容词＋B	A＋比＋B＋形容词	A＋形容词＋过＋B
	A＋形容词＋B			A＋形容词＋B＋数量

此外，我们根据李蓝（2003）所归纳的现代汉语方言差比句的八种语序类型，将北京话、福建话、潮州话、广州话和客家话比较式的语序类型整理成表 1－2①：

表 1－2　北京话、福建话、潮州话、广州话、客家话比较式的语序类型

	Ⅰ型 A＋比＋B＋形容词	Ⅱ型 A＋形容词＋过＋B	Ⅲ型 A＋较＋形容词＋B	Ⅴ型 A＋比＋B＋较＋形容词	Ⅵ型 A＋形容词＋B＋（数量）
北京话	√				√
福建话			√	√	√
潮州话		√			
广州话	√	√			
客家话		√		A＋比＋B＋靠/过＋形容词	√

在语序类型上，潮州话、广州话和客家话用“A＋形容词＋过＋B”，属于同一类型，但客家话表示比较不止一种形式，还有“A＋比＋B＋靠/过＋形容词”。广州话有时也用Ⅰ型，即“A＋比＋B＋形容词”；福建话表示比较不用“过”，而用“比”和“较”，在类型上跟潮州话、广州话和客家话的分歧最大。

新加坡华语有“A＋比＋B＋形容词”和“A＋形容词＋B＋（数量）”，这跟北京话所使用的比较式相同。然而，除了以上两种比较式，新加坡华语还有“A＋形容词＋过＋B”，这不是北京话普遍使用的形式。基于新加坡华人社群的方言背景，学者因此认为新加坡华语的“A＋形容词＋过＋B”是方言干扰的结果，即华语跟汉语南方方言接触，受到方言干扰而吸收方言后形成的句法结构。若单纯是方言干扰，既然各个方言的比较式不完全一致，不同方言族群的人如何达成共识选择“过”这个形式，而非以华人人口中占多数的福建族群所说的福建话为主？我们可以说以“过”构成的比较式在这几个汉语南方方言中是最普遍使用的形式，因此，新加坡华语选择了这个最普遍的形式。

① 李蓝（2003）所归纳的现代汉语方言差比句的八种语序类型（例句中把相关方言里的比较结果都改成“高”，其他词语也改同普通话）：Ⅰ型“我比你高”；Ⅱ型“我高过你”；Ⅲ型“我较高你”；Ⅳ型“我较高过你”；Ⅴ型“我比你较高”；Ⅵ型“我高你（一头）”；Ⅶ型“我是你高”；Ⅷ型“我你哈高着”。

那么，为什么“过”比较式是几个汉语南方方言中最普遍使用的？新加坡华语又为何倾向选择普遍使用的形式，而不受方言人口影响？

我们推测，就自然语言间的系统性联系而言，新加坡华语之所以选择几个汉语南方方言间普遍使用的“过”比较式乃语言系统本身在一定程度上受制于跨语言演变的规律。换言之，语言共性制约语言选择某个特定的结构，而这个特定的结构乃跨语言间普遍使用的形式。这一点可以通过跨语言证据得到证明。

3.1.3 跨语言证据

跨语言研究显示，用“过”表示比较并非汉语独有，动词“过”［to pass（by），to pass through］语法化为比较标记（comparative marker）是非洲语言的普遍现象（Heine & Kuteva，2007）。例如：坦桑尼亚（Tanzania）的班图语（Bantu Language）Kisi，其动词 hìòù（过，pass）语法化为比较标记，例子如下（Childs，1995）：

（34）	ò	hìòù	yá	nàŋɔɔ
	she	pass	me	goodness
	她	过	我	美善

She's more handsome than I.（她比我标致）

此外，这个语法化现象也常见于大西洋地区的克里奥尔语（Atlantic Creoles）。譬如：苏里南（Suriname）的 Ndjuka，其动词 *pasa*（过，pass）语法化为比较标记，例子如下（Huttar & Koanting，1993）：

（35）	A	dagu ya	bigi	pasa	den	taawan	
	the：SG	dog	here	big	pass	the：PL	other：one
	定冠词：	单数狗	这里	大	过	定冠词：复数	其他

This dog is bigger than the others.（这只狗比其他的狗大）

根据跨语言研究的调查，动词“过”语法化为比较标记不是某个语言独有的现象，而是一种跨语言现象。因此，我们认为，汉语方言以“过”表示比较乃遵循语言演变规律；新加坡华语中的“过”表比较也非在与之接触的汉语南方方言间随机抽样而选择“过”表比较，而是语言共性使然。由于语言共性的制约，语言系统不是无限度地吸收与之接触的汉语南方方言所有的比较式，也就是说，新加坡华语没有同时出现“A＋比＋B＋较＋形容词”“A＋较＋形容词＋B”“A＋形容词＋过＋B”等比较式，而只吸收了跨语言共有的形式，即以“过”表示比较。换言之，新加坡华语这个语言系统中所掺杂的一些汉语南方方言的结构特征不是一句方言干扰就能概括的。从语言系统的角度来说，在华语与汉语南方方言接触的过程中，方言对华语的干扰受制于语言共性，也就是说，华语与方言接触所产生的变异遵循跨语言的演变规律。比较式不是孤例，新加坡华语语法系统中的其他句法结构也说明语言共性对变异的制约。

接着来看新加坡华语里表示持续非进行体的“V 住”。

3.2 持续非进行体

Comrie（1976）指出，体（aspect）是对情状内在时间构成所持的不同观察方式，主要的观察方式有完整体（perfective）和未完整体（imperfective）两类：完整体从外部观察情状而没有必要去区分情状的内在结构；未完整体从内部观察情状，因而跟情状的内在结构有着密切的联系。未完整体可以分为惯常体（habitual）和持续体（continuous）；持续体又可分为进行体（progressive）和非进行体（non-progressive），前者用于动态动词，后者用于状态动词。

3.2.1　新加坡华语的持续非进行体"V 住"

按照 Comrie（1976）的框架，新加坡华语有"正在 V"这一形式，例如："她现在正在下来。"有"在 V"，例如："她在吃饭。"有"在 V 着"，例如："你不是也在努力着吗？"它表示持续进行的动作或事件。① 在某些语境下，进行体也以"V 没有完"表示。例如，当某人出门前见邻居在修剪花草，回来后邻居还在院子里修剪花草，某人问邻居："还剪没有完啊？"

同时，新加坡华语以"V 住"表示持续非进行的动作或事件。例如：

（36）难道你要关住我，永远不让我出门啊？

（37）是妈咪叫我锁住门，不让你出去的。

（38）你乖乖跟我在家坐住不要动，我就谢天谢地了。

（39）为甚么每个人一直看住我？（盯着我看）

（40）通常我们冷气会开住。

关于新加坡华语的持续非进行体"V 住"，文献里未有记载。考虑到新加坡的语言环境，我们不能排除方言干扰华语的可能性。因此，我们对几个汉语南方方言的持续体进行了考察。

3.2.2　方言的持续非进行体

这里我们主要考察福建话、潮州话、广州话和客家话的持续非进行体。

（Ⅰ）福建话。

在福建话里，表示持续非进行的状态，在动词后加"咧"［leh］或"着"［tiau］。这时，"咧"和"着"后一般不带其他成分。例如（周长楫，周清海，2000）：

（41）房间门开咧。（房门开着）

（42）册伊手拿着。（他用手拿着书）

表示强调时，可在动词后加"着咧"［tiau leh（e）］。例如：（同上）

（43）房间门开着咧。（房门开着呢）

（44）册伊手拿着咧。（书他手上拿着呢）

（Ⅱ）潮州话。

潮州话"在"［to^{213}］表示动作行为持续进行，但较偏重于进行。潮州话动词进行体的标记还有"□［to^{5}］定"，偏重于表示持续，一般附着于状态动词，说明短暂动作之后状态的持续。以潮阳话为例：（胡继明，连丽萍，2008）

（45）门开□［to^{5}］，汝欲出去哩出去。（门开着，你想出去就出去）

---

① 新加坡华语的持续进行体不仅限于动态动词，也用于状态动词，如"努力"。

(46) 坐定呾。(坐着说)

(47) 汝徛定来□ [tsiõ^{213}] 等伊。(你站在这里等她)

(Ⅲ) 广州话。

广州话表示持续非动态的动作，即持续非进行体用“住”，放在动词后。袁家骅(1960)、张洪年(1972)认为，“V住”结构表示动作还没有完成，动作仍在进行中，但停于一种存续禁止的状态而失去了动作性。例如(彭小川，1996)：

(48) 我去揾佢个阵时，佢度门锁住。(我去找他的时候，他的门锁着)

(49) 佢坐住做气功。(他坐着做气功)

(Ⅳ) 客家话。

在客家话里，持续非进行体用“紧”。例如(Hashimoto，1973；何耿镛，1993)：

(50) 拿紧书。(拿着书)

(51) 他看紧花。(他看着花)

客家话的“紧”与动词之间还可插入一个[het]，如“拿[het]紧书”，意思是“拿着书”①(何耿镛，1993)。

综上所述，福建话、潮州话、广州话和客家话的持续非进行体如表1-3所示：

表1-3　北京话、福建话、潮州话、广州话、客家话的持续进行体

北京话	福建话	潮州话	广东话	客家话
V着	V咧	V□ [to^5] 定	V住	V紧
	V着			V [het] 紧

综上所述，几个汉语南方方言的持续非进行体，福建话用“咧”或“着”；潮州话用“□ [to^5] 定”；客家话用“紧”；只有广州话的持续非进行体用“住”。那么，是不是就说新加坡华语用“住”表示持续非进行体是受广州话干扰呢？同样的问题，为什么是广州话而不是福建话、潮州话或客家话？

关于华语为什么在受到汉语南方方言干扰的情况下选择以“V住”表示持续非进行的动作状态，跨语言研究得出的语言演变规律给我们提供了线索。

3.2.3　跨语言证据

Comrie(1976)和Lord(1993)指出，印度北部的语言，如Hindi、Urdu和Punjabi，持续体以动词“住”(to stay)或“留”(to remain)的分词形式(participle)表示。这是静态动词，如住(to stay)、留(to remain)、坐(to sit)等可能经历的语法化过程。在其语法化过程中，静态动词语法化为表示时态或体的助动词，如德语、西班牙语等。

(52) Er ist　beim　Reiten　geblieben.　德语(Heine & Kuteva，2007)
　　he is　at　riding　remain：PARTCP
　　他 助动词　在　骑　留：分词

① [het] 相当于普通话的“住”，“拿[het]”即拿住、“看[het]”即看住(何耿镛，1993)。

He stuck to horseback riding.（他骑在马背上）

在例（52）中，德语动词 *bleiben*（留，remain）以分词的形式 *geblieben* 表示持续的状态（Heine & Kuteva，2007）。

此外，根据 Matisoff（1991），在东南亚语言里，带有"居住"（dwell）义或表示"在某地"（be in/at a place）的动词也倾向于语法化为表示持续的助动词。例如：Kedah Malay（Rajak，1993）

（53）Aku　dok　rumah　Chat　kemarin.
I　stayed　house　Chat　yesterday
我　住　房子　Chat　昨天
I stayed at Chat's house yesterday.（昨天，我住在 Chat 的家）

（54）Aku　dok　kacau　Chat　kemarin.
I　PROG　disturb　Chat　last night
我　持续　打扰　Chat　昨晚
I kept disturbing Chat last night.（我打扰了 Chat 一整夜）

例（53）的 *dok* 是动词，意思是"居住"；例（54）的 *dok* 是助动词，用在动词前，表示"打扰"（kacau）的状态持续。

除了上述几个语言，类似的语法化现象也见于皮泾语（pidgin）和克里奥尔语，如西非英语［West African Pidgin English（十九至二十世纪；Huber，1996）］、Tok Pisin 等。

（55）him　live.
3：SG　COP
第三人称：单数　系词
He is here.（他在这里。）

（56）me　live for　take.
1：SG　PROG　take
第一人称：单数　持续　拿
I am taking.（我拿着）

例（55）的 live 是个系词，表示某人在某处，跟英语动词 live 不同，意义与功能已产生变异。而在例（56）中，live 更进一步语法化，跟 for 一起，表示动作状态持续。

综上所述，跨语言证据说明静态动词，如住（to stay，to live）、留（to remain）、坐（to sit），经过语法化而表示动作状态持续是语言演变的普遍规律。据此我们做出以下推论：新加坡华语以"V 住"表示持续非进行体，其背后或许存在汉语南方方言干扰的因素，但追根究底，方言干扰只是起变的动因，而语言系统在众多方言共处的条件下选择与某个方言近似的语法结构，不是因为该方言较强势、使用较广泛或只是系统随机抽样，而是因为该形式符合语言演变的规律。而这并非偶然现象——上边所说的新加坡华语的比较式是如此，表示持续非进行体的"V 住"是如此，下面要谈的表示动作或事件回复的句法结构"V 回"亦然。

3.3 回复标记

本文所谓“回复”，有两种情况：①表示动作方向逆转；②表示动作事件再次或重复发生。下边以新加坡华语“V 回”结构为例进行说明。

3.3.1 新加坡华语“V 回”

陈重瑜（1983）、陆俭明等（2002）、祝晓宏（2008，2016）等指出，在新加坡华语里，“回”做趋向补语可表示一种特殊的引申意义，即表示“回复”的意思。这时动词不一定是位移动词，而可以是一般动词。例如：

（57）除非你给我打回。

（58）还回给他。

（59）给回他。

（60）我还是买回一样的牌子。

（61）那你就答应我不要轻易放弃，去找回思思。

（62）你不是说要乘这个机会补回你们的欧洲旅行吗？

在概念结构上，新加坡华语“V 回”的“回”表示动作事件的路径，或更具体地说，“回”表示［+方向］。如例（57），“打回”表示还手，是将“打”的动作报复在先前做出“打”这个动作的人身上，即事件回复，动作方向逆转。又如例（58）“还回”，运动事件如以下公式所示：

$$A \leftrightarrows B$$

假设事件的客体（theme）为 X。X 首先由 A 转移到 B，后又从 B 回到 A 手上。值得注意的是，“还”的概念结构原本就包含［+方向］。我们认为，新加坡华语里“还回”的“回”将原来“还”的底层概念［+方向］形式化，而这实际上体现的是新加坡华语的词汇化模式（lexicalization pattern）。关于新加坡华语的词汇化模式，我们将另文讨论。

除了表示事件回复，“V 回”也表示事件或状态重复进行。如例（60），“买回一样的牌子”，意即重复购买一个牌子的东西。

从频率上来说，“V 回”在新加坡华语里的使用频率颇高，甚至已经形成一个凝固的结构。陈重瑜（1983）、祝晓宏（2008，2016）认为，新加坡华语“V 回”这个结构来自粤语，是仿效粤语的回复标记“V 翻”。陈重瑜指出，例（57）至例（60）是粤语“打翻佢”“还翻畀佢”“畀翻佢”“买翻”的直译。

基于新加坡华语所处的语言环境及其发展过程，我们不排除汉语南方方言干扰的可能。但是，在闽、粤、客几种汉语南方方言中，为什么说是粤语的回复标记干扰了华语的语法系统？

根据我们的调查，福建话、潮州话和客家话表示动作或事件“回复”所用的“倒转”和“转”跟粤语的“翻”一样，都带有“返回”（return）的意思。既然如此，为什么不说华语受福建话、潮州话或客家话干扰，而仅提粤语？

3.3.2 方言表示动作或事件回复的形式

从语法形式和功能的角度来看，福建话、潮州话、客家话和广州话在回复标记的表现上显出共性，都用了带有“返回”义的形式。

（Ⅰ）福建话。

福建话以“倒转”表示动作或事件回复。例如：

（63）拍伊倒转。（回过来打他）

（64）即本册还倒转互伊。（这本书还给他）

（Ⅱ）潮州话。

（65）拍伊倒转/倒拍伊。（回过来打他）

（66）即个碗还倒转分伊。（这个碗还给他）

在潮州话里，“倒转”有时只以“倒”表示，但一般只出现在动作动词前面。

（Ⅲ）广州话。

广州话的回复标记为“翻”。例如（高华年，1980）：

（67）我地倾翻求先嗰个问题。（我们回来谈刚才那个问题）

（68）而家咁冻，你好着翻件棉衲罗嚡。（现在那么冷，你该把棉袄穿上了）

（Ⅳ）客家话。

客家话以“转”表示动作或事件回复；“转”附着于动词后。例如：

（69）厓打转佢。（我回过来打他）

（70）还转分佢（还给他）

或许有人会说，福建话、潮州话、客家话、广州话都是汉语南方方言，彼此自然存在共性，所以还是可以说华语的语法系统受汉语南方方言干扰，只是在形式表现上接近广州话的形式。确实，我们不能排除这种可能性。然而，跨语言调查研究显示，语言中用来表示动作或事件“回复”的副词或标记大多源于“返回”义动词（Heine & Kuteva，2007）。换言之，“返回”义动词语法化为回复标记是跨语言共性，非汉语独有。

3.3.3　跨语言证据

委内瑞拉和巴西的土著语言 Sanuma，其回复标记源于动词 *kõ*（返回，return）。

Sanuma（Borgman，1990）

（71）	ï	hamö sa	pili-a-	ö	ku-a	akõ-	ki	pia	salo.
	RELLOC	1：SG	live-DUR-PURP	be-	DUR	return-FOC	intend	RESULT	
	关系	处所	第一人称	住	持续	目的在	持续	返回	焦点	打算	结果

I intend to live in that place again.（我想再住在那个地方）

又如印欧语 Sardinian，其动词 *torrare*（返回、归还，return，give back）变形为副词 *törra*（再次、重新，again，afresh）。

Sardinian（Wagner，1962）

（72）	torrate	…	ad domos	uostras!
	return：IMP：PL	…	to	housesyour：PL
	返回：祈使：复数	…	至	房子你：复数

Return（ye）… home!（回家去）

(73)	e	il	presentat	tòrra	cuddu signore.
	and	he	introduce	again	DEMman
	并且	他	介绍	再次	指示男人

And he introduces that gentleman again.（并且他再次介绍那位男士）

例（72）*torrate* 是动词 *torrare* 的复数形式。动词 *torrare* 在例（73）里变为副词 *tòrra*，表示“再次”。

此外，克里奥尔语 Fa d'Ambu（Post，1992）表示“回复”的动词后缀 -*vla* 也是由“返回”义动词 *vilame*（return）演变而来。

(74)	andyi	se	e	lantá-vla...
	one：day	that	3：SG	get：up-return
	一天	那	第三人称：单数	起来返回

One day he got up again...（一天他再度醒来）

跨语言证据证明语言中用来表示动作或事件回复的形式源于“返回”义动词并非偶然，它是一种趋势。以上所举福建话、潮州话、广州话和客家话里表示“回复”的“倒转”“翻”和“转”原来都是“返回”义动词，能表示动作或事件回复也都是遵循语言变化规律进行演变的结果。因此，即使华语的语法系统受到汉语南方方言干扰，方言干扰也只是起变的动因，新加坡华语会以“回”表示动作或事件“回复”还是基于一种跨语言的演变规律，而不是单纯的方言结构特征转移。

4 结论

华语是新加坡的官方语言之一。[①] 它以现代汉语普通话为标准，但由于其所处的多语环境而与英语、马来语、淡米尔语和汉语南方方言（主要是福建话、潮州话、广州话、客家话和海南话）有所接触，以致它在语音、词汇、语法上有异于现代汉语普通话。因此，学界将之视为汉语的一种变体，称之为新加坡华语。

从语言接触的角度来看，在华语与汉语南方方言接触的层面上，新加坡华语是一个汉语北方话系统与汉语南方方言接触，经过融合、演变而形成的语言系统。鉴于此，方言干扰在新加坡华语的讨论中经常被放大，以至于只要是跟福建话、潮州话、广州话、客家话或海南话其中一个方言对应得上的结构就都归因于方言干扰。事实上，虽然都属于汉语，但这几个方言系统却不一致，华语同时与这些方言接触，要怎么把各异的结构特征融合到一个系统中？

具体从语言用户的角度来说，若说方言母语者在学习华语时将方言的结构特征带入华语，也就是所谓的不完善学习，那就会是说福建话的人将福建话的结构特征转移到华语，说广州话的人将广州话的结构特征转移到华语，说客家话的人将客家话的结构特征转移到华语……结果是新加坡华人社群中出现不同的华语变体。既然事实并非如此，新

---

① 新加坡有四种官方语言，即英语（English）、马来语（Malay）、华语（Mandarin）和淡米尔语（Tamil）。

加坡华语的句法结构就不单纯是因哪个方言或受哪个方言干扰而形成，这当中必有些理据主导系统接收或建构句法形式。

再者，新加坡华语是动态的语言系统。我们不能单从共时或历时的层面去看这个语言系统，而必须从共时及历时的层面考虑已经成形的变异以及正在进行中的变异。

随着新加坡华文教育体系渐趋完善，学校教授华文以现代汉语普通话为标准，一些语言现象正在消失，譬如第五声。然而，有些结构似乎已经进入新加坡华语的语法系统并成为凝固的语法结构，譬如动补结构中“到”取代“得”出现于补语之前，如“气到我半死”“弄到一地都湿了”。既然说新加坡华语的语音、词汇、语法现象源于最初方言母语者的不完善学习，那么，随着新一代人学习的完善，这些所谓源于汉语南方方言的现象应该一并消失。但事实是，一些现象在消失，其他一些现象却得到保留。新加坡华语那些看似源于方言的结构特征似乎不单纯是因方言干扰而起。

过去谈新加坡华语都是基于语言接触立论。我们不能排除语言接触的环境，但跟以往不同，我们将新加坡华语放到一个系统的层面，去跟汉语方言和其他语言进行比较。在考察几个句法结构的过程中我们发现，这些结构符合跨语言演变规律。换言之，某项语法功能在几个汉语南方方言中的表现形式可以是分歧的，但新加坡华语所使用的形式往往就是世界其他语言普遍使用的形式。以下几个实例证明这并非偶然：

第一，新加坡华语的比较式“A＋形容词＋过＋B”。考察几个方言的比较式，潮州话、广州话和客家话用“A＋形容词＋过＋B”，但客家话表示比较的不止一种形式，还有“A＋比＋B＋靠/过＋形容词”；福建话表示比较不用“过”，而用“比”和“较”。根据跨语言研究的调查，动词“过”语法化为比较标记是一种普遍现象。因此，我们认为，汉语南方方言以“过”表示比较乃遵循语言演变规律；新加坡华语选择“过”为比较标记乃语言共性使然。由于语言共性的制约，语言系统没有吸收与之接触的所有汉语南方方言的特征，也就是说，新加坡华语没有同时出现“A＋比＋B＋较＋形容词”“A＋较＋形容词＋B”“A＋形容词＋过＋B”等比较式，而只吸收了跨语言共有的形式，即以“过”表示比较。第二，新加坡华语的持续非进行体“V住”。考察几个汉语南方方言的持续非进行体，福建话用“咧”或“着”；潮州话用“□［to^5］定”；客家话用“紧”；只有广州话的持续非进行体用“住”。跨语言的证据说明静态动词，如住（to stay，to live）、留（to remain）、坐（to sit），经过语法化而表示动作状态持续是语言间的普遍现象。新加坡华语以“V住”表示持续非进行体，其背后或许存在方言干扰的因素，但追根究底，方言干扰只是起变的动因，而语言系统在众多方言共处的条件下选择与某个方言近似的语法结构，不是因为该方言较强势、使用较广泛或只是系统随机抽样，而是因为该形式符合语言演变的规律。新加坡华语的比较式是如此，表示持续非进行体的“V住”是如此，下面第三个实例——表示动作或事件回复的句法结构“V回”亦然。陈重瑜（1983）、祝晓宏（2008，2016）认为，新加坡华语这个“V回”结构来自粤语，是仿效粤语的回复标记“翻”。根据我们的调查，福建话、潮州话和客家话表示动作或事件“回复”所用的“倒转”和“转”跟粤语的“翻”一样，都带有“返回”（return）的意思。从语法形式和功能的角度来看，福建话、潮州话、客家话和广州话在表示动作/事件“回复”上显出共性。跨语言证据证明语言中用来表示动作或事件“回复”的形式源于“返回”义动词并非偶然，它是一种趋势。福建话、潮州话、客家话和广州话表示

“回复”的“倒转”“转”和“翻”原来都是“返回”义动词，能表示动作或事件“回复”也都是遵循语言变化规律演变的结果。我们推测，即使华语的语法系统受到汉语南方方言干扰，方言干扰也只是起变的动因，新加坡华语会以“回”表示动作或事件“回复”还是基于一种跨语言的演变规律，而不是单纯的方言结构特征转移。

综上所述，在华语与汉语南方方言接触的环境中，难免会有南方方言的结构特征渗进华语的语音、词汇、语法系统，然而，一系列的证据证明语言共性在语言系统的建构中起一定程度的主导作用。面对各个方言不一致的表现形式，华语作为一个语言系统不是全盘吸收或随机、任意选取，而是依循跨语言的演变规律来决定其形式。

若接受变异和语言共性之间存在相互作用，我们不妨做一个大胆假设：新加坡的华文教育虽然完善了，但是，如“V住”“V回”这类所谓语言接触带来的句法结构仍然为语言用户继续使用，一个原因是这些结构已经变成语言系统中的凝固形式，而它们之所以能进入语言系统成为系统的一部分，并在语言社群中传承，乃基于这些结构为语言间普遍使用的形式。因此，在语言用户的认知里，这些形式是自然而然的。这里连带涉及了语言习得中所谓的直观性学习（intuitive learning)，须另文讨论。

（本文原载于《台大华语文教学研究》2014年第2期。作者：朱元）

参考文献

AIKHENVALD A Y. Grammars in contact: a cross-linguistic perspective//AIKHENVALD A Y, DIXON R M W (eds.). Grammars in contact: a cross-linguistic typology. New York: Oxford University Press, 2007.

BORGMAN D. Sanuman//DERBYSHIRE D, PULLUM G (eds.). Handbook of Amazonian languages. Berlin and New York: Mouton de Gruyter, 1990 (2).

CHEN C-Y. A fifth tone in the Mandarin spoken in Singapore. Singapore: Chinese Language & Research Centre, National University of Singapore, 1982.

CHEN M Y, WANG W S Y. Sound change: actuation and implementation. Language, 1975, 51 (2).

CHUA C L. The emergence of Singapore Mandarin: a case study of language contact. PhD Dissertation. University of Wisconsin-Madison, 2003.

COMRIE B. Aspect. England, Cambridge: Cambridge University Press, 1976.

COMRIE B. Causative verb formation and other verb-deriving morphology//SHOPEN T (ed.), Language typology and syntactic description: grammatical categories and the lexicon. England, Cambridge: Cambridge University Press, 1985 (3), 309-348.

GREENBERG J H. Some universals of grammar with particular reference to the order of meaningful elements//GREENBERG J H (ed.). Universals of language. Cambridge, Massachusetts: The M. I. T Press, 1963.

HASHIMOTO M J. The Hakka dialect: a linguistic study of its phonology, syntax and lexicon. New York: Cambridge University Press, 1973.

HEINE B, KUTEVA T. World lexicon of grammaticalization（语法化的世界词库）. 北京：世界图书出版公司，2007.

HUBER M. The grammaticalization of aspect markers in Ghanaian Pidgin English//BAKER P, SYEA A (eds.). Changing meanings, changing functions: papers relating to grammaticalization in contact languages. (Westminster Creolistics Series 2). London: University of Westminster Press, 1996.

HUTTAR G, KOANTING E. Are Ndjuká comparative markers verbs? //BYRNE F X, HOLM J A (eds.). Atlantic meets Pacific: a global view of pidginization and creolization. (Creole Language Library, 11). Amsterdam and Philadelphia: John Benjamins, 1993.

LORD C D. Historical change in serial verb constructions. (Typological Studies in Language, 26). Amsterdam and Philadelphia: John Benjamins, 1993.

MATISOFF J A. Areal and universal dimensions of grammaticalization in Lahu //TRAUGOTT E C, HEINE B (eds.). Approaches to grammaticalization. Amsterdam and Philadelphia: John Benjamins, 1991 (2).

POST M. The serial verb construction in Fa d'Ambu// EDIÇOES C (ed.). Actas do Colóquio Sobre Crioulos de Base Lexical Portuguesa. Lisboa, 1992, 153 – 169.

RAJAK N. The grammaticalization of verbs in Kedah Malay. Working Papers in Linguistics (Honolulu), 1993 (25), 121 – 133.

THOMASON S G, KAUFMAN T. Language contact, creolization and genetic linguistics. Berkeley and Los Angeles: University of California Press, 1988.

THOMASON S. Contact as a source of language change//JOSEPH B D, JANDA R D (eds.). The handbook of historical linguistics. Blackwell Publishing, 2003.

THOMASON S. Language contact: An introduction. Edinburgh: Edinburgh University Press, 2001.

TUCKER C G. A grammar of Kisi, a Southern Atlantic language. (Mouton Grammar Library, 16). Berlin and New York: Mouton de Gruyter, 1995.

WAGNER M L. Dizionario etimologico sardo. Heidelberg: Winter, 1962 (2).

WEINREICH U, LABOV W, HERZOG M I. Empirical foundations for a theory of language change// LEHMANN W, MALKIEL Y (eds.). Directions for Historical Linguistics. Austin: University of Texas Press, 1968.

陈法今. 闽南方言的两种比较句. 中国语文, 1982 (1).

陈建民. 北京口语的语体比较. 修辞学习, 1986 (4).

陈章太, 李如龙. 闽语研究. 北京: 语文出版社, 1991.

陈重瑜. 本地华语里声调的问题. 语文, 1981 (7).

陈重瑜. 新加坡华语: 语法与词汇特征. 新加坡: 新加坡国立大学华语研究中心, 1983.

陈重瑜. 新加坡华语语法特征. 语言研究, 1986 (1).

陈重瑜. 华语研究论文集. 新加坡: 新加坡国立大学华语研究中心, 1993.

高华年. 广州方言研究. 香港: 商务印书馆, 1980.

何耿镛. 客家方言语法研究. 厦门: 厦门大学出版社, 1993.

胡继明, 连丽萍. 闽南方言潮阳话的体貌初探. 四川文理学院学报, 2008 (4).

李恩涵. 东南亚华人史. 台北: 五南图书出版公司, 2003.

李蓝. 现代汉语方言差比句的语序类型. 方言, 2003 (3).

李新魁. 广东的方言. 广州: 广东人民出版社, 1994.

李新魁, 黄家教, 施其生, 等. 广州方言研究. 广州: 广东人民出版社, 1995.

李永明. 潮州方言. 北京: 中华书局, 1959.

林立芳. 梅县方言语法论稿. 北京: 中华工商联合出版社, 1997.

刘慧博. 新加坡华语与普通话的分歧研究. 哈尔滨: 黑龙江大学, 2010.

卢绍昌. 试论推广华语的问题: 华语声调的体现. 新加坡: 新加坡中学华文教师会, 1981.

陆俭明, 张楚浩, 钱萍. 新加坡华语语法的特点. 新加坡华语词汇与语法, 2002.

潘家福. 新加坡华社的多语现象与语言接触研究. 上海: 复旦大学, 2008.

彭小川. 广州话的动态助词“住”. 汉语方言体貌论文集, 1996.

王士元，石锋，等译．语言的探索：王士元语言学论文选译．北京：北京语言文化大学出版社，2000.

吴福祥．关于语言接触引发的演变．民族语文，2007（2）.

吴英成．新加坡华语语法研究．台北：台湾大学，1985.

项梦冰．从现代方言看《中原音韵》的入声之争 . 2010.

袁家骅．汉语方言概要．北京：文字改革出版社，1960.

张洪年．香港粤语语法研究．香港：香港中文大学，1972.

张敏．汉语方言双及物结构南北差异的成因：类型学研究引发的新问题．中国语言学刊，2010.

周清海．新加坡华语变异概说．新加坡华语词汇与语法，2002.

周长楫，欧阳忆耘．厦门方言研究．福州：福建人民出版社，1998.

周长楫，周清海．新加坡闽南话概说．厦门：厦门大学出版社，2000.

祝晓宏．新加坡华语语法变异研究．北京：世界图书出版公司，2016.

祝晓宏．新加坡华语语法变异研究．广州：暨南大学，2008.

第二部分

作为传承语的华语习得与认同研究

印尼华裔留学生汉字正字法意识的形成与发展*

1 引言

正字法是使文字的拼写合于标准的方法。任何一种文字都有自己的正字法规则（orthographic regularity），用于规范文字的书写和使用（彭聃龄，谭力海，1991）。拼音文字（如英语、印尼语）正字法规则主要表现为字母的线性组合与排列方式。汉语的汉字是由不同功能的部件和笔画组合而成的二维结构，汉字的部件与笔画的组字功能与分布规律构成汉字正字法的重要内容。汉字属于表意文字，与拼音文字相比，其正字法深度更深（张积家、王惠萍，1996）。

汉字正字法意识是学习者对汉字组合规则的意识，是在学习汉字的过程中逐渐发展起来的。汉字正字法意识在儿童字词识别和汉语阅读中发挥重要作用，因此汉字研究正字法意识的发展对促进儿童汉语识字、阅读具有重要意义（彭聃龄，1997；李娟、傅小兰、林仲贤，2000；李虹、彭虹、舒华，2006）。心理学界主要采用对真字、假字和非字的词汇判断任务对中国儿童汉字正字法意识的发展进行了大量研究，结果表明，中国儿童汉字正字法意识是一个由低级到高级逐渐发展的过程，小学低年级已具备了一定的汉字正字法意识，小学高年级基本达到了成人的汉字正字法意识水平，汉字正字法意识萌发后左右结构的汉字正字法意识优于上下结构，这种优势作用随着年龄的增加一直保持着（彭聃龄，1997；李娟、傅小兰、林仲贤，2000；李虹、彭虹、舒华，2006；Peng & Li，1995；Chen & Huang，1995；Shu，1999）。

那么，以汉语作为第二语言的外国留学生的汉字正字法意识发展有何特点？二语习得界对此进行了为数不多的研究，主要集中在母语为拼音文字的外国留学生的汉字正字法意识方面。如鹿士义（2002）考察了母语为拼音文字的汉语学习者低、中、高 3 个年级的汉字正字法意识的发展情况。低年级和中年级留学生均没有形成正字法意识，直到高年级才形成了汉字正字法意识，汉字正字法意识萌发时间需要 2 年左右；高年级留学生汉字正字法意识形成后，左右结构汉字的正字法意识要优于上下结构。Wang（2003）以 76 名美国学生为被试，考察了美国学生在汉语学习过程中汉字正字法意识的形成与发

* 本文为国家社科基金一般项目“留学生汉语话语意义理解的语境效应的认知神经机制研究”（项目批准号：18BYY120）阶段性成果。

展情况，得到了与鹿士义类似的结果。王建勤（2004）的研究则表明，零起点的欧美留学生经过 3 个月的正式课堂学习并没有形成汉字正字法意识。综合上述研究结果，与汉字正字法差异较大的母语为拼音文字的外国留学生，其形成汉字正字法意识较晚且较难。

印尼华裔留学生是一个特殊的群体，他们的母语印尼语属于拼音文字；同时他们是华裔，在国外与家人及华人圈常常用汉语普通话或方言交流。他们的汉字正字法意识发展有何特点？他们和以拼音文字为母语的外国留学生是否具有相同的发展特点？抑或表现出自己独特的规律？这些是很有意义的问题，然而目前没有相关的研究报告。本研究准备对此进行探讨。

本研究主要关注两个问题：

（1）印尼华裔留学生汉字正字法意识何时形成？不同结构的汉字正字法意识何时出现？

（2）印尼华裔留学生汉字正字法意识的发展有何特点？不同结构类型的汉字正字法意识是否表现出优势效应？这种优势效应在不同年级阶段表现出什么特点？

2　研究方法

2.1　被试

暨南大学华文学院的 54 名印尼华裔留学生参加了本次实验。按照鹿士义（2002）关于被试年级的划分标准，其中低年级 22 名（男 9 名，女 13 名），正式课堂学习年限为 0.5 ～1 年；中年级 18 名（男 8 名，女 10 名），正式课堂学习年限为 1 ～1.5 年；高年级 14 名（男 6 名，女 8 名），正式课堂学习年限为 1.5 ～2.5 年。

2.2　实验材料

本研究选取了左右、上下两种最常见的汉字结构。依据《信息交换汉字编码字符集—基本集》（GB2312 – 80）和《汉语水平考试词汇与汉字等级大纲》，从目前所使用的对外汉语教材中选取双部件合体字 24 个（左右、上下各 12 个），笔画在 5 ～12 画范围内，平均笔画为 8.125 画。这些汉字均为最常用字和常用字（且部件也为最常见的），平均频率为 1.094‰。经检验，两种结构类型字的笔画和平均频率均无显著差异。

将所选汉字依照实验目的各造假字、非字 24 个。具体做法是：将真字（如“往”）部件调换其相对位置得到非字（如“主彳”），非字不但失掉了音、义，而且也不具备形的完整性，即不符合正字法规则。将真字某个部件代之以其他部件组成假字（如“彳肙”）。所有字调换后部件与原部件笔画数相等，频率相当，组字位置一致。假字虽无音、义，但具备形的完整性，即符合正字法规则。另外，为了让被试 Yes 和 No 反应数量平衡，增加 24 个合体字，其与 24 个真字一起作为填充材料，其判断成绩均不作为计分用，这样共得实验用字 96 个（48 个判断为正确，48 个判断为错误）。同时，练习用字 10 个，用于被试熟悉实验程序。

2.3　实验设计

根据本研究目的，并结合李娟等人（2000）和鹿士义（2002）的实验研究，本研究采用了两种实验设计分别探讨印尼华裔留学生汉字正字法意识的形成和发展问题。

首先，以被试正确反应的平均反应时（以下简称“反应时”）和平均错误率（以下简称“错误率”）为因变量指标，考察正字法意识的形成情况。采用的是 3×2×2 混合设计。年级为组间变量，包括低年级、中年级、高年级三种水平。字的种类和结构类型为组内变量。字的种类包括假字、非字两种水平，结构类型包括左右、上下两种水平。

其次，以被试假字与非字的反应时之差和被试假字与非字的错误率之差作为汉字正字法意识大小的因变量指标，考察汉字正字法意识的发展变化情况。采用的是 3×2 混合设计。年级为组间变量，包括低年级、中年级、高年级三种水平；结构类型为组内变量，包括左右、上下两种水平。

2.4 程序

运用 E-Prime 实验程序在专用的语言认知实验室完成，所有实验软件及外周设备均与清华同方电脑相连。采用真假字判断的实验任务。将刺激材料以黑色宋体依次呈现在屏幕上，被试的任务是尽可能快速、准确地分别用左右手按键对所看到的字做出真假字的是否判断，J 键为“是汉字”，F 键为“不是汉字”。被试按键反应后下一个项目自动呈现，若被试没有反应，3 000ms 后该项目自动消失。呈现和计时精确率达到 1ms。不同种类的刺激材料在被试间进行了随机化。

3 结果与分析

本研究只记录假字和非字的反应时和错误率，结果见表 2－1。采用 SPSS 11.0 处理数据。

表 2－1 各年级印尼华裔留学生在各种条件下的反应时（ms）与错误率（%）*

条件		低年级		中年级		高年级	
		反应时	错误率	反应时	错误率	反应时	错误率
左右	假字	1 394 (129)	52.75 (10.8)	1 266 (119)	58.27 (11.69)	1 103 (120)	67.64 (16.32)
	非字	1 285 (110)	32.66 (11.3)	1 032 (134)	13.05 (7.22)	793 (125)	6.49 (4.38)
	假字非字之差	109 (41)	20.09 (14.4)	234 (80)	45.22 (12.71)	310 (94)	61.15 (15.75)
上下	假字	1 375 (106)	37.50 (17.9)	1 235 (110)	38.87 (11.69)	1 045 (112)	35.76 (13.54)
	非字	1 368 (116)	30.77 (10.8)	1 091 (115)	20.36 (10.40)	809 (153)	4.99 (3.58)
	假字非字之差	7 (10)	6.73 (7.15)	143 (48)	18.51 (11.46)	236 (68)	30.77 (14.31)

*表中括号外为平均数，括号内为标准差，下同。

3.1 印尼华裔留学生汉字正字法意识形成的统计检验

以反应时和错误率为因变量指标，分别对三个年级进行系统的统计检验。

首先，对低年级进行2（字的种类）×2（结构类型）重复测量方差分析。以反应时为因变量指标，字的种类的主效应显著，F（1，21）=6.22，$p<0.05$，假字的反应时（1 385ms）要慢于非字（1 327ms），这表明印尼华裔留学生在低年级时已经具有了汉字正字法意识。结构类型主效应不显著，F（1，21）=2.12，$p>0.05$。字的种类与结构类型的交互作用显著，F（1，21）=4.97，$p=0.037<0.05$。简单效应检验表明，左右结构汉字的假字与非字的反应时差异显著，F（1，21）=7.22，$p<0.05$，假字的反应时（1 394ms）要慢于非字（1 285ms）；上下结构汉字的假字与非字差异不显著，F（1，21）=0.087，$p>0.05$。以正确率为因变量指标，字的种类的主效应显著，F（1，21）=69.19，$p=0.000$，假字的错误率（45.12%）要远远高于非字（31.71%），这也表明，印尼华裔留学生在低年级时已经具有了汉字正字法意识。结构类型主效应显著，F（1，21）=27.183，$p=0.000$。字的种类与结构类型的交互作用显著，F（1，21）=6.742，$p<0.05$。简单效应检验表明，左右结构汉字的假字与非字的错误率差异显著，F（1，21）=43.09，$p=0.000$，假字的错误率（52.75%）要高于非字（32.76%）；上下结构汉字的假字与非字差异边缘显著，F（1，21）=4.023，$p=0.052$，假字的错误率（37.50%）要略高于非字（30.77%）。综合上述统计结果，印尼华裔留学生在低年级时已经具有了清晰的汉字正字法意识；这种汉字正字法意识主要是关于左右结构汉字的正字法意识。

其次，对中年级和高年级也进行2×2重复测量方差分析。结果发现，无论是反应时指标还是错误率指标，字的种类的主效应十分显著，并且左右和上下等两种结构的假字与非字差异也十分显著。综合上述统计结果，中年级和高年级印尼华裔留学生不仅具备清晰的汉字正字法意识，而且汉字正字法意识在左右结构和上下结构的汉字中均有体现。

3.2 印尼华裔留学生汉字正字法意识发展的统计检验

首先，以被试假字与非字的反应时之差作为汉字正字法意识大小的因变量指标，考察汉字正字法意识发展变化情况。对表2－1相关数据进行3×2方差分析。结果发现，年级的主效应显著，F（2，51）=136.83，$p=0.000$。利用 Pairwise Comparisons 进一步进行两两比较，发现高年级与中年级（$p<0.01$），高年级与低年级（$p<0.001$），中年级与低年级（$p<0.01$）差异均显著。结构类型的主效应显著，F（2，51）=51.76，$p=0.000$。左右结构的正字法意识程度（218ms）要大于上下结构（129ms）。年级与结构类型的交互作用不显著，F（2，51）=0.433，$p>0.05$。低、中、高年级均表现了左右结构的汉字正字法意识程度优于上下结构，p 值分别为0.001，0.01，0.05。

接着，以被试假字与非字的错误率之差作为汉字正字法意识大小的因变量指标，考察汉字正字法意识发展变化情况。对表2－1相关数据进行3×2方差分析。结果发现，年级的主效应显著，F（2，51）=42.53，$p=0.000$。利用 Pairwise Comparisons 进一步进行两两比较，发现高年级与中年级（$p<0.01$），高年级与低年级（$p<0.001$），中年级与低年级（$p<0.001$）差异均显著。结构类型的主效应显著，F（2，51）=148.59，$p=0.000$。左右结构的正字法意识程度（42.15%）要大于上下结构（18.67%）。年级与结构类型的交互作用显著，F（2，51）=6.487，$p<0.05$。低、中、高年级时均表现出左右结构汉字正字法意识程度优于上下结构，p 值分别为0.001，0.000，0.000。

综合上述反应时差和错误率差的统计结果，印尼华裔留学生汉字正字法意识程度随着年级逐步发展，左右结构汉字的正字法意识程度要优于上下结构汉字，这种优势作用在三个年级中均有表现。

图2-1和图2-2分别以反应时之差和错误率之差为指标，反映了印尼华裔留学生汉字正字法意识的发展情况。

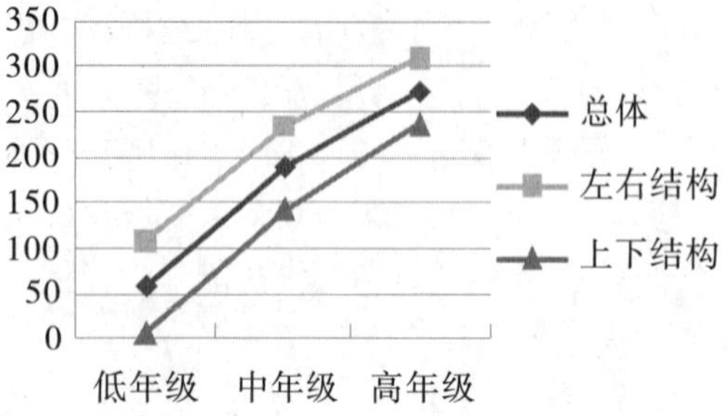

图2-1 在反应时之差指标条件下印尼华裔留学生汉字正字法意识的年级发展趋势

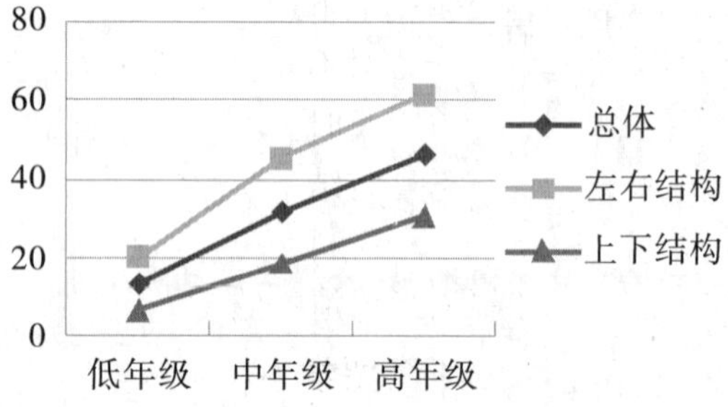

图2-2 在错误率之差指标条件下印尼华裔留学生汉字正字法意识的年级发展趋势

4 讨论

4.1 印尼华裔留学生汉字正字法意识的形成

作为由部件和笔画组合成的平面结构的表意符号系统，汉字蕴含着丰富的信息内容，它包括汉字及其构成部件的形体特征，重要的是，还包括构成汉字的部件位置信息及部件组合特点。学习者只有经过一段时间的汉语学习，才可能抽取关于汉字的部件位置信息及组合规律，从而形成汉字正字法意识，表现为初学者在汉字识别中对位置合法的部件组合的拒绝比较慢且错误率高。

低年级的印尼华裔留学生，即经过了0.5～1年的汉语正式课堂学习，已经形成了汉字正字法意识。这与鹿士义（2002）和Wang（2003）的研究结论不一致，他们的研究表明母语为拼音文字的外国留学生至少需要2年的正式课堂学习才能形成汉字正字法意识。但与李娟等人（2000）的研究结论基本一致，她的研究表明中国儿童低年级时就已形成了汉字正字法意识。

为什么母语同样是拼音文字，印尼华裔留学生汉字正字法意识形成得要早一些呢？为什么印尼华裔留学生与中国儿童汉字正字法意识形成时间都在低年级呢？实验后对参加本次实验的印尼华裔留学生进行了调查，结果表明，他们在正式学习汉语之前均有不同程度的非正式汉语学习的经历，如他们生活在国外，在家庭或同乡或华人圈中常用方言（如潮州话、客家话、闽南话）或普通话交流与沟通；父母也会教他们一些常见的汉字和词汇。而对母语为拼音文字的非华裔外国留学生调查结果则表明，他们在正式学习汉语前几乎没有任何学习汉语的经历。另外，中国儿童在小学低年级正式学习汉语之前，也有大量汉语学习的经历，如幼儿园阶段的语言训练以及在生活中的汉语口语交流。结合上述分析，印尼华裔留学生汉字正字法意识形成较早的原因，可能与其有非正式的汉语学习经历有关，这些汉语学习经历对其汉字正字法意识的形成具有促进作用。

低年级印尼华裔留学生已形成汉字正字法意识，但这种意识主要体现在左右结构的汉字中，而在上下结构汉字中体现不明显。这可能与不同结构类型的汉字在汉语中的频率分布特点和印尼华裔留学生汉语学习的阶段有关。据《汉字信息字典》的统计，现代汉字中左右结构占64.93%，上下结构占21.12%（李公宜、刘如水，1988）。由于汉语学习的材料中左右结构汉字的数量相对较多，印尼华裔留学生对这类汉字具有相对较高的熟悉度，虽然处于低年级的学习阶段，但仍然能形成左右结构汉字的正字法意识；然而，汉语学习材料中上下结构汉字的数量相对较少，同时又处于低年级的学习阶段，他们对这类汉字处于相对不熟悉的状况，这些都不足以使他们形成上下结构汉字的正字法意识。当然，随着学习时间的增加，这种情况发生了变化。比如，他们在中、高年级学习阶段时，虽然与左右结构汉字相比，上下结构汉字数量相对较少，但与低年级学习阶段相比，其汉语学习材料中上下结构汉字的绝对数量增多，这或许能促使印尼华裔留学生在中、高年级时形成清晰的上下结构汉字的正字法意识。

4.2　印尼华裔留学生汉字正字法意识的发展

印尼华裔留学生的汉字正字法意识随着年级逐步发展。随着汉语学习时间的增加，输入的汉语语料越来越多，印尼华裔留学生能归纳出汉字的部件位置信息及组合特点的可能性越来越大，相应地，汉字正字法意识强度也就越来越大。因此，学习时间可能是印尼华裔留学生汉字正字法意识发展的重要条件。

印尼华裔留学生左右结构汉字的正字法意识大小要优于上下结构的汉字，这种优势作用在三个年级中均有表现。这主要与学习者汉字认知心理加工特点及留学生汉语学习材料中左右结构汉字与上下结构汉字分布频率有关。

当代认知心理学认为，汉字学习或习得是一个学习者与客体刺激（汉字）相互作用从而形成有关汉字各种信息的心理表征的过程（桂诗春，2002；梁宁建，2003）。不同类型汉字结构的频率分布特点就是其中的一种重要信息。同时，在所形成的心理表征中的汉字信息与作为客体刺激的语言材料中的汉字信息具有一定的“同构性”和“等值性”。印尼华裔留学生学习汉字后在每一学习阶段所形成的心理表征中汉字的各种信息应与该学习阶段的汉语语料中的汉字信息大体一致。由于在低、中、高年级的汉语学习材料中左右结构汉字的出现频率均高于上下结构汉字，为了保持“同构性”和“等值性”，相应地，在低、中、高年级印尼华裔留学生所形成的心理表征中左右结构汉字的频率也高于上下结构汉字。左右结构汉字由于出现频率高，学习者较熟悉，反应阈限低，因此拒绝左右结构汉字较困难，表现出反应慢，错误率高，其汉字正字法意识相对较大；上下结构汉字由于出现频率相对较低，学习者相对不熟悉，反应阈限高，因此拒绝上下结构汉字相对来讲较容易，表现出反应快，错误率低，其汉字正字法意识相对较小。所以，在三个年级中，印尼华裔留学生左右结构汉字的正字法意识均优于上下结构汉字。

5　结论

本研究得出如下结论：

（1）低年级的印尼华裔留学生已经具有汉字正字法意识，主要表现为左右结构汉字的正字法意识；

（2）中、高年级的印尼华裔留学生具有汉字正字法意识，在左右结构和上下结构的汉字中均有体现；

（3）印尼华裔留学生汉字正字法意识随着年级提高而逐步发展；

（4）印尼华裔留学生左右结构汉字的正字法意识程度要优于上下结构的汉字，这种优势作用在三个年级中均有体现。

（本文原载于《语言文字应用》2008 年第 2 期。作者：张金桥）

参考文献

CHEN C H，HUANG H W. The acquisition of general lexical knowledge of Chinese characters in school children. Paper presented at the 7th international conference on the cognitive processing of Chinese and other Asian languages. The Chinese University of Hong Kong，1995.

PENG D L，LI Y P. Orthographic information in the identification of Chinese character. Paper presented at the 7th international conference on the cognitive processing of Chinese and other Asian languages. The Chinese University of Hong Kong，1995.

SHU H，ANDERSON R C. Learning to read Chinese：the development of meta-linguistic awareness//WANG J，et al（eds）. Reading Chinese script：a cognitive analysis：1－18. Mahwah NJ Lawrence Erlbaum Associates. Inc，1999.

WANG M，PERFETTI C A ，LIU Y. Alphabetic readers quickly acquire orthographic structure in learning to read Chinese. Scientific studies of reading，2003（3）.

桂诗春. 新编心理语言学. 上海：上海外语教育出版社，2002.

李公宜，刘如水. 汉字信息字典. 北京：科学出版社，1988.

李虹，彭虹，舒华. 汉语儿童正字法意识的萌芽与发展. 心理发展与教育，2006（1）.

李娟，傅小兰，林仲贤. 学龄儿童正字法意识发展的研究. 心理学报，2000，32(2).

梁宁建. 当代认知心理学. 上海：上海教育出版社，2003.

鹿士义. 母语为拼音文字的学习者汉字正字法意识发展的研究. 语言教学与研究，2002(3).

彭聃龄，谭力海. 语言心理学. 北京：北京师范大学出版社，1991.

彭聃龄. 汉语认知研究. 济南：山东教育出版社，1997.

王建勤. 欧美学生汉字部件认知效应的实验研究. 汉语研究与应用，2004.

张积家，王惠萍. 汉字词的正字法深度与阅读时间的研究. 心理学报，1996，28（4）.

印尼留学生汉语主动句被动句命题表征项目顺序*

1　问题提出

心理语言学界普遍认为，读者理解句子，就是要对句子的语言表达进行解码并且建构有关该句所表达的世界知识的命题表征（桂诗春，2002；梁宁建，2003）。我们采用Klaus和Oliver（2000）改进后的句子—图画验证任务技术（sentence-picture verification task technique）分别探讨了中国学生汉语主动句和被动句以及印尼学生印尼语主动句和被动句的命题表征的项目顺序特点（句子中“施事”和“受事”称为项目），结果发现，人们理解主动句、被动句所建构的命题表征的项目顺序存在着频率效应，具体来讲，中国学生理解汉语主动句、被动句所形成的命题表征中项目顺序与汉语言中使用频率高的汉语主动句的语言表达项目顺序一致，均为“施事→受事”（邵敬敏、杨启光，2001；张金桥、莫雷，2006），而印尼学生理解印尼语主动句、被动句所形成的命题表征中项目顺序与印尼语中使用频率高的印尼语被动句的语言表达顺序一致，均为“受事→施事”（陈延河，2002；张金桥，2005）。

一个值得探讨的问题是，印尼留学生阅读汉语主动句、被动句所形成的命题表征中项目顺序有何特点？其是否受到其母语主动句、被动句理解特点的影响？如果有影响，这种作用对不同汉语水平的印尼留学生是否相同？截至目前，还未见到相关的研究报告。

本研究采用Klaus和Oliver（2000）的句子—图画验证任务技术，探讨不同汉语水平的印尼留学生汉语主动句、被动句理解的命题表征项目顺序特点，从而揭示印尼留学生汉语简单句理解的心理加工规律。

2　研究方法

2.1　被试

印尼留学生34名，初级汉语水平者18名，HSK成绩均在4级以下（包括4级）。其

* 本文为国家社科基金一般项目“留学生汉语话语意义理解的语境效应的认知神经机制研究”（项目批准号：18BYY120）和暨南大学华文学院发展基金重点项目“来华留学生文化认同和国家认同及数据库平台建设”（项目批准号：2019FZJJZD02）的阶段性成果。

中，男 8 名，女 10 名；印尼华裔 16 名，印尼非华裔 2 名。中级汉语水平者 16 名，HSK 成绩在 6 ～8 级。其中，男 7 名，女 9 名；印尼华裔 15 名，印尼非华裔 1 名。所有被试裸视或矫正视力正常，母语均为印尼语，无阅读障碍。

2.2 实验材料

为了排除语义因素对实验结果的影响，本实验中所采用的句子均为语义水平较低的可逆句，所谓可逆句，就是句子项目互换位置后仍为一个语义合理的句子，如“小李打了小张”就是可逆句（项目位置互换后为“小张打了小李”，虽与原句内容不同，但语义是合理的）（江新，1999）。

实验材料分为 2 个版本，每个版本包括 24 个句子，主动句、被动句各 12 个，实验句子随机排列。第一版本中的主动句在意义不变情况下转换为第二版本中的被动句，如第一版本中的主动句是“小李打了小张”，则第二版本中的被动句为“小张被小李打了”；第一版本中的被动句在意义不变情况下转换为第二版本中的主动句，如第一版本中的被动句是“白老鼠被黑老鼠追”，则第二版中的主动句为“黑老鼠追白老鼠”。这样，可以保证两个版本中句子内容一致。

本实验为 2×2×2 混合实验设计，自变量为汉语水平（被试间因素，初级、中级 2 个水平），句子类型（被试内因素，主动句、被动句 2 个水平），句图关系（被试内因素，一致、不一致 2 个水平），因变量是被试对图形的判断时间以及正确率。实验材料版本与被试采用拉丁方抵消平衡，将两组被试随机分成两半，一半被试完成版本 1，一半被试完成版本 2。

在 24 个汉语可逆句中，主动句和被动句各占一半，句图关系一致与不一致的各占一半。为了防止被试反应的定势，所呈现的图形中能正确反映句子内容的句子占一半（6 个主动句，其中句图关系一致 3 个，不一致 3 个；6 个被动句，其中句图关系一致 3 个，不一致 3 个），不能正确反映句子内容的句子占一半（6 个主动句，其中句图关系一致 3 个，不一致 3 个；6 个被动句，其中句图关系一致 3 个，不一致 3 个）。图形不能正确反应句子的内容，特指句子两个项目的动作关系是错误的。呈现的第一个图形中没有体现动作关系，例如“小张被小李打了”，若随后呈现的第一个图形为“小张”，该图形中只有小张站立的情况，而没有“打”或“被打”的动作，这是为了防止第一个图形中存在着动作关系影响实验结果。

同时，我们还对实验材料进行了评定实验。

首先，对实验句子的典型性进行了评定。两名专家对两个版本中汉语主动句、被动句的典型性进行了 1 ～7 级等级评定，结果为 6.16 ± 0.93，这表明本研究中所采用的句子都是典型的主动句和被动句；同时两名专家评分的皮尔逊相关系数为 $r = 0.78$，$p < 0.001$，这表明专家的评分是可信的。

其次，对实验图形进行了评定。由来自同一群体但不参加正式实验的 5 名印尼留学生分别对反应项目的图形以及反应句子意义的图形进行了 1 ～7 级等级评定。将实验句子中所有第一项目的图形平均等级评定分数（6.01 ± 0.77）与所有第二项目的图形平均等级评定分数（6.20 ± 0.95）进行匹配 t 检验，差异不显著（$p > 0.05$），这表明实验者对反应项目图形的评定没有差异。将实验句子中所有正确反映句子意义的图形平均等级评定分数（6.54 ±0.42）（如判断图形“小李打了小张”正确反应句子“小李打了小张”意义的等级评定）与实验句子中所有错误反应句子意义的图形平均等级评定分数（6.32 ±0.51）（如判断图形“小李没有打小张”错误反应句子“小李没有打小张”意义的等级评定）进行匹配 t 检验，差异也不显著（$p>0.05$），这表明实验者能正确区别正确反应与错误反应句子意义的图形。

2.3 程序与步骤

实验在微机上进行。采用动窗技术和句子—图画验证程式。所有实验材料均在计算机屏幕上呈现。

实验开始前，主试指导被试将他们右手的大拇指放在空格键上，右手食指置于“J”键（肯定键）上，左手食指置于“F”键（否定键）上。实验前，屏幕中心出现准备信息，当被试准备好后，让其按下空格键，屏幕中间出现一个句子。告诉被试用他们自己觉得适当的、正常的速度来阅读，并要求被试读懂所呈现句子的意思。阅读完后按下空格键，句子消失、图形呈现。首先在屏幕中间呈现一个图形（代表一个项目，如“小李”），1 秒后，呈现第二个图形（代表一个句子，如“小李打小张”）（具体情况见实验材料部分）。图形呈现后，要求读者判断所呈现图形能否反映句子的内容。若判断为是，则按下肯定键“J”；若判断为否，则按下否定键“F”。

正式开始实验之前，有 10 个句子辨别任务练习，使被试熟悉实验程式并学会正确按肯定键“J”和否定键“F”。实验开始时，被试接受实验者的指导，并由实验者大声阅读。

2.4 实验逻辑

根据 Klaus 和 Oliver（2000）的研究并结合本研究的情况，本实验的逻辑是，如句图关系一致的反应时比句图关系不一致的反应时快，则表明命题表征项目顺序与句子的语言表达项目顺序一致；如句图关系一致的反应时比句图关系不一致的反应时慢，则表明命题表征项目顺序与句子的语言表达项目顺序相反；如句图关系一致的反应时与句图关系不一致的反应时之间无差异，则表明命题表征项目顺序具有随机性。

3 结果与分析

本实验对被试的正确判断的平均反应时以及正确率分别进行了记录。首先删除那些正确率在 75% 以下的被试，以确保所有的分析及结果推论都对应那些认真完成任务的个体，据此删去了 3 名被试，其中初级汉语水平者 2 名，中级汉语水平者 1 名。然后，进一步求出所有被试正确判断的反应时和次数的平均数，并删除在 ±3 个标准差之外的反应时数据，删除数据占总数据的 2.04%。在以下处理中，F_1 均指以被试为随机误差的方差分析值，而 F_2 指以项目为随机误差的方差分析值。

表 2 -2 列出了本研究条件下被试的平均反应时（ms）和正确率（%）的平均数和标准差。

表 2-2 被试的平均反应时（ms）和正确率（%）

组别	主动句				被动句			
	一致		不一致		一致		不一致	
	反应时	正确率	反应时	正确率	反应时	正确率	反应时	正确率
初级汉语水平者	1 908 (218)	94.3 (7.88)	2 088 (237)	95.7 (8.19)	2 101 (216)	94.7 (8.81)	1 871 (229)	94.1 (9.75)
中级汉语水平者	1 821 (171)	97.8 (3.13)	1 681 (178)	97.3 (4.07)	1 832 (180)	97.4 (3.87)	1 652 (160)	98.1 (2.79)

3.1 初级汉语水平印尼留学生汉语主动句、被动句命题表征项目顺序特点

首先，对表 2-2 中初级汉语水平者的反应时进行方差分析。

初级汉语水平印尼留学生在阅读汉语主动句时，句图关系一致的反应时（1 908ms）要快于句图关系不一致的反应时（2 088ms），且差异显著 [F_1（1，30）=6.89，$p<0.05$，F_2（1，22）=7.02，$p<0.05$]。这表明，初级汉语水平印尼留学生理解汉语主动句后所形成的命题表征中的项目顺序为“受事→施事”。

初级汉语水平印尼留学生在阅读汉语被动句时，句图关系一致的反应时（2 101ms）要慢于句图关系不一致的反应时（1 871ms），且差异显著 [F_1（1，30）=12.72，$p=0.001$，F_2（1，22）=7.39，$p<0.05$]。这表明，初级汉语水平印尼留学生理解汉语被动句后所形成的命题表征中的项目顺序也为“受事→施事”。

其次，对表 2-2 中初级汉语水平者的正确率进行方差分析，结果句图关系一致的和句图关系不一致的正确率差异均不显著。

被试平均反应时和正确率皮尔逊的相关分析表明不存在速度—准确性交换（speed-accuracy trade off）效应（$r=0.08$，$p>0.05$），这说明上述基于反应时间的分析是可靠的。

综合上述统计结果，初级汉语水平印尼留学生在阅读汉语主动句、被动句后，所形成的命题表征中项目顺序均为“受事→施事”。

3.2 中级汉语水平印尼留学生汉语主动句、被动句命题表征项目顺序特点

首先，对表 2-2 中中级汉语水平者的反应时进行方差分析。

中级汉语水平印尼留学生在阅读汉语主动句时，句图关系一致的反应时（1 821ms）要慢于与句图关系不一致的反应时（1 681ms），且差异显著 [F_1（1，28）=8.03，$p<0.01$，F_2（1，22）=6.09，$p<0.05$]。这表明，中级汉语水平印尼留学生理解汉语主动句后所形成的命题表征中的项目顺序为“施事→受事”。

中级汉语水平印尼留学生在阅读汉语被动句时，句图关系一致的反应时（1 832ms）要慢于句图关系不一致的反应时（1 652ms），且差异显著 [F_1（1，28）=9.52，$p<0.01$，F_2（1，22）=9.31，$p<0.01$]。这表明，中级汉语水平印尼留学生理解汉语被动句后所形成的命题表征中的项目顺序为“受事→施事”。

其次，对表 1 中中级汉语水平者的正确率进行方差分析，结果表明句图关系一致的

与句图关系不一致的正确率差异也均不显著。

被试平均反应时和正确率的皮尔逊相关分析表明不存在速度—准确性交换效应（$r = 0.17$，$p > 0.05$），这说明上述基于反应时间的分析是可靠的。

综合上述统计结果，中级汉语水平印尼留学生阅读汉语主动句形成的命题表征项目顺序为“施事→受事”，而阅读汉语被动句形成的命题表征项目顺序为“受事→施事”。

4　讨论

本研究结果表明，印尼留学生中的初级汉语水平者，其理解汉语主动句、被动句所形成的命题表征项目顺序与其理解印尼语主动句、被动句的命题表征项目顺序一致，均为“受事→施事”。

我们认为，这可能与初级目的语水平的留学生理解目的语的心理加工特点有关，一些研究表明，初级目的语水平的留学生理解目的语句子必须经历“转码”“注释”等阶段（Ellis，1994；王魁京，1998），具体地讲，“转码”就是将目的语（汉语）句子的语码转化为母语（印尼语）形式的语码，“注释”就是对转码后的母语（印尼语）语码的意义作出注释。最后建构起关于汉语语言表达（表层结构）的命题表征（深层结构）。这样，经历过“转码”和“注释”过程的初级汉语水平留学生理解汉语主动句、被动句就类似于理解转码后的印尼语主动句、被动句的情况，从而表现为初级汉语水平印尼留学生理解汉语主动句、被动句所建构的命题表征项目顺序为“受事→施事”。

本研究结果还表明，对于中级汉语水平的印尼留学生而言，理解汉语主动句后所形成的命题表征项目顺序为“施事→受事”，这与中国学生理解汉语主动句、被动句的命题表征项目顺序一致；而其理解汉语被动句的命题表征项目顺序为“受事→施事”，这与其理解印尼语主动句、被动句的命题表征项目顺序一致。

有人分析和探讨了中级目的语水平的二语习得者理解目的语的特点，认为该类学习者理解目的语既受到目的语理解特点的影响，也受到母语理解特点的影响，这两种因素会在其理解目的语时发生竞争（Ellis，1994；王魁京，1998）。按照这一观点，并结合先前的研究结果（张金桥，2005；张金桥、莫雷，2006），本研究中命题表征项目顺序应表现出随机性的特点。然而，本研究结果中命题表征项目顺序则表现出一定的方向性。这可能与语言理解的心理加工的认知经济性（cognitive economic）原则有关。中级汉语水平留学生在理解汉语主动句、被动句的过程中，可能同时激活了相应的汉语与印尼语主动句、被动句的命题表征，并且这两种命题表征发生了竞争。然而，在留学生阅读汉语主动句时，为了更直接地、经济地、有效地建构相应的命题表征，他们选择了与其语言表达顺序一致的汉语简单句的命题表征项目顺序“施事→受事”；相应地，在留学生阅读汉语被动句时，他们选择与其语言表达顺序一致的印尼语简单句的命题表征项目顺序“受事→施事”。当然，这是根据本研究结果做出的一种推测，还有待于进一步的实验研究。

5 结论

本研究得到如下结论：

（1）初级汉语水平印尼留学生理解汉语主动句、被动句后所形成的命题表征项目顺序均为“受事→施事”；

（2）中级汉语水平印尼留学生理解汉语主动句后所形成的命题表征项目顺序为“施事→受事”；

（3）中级汉语水平印尼留学生理解汉语被动句后所形成的命题表征项目顺序为“受事→施事”。

（本文原载于《心理学探新》2006 年第 26 卷第 2 期。作者：张金桥）

参考文献

ELLIS R. The study of second language acquisition. Oxford: Oxford University Press, 1994.

OBERAVE K, WILHELM O. Effects of directionality in deductive reasoning: the comprehension of single relational premises. Journal of experimental psychology: learning, memory, and cognition, 2000, 26 (6).

陈延河. 印尼语、汉语语序对比及印尼学生汉语学习中常见语序偏误分析. 暨南大学华文学院学报, 2002 (1).

桂诗春. 新编心理语言学. 上海：上海外语教育出版社，2002.

江新. 句法和语义在汉语简单句理解中的作用. 心理学报，1999，31 (4).

梁宁建. 当代认知心理学. 上海：上海教育出版社，2003.

邵敬敏，杨启光. 现代汉语通论. 上海：上海教育出版社，2001.

王魁京. 第二语言学习理论研究. 北京：北京师范大学出版社，1998.

张金桥. 印尼学生印尼语主动句、被动句命题表征项目顺序特点. 暨南大学华文学院学报，2005 (2).

张金桥，莫雷. 汉语主动句、被动句命题表征项目顺序特点. 心理学报，2006，38(3).

印尼华裔留学生汉语三合元音韵母偏误分析

1　引言

汉语普通话有四个三合元音韵母：iao、iou、uai、uei，它们都是由三个元音音素复合而成的，起首的元音是韵头，也叫介音，中间的是韵腹，末尾的是韵尾。韵腹开口度比韵头和韵尾大，故此它们通常又被称为中响复韵母。有的三合元音韵母受声调和前拼声母的影响，发音会有一些变化，徐世荣（1980）指出，iou 的发音会受声调的影响，当声调是阴平和阳平时，iou 的韵腹发音会变弱，整个韵母的动程变得比较平直；而当声调是上声和去声时，iou 的韵腹发音就不会变弱。uei 的发音同时会受声调和前拼声母的影响，如果 uei 自成音节，或者前拼声母是舌面后音 g、k、h，并且声调是阴平和阳平时，uei 的韵腹发音会变弱；同样的声韵组合情况下若声调是上声和去声，uei 的韵腹发音就不会变弱。如果 uei 的前拼声母是舌尖音 z、c、s、d、t、zh、ch、sh、r 等，并且声调是阴平和阳平，uei 的韵腹发音会变得很弱，接近消失；同样的声韵组合情况下若声调是上声和去声，uei 的韵腹发音会变弱。

在对外汉语教学过程中，学习者的母语背景是我们应当考虑的重要因素，不同母语背景的留学生在学习汉语语音时所面临的难点会有所不同。而且外国留学生在学习汉语语音时，三合元音韵母也是学习的难点之一。有关不同母语背景学习者习得汉语语音的研究主要有，王秀珍（1996）分析了韩国人学习汉语语音的难点和偏误，王燕燕（1997）考察了菲律宾华裔学生学习汉语语音的情况，蔡整莹、曹文（2002）分析了泰国学生汉语语音的偏误，梅丽（2005）研究了日本学习者习得普通话卷舌声母的语音变异情况。关于留学生汉语三合元音韵母的学习，朱川（1997）指出有的留学生在读包含三合元音韵母的音节时会把介音丢掉，例如会把 uai 读成 ai。毛世桢（2002）还发现有的留学生三合元音韵母发音存在动程不够的现象。尽管有关留学生汉语语音的学习已经有了不少研究，但是我们尚未发现对印尼华裔留学生三合元音韵母习得情况的研究，本文将采用语音实验的方法对此做出考察。

2 印尼华裔留学生与中国学生三合元音韵母发音比较

2.1 发音人、字表及录音

本实验使用了16位印尼华裔留学生和10位中国学生的录音材料。印尼华裔留学生8男8女，都是华裔，初级汉语水平，在中国学习汉语半年到一年之间。中国学生5男5女，都来自北方官话区，普通话熟练。

录音字表由80个汉字组成（见文末附录），字表包含三合元音韵母与各种声母的组合。由于iou、uei的发音会受声调的影响，对含有这两个韵母的音节，尽量包含各种声调。此外字表还包含了单元音a、i、u自成音节的字，目的是作为元音的参照点。字表中每个汉字都标有拼音，录音时按随机顺序排列。

录音在语言实验室完成，语音信号直接接入电脑，使用Cool Edit Pro软件录音，采样率为1.6kHz，保存为wav格式文件。

2.2 分析方法

考察三合元音的发音，我们是从元音的共振峰入手的。元音的音色与第一、第二共振峰关系密切，第一共振峰（F1）与舌位的高低有关：舌位高，F1就小；舌位低，F1就大。第二共振峰（F2）与舌位的前后有关：舌位靠前，F2就大；舌位靠后，F2就小。用横轴表示第二共振峰，纵轴表示第一共振峰，把坐标的零点设在右上角，作出的图就是声学元音图（见图1），它与元音舌位图大致对应。在声学元音图上，单元音是一个代表点，二合元音是连接两个端点的线，三合元音则有两个端点和一个拐点，通过三点可以构成一条曲线，拐点就是中间的元音（曹剑芬、杨顺安，1984；吴宗济、林茂灿，1989；石峰、刘艺，2005）。

我们的具体分析方法是，先用Kay CSL－4400提取各音节韵母的第一共振峰和第二共振峰，再对每个韵母取相同点数的共振峰频率值，这里我们每个韵母取20点。然后按照韵母、国别和性别等不同的组别进行统计，求出各点的平均值，再根据平均值绘出声学元音图。由于iou的发音会受声调的影响，故此我们把含韵母iou的音节分为两组进行统计，阴平、阳平为一组（平声组），上声、去声为一组（上去组）。uei的发音会受前拼声母和声调的影响，所以含韵母uei的音节根据声母和声调的不同分为四组：舌面后—平声组、舌面后—上去组、舌尖—平声组和舌尖—上去组，零声母音节与舌面后音组放在一起。

2.3 结果

2.3.1 印尼华裔留学生与中国学生韵母iao的比较

图2－3是印尼华裔留学生和中国学生韵母iao的声学元音比较图，a是女生的图，b是男生的图，图中实线和虚线分别代表印尼华裔留学生和中国学生发音时共振峰的变化轨迹。可以看出，即使是在初级汉语水平阶段，印尼华裔留学生iao的习得结果也算不错。图中显示，印尼华裔留学生iao的主要偏误是拐点不到位，他们iao的拐点比中国学生的偏高，女生在这一点上表现更为明显（见图a）。拐点第一共振峰频率值的ANOVA检验结果表明，印尼华裔留学生与中国学生之间有显著差异：女生 $F(1,142)=20.9$，$p<0.001$；男生：$F(1,142)=8.6$，$p=0.003$。他们所读iao的起点也有些偏低，起点

第一共振峰频率值 ANOVA 检验结果表明国别组间差异显著：女生 $F(1, 142) = 7.9$，$p = 0.006$；男生 $F(1, 142) = 14.2$，$p < 0.001$。由于印尼女生 iao 的拐点偏高较多，致使其终点也略高一些。

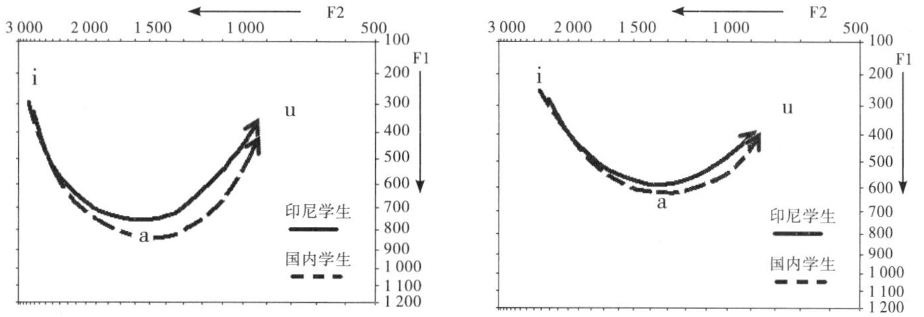

a. 女生发音比较　　　　b. 男生发音比较

图 2－3　印尼华裔留学生—中国学生 iao 的声学元音图

2.3.2　印尼华裔留学生与中国学生韵母 uai 的比较

下面我们再看 uai 的情况，图 2－4 是印尼华裔留学生和中国学生韵母 uai 的声学元音图比较。从这两张图可以发现，印尼华裔留学生男女共有的特点是 uai 的终点收得“过高”。中国学生读 uai 时，舌位从拐点到终点只有较小的动程，而印尼华裔留学生这一段的动程过大。终点第一共振峰频率值 ANOVA 检验结果表明国别组间差异显著：女生 $F(1, 129) = 25.4$，$p < 0.001$；男生 $F(1, 129) = 31.8$，$p < 0.001$。除此之外，与中国学生相比，印尼女生（图 a）uai 的拐点有些偏高：$F(1, 129) = 42.8$，$p < 0.001$，起点有些偏前，起点第二共振峰频率值 ANOVA 检验结果表明国别组间差异显著：$F(1, 129) = 7.6$，$p = 0.007$；印尼男生（图 b）uai 的拐点有些偏后，拐点第二共振峰频率值 ANOVA 检验结果表明国别组间差异显著：$F(1, 129) = 14.2$，$p < 0.001$；起点有些偏低：$F(1, 129) = 42.9$，$p < 0.001$；同时也有些偏前：$F(1, 129) = 14.9$，$p < 0.001$。

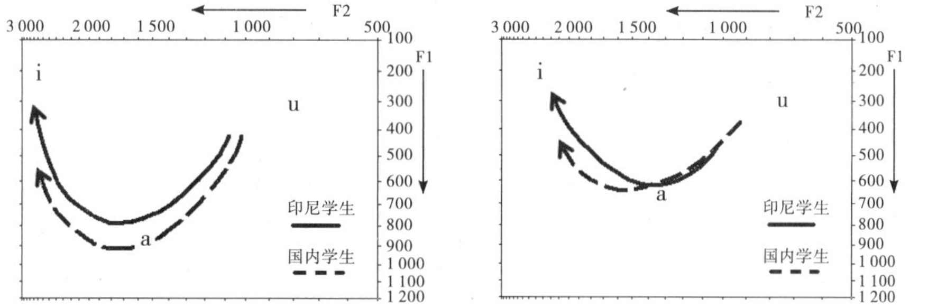

a. 女生发音比较　　　　b. 男生发音比较

图 2－4　印尼华裔留学生—中国学生 uai 的声学元音图

2.3.3　印尼华裔留学生与中国学生韵母 iou 的比较

上文谈到，韵母 iou 的发音会受声调的影响，故此我们对 iou 的发音分两组进行考察：阴平、阳平为一组（平声组），上声、去声为一组（上去组）。图 2－5 是印尼华裔留学生和中国学生韵母 iou 的声学元音比较图。a 和 b 是 iou 平声调的图，c 和 d 是 iou 上去调的图。从这四张图可以看出，不管是男生还是女生，也不管是什么声调，印尼华裔留学生 iou 的拐点都存在不到位现象。他们所读的 iou 韵腹都比中国学生的偏高一些：$F(1, 545) = 37.3$，$p < 0.001$；同时终点也都有些偏前：$F(1, 545) = 28.5$，$p < 0.001$。印尼华裔留学生 iou 的起点基本都把握得较好，只有男生上去调的起点有些偏后（图 d）：$F(1, 129) = 9.3$，$p = 0.003$。另外印尼男生的 iou 过于平直（图 b 和 d），而女生 iou 的终点因为受拐点偏高的影响，有些偏高（图 a 和 c）。观察中国学生不同声调 iou 的发音，可以看出与上去调相比，平声调 iou 韵腹稍微有些变弱，但是表现不很明显：$F(1, 209) = 4.6$，$p = 0.03$。

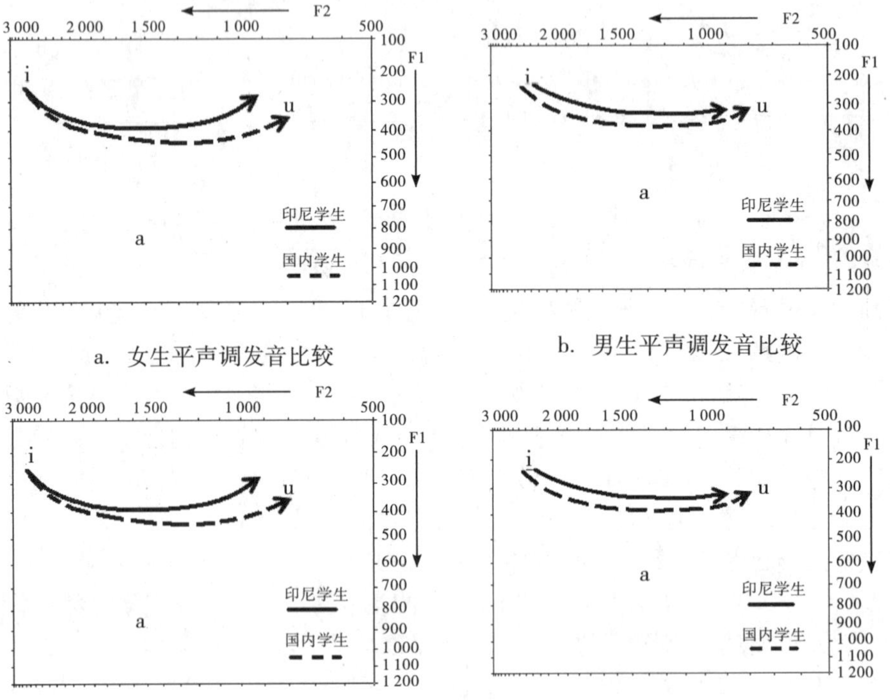

a. 女生平声调发音比较　　b. 男生平声调发音比较

c. 女生上去调发音比较　　d. 男生上去调发音比较

图 2－5　印尼华裔留学生—中国学生 iou 的声学元音图

2.3.4　印尼华裔留学生与中国学生韵母 uei 的比较

韵母 uei 的发音会受前拼声母和声调的影响，故此我们对 uei 发音的考察分四组进行：舌面后—平声组、舌面后—上去组、舌尖—平声组和舌尖—上去组，零声母音节包含在舌面后组中。图 2－6 是印尼华裔留学生和中国学生韵母 uei 的声学元音比较图，其中 a-d 是 uei 前拼舌面后声母的图，e-h 是 uei 前拼舌尖声母的图。从这八张图可以发现，印尼华裔留学生 uei 的偏误与 iou 的偏误有类似之处，他们 uei 发音的主要偏误也是拐点不到位，同时起点有些偏前。印尼华裔留学生 uei 的拐点，不管是前拼什么声母，是男生还是女生，也不管是什么声调，都比中国学生的偏高：$F(1, 909) = 70.5$，$p < 0.001$；而且起点都有些偏前：$F(1, 909) = 63.3$，$p < 0.001$。至于印尼华裔留学生 uei 的终点，基本没有什么问题，只有男生舌尖组上去调的终点有些偏高（图 h），这与拐点偏高有关。

比较中国学生三合元音韵母 uei 不同声调及前拼不同声母时的表现，我们发现，相对于上去调的发音，平声调的韵腹的确有些变弱：$F(1, 349) = 10.9$，$p = 0.001$。uei 前拼不同声母时发音也确实有较大差异，但这不是表现在韵腹变弱的程度上，而是表现在起点的位置上。当 uei 前拼舌面后声母时，起点比较到位（图 a-d），但是前拼舌尖声母时，起点却大大偏前（图 e-h）：$F(1, 349) = 142.1$，$p < 0.001$。此时的起点大约在比高、央元音略后一些的位置，即介音严重不到位。这是因为受声母发音部位的影响，发舌尖声母时，舌体要前伸，舌尖抬起；单独发韵母 uei 时，首先舌体要后缩，舌面后部抬高，然后舌位要降低，同时舌体前伸，最后舌前部再抬起。舌尖声母后跟韵母 uei，舌高点要从前到后再到前，活动相当复杂，一个音节的发音时间是有限的，舌体不可能在较短的时间内把各个动作都做到位，而声母的发音部位不能改变，也不可以过于突出介音，于是便出现了介音不到位的结果。

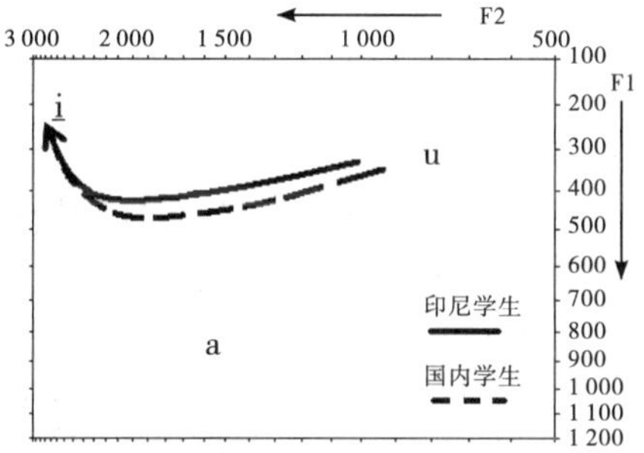

a. 女生舌面后组平声调发音比较

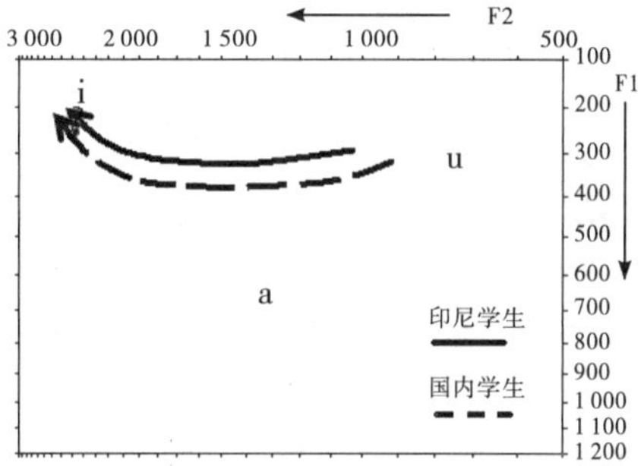

b. 男生舌面后组平声调发音比较

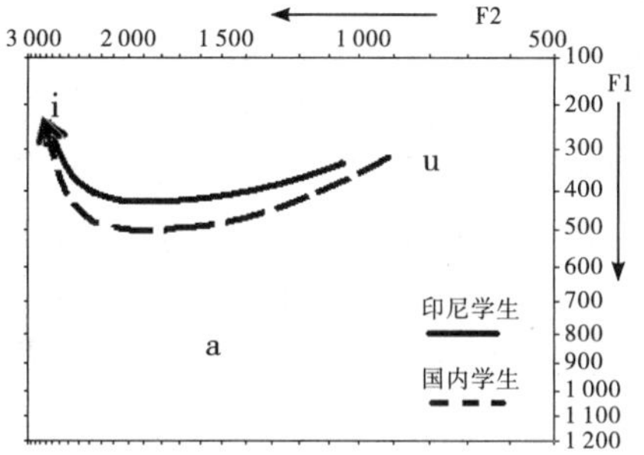

c. 女生舌面后组上去调发音比较

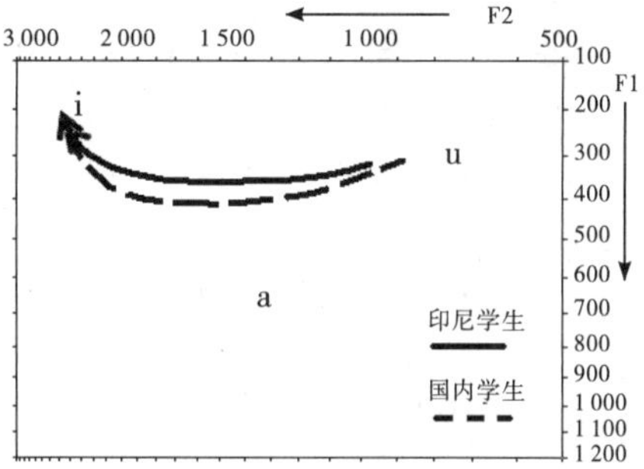

d. 男生舌面后组上去调发音比较

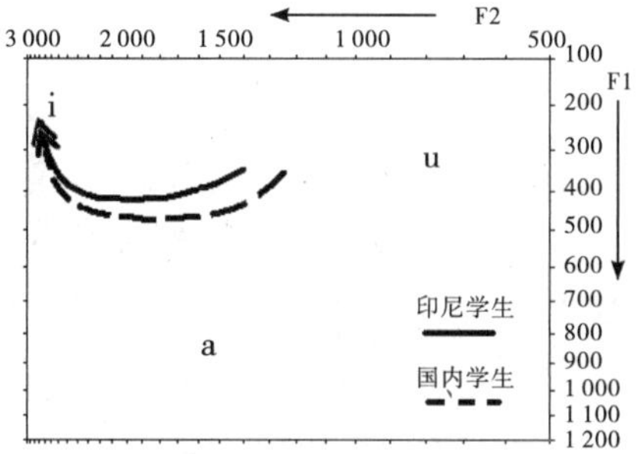

e. 女生舌尖组平声调发音比较

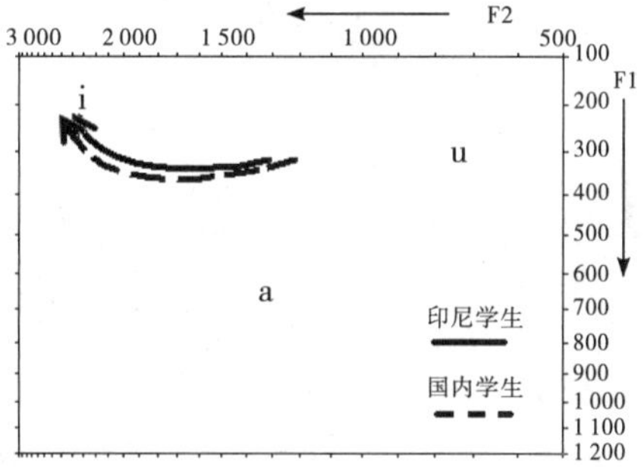

f. 男生舌尖组平声调发音比较

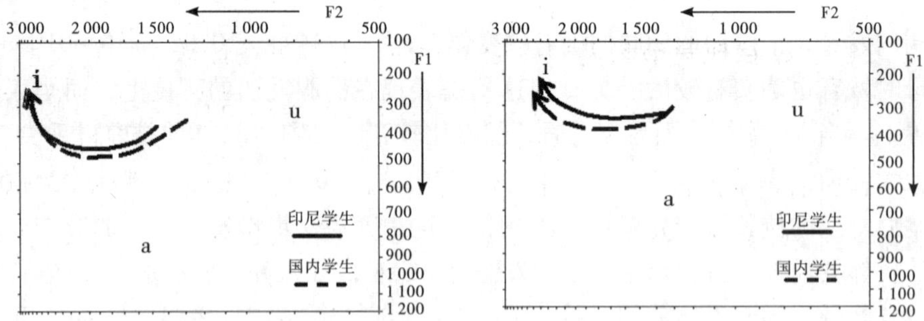

g. 女生舌尖组上去调发音比较　　h. 男生舌尖组上去调发音比较

图 2-6　印尼华裔留学生—中国学生 uei 的声学元音图

3　韵母 iou、uei 的省写对印尼华裔留学生发音的影响

以上分析表明，印尼华裔留学生 iou、uei 的发音都存在拐点（即韵腹）不到位的现象，这种现象是否与 iou、uei 的拼写形式有关呢？本节将对此做出考察。按照汉语拼音方案，当 iou、uei 自成音节时不省写，而在前拼辅音声母时要省写为 iu、ui，李培元（1987）曾指出这种省写规则会使留学生发音时省掉中间的韵腹，但他并没有对这一问题做出实验研究。我们将利用上一节使用的印尼华裔留学生的语音数据，对 iou、uei 自成音节与前拼辅音声母时的发音做一下对比分析。由于 uei 前拼舌尖声母时介音不到位（见上文 2.3.4），可能对韵腹也有影响，所以对于韵母 uei，这里只比较它自成音节与前拼舌面后声母的发音。

3.1　韵母 iou 自成音节与前拼辅音声母时的发音比较

图 2-7 是印尼华裔留学生韵母 iou 自成音节与前拼辅音声母时的发音比较图。从图中可以看出，与自成音节时相比，印尼女生 iou 前拼辅音声母时拐点比较高。而印尼男生 iou 前拼辅音声母时，应有的拐点几乎没有出现，即韵腹已基本脱落。对拐点第一共振峰频率值的 ANOVA 检验结果表明①，iou 自成音节与前拼辅音声母有显著差异：女生 $F(1,167)=7.3$，$p=0.008$；男生 $F(1,167)=40.7$，$p<0.001$。拼写形式对印尼华裔留学生韵母 iou 的发音的确有影响。

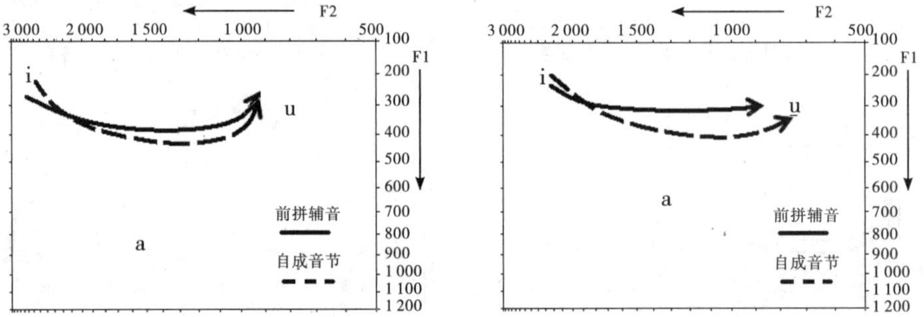

a. 女生发音比较　　b. 男生发音比较

图 2-7　印尼华裔留学生 iou 自成音节与前拼辅音时的声学元音图

---

① 印尼男生 iou 前拼辅音声母时，应有的拐点几乎没有出现，这里将 iou 第一共振峰的最大值作为拐点。

3.2 韵母 uei 自成音节与前拼舌面后音声母时的发音比较

图 2-8 是印尼华裔留学生韵母 uei 自成音节与前拼舌面后音声母时的发音比较图。图 6 显示，印尼女生 uei 自成音节与前拼舌面后音声母时拐点比较接近，印尼男生 uei 前拼舌面后音声母时拐点比自成音节时略高一些。拐点第一共振峰频率值的 ANOVA 检验结果表明，uei 自成音节与前拼舌面后音声母没有显著差异：女生 $F(1, 111) = 0.33$，$p = 0.56$；男生 $F(1, 111) = 2.2$，$p = 0.14$。拼写形式对印尼华裔留学生韵母 uei 的发音没有影响。

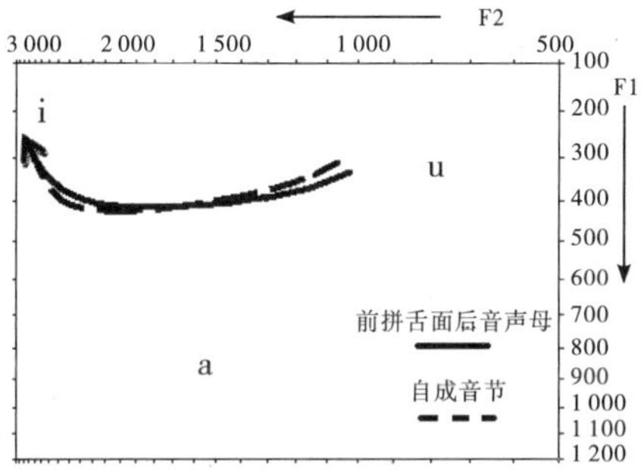

a. 女生发音比较

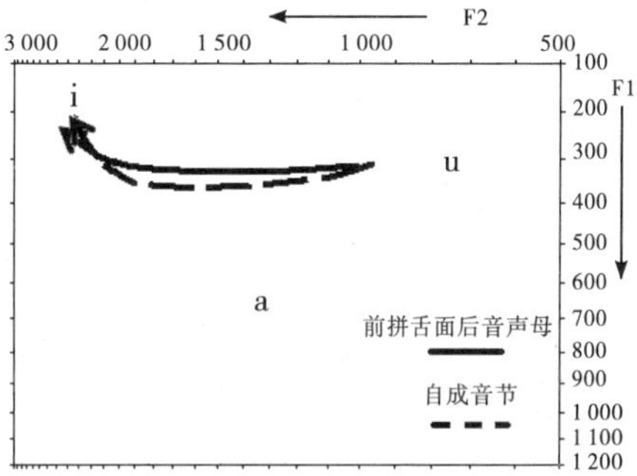

b. 男生发音比较

图 2-8 印尼华裔留学生 uei 自成音节与前拼舌面后音声母时的声学元音图

4 讨论

三合元音韵母发音时舌体位置是变动的，开始舌位从韵头出发，先滑向韵腹，再滑向韵尾。华裔学生都或多或少地接触过汉语普通话语音或方言语音，所以他们学习汉语语音比非华裔学生要容易一些。但是我们发现印尼华裔学生的强势语言不是汉语方言而是印尼语，故此他们学习汉语语音时主要是受印尼语的迁移影响，同时也受汉语拼音拼写形式的影响。

韵母 iao 发音时首先舌位从 i 的位置出发，先滑向 a，再滑向 u，韵头和韵尾都比单元音的 i 和 u 要松一些。印尼华裔留学生在学习这个韵母时出现的问题不大，因为印尼语中虽然没有三合复元音 iao，但是有二合复元音 au，iao 大致相当于在 au 前面加一个介音 i，所以他们学习这个韵母时困难不大。上文谈到，印尼华裔留学生 iao 的主要偏误是拐点有些不到位，所以我们在教学中应指导他们发 iao 时，从韵头到韵腹的动程要大一些。韵母 iao 的发音实际上是口由合拢到打开再到合拢的过程，印尼华裔留学生的发音偏误是口打开得不够大，故此我们应指导他们发 iao 时，在口张开时要张得大一些。此外 iao 的介音要再稍微紧一些，即舌位要再略高一些，这样就更接近汉语普通话的 iao 了。

韵母 uai 的发音与 iao 相反，首先舌位从 u 的位置出发，先滑向 a，再滑向 i。韵头 u 比单元音的 u 松一些，韵尾的舌位较低，大致在前中元音的位置。印尼华裔留学生 uai 发音的主要偏误是韵尾收得“过高”，这是因为印尼语中有二合元音 ai，他们 ai 的韵尾收得较高，发汉语 uai 时，受印尼语 ai 的影响，韵尾也收得比较高。在教学中应指导他们发韵母 uai 时，从韵腹到韵尾的动程不要过大。也就是说，在 uai 发音到后半段时，口不要过于合拢，发音结束时开口度大致适中就可以了。还要告诉他们发音开始时舌体要再向后缩一些，对于印尼女生，要让她们在口张开时再张得稍大一些，而对于印尼男生，要让他们在发音开始时舌位再高一些，口张开时舌位再稍前一些。

韵母 iou 发音时首先舌位从 i 的位置出发，然后向后向下滑动，大约到央元音的位置①，再滑向后元音 u。印尼华裔留学生 iou 的发音偏误主要是拐点有些不到位，这一方面可能是因为印尼语中没有这个韵母，所以学起来有些困难；另一方面是受汉语拼音拼写形式的影响。韵母 iou 在与辅音声母相拼时要省写为 iu，外国留学生以为它是由 i 直接滑动到 u 了，便出现了拐点不到位现象，印尼男生这一点表现得更为明显。此外，印尼华裔留学生 iou 的终点也都有些偏前。针对这样的问题，教学中应向他们讲清楚，韵母 iou 不是舌位由 i 直接滑动到 u，而是从 i 先向后向下滑动，再滑向 u，发音的中间阶段舌位要再低一些，同时发音的后半段舌位要尽量后缩。

韵母 uei 的发音受声母的影响较大，当它前拼舌面后声母或自成音节时，首先舌位从 u 的位置出发，先滑向前、半高元音［e］，再滑向 i，韵头比单元音 u 要松一些，但是韵尾很接近单元音 i。而当 uei 前拼舌尖声母时，声母发音结束之后，舌体稍向后缩，舌面隆起，然后便滑向前、半高元音［e］，再滑向 i，韵头大约在央、高元音的位置，韵尾很接近单元音 i。印尼华裔留学生 uei 的发音偏误，不管前拼什么声母，主要都是拐点有些不到位，这大概是因为印尼语中没有这个韵母的缘故。汉语拼音拼写形式对他们 uei 的发音没有影响。此外，印尼华裔留学生 uei 的介音也都有些偏前。针对这样的问题，教学中应指导他们，韵母开始时舌体要再后缩一些，发音的中间阶段舌位要再低一些，这样就更接近汉语普通话的 uei 了。

5 结语

语音是语言的物质外壳。语音的重要性决定了语音教学是第二语言教学的基础，是掌握听说读写技能和交际能力的前提。对外汉语语音教学应坚持集中教学和长期严格要求相结合的原则（刘珣，2000）。在教学开始阶段对语音进行集中训练是非常必要的，这可以使学生对汉语的语音系统有一个整体的把握。集中训练结束之后，也不能放松对语音的重视，语音训练应贯穿教学过程的始终。本文对印尼华裔留学生汉语三合元音韵母的习得情况做了分析，发现他们经过半年到一年的学习，三合元音韵母的发音还是有些偏误。这正说明语音教学应坚持不懈、长期严格要求。

印尼华裔留学生 iao、iou 和 uei 的发音都存在韵腹不到位现象，但是对 uai 的发音却出现了韵尾“过头”的问题。所以在教学中应指导他们，韵母 iao、iou、uei 发音的中间阶段舌位要再低一些，韵母 uai 发音到后半段时，口不要过于合拢。他们所读的三合元音不会丢掉介音，但是 iao、uai 和 uei 都存在介音不到位现象，教学中应指导他们 iao 发音开始时舌位要再高一些，uai、uei 发音开始时舌体要再向后缩一些。他们的 iou 韵尾有些不到位，应指导他们 iou 发音的后半段舌体要再向后缩一些。掌握了学习者学习中出现的问题，再进行相应的指导，对纠正他们的发音偏误会收到事半功倍的效果。此外，我们

---

① 韵母 iou 的实际拐点不是 o，而是一个比央元音［ə］略高略后一些的元音。

采用实验的方法，证实人们以前对 uei 前拼不同声母时发音的说明有些欠妥，韵母 uei 前拼不同声母时的差异不是表现在韵腹变弱的程度上，而是表现在介音到位的情况下。当 uei 前拼舌面后声母或自成音节时，介音比较到位；但是在前拼舌尖声母时，介音严重不到位。这一发现一方面可以使我们对汉语三合元音的发音有更深入的认识，另一方面也有助于我们准确指导留学生学习汉语语音。

（本文原载于《世界汉语教学》2007 年第 1 期。作者：王茂林、孙玉卿）

参考文献

蔡整莹，曹文．泰国学生汉语语音偏误．分析世界汉语教学，2002（2）．

曹剑芬，杨顺安．北京话复合元音的实验研究．中国语文，1984（6）．

李培元．汉语语音教学的重点．世界汉语教学，1987（1）．

刘珣．对外汉语教育学引论．北京：北京语言文化大学出版社，2000．

毛世桢．对外汉语教学语音测试研究．北京：中国社会科学出版社，2002．

梅丽．日本学习者习得普通话卷舌声母的语音变异研究．世界汉语教学，2005（1）．

石锋，刘艺．广州话元音的再分析．方言，2005（1）．

王秀珍．韩国人学汉语的语音难点和偏误分析．世界汉语教学，1996（4）．

王燕燕．菲律宾华裔学生汉语语音的调查与分析．世界汉语教学，1997（3）．

吴宗济，林茂灿．实验语音学概要．北京：高等教育出版社，1989．

徐世荣．普通话语音知识．北京：文字改革出版社，1980．

朱川．外国学生汉语语音学习对策．北京：语文出版社，1997．

附　录

录音字表（实验中都注有拼音，且按随机顺序排列）：

表　飘　秒　雕　条　鸟　聊　叫　敲　小　药　谬　丢　妞　牛　纽　溜　流　柳　六　纠　九
就　秋　求　休　朽　秀　优　由　有　又　怪　快　怀　坏　拽　踹　摔　甩　歪　外　堆　对
推　颓　腿　退　规　鬼　贵　亏　葵　溃　辉　回　毁　会　追　坠　吹　锤　谁　水　睡　瑞
嘴　最　崔　脆　虽　随　岁　威　维　伟　位　阿　衣　屋

印尼华裔留学生汉语普通话双音节上上连读调偏误实验研究*

1 引言

在对外汉语教学中，汉语的声调一向是来华留学生学习的重点和难点之一。对此，前贤做过不少有益的研究。马燕华（1994），刘艺（1998），关键（2000），蔡整莹、曹文（2002）等从普通语音学的角度进行过定性研究；石锋（1986）、王韫佳（2002）更是采用语音实验的方法进行过定量分析，这些研究对本文集中研究印尼华裔留学生学习汉语声调问题有不少启发。

对于母语没有声调的印尼华裔留学生来说，掌握汉语声调更是倍感困难。老师在汉语声调教学过程中，也总是感到他们所讲的汉语带有“洋调”，但又难以准确地说明他们到底“洋”在什么地方。经检索，专门研究印尼华裔留学生学习汉语语音问题的文章，只有董琳莉（1997）、倪伟曼与林明贤（2000）、陈延河（2001）3 篇，并且都是从普通语音学的角度进行调查分析，从语音实验的角度做出定量分析的目前还没见到，针对印尼华裔留学生学习汉语声调的情况进行实验研究的，目前也没有。

鉴于声调教学中，上声是印尼华裔留学生感到最难掌握的调类①，另外，汉语语流当中的字调与单字的字调相距较远，而与双音节词的声调接近；在现代汉语词汇中双音节词又占大多数②，双音节词的声调练习是学好汉语声调和语调的重要渠道，因此，本文主要对印尼华裔留学生学习汉语普通话双音节上上连读调的情况进行实验研究，并通过与中国人的发音情况进行对比分析，找出他们在发普通话双音节上上连读调时所存在的主要偏误，进而分析产生这些偏误的主要原因，提出相应的教学措施。

---

* 本文为笔者研究课题“东南亚留学生汉语语音习得实验研究”的前期研究结果，在暨南大学华文学院应用语言学实验室完成。本研究得到了暨南大学华文学院的资助，深表谢意。林奕高参与了部分语音标注工作，彭小川教授曾对本文初稿提出过宝贵意见；发表前，期刊编审者对文章的修改又提出了非常重要的意见，在此并表示衷心的感谢。

① 笔者曾经在听力课上做过调查，印尼华裔留学生的上声错误（包括调型的错误和调值的错误）率高达 67.6%。

② HSK 常用词汇共 5 168 个，双音节词 3 725 个，占 72%。

2　实验材料和方法

2.1　发音人

本实验所用的语音材料来自20位发音人。其中包括10位印尼留学生和10位中国人。10位印尼留学生中，男生和女生各5人，他们都是印尼华裔，分别来自印尼的雅加达、万隆和泗水3个城市，学习汉语的时间都在半年以上，已经学完了汉语语音的有关知识。10位中国人也是男女各5人，都来自北方方言区，且均是大学以上学历，普通话标准流利，发音准确清晰。

2.2　发音词语表

发音表包括50个上上连读调的双音节词语，其中既有前后字音高曲线（F0）相连的，如“口语”“所以”等①；也有前后字音高曲线（F0）分开的，如“手表”“演讲”等。这些词语大都选自对外汉语的教材（详见附表）。

2.3　录音条件

所有发音人都是在暨南大学华文学院应用语言学实验室发音。录音时都是采用Cool Edit录音软件通过话筒直接录入电脑。发音人都是按正常的语速自然地发音。

2.4　实验分析软件

对发音人的声音材料进行分析时，我们统一采用的是Praat软件。

2.5　实验测量统计项目

实验过程中，测量统计的参数有：每个上上连读调整个词语基频的最大值、最小值和整个音节的时长，上上连读调词语中前后音节音高曲线（F0）的起点值与终点值、最大值与最小值、音节的时长。

---

①　实验语音研究中，如果一个双音节词的后一音节是零声母，则前后字的音高曲线（F0）是相连的。

3 实验结果

3.1 前字

3.1.1 男发音人

表 2-3 印尼华裔男留学生与中国男发音人的前字音高统计对照表

统计项目	印尼华裔留学生（平均值）	中国人（平均值）	相差数值（平均值）	相差幅度（%）（平均值）
起点音高值（Hz）	106.904 5	124.577	-17.672 5	-14.19
终点音高值（Hz）	125.110 2	165.859	-40.748 8	-24.57
最大音高值（Hz）	131.485	179.405	-47.92	-26.71
最小音高值（Hz）	95.303 37	120.893 7	-25.590 33	-21.18
调域（Hz）	36.181 63	58.511 3	-22.329 67	-38.16

实验测量统计结果（表2-3）显示，男发音人发上上连读调时，印尼华裔留学生前字的起点音高值、终点音高值、最大音高值、最小音高值和调域都比中国人的相应数值要小。其中调域、最大音高值和终点音高值相差幅度最为显著，分别高达 38.16%、26.71% 和 24.57%。具体结果如图 2-9 所示。

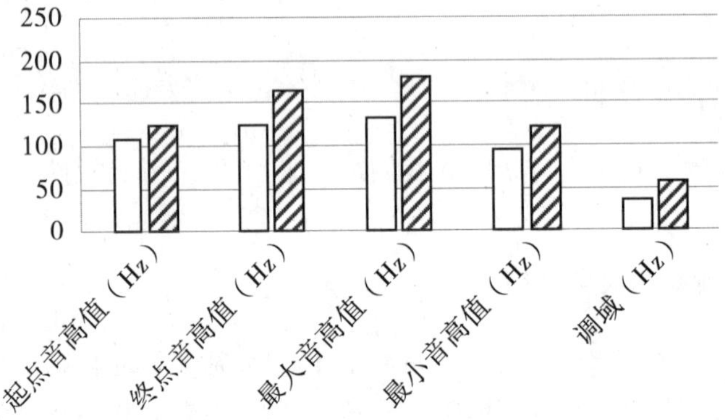

图 2-9 印尼华裔男留学生与中国男发音人的前字音高对比直观图

3.1.2 女发音人

表 2-4 印尼华裔女留学生与中国女发音人的前字音高统计对照表

统计项目	印尼华裔留学生（平均值）	中国人（平均值）	相差数值（平均值）	相差幅度（%）（平均值）
起点音高值（Hz）	208.958 7	207.621 5	1.337 2	0.64
终点音高值（Hz）	218.363	258.014 2	-39.651 2	-15.37

（续上表）

统计项目	印尼华裔留学生（平均值）	中国人（平均值）	相差数值（平均值）	相差幅度（%）（平均值）
最大音高值（Hz）	238.640 2	278.598	-39.957 8	-14.34
最小音高值（Hz）	186.036 2	189.535 7	-3.499 5	-1.85
调域（Hz）	52.604	89.062 3	-36.458 3	-40.94

实验测量统计结果（表2-4）显示，女发音人发上上连读调时，与男发音人的情况类似的是，印尼华裔女留学生前字的终点音高值、最大音高值和调域三项，也小于中国女发音人的相应数值，不过相差幅度不同，其中调域相差的幅度比男发音人还大，高达40.94%，而终点音高值、最大音高值相差的幅度小于男发音人的相差幅度。与男发音人情况不同的是，印尼华裔女留学生的起点音高值和最小音高值与中国女发音人的相应数值差别不大。具体结果如图2-10所示。

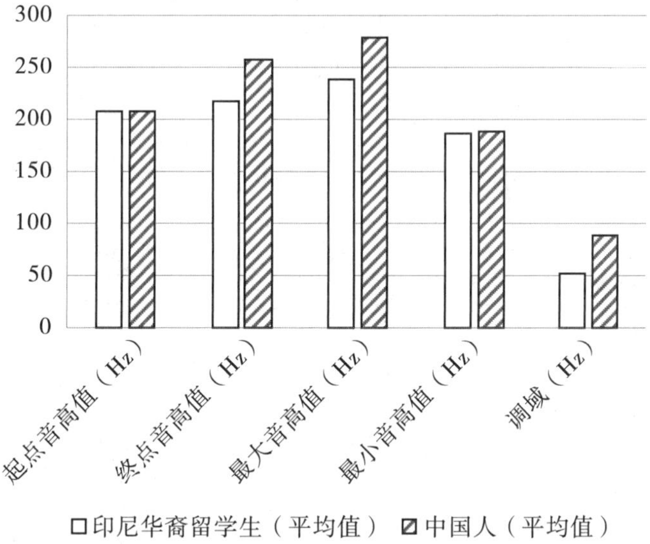

图2-10　印尼华裔女留学生与中国女发音人的前字音高对比直观图

3.2　后字

3.2.1　男发音人

表2-5　印尼华裔男留学生与中国男发音人的后字音高统计对照表

统计项目	印尼华裔留学生（平均值）	中国人（平均值）	相差数值（平均值）	相差幅度（%）（平均值）
起点音高值（Hz）	104.952 6	138.707 6	-33.755	-24.34
终点音高值（Hz）	104.794 7	106.162 8	-1.368 1	-1.29
最大音高值（Hz）	112.011 9	145.705 6	-33.693 7	-23.12

（续上表）

统计项目	印尼华裔留学生（平均值）	中国人（平均值）	相差数值（平均值）	相差幅度（%）（平均值）
最小音高值（Hz）	89. 011 07	91. 261 28	-2. 250 21	-2. 47
调域（Hz）	23. 000 83	54. 444 32	-31. 443 49	-57. 75

实验测量统计结果（表2-5）显示，发上上连读调时，印尼华裔男留学生后字的起点音高值、最大音高值和调域都小于中国男发音人的相应数值，相差幅度分别达24. 34%、23. 12%和57. 75%，其中相差幅度最大的还是调域。而终点音高值和最小音高值与中国人的差别不大。具体结果如图2-11所示。

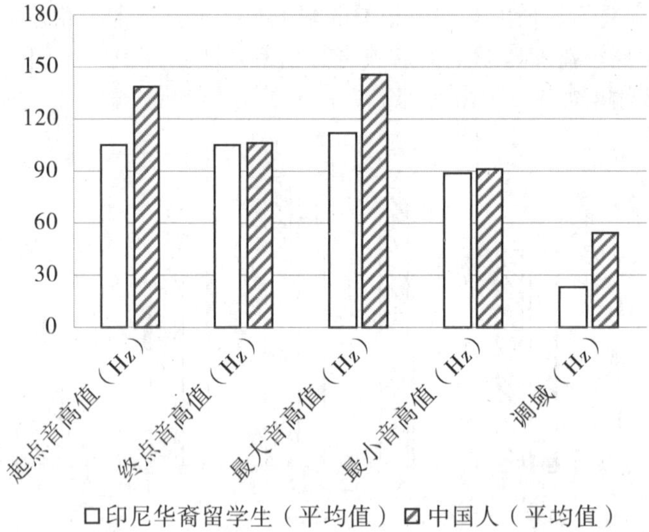

图2-11 印尼华裔男留学生与中国男发音人的后字音高对比直观图

3. 2. 2 女发音人

实验测量统计结果（表2-6）显示，发上上连读调后字时，女发音人与男发音人的情况稍有不同，印尼华裔女留学生后字的终点音高值和最小音高值两项的实际数值不是低于中国女发音人的数值，而是高于中国女发音人的数值，超过的幅度分别高达41. 59%和40. 41%。与男发音人类似的是，印尼华裔女留学生的起点音高值和最大音高值比中国女发音人的相应数值都要小，但相差的幅度没有男发音人的大。与男发音人情况几乎相同的是，印尼华裔女留学生后字的调域远比中国女发音人的调域小，相差幅度也高达55. 42%。具体结果如图4所示。

表2-6 印尼华裔女留学生与中国女发音人的后字音高统计对照表

统计项目	印尼华裔留学生（平均值）	中国人（平均值）	相差数值（平均值）	相差幅度（%）（平均值）
起点音高值（Hz）	209. 407 3	248. 955	-39. 547 7	-15. 89

（续上表）

统计项目	印尼华裔留学生（平均值）	中国人（平均值）	相差数值（平均值）	相差幅度（%）（平均值）
终点音高值（Hz）	199.743 7	141.072 1	58.671 6	41.59
最大音高值（Hz）	218.406 3	256.988	-38.581 7	-15.01
最小音高值（Hz）	172.376	122.765 6	49.610 4	40.41
调域（Hz）	46.030 3	134.222 4	-88.192 1	-55.42

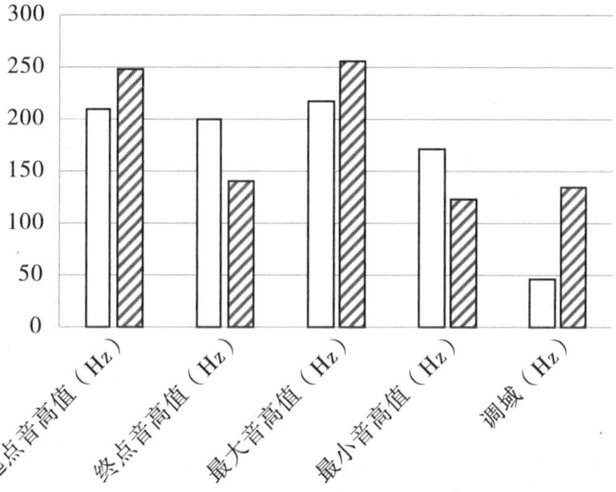

图 2-12 印尼华裔女留学生与中国女发音人的后字音高对比直观图

3.3 整个双音节的音高

3.3.1 男发音人

表 2-7 印尼华裔男留学生与中国男发音人的整个双音节音高统计对照表

统计项目	印尼华裔留学生（平均值）	中国人（平均值）	相差数值（平均值）	相差幅度（%）（平均值）
最大音高值（Hz）	131.485	179.405	-47.92	-25.94
最小音高值（Hz）	86.011 07	91.261 28	-5.250 21	-5.75
调域（Hz）	45.473 93	88.143 72	-42.669 79	-48.40

如果将整个上上连读双音节作为一个整体来考察，与男发音人前、后字单独考察时类似，印尼华裔男留学生的最大音高值和调域都小于中国男发音人的相应数值，相差幅度最大的还是调域，高达 48.40%（表 2-7）。而最小音高值相差不大。具体结果如图 2-13所示。

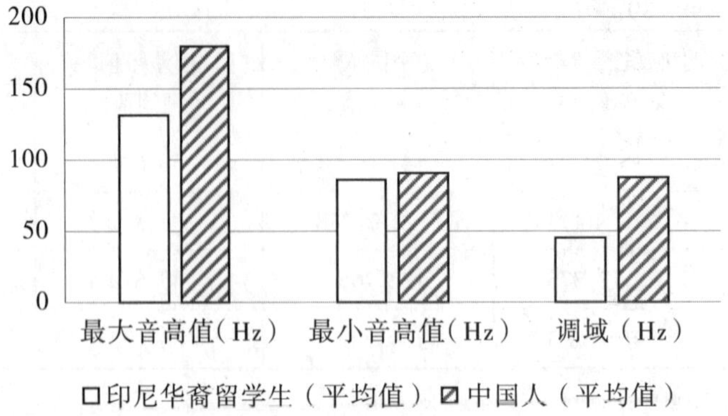

图 2-13 印尼华裔男留学生与中国男发音人的整个双音节音高对比直观图

3.3.2 女发音人

表 2-8 印尼华裔女留学生与中国女发音人的整个双音节音高统计对照表

统计项目	印尼华裔留学生（平均值）	中国人（平均值）	相差数值（平均值）	相差幅度（%）（平均值）
最大音高值（Hz）	238.640 2	278.598	-39.957 8	-14.34
最小音高值（Hz）	167.879 2	122.765 6	45.113 6	36.75
调域（Hz）	70.761	155.832 4	-85.071 4	-54.59

如果将整个上上连读双音节作为一个整体来考察，最大音高值和调域，都是印尼华裔女留学生的小于中国女发音人的相应数值，相差幅度达 14.34 和 54.59%（表 2-8），这与单独考察前、后字时印尼华裔女留学生的情况相似；最小音高值则是印尼华裔女留学生的大于中国女发音人的，这与单独考察后字的情况类似，而与单独考察前字的情况不同。具体结果如图 2-14 所示。

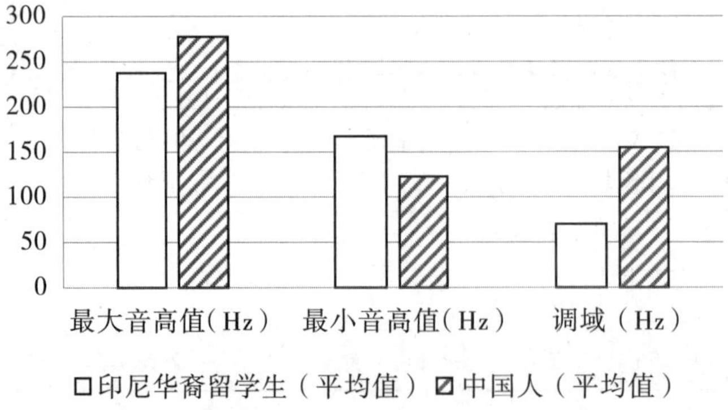

图 2-14 印尼华裔女留学生与中国女发音人的整个双音节音高对比直观图

3.4 时长

3.4.1 男发音人

如表 2-9，单从前字的时长考察，印尼华裔男留学生前字的平均时长比中国男发音人的平均时长要长 31. 39ms，长出的幅度达 10. 52%；单从后字的时长考察，印尼华裔男留学生后字的平均时长比中国男发音人的平均时长要长 15. 983ms，相差幅度比前字小；如果将整个上上连读双音节作为一个整体来考察，印尼华裔男留学生的平均时长比中国男发音人的平均时长要长 47. 373ms，相差幅度比前字的小，但比后字的大；如果将前后两字的时长进行比较，印尼华裔男留学生显示出前长后短的特点，而中国男发音人则是前短后长的特点。具体结果如图 2 – 15 所示。

表 2 – 9　印尼华裔男留学生与中国男发音人的整个双音节时长统计对照表

统计项目	印尼华裔留学生（平均值）	中国人（平均值）	相差数值（平均值）	相差幅度（%）（平均值）
前字时长（ms）	329. 877	298. 487	31. 390	10. 52
后字时长（ms）	318. 770	302. 787	15. 983	5. 28
整个双音节时长（ms）	648. 647	601. 274	47. 373	7. 88

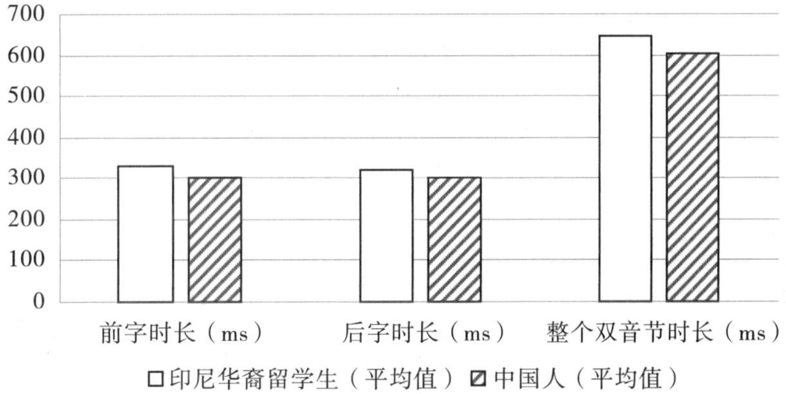

图 2 – 15　印尼华裔男留学生与中国男发音人的整个双音节时长对比直观图

3. 4. 2　女发音人

如表 2 – 10，单从前字的时长考察，印尼华裔女留学生前字的平均时长比中国女发音人的平均时长要长 124. 682ms，长出的幅度达 35. 04%；单从后字的时长考察，印尼华裔女留学生后字的平均时长比中国女发音人的平均时长要长 23. 626ms，相差幅度也比前字小；如果将整个上上连读双音节作为一个整体来考察，印尼华裔女留学生的平均时长比中国女发音人的平均时长要长 148. 308ms，相差幅度比前字小，但比后字大；如果将前后两字的时长进行比较，印尼华裔女留学生同样显示出前长后短的时长特点，而中国女发音人则还是具有前短后长的特点。具体情况如图 2 – 16 所示。

表 2-10　印尼华裔女留学生与中国女发音人的整个双音节时长统计对照表

统计项目	印尼华裔留学生（平均值）	中国人（平均值）	相差数值（平均值）	相差幅度（%）（平均值）
前字时长（ms）	480.558	355.876	124.682	35.04
后字时长（ms）	395.976	372.350	23.626	6.35
整个双音节时长（ms）	876.534	728.226	148.308	20.37

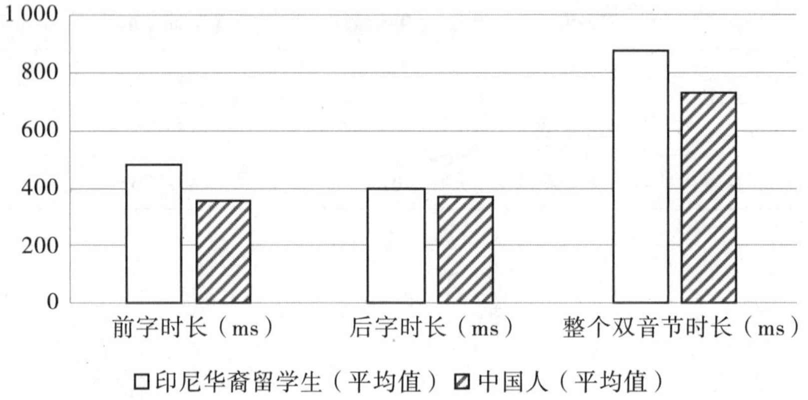

图 2-16　印尼华裔女留学生与中国女发音人的整个双音节时长对比直观图

4　偏误的主要表现

从以上实验测量统计结果可以看出，当印尼华裔留学生发汉语普通话上上连读调时，带“洋调”，我们常常感到不自然，这种偏误主要表现在以下 3 个方面：

4.1　调域偏小

发汉语上上连读调时，印尼华裔留学生，不论是男生还是女生，调域都大大低于中国人发音时的调域。相差最小数值为 22.329 67Hz，相差最大数值为 88.192 1Hz。相差幅度最低达 38.16%（印尼华裔男留学生前字），最高达 55.42%（印尼华裔女留学生后字）。这种调域偏小的发音偏误，既体现于前字，也体现于后字，同时还体现于全双音节之中。其中后字比前字相差更为显著，相差幅度平均高出 20% 左右。

4.2　最大音高值偏低

在发汉语上上连读调时，印尼华裔留学生，不论是男生还是女生，最大音高值都比中国人发音时的最大音高值低。最小的低至 33.693 7Hz（印尼华裔男留学生后字），最大的低至 47.92Hz（印尼华裔男留学生前字）；相差幅度最低达 23.12%，最高幅度达 26.71%。与调域偏小相似，这种最大音高值偏低的发音偏误，既体现于前字，也体现于后字，同时还体现于全双音节之中，其中男生比女生相差更为显著。

4.3　发音时长偏长，并且前后字时长比例不合理

印尼华裔留学生，不论是男生还是女生，发汉语上上连读调时的时长都比中国人发音的时长长。从字的位置上看，前字表现更为明显，长出的幅度最小达 10.52%，最大达到 35.04%；从性别上看，女生比男生更为明显。如果将上上连读调前后字的时长进行比较的话，印尼华裔留学生是前长后短，而中国人则是前短后长。这说明印尼华裔留学生发汉语上上连读调时前后字时长比例不合理。

5　偏误产生的主要原因

印尼华裔留学生发汉语上上连读调时产生以上偏误的原因是多方面的，概括起来主要有以下几个方面。

5.1　母语和当地华语方言的负迁移影响

这里的母语指印尼语，因为参与实验的 10 位印尼华裔留学生，分别来自印尼的雅加达、万隆和泗水 3 个城市。该三大城市的华裔学生从小多讲印尼语，虽然也讲少量的当地华语方言，但非常少。其中来自雅加达的印尼华裔留学生多以粤方言为辅，来自万隆和泗水的印尼华裔留学生以闽方言为辅（中国社会科学院与澳大利亚人文学院，1987）。不同的语言具有不同的发声类型，这些发声类型在某种程度上和声调有关，准确地说是和基频（F0）有关（孔江平，2001）。从发声学的角度看，声调语言和非声调语言在发声时，其喉部肌肉活动的机制存在明显的不同。声调语言发每一个音节时，喉部各个与发音相关器官和肌肉，如会厌软骨、甲状软骨、环状软骨、勺状软骨、环甲肌、外展肌、内合肌、下舌肌、声带、假声带以及声门等都要发生一次迅捷的调节活动；而非声调语言却不同，有些音节有音调的变化，有的则几乎没有音调变化，因此喉部各个与发音相关的器官和肌肉，尤其是声带长期得不到锻炼，活动也不够敏捷。在以非声调语言为主要母语的环境中长大的印尼华裔留学生，其喉部各个与发音相关的器官和肌肉肯定不如在母语是声调语言环境中长大的中国人那样力健而灵活。即使他们的母语以粤方言或闽方言为辅，但是这两种方言都没有上声调（袁家骅，1960）。因此，他们发汉语上上连读调时音高总是上不去，音域也不够大。这与 Flege（1999）所提出的口语言语音学习模型（Speech Learning Model）的核心原则——L2 语音中产生的错误常常源自对 L2 的知觉错误是相符的，因为不管是主要母语印尼语，还是粤方言或闽方言都没有上声，在此语言环境中长大的印尼华裔留学生对普通话的上声感知肯定不敏感，发上上连读调时偏误就在所难免了。

5.2　语音内部发音规律的制约

声调特征并非完全独立于音段特征，而是与那些主要由喉部控制的特征有着特别密切的关系，既有共时的关系又有历时的关系，例如浊化、送气、喉化、音长、气声等（Wang，1967）。语音内部不同质之间具有相互补偿的特点，浊音低调，清音高调；送气使声调变低，但由于语音具有社会性，语音的补偿并不像自然科学中的补偿现象那样整齐划一（石锋，1994）。印尼语的声母多为浊音，而汉语的声母多为清音，这种浊化的发音习惯在印尼华裔留学生中已经根深蒂固，他们在发上上连读调时，即使没有将声调前

的声母发为浊音，也必然带有这一趋势，从而将声母后面的声调低念来补偿，因此最大音高上不去。

5.3 汉语语音知识不够全面

对外汉语教学中，教师对汉语音质特征知识，如声母、韵母的发音部位、发音方法、发音特点的讲解和练习一般都抓得比较多，而对汉语的超音质特征，即汉语韵律特征知识相对重视不够。不少学生还没有牢固掌握上声的抑扬顿挫，汉语双音节一般前短后长、前轻后重等韵律知识①，而套用英语的双音节词（带前缀的除外）重音多落在第一个音节上的发音规律。因而印尼华裔留学生发上上连读调时出现前长后短、前重后轻的“洋调”就在所难免了。

6 纠偏的主要措施

为加强留学生汉语普通话的声调教学，前贤曾提出不少教学措施，如把声调教学与听说训练结合起来，加强声调辨正练习，唱音阶定音高和确定起调字（蔡整莹、曹文，2002），重视调型教学（马燕华，1994），“唱高调”法（董琳莉，1997），注意语音训练与意义讲解相结合（王玲娟，2003）等。这些措施对我们纠正印尼华裔留学生发汉语上上连读调的偏误都有很大的借鉴作用。除此以外，笔者认为，还可采取以下措施：

6.1 加强扩大印尼华裔留学生调域的训练

纠正印尼留学生的“洋调”不是说要让他们发每一个上上连读调时，起点音高值、终点音高值、最大音高值、最小音高值都和中国人的相应数值相同，而是要让他们的音域与中国人的相应数值大致相同。因此纠正他们的“洋调”主要是加强扩大他们调域的发音训练。这可以从降低他们现有的最低音高值着手，也可以从提高他们的最高音高值着手。

在具体的教学实践中，一般情况下，我们可以运用手势向上或向下的运动，引导学生尽力达到音域最高点或最低点。

有条件的，还可以借助多媒体设施，用实验语音软件显示出某个上上连读调的标准音高曲线（其中包括该上上连读调 F0 的最高点和最低点），然后让学生以此线为标准进行发音练习，实验语音软件即时显示其音高曲线（其中也包括该学生音高的最高点和最低点）。

特别指出，这里不是说要求学生的音高，一定同时既高于标准音高曲线（F0）中的最高点，又低于标准音高曲线（F0）中的最低点，而是只要求他们音高曲线（F0）中的最高点和最低点之间的距离，等于或大于标准音高曲线（F0）中的最高点和最低点之间的距离。

6.2 加强对印尼华裔留学生汉语韵律知识的讲解和训练

目前对外汉语中的语音教学，对于汉语语音的音质特征知识的讲授和训练是比较重

---

① 徐世荣在《双音节词的音量分析》一文中曾对两万个汉语常用双音节词进行过统计，得出70%以上的汉语双音节词的重音落在后一个音节上。

视的，对于汉语语音的超音质特征，即韵律特征的讲授和训练还比较薄弱。声调教学虽然受到重视，但也只是做到大概，而没有达到精确化。对于汉语中音长特点等方面的韵律知识介绍不多，训练更少。应该大力加强这方面知识的讲解和发音的训练。

6.3 加强对印尼华裔留学生讲汉语的速度训练

速度训练，目的在于强化印尼华裔留学生喉部各个与发音相关的器官和肌肉的锻炼，提高它们运动的灵活性，以适应汉语上声曲折升降变化的基频走势要求。为达到这一目的，我们可采用限时阅读的办法，即让学生在一定时间内读完某个词语或一定数量的词语和句子。限制的时间量可以由大到小，逐步递减，直至达到标准的普通话发音速度为止。当然速度训练必须以准确性为前提，只能在发音准确的基础上不断提高语速。

7 余论

“学习外国语的内容分成发音、语法跟词汇 3 个主要的部分，……发音的部分最难，也最要紧”（赵元任，1980）。而对于汉语的发音部分来说，根据笔者上课的随堂调查，印尼华裔留学生最感困难的是声调，尤其是上声。现实情况也正如吕必松（1996）所说那样，形成洋腔洋调的主要原因在声调。因此，如何加强汉语声调教学，怎样去帮助留学生学好汉语的声调、语调是我们从事对外汉语语音教学者最重要而又最艰巨的任务。

本研究尝试借助语音实验这一手段，对印尼华裔留学生的汉语上上连读调发音情况进行了实验研究，研究所得出的初步结论，可以为教师解决印尼华裔留学生学习汉语上上连读调发音这一难题提供一定的参考，也为印尼华裔留学生练习汉语上上连读调的发音提供一定的参照标准。但是，实验所得出的数值，不能看成是一个静止的点，而应该看成是一个类似“价值规律”，在一定范围内上下波动的动态的点。

关于印尼华裔留学生学习汉语其他声调和语调的情况，印度尼西亚非华裔留学生学习汉语声调和语调的情况，以及韩国、日本等其他国家留学生学习汉语声调和语调的情况，等等，我们都可以借助语音实验这一手段进行深入、准确的研究，以便更好地对症施教。

（本文原载于《暨南大学华文学院学报》2004 年第 4 期。作者：王功平）

参考文献

FLEGE J E. The relation between L2 production and perception. Proceedings of 14th ICPS. San Francisco, 1999.

WANG W S Y. Phonological features of tone. International Journal of American linguistics, 1967（2）

马燕华. 初级汉语水平留学生的普通话声调误区. 北京师范大学学报（社会科学版），1994（3）.

蔡整莹，曹文. 泰国学生汉语语音偏误分析. 世界汉语教学，2002（2）.

陈延河. 试析印尼学生习得汉语（普通话）语音之难易. 第四届东南亚华文教学研讨会（泰国）论文集. 曼谷，2001.

董琳莉. 印尼华裔学生学习普通话语音的难点及其克服办法. 汕头大学学报（人文科学版），1997（2）.

关键. 声调教学改革初探. 语言教学与研究，2000（4）.

孔江平. 论语言发声. 北京：中央民族大学出版社，2001.

刘艺. 日韩学生的汉语声调分析. 世界汉语教学，1998（1）.

吕必松. 对外汉语教学概论（讲义）（内部资料）. 北京：国家教委对外汉语教师资格审查委员会办公室，1996.

倪伟曼，林明贤. 关于印尼华裔学生汉语语音的调查及相应的教学对策. 华侨大学学报（人文社会科学版），2000（2）.

石锋. 语音学探微. 北京：北京大学出版社，1990.

石锋. 中美学生汉语塞音时值对比分析. 语言教学与研究，1986（4）.

石锋. 语音丛稿. 北京：北京语言学院出版社，1994.

王玲娟. 对外汉语初级阶段语音感教学研究. 重庆大学学报（社会科学版），2003（3）.

王韫佳. 汉语语音研究与汉语语音教学接口的若干问题//竟成. 对外汉语论丛（第二集）. 上海：上海外语教育出版社，2002.

袁家骅. 汉语方言概要. 北京：语文出版社，1960.

赵元任. 语言问题. 北京：商务印书馆，1980.

中国社会科学院与澳大利亚人文学院合编. 中国语言地图集. 香港：朗文出版社，1987.

附表

实验调查表

保守	赶紧	口语	跑马	选举
北海	古老	苦恼	抢手	演讲
本领	鼓掌	老虎	手表	准许
表演	广场	理想	水果	影响
采访	好久	了解	所以	感染
产品	减少	领导	体检	语法
转眼	尽管	旅馆	网址	早点
打扰	讲理	买米	舞蹈	展览
点火	考场	勉强	洗澡	只有
铁笔	可以	奶粉	想法	总统

印尼华裔来华留学生方言面貌与族群认同的关系

1　引言

印度尼西亚是世界第四人口大国，共有134个族群（民族），华族是第三大族群。印尼华族是由具有华人意识的印尼华人和华人后代组合而成，这些人因为血缘、语言、文化和地域等因素的影响，相互关联而共同构成（庄国土，2002）。印尼华人总数超过1 000万，居海外各国之首（庄国土，2002）。绝大部分印尼华人来源地为中国闽粤沿海地区，即广东、福建、海南等地，根据祖籍地语言的不同，可以将印尼华人分为客家方言华人群体、闽南语华人群体、潮汕方言华人群体和广府话华人群体等。

大多数印尼华裔语言背景复杂，他们一般会使用印尼语、华语（普通话）、英语和汉语方言等语言中的两种或多种。印尼华人的语言使用情况得到了研究者的关注。王爱平（2004）通过对400名印尼华裔学生进行调查，发现印尼华裔学生的汉语方言能力不差，在印尼仍有较好的汉语环境。在语言态度方面，与东南亚其他国家相比，印尼华裔青少年对汉语言怀有更强烈的亲近之感，对汉语言功用性的评价也非常明显地高于东南亚其他国家华裔青少年的评价。黄煜（2012）通过调查发现，印尼华裔学生是以印尼语为主、具有双语或多语能力的语言使用者，他们从小生活在一定的汉语环境中，具有不同程度的汉语方言能力。在家庭中，他们与父母和亲戚使用普通话和汉语方言的频率较高，对于语言的掌握无论是普通话还是汉语方言都是“听”的能力大于“说”。徐天云（2012）认为印尼华人社会可以根据印尼华人使用语言的特点划分出不同的区域性华语社会。这些华语社会在语言方面表现出区域性、混合性、多样性和不稳定性的特点，形成区域性华语社会的原因包括社会背景和方言背景。这些区域性华语不同于一般的华语，一方面它不断被国家标准语和汉语方言渗透，另一方面在本区域内又不断融合其他的华语方言。郑军（2016）以社会语言学的方法为研究视角，采用问卷的方式调查并分析了棉兰华裔青少年的基本语言现状。研究发现，在棉兰地区，华裔青少年使用华语（普通话）的势头降低，大部分人在日常生活中使用方言的频率很高，汉语方言使用的势头强劲，且汉语方言在一定时间内将继续保持较强的势头。

除了语言背景复杂，由于坎坷的历史和强迫同化的族群政策，印尼华人面临着主流社会和其他族群多重文化的影响，他们的自我认知也受到诸多挑战。实际上，有关印尼华人族群认同问题也得到了研究者的关注。

杨晋涛、俞云平（2007）在问卷调查的基础上结合访谈的方式，探究了来自马来西亚、印度尼西亚和泰国三国的华裔青少年的“祖籍记忆”“国家认同”和“族群认同”的基本情况和三者之间的异同。结果发现，三国华裔青少年的祖籍记忆效果较差，祖籍记忆与族群认同之间存在复杂的关系；印尼华裔青少年的国家认同较强，祖籍记忆和族群认同都有由弱变强的趋势。郑一省（2008）以田野调查所获数据为基础，探讨了印尼棉兰华人的国家认同、族群认同和生活习俗等内容，分析了棉兰华人在当地主流社会的融入度，以及在融入过程中所遇到的主客观问题，他认为，绝大多数印尼华人不愿意完全被同化，他们希望在身上保留一定的华族印记。郑一省（2012）通过对印尼坤甸地区华人的“烧洋船”这一宗教仪式进行实地考察，分析了当地华人的族群认同、文化认同与文化传承之间的因果关系，同时还论述了华人族群与当地主流族群的关系。研究表明，坤甸华人所举行的“烧洋船”仪式是他们保留族群历史记忆和培养族群文化认同意识的厚重载体。王爱平、鲁锦寰（2012）以印度尼西亚孔教的起源和其形成的具体历史演变过程为出发点，详细论述了印尼华人对祖籍国宗教认同的特点。这说明，这种华人宗教认同是与其国家认同、民族认同、文化认同以及华人族群认同联系在一起的。印度尼西亚的孔教不仅仅是一种普通的宗教形式，它还是印尼华人继承其华族身份，维护华人文化，维系族群认同所采取的一种特殊方式。童莹（2018）以印尼马鲁古群岛北部华人为研究对象，探讨了华人社群发展过程、原因和特点，并指出海外华人的公共记忆在其中所起的重要作用。这些印证着历代华人生活历程、历史面貌、演变轨迹、代际更迭的公共记忆，这不仅能够增强海外华人的族群意识，还能对族群文化、中华文化的保护和延续起到关键作用。尤其对一些海外生活环境复杂的华人来说，这种记忆也可以作为一种精神支柱，维持其族群的独立性和完整性。总的来说，大多数研究学者认为印尼华人新生代在政治上已经完全融入当地，主观上把自己当作印尼人的一员，也对自己新的祖国有着不可割舍的情感；但在文化上，在内心深处，他们对祖籍国仍有浓厚的情感向往和心理归属，并希望自己保留并传承一定的中华文化的记忆烙印。换句话说，大多数印尼华裔会继续坚守自己华族的族群身份，保持一定的族群认同意识（胡安琪、代帆，2016；蔡明宏，2017）。

语言在构筑“族群身份确认”和“族群情感归属”的过程中，扮演着重要的角色。而有关印尼华裔方言面貌与族群认同的关系，已有研究并不多。刘慧（2016）以少数族群的语言景观为研究视角，通过对印尼峇淡、坤甸、北干巴鲁三个地区华语标志牌运用情况的考察，论述了这些标牌与当地华人族群认同之间的互动关系，并通过问卷调查和访谈的方式对三地上百位华人进行了调查。结果发现他们的语言认同、语言使用和族群认同等存在较高的一致性，已经形成华人言语社区。张小倩（2016）对印尼坤甸和山口洋地不同职业的华人进行抽样调查和访谈，探究当地华人的风俗习惯和语言使用等情况，结果发现，当地绝大部分华人仍然保留着较好的族群文化认同感，并预期这种族群认同感将会在当地华裔长期保持。上述研究虽考察了印尼个别地区华人语言与族群认同的状况，但是面向印尼华裔新生代的语言与族群认同的关系，目前尚无研究涉及。

印尼是海外华人数量最多的国家，如何保持这一庞大群体特别是新生代对中华文化的传承，是兼具理论与实践意义的问题。根据中国教育部公布的数据，近十年来印度尼西亚一直稳居来华留学生源国的前十，华裔是其主要组成部分。印尼华裔留学生语言背景复杂，他们会讲一些华语，多为不同种类的汉语方言，且水平不一；同时其所在国族群种类多样，群际关系复杂。那么，印尼华裔新生代的汉语方言经验与其族群认同存在何种关系，尚待探讨。本文选取具有不同华语方言经验的印尼来华留学生为调查对象，采用问卷调查探究印尼华裔留学生汉语方言的使用情况和族群认同情况，并分析两者之间的关系。

2　对象与方法

2.1　对象

调查对象为掌握方言（客家话、潮汕语、闽南话）的来华留学的印尼华裔学生。使用问卷星网站以及微信发送问卷，共收回问卷 262 份，其中，客家话问卷收回 87 份，潮汕话问卷收回 80 份，闽南话问卷收回 95 份。

2.2　调查工具

调查问卷包括三个部分。第一部分为人口基本信息，共 6 道题，包括受访对象的性别、年龄、学历、汉语水平、祖籍地和华裔代际。

第二部分为方言面貌，问卷参照陈松岑（1999）语言态度维度和相关学位论文的问卷进行编制，共包括 30 题，包括方言使用情况和对方言的态度。该部分问卷分三个版本，分别为客家话版本、潮汕话版本和闽南话版本。方言使用情况部分包含 14 题。语言态度部分包含 16 题，分别是认知维度（第 15 大题中的第 1、3、4、5、6 小题）、情感维度（第 15 大题中的第 2、7、8、9、10 小题）、行为倾向维度（第 15 大题中的第 11 ～16 小题），按照 1 ～5 级进行评分，分数越高代表评价越高，三个维度的得分之和即为方言态度的总分。该量表 Cronbach' α 系数为 0. 941。

第三部分为族群认同，问卷参考 Phinney 的多族群认同量表（Multi-group Ethnic Identity Measure-Revised，MEIM-R）与《中国 11 至 20 岁青少年的民族认同及其发展》（秦向荣，2005）中的民族认同量表进行设计。这部分问卷包括四个维度：认知成分（第 1、2、3、4 题）、评价成分（第 5、6、7、8 题）、情感成分（第 9、10、11、12、13 题）和行为成分（第 14、15、16、17、18、19、20 题）。除了第 1 题是身份选择，其他 19 题采取李斯特 5 级评分，按照“完全不符合”“基本不符合”“不确定”“基本符合”与“完全符合”依次计 1 ～5 分。该量表 Cronbach'α 系数为 0. 920。

2.3　有效问卷筛选

为了避免随意回答的无效问卷混淆了结果的真实性，本文设定了以下四条标准排除无效问卷：其一，所答题目的答案完全一样；其二，所答题目的答案呈波浪式；其三，答题时间少于 1 分钟或长于 60 分钟；其四，年龄偏大（大于 50 岁）、学历为小学、不懂方言、华裔代际为第一代的数据。

由此得到有效问卷共 242 份，其中客家话有效问卷 83 份；潮汕话有效问卷 78 份；闽南话有效问卷 81 份。

2.4　统计分析

应用 SPSS 21. 0 软件进行统计学管理，采用卡方分析、方差分析、相关分析等方法进行统计学分析。

3 结果

3.1 人口基本信息

对受访对象的性别、年龄、学历、汉语水平的基本情况进行整理，统计结果如下表所示。

表 2－11 受访对象人口信息分布*

		客家	闽南	潮汕
性别	男	27（32.5%）	36（44.4%）	42（53.8%）
	女	56（67.5%）	45（55.6%）	36（46.2%）
年龄	18 岁以下	3（3.6%）	2（2.5%）	0
	18～25 岁	75（90.36%）	74（91.35%）	77（98.71%）
	26～30 岁	5（6.02%）	5（6.17%）	1（1.3%）
学历	本科	62（74.7%）	71（87.65%）	56（71.8%）
	研究生	21（25.3%）	10（12.34%）	22（28.2%）
汉语水平	HSK 初级	15（18.1%）	4（4.93%）	3（3.8%）
	HSK 中级	34（41%）	35（43.2%）	44（56.4%）
	HSK 高级	30（36.1%）	39（48.1%）	31（38.5%）
	其他	4（4.8%）	3（3.7%）	1（1.3%）
祖籍地	广东	37（44.6%）	8（9.9%）	57（73.1%）
	福建	6（7.2%）	62（76.5%）	7（9%）
	海南	2（2.4%）	0	0
	广西	1（1.2%）	0	0
	不确定	30（36.1%）	11（13.6%）	13（16.7%）
	其他	7（8.4%）	0	1（1.3%）
代际	第二代	4（4.8%）	4（4.9%）	1（1.3%）
	第三代	18（21.7%）	30（37%）	35（44.9%）
	第四代	31（37.3%）	24（29.6%）	26（33.3%）
	不确定	30（36.1%）	23（28.4%）	16（20.5%）

*括号外为人数，括号内为百分率。下同。

如上表所示，三种方言背景的受访对象均为青年，在性别、汉语水平上的分布比例基本一致。

3.2　不同方言群体的方言面貌

不同群体的方言习得情况详见表2－12。

表2－12　不同群体方言习得情况的人数分布

		客家	闽南	潮汕
方言熟练度	懂一点	8（9.63%）	7（8.64%）	13（16.6%）
	一般	20（24.09%）	34（41.97%）	36（46.15%）
	较熟练	28（33.73%）	29（35.80%）	28（35.89%）
	很熟练	27（32.53%）	11（13.58%）	1（1.28%）
方言习得时间	从幼儿起	61（73.49%）	54（66.66%）	37（47.43%）
	上小学后	8（9.63%）	10（12.34%）	25（32.05%）
	上中学后	8（9.63%）	10（12.34%）	11（14.10%）
	上大学后	2（2.40%）	2（2.46%）	1（1.28%）
	其他	4（4.81%）	5（6.17%）	4（5.12%）
第一语言	印尼语	36（43.37%）	42（41.85%）	45（57.69%）
	英语	0	0	4（5.12%）
	普通话	3（3.61%）	4（4.93%）	5（6.41%）
	方言	41（49.39%）	32（39.5%）	24（30.76%）
	其他	3（3.61%）	3（3.7%）	0

卡方检验发现，不同方言群体的方言熟练度分布存在显著差异，X^2（6）=33.548，$p<0.001$；不同方言群体的方言习得时间分布存在显著差异，X^2（9）=19.196，$p=0.014$；不同方言群体的第一语言分布存在显著差异，X^2（9）=17.038，$p=0.030$。

表2－13　不同方言群体语言态度各维度得分和总分的均值与标准差

	语言认知	语言情感	语言行为	语言态度
客家	17.39（3.72）	18.90（3.57）	21.96（4.76）	58.26（11.18）
闽南	17.75（2.83）	18.56（2.99）	22.24（3.57）	58.56（8.48）
潮汕	15.56（3.6）	17.16（3.88）	19.51（4.05）	52.24（10.80）
总体	16.92（3.5）	18.23（3.56）	21.26（4.32）	56.42（10.59）
F值	9.360**	5.510*	10.313**	9.632**

注：*表示$p<0.05$（双侧），**表示$p<0.001$（双侧），下同。

如表2－13所示，单因素方差分析结果显示，不同方言群体的印尼华裔留学生在语言认知、语言情感、语言行为与语言态度上均存在显著差异（$ps<0.05$）。事后检验发

现，潮汕话群体在各项指标上的得分显著低于客家话群体和闽南话群体，$ps < 0.05$。

各方言群体的不同代际、不同汉语水平在语言态度上均不存在显著差异（$ps > 0.05$）。

表2－14　各群体不同方言习得条件下的语言态度均值与标准差

		客家	闽南	潮汕	总体
方言熟练度	懂一点	53.37（7.5）	58.0（6.21）	49.92（6.44）	52.92（7.26）
	一般	54.05（14.44）	57.2（8.65）	48.52（13.33）	53.03（12.54）
	较熟练	58.25（9.55）	58.65（7.78）	57.78（5.32）	58.23（7.67）
	很熟练	62.85（9.44）	62.9（10.4）	61（0）	62.82（9.46）
方言习得时间	从幼儿起	59.37（11.43）	60.0（8.12）	57.02（5.96）	59.02（9.21）
	上小学后	53.25（11.02）	59.1（7.53）	47.56（12.53）	51.30（12.07）
	上中学后	58.37（9.98）	51.6（10.06）	46.63（14.7）	51.58（12.55）
	上大学后	49（0）	54.0（1.41）	57（0）	52.60（3.57）
	其他	55.75（11.44）	57.8（6.97）	51.5（2.38）	55.23（7.60）
第一语言	印尼语	54.88（9.18）	58.57（8.91）	50.42（13.11）	54.51（11.17）
	英语	0	0	53（7.07）	53（7.07）
	普通话	60（3.60）	53.25（5.73）	51.20（5.01）	54.08（5.83）
	方言	61.36（12.33）	59.68（8.36）	55.75（5.59）	59.42（9.92）
	其他	54.66（13.20）	53.66（2.08）	0	54.16（8.47）

方言习得情况影响了语言态度。如表2－14所示，不同方言熟练度的华裔具有不同的语言态度，$F(3, 230) = 5.138$，$p = 0.002$，事后分析发现，懂一点方言和方言熟练度一般的华裔语言态度没有差异（$p = 0.961$），但均低于较熟练和很熟练的华裔（$ps < 0.05$）；不同方言习得时间的华裔具有不同的语言态度，$F(3, 230) = 4.343$，$p = 0.002$，事后分析发现，从幼儿起学方言的华裔语言态度得分高于从小学与从中学学起的（$ps < 0.001$），其他各组没有差异（$ps > 0.05$）；不同第一语言的华裔具有不同的语言态度，$F(3, 230) = 2.719$，$p = 0.030$，事后分析发现，第一语言为方言的语言态度得分高于第一语言为印尼语的（$ps < 0.001$），其他各组没有差异（$ps > 0.05$）。

3.3　不同方言群体的族群认同状况

不同方言群体的族群认同状况详见表2－15。

表 2－15　不同方言群体族群认同各维度得分和总分的均值与标准差

	族群认知	族群评价	族群情感	族群行为	族群认同
客家	11.08（2.06）	15.19（2.76）	19.28（3.51）	24.95（4.90）	70.51（11.30）
闽南	9.90（2.04）	14.04（2.68）	17.87（3.01）	23.60（4.16）	65.43（9.61）
潮汕	8.89（2.02）	12.26（3.42）	16.05（3.51）	21.35（4.10）	58.57（11.62）
总体	9.98（2.22）	13.86（3.19）	17.77（3.59）	23.34（4.64）	64.96（11.88）
F 值	23.107**	19.692**	18.775**	13.510**	24.352**

单因素方差分析结果显示，不同方言群体的印尼华裔留学生在族群认知、族群评价、族群行为与族群认同上均存在显著差异（$ps<0.001$）。事后检验发现，三个群体在各维度上两两之间对比均存在显著差异，$ps<0.05$。

各方言群体的不同代际、不同汉语水平在族群认同上均不存在显著差异（$ps>0.05$）。

表 2－16　不同身份标签下的族群认同的均值与标准差

	客家	闽南	潮汕	总体
印尼人	52.5（6.60）	50.25（10.53）	55.5（2.12）	52.2（7.49）
印尼华人	69.84（10.91）	66.93（8.15）	56.8（13.3）	63.97（12.41）
方言群体	77.5（2.12）	67（0）	63（0）	71.25（7.50）
不清楚	0	61（5.59）	0	61（5.59）
印尼人＋印尼华人	59.66（5.50）	57.33（10.26）	62.22（7.38）	60.73（7.70）
印尼华人＋方言群体	74.07（8.70）	70.11（8.19）	62.66（7.57）	71.28（8.89）
印尼人＋方言群体	0	0	56.5（6.36）	56.5（6.36）
印尼人＋印尼华人＋方言群体	75.94（10.29）	66.76（10.54）	67（0）	71.91（10.93）

如表 2－16 所示，不同身份标签下的印尼华裔留学生在族群认同上存在显著差异，$F(7, 222)=3.631$，$p=0.001$。事后检验发现，身份标签为印尼人的华裔族群认同低于印尼华人、方言群体、印尼人＋印尼华人与印尼人＋印尼华人＋方言群体，$ps<0.05$；印尼华人的族群认同低于印尼华人＋方言群体与印尼人＋印尼华人＋方言群体，$ps<0.05$；其他各组对比没有明显差异（$ps>0.05$）。

3.4 方言面貌与族群认同的关系

不同方言族群的语言态度与族群认同的关系详见表 2-17。

表 2-17 不同方言族群的语言态度与族群认同的相关

	客家	闽南	潮汕	总体
语言态度与族群认同的相关	0.743**	0.657**	0.860**	0.769**

相关分析发现，不同方言群体的语言态度与族群认同均存在显著相关。方言生动地传达各个地方的民俗风情、生态面貌以及人们的性格特质、文化信仰等信息。不同的方言均具有维系族群关系的作用，族群中的个体因拥有共同的方言而产生向心力。

表 2-18 各群体不同方言习得条件下的族群认同均值与标准差

		客家	闽南	潮汕	总体
方言熟练度	懂一点	59（4.37）	59.42（7.43）	53.07（7.12）	56.35（7.03）
	一般	65.8（9.08）	63.38（9.28）	54.47（13.57）	60.35（12.08）
	较熟练	70.64（11.78）	67.06（8.65）	66.07（5.01）	67.91（9.03）
	很熟练	77.29（9.35）	71.27（11.3）	68（0）	75.35（10.11）
方言习得时间	从幼儿起	72.98（11.0）	66.29（9.40）	63.45（5.09）	68.28（10.06）
	上小学后	60.25（7.85）	69.2（8.58）	52.12（14.93）	57.60（14.31）
	上中学后	68.25（10.48）	61.1（10.87）	58.63（14.02）	62.13（12.31）
	上大学后	63.0（12.72）	57.5（16.26）	64（0）	61（10.81）
	其他	61.75（7.41）	60.4（4.92）	52.25（2.87）	58.30（6.47）
第一语言	印尼语	64.66（9.70）	64.88（10.0）	56.06（13.8）	61.59（12.16）
	英语	0	0	54（4.69）	54（4.69）
	普通话	70.33（8.38）	58.5（7.41）	57（5.09）	60.83（8.39）
	方言	75.85（10.70）	67.56（9.03）	64.37（5.16）	70.27（10.24）
	其他	68（3.60）	59.66（6.50）	0	63.83（6.55）

方言习得情况影响了族群认同。如表 2-18 所示，不同方言熟练度的华裔族群认同得分存在差异，$F(3, 230)=12.935$，$p<0.001$，事后分析发现，懂一点方言和方言熟练度一般的华裔族群认同边缘显著（$p=0.06$），但均低于较熟练和很熟练的华裔（$ps<0.001$）；方言习得时间不同的华裔具有不同的族群认同，$F(3, 230)=5.835$，$p<0.001$，事后分析发现，从幼儿起学方言的华裔除与从上大学后学的华裔族群认同得分没有差异（$ps>0.05$）以外，均高于其他方言习得时间的华裔（$ps<0.05$）；第一语言不同的华裔具有不同的族群认同，$F(3, 230)=7.521$，$p<0.001$，事后分析发现，第一语言

为方言的族群认同得分高于第一语言为印尼语、英语与普通话的华裔（$ps < 0.05$），其他各组没有差异（$ps > 0.05$）。不同身份标签下群体语言态度没有显著差异（$p > 0.05$）。

4　讨论

4.1　语言态度与族群认同的关系

调查结果显示，印尼华裔留学生方言态度与族群认同具有较高的正相关关系，方言习得情况影响了族群认同，受访的印尼华裔留学生基本掌握了一定程度的汉语方言，且超过一半的印尼华裔学生的第一语言为方言，他们对族群方言具有积极的语言态度，对族群认同度也比较高；另外，反映着认同的身份标签只影响族群认同，不影响语言态度，作为第三代、第四代甚至以上的华人，印尼华裔青年在印尼“落地生根”，在身份上大多选择“印尼华人”，说明了他们从心理上对印尼的认同，这些标签影响其族群认同，但并不影响华裔青年的语言态度。可见，语言态度与族群认同之间关系复杂。

根据现代汉语层级（李宇明，2014），汉语呈现两层级六层次，其中两层级是共同语（普通话）与方言，六层次是指土语、次方言、大方言、地方普通话、普通话和大华语。方言与普通话属于不同的层级，但土语（地方方言）是语言之根、文化之根，需要保存与保护（李宇明，2014）。事实上，“华语”的指称有所歧异，例如，东南亚华人所称“华语”可以细分为包括方言和不包括方言两种（李宇明，2017）。对于印尼华人来说，族群方言作为华语之一，不仅是他们用来呈现、继承其族群特性、文化特性的一个最好的方式，也是他们承认、展现其华人身份和中华传统文化最直接的体现。方言态度和族群认同的调查说明印尼华裔留学生对自己的祖籍国、祖籍地、同一族群成员依然怀有浓烈的感情。他们的族群认同意识体现在他们对族群方言的使用、语言态度以及对本族群历史起源、相关文化、宗教习俗、祖籍记忆的实际了解和情感向往上。大多数印尼华裔对本族群的态度是正面的、积极的，这也显示出他们对本族群传统文化的肯定，对祖籍国的喜爱和亲近之情。

4.2　不同方言群体语言态度与族群认同的差异

从语言态度的调查结果来看，印尼华裔留学生中的客家族群和闽南族群对自身族群方言的态度比较积极，而潮汕族群对潮汕话的态度得分相对较低。首先，客家人移民到印尼最早可以追溯到唐朝黄巢起义期间，大批广东人因广州沦陷逃避到印尼海港一带；宋元期间，大量客家人也因为战争不断地移居到印尼，主要集中在印尼的西加里曼丹。经过长时间的发展，客家人在印尼扎稳脚步，融入当地，繁衍后代。如今，印尼的客家人主要居住在爪哇岛、苏门答腊、苏拉威西、摩鹿加群岛。“宁卖祖宗田，不丢祖宗言”是客家人世代恪守的祖训。客家话是客家文化的重要组成部分，它承载了丰厚的客家文化记忆和生活信息，是凝聚与辨识客家族群的鲜明标志。因此，客家人非常重视后代的语言教育，调查结果显示客家话的家庭语言环境优于其他方言。从保存结果来看，尽管客家话在海外受到当地语言和其他汉语方言的多重影响，但客家话保存相对较好。吴忠伟（2014）以印度尼西亚苏北省棉兰市郊的美达村华人客家话为研究对象，从语音、词汇和语法的角度探究了客家话的变化差异，结果发现美达村客家话在各方面保留了客家话的基本成分。其次，闽南人最早始于宋元时期迁移到海外，其迁移原因主要是经济因素。宋元时期，我国海洋贸易日趋发达，泉州港成为我国最大的对外贸易港口。生活在闽南沿海一带的泉州、漳州人向来具有外向型、海洋性、开放性的性格特征，他们抓住机遇，前往南洋经商。因此，闽南商人也多定居于东南亚国家。在印尼，闽南人主要分布在万隆、棉兰、泗水、巴眼亚比等地区。一方面，闽南族群向来具有重商贾善经营与以家族为核心的人文特征，作为族群身份的标识，闽南话成为他们拓展社会网络的重要工具；另一方面，闽南话形成于汉唐，其底层反映有原南岛语、南亚语成分（邓晓华、王士元，2003），换言之，闽南话与印尼语具有一些同源的核心词汇，这也利于闽南语在印尼的保存。对于潮汕族群来说，他们何时迁移到印尼暂无考证，但主要为商业贸易的原因，一开始以印尼苏门答腊岛的巨港等地为支点，后来发展到苏门答腊的亚齐、爪哇岛的万丹等地，如今，在印尼的潮汕人主要分布在坤甸、廖岛、棉兰、先达、三宝垄等地。潮汕话的“近祖”是闽语，两者有很多相似之处。陈佩英（2008）对印尼坤甸潮州方言与广东揭阳话的语音、词汇的异同进行了比较，总结出印尼坤甸潮州方言特点，包括语音上保留了前鼻音韵尾、全套鼻音韵尾和全套古入声韵尾，词汇上存在更多借词。语言因素加上人口数量较少（李学民、黄昆章，2005），可能导致潮汕族群对自身语言的态度不及客家族群与闽南族群。

从族群认同的调查结果来看，相对于潮汕方言族群和闽南方言族群，客家话族群认同得分最高。这跟客家人重视本族群文化教育、传统风俗和其强烈的家族观念有关。客家人一直崇尚“宁失祖田，不失祖训”的严厉宗训。有句俗语说“天下客家一家人亲，见面就有三分亲”，反映了客家人团结互助，亲如好友的族群理念，这从其房屋的构造就可以直接看得出来。而闽南话和潮汕话被试组族群认同得分低于客家话的原因，可能也跟其族群文化有关。闽南地区和潮汕地区靠海，培养了当地居民开放、包容的海洋性性格特征。闽南人和潮汕人凭借着得天独厚的地理位置优势，自古以来擅长经商，尤其是海上贸易。因此，相比于居住在内地，以农业耕种为主要生活方式的客家人，他们在很早之前就开始进行大规模的移民，加上其性格特征，便很快就能适应移居地的生活。他们对祖国和祖籍地的物质依赖进而转化为对远方故乡的精神眷恋，久而久之，这种精神依恋也便随着他们在居住国的融入而逐渐消退，在这些华人的后辈子孙脑海中仅存的可能就更少。潮汕人的族群认同得分最低，这可能由于潮汕方言自古受到闽南语的影响，潮汕文化同样属于泛闽南文化的一种，闽南人和潮汕人都信仰“妈祖”和“关帝”，正如民间俗语所说“虽境土有闽粤之异，而风俗无潮樟之分”，加之潮汕人所居住的地区有较多广府人、客家人和闽南人杂居，因此潮汕人的文化习俗和价值观念往往受多种因素的影响，导致很多潮汕人在激变的时代潮流中较难找准自己的身份归属。

4.3 面向印尼中华语言文化传承的启示

地方方言是所在地族群语言与文化之根，本研究调查结果发现，方言习得状况影响族群认同，这种作用不受华裔代际与其汉语水平的影响。熟练掌握或保留一种民族语言将对数以万计的华人后代的族群认同产生积极影响。然而，随着华人华裔代际的更迭，新一代华裔的普通话水平提高，各汉语方言在海外华人社区逐渐成为濒危语言（吴忠伟，2014）。实际上，语言作为一种外在媒介，也是区分一个民族和群体的明显标志。我们必须认识到，海外方言、海外华族群体以及其背后所代表的文化，都是中华文化的重要组成部分，如果丢掉了这些特别的部分，就会丧失文化的丰富性和色彩性。由此，在大力推广华语（普通话）的同时，加强对海外汉语方言的保护和传承也尤为重要。

在方言的保护和传承教育中，家庭环境起着重要作用。家长对中华传统文化、族群文化、华语或族群语言的掌握程度，将直接影响后辈对传统文化、族群文化和华语的态度。华人家长如果积极营造良好的家庭方言环境，鼓励家庭成员使用方言进行日常交流，提高方言使用频率和水平，那么，这些行为将引导华裔新生代对自身族群身份的认知和认同。使用方言作为交际手段一般是局限于某一地区或私人场合，因此，除了家庭，华人汉语方言社区在方言的使用、保护过程中同样担任着主要角色。当地华人团体、社会传媒等可通过举办与本族群或中华文化相关的民俗文化活动，唤起人们对汉语方言保护的重视和热情。

对于印尼华裔留学生，要充分利用他们在华学习的机会，提供切合其身份的寻根活动，例如，相关的节日庆祝、民俗活动和宗祠祭祖等，使其真切地感受族群文化，以加深其华人身份或族群身份认知与认同意识。

（伍丽梅、张小林、张金桥）

参考文献

BAYAR M. Reconsidering primordialism: an alternative approach to the study of ethnicity. Ethnic and racial studies, 2009, 32 (9).

UTSEY S O, CHAE M H, BROWN C F. Effect of ethnic group membership on ethnic identity, race-related stress, and quality of life. Cultural diversity and ethnic minority psychology, 2002, 8 (4).

蔡明宏. "一带一路" 视阈下印尼华裔族群意识与家国观念实证调研. 世界宗教文化, 2017, (5).

曹云华. 印度尼西亚客家人的社会变迁. 世界客属第26届恳亲大会国际客家文化学术研讨会论文集. 香港: 日月星出版社, 2013.

曹云华. 印尼山口洋的客家人: 海外客家人的社会变迁之一. 八桂侨刊, 2014 (1).

谌华玉. 关于族群、民族、国籍等概念的翻译与思考. 读书, 2005 (11).

陈松岑. 新加坡华人的语言态度及其对语言能力和语言使用的影响. 语言教学与研究, 1999.

陈佩英. 印尼坤甸潮州方言词汇研究. 北京语言大学, 2008.

陈雪峰. 从祠堂看潮汕文化和广府文化. 潮商, 2012 (2).

邓晓华, 王士元. 古闽、客方言的来源以及历史层次问题. 古汉语研究, 2003 (2).

郭锦桴. 闽南人外迁及其方言文化的流播. 闽台文化交流, 2008 (1).

胡安琪, 代帆. 印度尼西亚华裔新生代的族群认同、族群关系及对华认知. 东南亚纵横, 2016 (4).

黄煜. 印尼华裔青少年对中华文化的认同及其对汉语学习的影响. 桂林: 广西师范大学, 2012.

冷东. 东南亚海外潮人研究. 北京: 中国华侨出版社, 1999.

李学民, 黄昆章. 印尼华侨史: 古代至1949年. 广州: 广东高等教育出版社, 2005.

李宇明. 汉语的层级变化. 中国语文, 2014 (6).

李宇明. 大华语: 全球华人的共同语. 语言文字应用, 2017 (1).

刘慧. 印尼华族集聚区语言景观与族群认同: 以峇淡, 坤甸, 北干巴鲁三地为例. 语言战略研究, 2016, 1 (1).

罗柳宁. 族群研究综述. 西南民族大学学报 (人文社科版), 2004 (4).

孟红莉．语言使用与族群关系：五种类型分析，2010.

沈玲．东南亚新生代华裔文化认同的国别比较研究．民族教育研究，2017，28（6）.

童莹．海外华人的公共记忆与族群认同：以印尼马鲁古群岛华人为例．东南亚研究，2018（2）.

王爱平．印尼华裔青少年语言与认同的个案分析：华侨大学华文学院印尼华裔学生的调查研究．华侨华人历史研究，2004（4）.

王爱平，鲁锦寰．宗教认同与文化认同、族群认同：印度尼西亚孔教的缘起与形成//中央民族大学哲学与宗教学学院、中国人民大学宗教高等研究院．宗教与民族（第八辑）．中央民族大学哲学与宗教学系，2012.

王锋．论语言在族群认同中的地位和表现形式，2010.

吴忠伟．印尼棉兰美达村客家话词汇比较研究．广州：暨南大学，2014.

徐天云．印度尼西亚区域性华语社会的特点、发展趋势及对华语教育的影响．东南亚纵横，2012（9）.

詹伯慧．汉语方言及方言调查．武汉：湖北教育出版社，1991.

张小倩．印尼西加里曼丹省华人族群文化认同初探：以坤甸和山口洋为例．八桂侨刊，2016（4）.

郑军．印尼棉兰华裔青少年语言使用状况调查．海外华文教育，2016（4）.

郑一省．印尼棉兰华人族群融入主流社会初探．华侨华人历史研究，2008（4）.

郑一省．印尼坤甸华人的“烧洋船”仪式探析．世界民族，2012（6）.

郑一省．印度尼西亚山口洋华人的元宵大游行探析．广西民族大学学报（哲学社会科学版），2014（1）.

周大鸣．论族群与族群关系．广西民族学院学报（哲学社会科学版），2001，23（2）.

庄国土．论东南亚的华族．世界民族，2002（3）.

庄国土．华侨华人分布状况和发展趋势．侨务工作研究，2010（4）.

印尼华裔新生代中华文化认同与华文教育研究*

1　引言

关于华文教育、对外汉语等面向外国人的语言教育中是否需要强调文化教育，一直是学界有争议的话题。强调文化者力主语言教育的同时要加强文化教育，而反对者则以为语言教育已经包含了文化教育。我们认为，中华文化的丰富、复杂，华文（汉语）的教育不能涵盖文化传播（这里的传播包括但不限于课堂上的文化教育），也不能代替文化传播。为此，我们进行了面向印尼华裔新生代的中华文化与华文教育的关系研究，可以支持并丰富这一观点。而我们之所以进行这项研究，主要是出于下面两个原因：

其一，从理论上来说，华文教育必须与中华文化的传播相结合。印尼华裔新生代是指生活在印尼的新生代华人，主要是指20世纪80年代及之后出生的华人。对印尼华裔新生代的文化与华文教育进行研究是很有意义的。习近平同志提出：要实现中华民族伟大复兴的中国梦。中国梦植根于中华民族优秀的历史传统文化，所体现出来的不仅仅是道路自信、理论自信与制度自信，同时也是文化自信。而语言是文化的载体，也是文化的重要组成部分。因此，开展华文教育工作，增强全世界华人的凝聚力，推广中华文化，是很有意义的工作。

其二，从实践上来说，华文教育的对象、手段与社会功能都需要强调中华文化的传播。印尼华裔新生代是华文教育的对象，也将是华文教育的实施者。所谓华文教育，是指为掌握华文而兴办的教育。根据中国华文教育网的阐述，华文教育在具体语境中，其含义可能有如下变化：①着眼于办学主体，将它理解为华侨华人在居住国与入籍国兴办的教育，略近于华侨教育、华人教育；②着眼于教育对象，将它理解为面向海外华侨华人子女的教育，与华侨华人青少年教育相通；③着眼于教学手段，将它解释为运用华文进行的教育，其科目不限于语言文字；④强调教育的社会功能，将掌握华文视为学习、继承与发扬中华文化优良传统的途径，由此将华文教育的外延由语言文字领域扩展到文化领域。本文主要指第二、三、四点。

对面向某一特定人群的中华文化的传播研究，首先要研究其文化认同，在此基础上才能做下一步工作，所以我们对面向印尼华裔新生代的文化认同与华文教育的关系进行了研究。

---

* 本文受中央高校基本科研业务费专项资金资助，为暨南大学华文学院“校区科研起步计划”项目（2013）。

2 研究现状

关于印尼华裔新生代的文化认同与华文教育研究，迄今尚无综合且系统的研究，目前所见学界有以下几个方面的研究：

2.1 关于印尼华人的文化认同研究

我们这里采用比较宽泛的“文化”定义，有利于进行华文教学研究。文化认同，是指个体通过所属文化的归属感与内心的承诺而获得保持与提升自身文化属性的社会心理过程。（林国立，1997）关于东南亚华人文化认同的研究成果很多，但专门针对印尼华人文化认同的研究则较少，主要有《论当代东南亚华人文化与当地主流文化的双向互动》（陈衍德，2001）、《战后东南亚华人文化的保持与族群关系的演进》（谭天星，1992）、《东南亚华人文化发展大趋势及其思考》（谭天星，1995）、《宗教信仰对东南亚华人文化适应的影响》（曹云华，2002）、《印尼华人信仰的多教混合与华人文化认同》（莫嘉丽，2004）、《海外华文传媒与华人文化认同研究》（颜春龙，2006）、《华侨华人的民族文化认同》（许怡，2006）、《全球化时代的华侨华人文化认同问题研究》（韩震，2007）、《全球化时代的华侨华人文化认同的特点》（韩震，2009）、《现当代东南亚华人对中国的认同》（姜广元，2010）、《试论全球化背景下的国族认同：以东南亚华人为例》（谢剑，2010）。从这些研究可以看出专门对印尼华人的文化认同进行研究的成果较少，且对“印尼华裔新生代”的研究则完全未涉及。

2.2 关于印尼华文教育研究

关于东南亚华文教育研究的成果也有一些，例如《全球化对海外华文教育的影响》（周聿峨，2001）、《东南亚华文教育：现状、问题与对策》（严奉强，2006）、《海外华文教育的现状、趋势和对策思考》（李铁范，2006）、《东南亚地区华文教育的模式与性质分析》（李军、刘峰，2006）、《东南亚华文教育的发展趋势、问题及对策研究》（陈真，2007）、《新时期东南亚华文教育的特点研究》（王焕芝，2008）、《东南亚华文教育发展现状及趋势研究》（廖新玲，2009）。这些成果多为宏观性研究，其中针对印尼华裔新生代的极少。

2.3 关于文化认同与华文教育研究

这一方面的研究成果也较少。主要有《新加坡华语运动和华人文化认同》（阮越湘，2005）、《华文教育中的文化教学》（朱晓文，2006）、《战后印尼华文教育发展的潜在动力》（田伟、宋星川，2012）、《从华文教育的角度看海外华人的文化追寻》（陈小荣，2012）、《文化认同视域下的跨文化交际研究》（郭晓川，2012）。此方面宏观研究多而微观的研究（课程设置、教材、教法等）几乎为空白。

总之，学界关于印尼华人的文化认同研究、印尼华文教育研究、文化认同与华文教育研究，都有一定的研究成果，但是已有的研究都没有关注印尼华裔新生代。因为新生代承担着华文教育的未来，如果我们不关注在印尼华人中有一定华文基础并且有能力承担未来华文教育的新生代，也就不能保证印尼未来的华文教育可以一直正常健康地发展下去。印尼华裔新生代出身于华人家庭，对中华文化应当会有更多的认同感，对华文教育也应当会有更强的能力与更大的责任感。但是，“应当”云云，只是猜想而已，印尼华裔新生代究竟对中华文化的认同以及在华文教育方面的水平、能力如何，是需要我们认真调查研究的。没有调查就没有发言权，已往的研究成果中，没有专门针对印尼华裔新生代的文化认同、文化认同与华文学习的相互影响、印尼华裔新生代的华文教育的相关研究。本文拟对此进行研究。

3　印尼华裔新生代对中华文化的认同研究

我们以暨南大学（以下简称“暨大”）华文学院在印尼培训点的学员以及该院华文教育系的印尼华裔留学生为对象展开调查研究。东南亚华裔总体上对于中华文化有着深厚的感情，那么新生代的文化认同情况如何呢？我们进行了相关调查与分析，具体工作包括两个步骤：

3.1　抽样分析

通过问卷调查，辅以个别访谈，得出的结论是：暨大华文学院在印尼培训点的学员平均认同值为93%，而华文教育系的留学生为85%。也就是说培训点的学员对中华文化的认同感普遍高于留学生。从年龄来说，培训点学员平均年龄52岁，其中最大的70岁，最小的19岁，多数年龄集中于45～60岁，以中老年为主。而华文教育系的留学生平均年龄19岁，是不折不扣的新生代。不同年龄层的人对中华文化认同感都比较高，因为他们大多数是华人，有文化认同的家庭传统与社区传统。

3.2　新生代文化认同的差异方面的分析

我们研究的重点是不同年龄层的印尼华人对中华文化认同感的差异。印尼华裔新生代的文化认同在主流方面是积极的，然而其非主流方面也是值得注意的。新生代与老年人对中华文化认同的差异的主要原因在于其成长的环境不同。以求生存求发展为目的的印尼华侨一百多年前就在印尼各地建立了华校，用华语进行教学，其目的之一就是保留中国传统的语言文化。华文教育在印尼开了一个好头，但是在苏哈托统治的三十多年间，印尼政府强行关闭了华校，全面禁止了华文教育。一直到瓦希德和梅加瓦蒂两届政府时期，才主张多元文化社会，华文教育政策得到了调整，印尼的华文教育由此才见到曙光并缓慢复兴。在这种背景之下，印尼的老一辈华人因其早年上过华校，加上家庭生活中一般使用华语，因此在听说、阅读方面都没有大问题，但是年轻一代是在华文教育被全面禁止的几十年中成长起来的，往往只能听说简单的华文，在阅读方面，就完全不能跟祖父辈、父辈相比。所幸在印尼的华文政策再开放之后，印尼华裔新生代能够接受到的华文教育是多方面的。从印尼国内方面来看，印尼政府的国民教育中很多学校已设置了华文课程，华人自办的华文补习学校虽不能说是雨后春笋，但每个省不止两三间，多者一个城市就有十余间，这对于提高印尼华裔新生代的华语水平有很大作用。从中国方面来看，相关举措也很多。比较有力的措施至少有以下四个方面：中国政府（国务院侨办、国家汉办）每年都有相当数量的从事华文教育教学的志愿者被派至印尼的多所学校（当然也包括全世界其他地区，后不一一注释）；国家汉办在印尼开办孔子学院以推广华语，影响很大；国务院侨办每年组织的“中国文化之旅”将中华文化的考察与华文学习相结合，吸引了大批对中华文化感兴趣的新生代；中国国内数所大学在印尼开办的远程华文教育函授教学等（包括普通培训、本科生函授教育、研究生函授教育），每年都定期派出教师进行各门课程的面授教学。这些举措都成为印尼华裔新生代学习华文的重要手段，也是增强其文化认同的重要方式。（刘玉红，2013）虽然如此，由于师资不足、教材教法等方面针对性不强，这些举措的效果只是渐进的，不能一蹴而就。

总的来说，在对中国传统文化的认同上，印尼华裔新生代由于曾经无法接触华文或接触较少，在文化认同方面也就与老年人有一定差距；但在印尼国内的华文教育政策逐步得到调整、中国政府与高校的支持力度越来越大的情况下，他们的华文水平与中华文化认同情况又开始有较大的发展。通过对新生代与老年人对中华文化认同的差异进行分析，我们认识到，若要在海外推广中华文化，应该对华裔新生代有更多的关注。

4 印尼华裔新生代的文化认同与华文学习的相互影响研究

结合上述调查结果，我们对印尼华裔新生代的文化认同与华文学习的相互影响之关系做了探讨：

4.1 文化认同与华文学习的相关度研究

根据二语获得理论以及社会学中关于文化认同的理论，我们对暨大华文学院华文教育系的印尼留学生的学习动机、学习方法、学习态度以及最近两年学习成绩等相关情况进行了调查研究。学习动机、方法、态度以问卷调查的结果为依据，学习成绩以期末考试登记在册的分数为依据。研究发现，印尼华裔新生代的文化认同与华文学习成正比，即印尼华裔新生代对于中华文化认同度越高，其华文学习成绩也就越好。反之亦然。SPSS 统计显示，二者高度相关（$|r| = 0.9$）。更多具体数据分析我们将另行撰文讨论。调查结果显示印尼华裔新生代的文化认同与华文学习是相互影响、互相促进的。

4.2 文化认同与华文学习相互影响的理论探讨

语言和文化之间有着极其密切的联系，美国语言学家、人类学家萨丕尔曾经指出："语言也不脱离文化而存在，就是说，不脱离社会流传下来的、决定我们生活面貌的风俗和信仰的总体。"（萨丕尔，1985）语言教育与文化教育是相辅相成、不可分离的。没有文化的语言教育，成功的可能性要大大小于蕴含丰富的文化信息的语言教育。例如，波兰籍犹太人柴门霍夫 1887 年在印欧语系的基础上创立的一种国际辅助语——世界语，旨在消除国际交往的语言障碍，被誉为"国际普通话"，虽然它的传播者不遗余力，但作为一种人工语言，其使用的广泛性还有待进一步加强。据华盛顿大学的 Sidney S. Culbert 博士的研究，有 1 600 000 个使用世界语的人达到了相当的水平（只限于那些"专业精通"的世界语者人群）。这一数字意味着世界人口中的大约 0.03% 人使用着这种语言，迄今远未达到成为世界通用语的目标。其原因之一当与其缺少足够的文化有关。汉语与中华文化是密切结合在一起的，学习汉语不可能脱离中华文化。

华文教育的特点之一就是强调教育的社会功能，华文教育的目的之一就是要学习、继承与发扬中华文化优良传统，并由此将华文教育的外延由语言文字领域扩展到文化领域。（刘玉红，2011）文化认同而产生的学习动机、方法、态度对于学习成绩有明显的影响，这一研究结果提醒我们，“华文教育专业”在语言教育的同时需要进行文化教育，二者互相促进，从而形成良性循环。

5 针对印尼华裔新生代的华文教育研究

在以上研究的基础上，我们对暨大华文学院华文教育系的印尼留学生在课程设置、教材、教法等方面进行了研究。限于篇幅，关于教材、教法等方面的研究这里不赘述。

5.1 提升文化认同感的培养要求与课程设置研究

暨大华文教育专业本科人才培养方案中的培养要求是：掌握教育学科的基本理论、基础知识，了解教育发展史，华文教育史；对中国传统文化有较为深刻的认识，熟悉当代中国国情；掌握汉语言文化的基本理论、基本知识；具有良好的汉语口语和书面语表达能力；具备运用教育学、心理学基本原理和现代教育技术从事华文教学和教育管理工作的能力；具有创新能力，具备一定的华文教育及汉语研究的能力。其中“对中国传统文化有较为深刻的认识，熟悉当代中国国情”，强调文化教育。

暨大华文教育专业主干学科是中国语言文学、教育学、心理学。主要课程是：现代汉语语音、现代汉语词汇、现代汉语语法、现代汉语修辞、汉字理论与应用、古代汉语、语言学概论、写作、教育学原理、华文教育学、普通心理学、教育管理学、第二语言习得理论、华文教材教法、华文教学法、教育测量与评价、中国哲学史、中国现当代文学、中国古代文学、外国文学。主要课程中的文化类课程有中国哲学史、中国现当代文学、中国古代文学、外国文学。其他课程中，该专业学科基础必修课包括语言类课程和教育学类课程，专业必修课有教育学类课程、教学法类课程、文学文化类课程。其中，文学文化类课程包括：文学概论、中国古代文学、中国现当代文学、语言与文化、中国历史、中国哲学史、中国书法。专业选修课分幼儿华文教育方向模块和中小学华文教育方向模块，两个模块分别有多种不同的选修课。前一模块有儿童心理学、儿童文学、学前教育学、幼儿园教育活动设计与指导、华文趣味教学法、中国民俗、跨文化交际、华侨华人研究、多媒体华文教学资源开发与利用、教师口语、心理咨询与辅导、教育统计、华文教育史。后一模块有汉语虚词、古典文学鉴赏、阅读与欣赏、外国文学、海外华文文学、中国影视、影视文学、中国民俗、中国旅游地理、跨文化交际、华文趣味教学法、多媒体华文教学资源开发与利用、教师口语、学习论、心理咨询与辅导、教育统计、华文教育史、中外教育思想史。另外还有汉语言（B）（面向海外留学生的非师范方向）与华文教育专业公共选修课 12 门及实践性教学环节。

可见，华文教育专业的教学目的非常明确，课程设置也很有特色，文学文化类课程及专业选修课的幼儿华文教育方向模块和中小学华文教育方向模块的选修课也都包含相当多的文化课程。如果这些课程中的绝大部分能够切实开设出来，是确实能起到“学习、继承与发扬中华文化优良传统，并由此将华文教育的外延由语言文字领域扩展到文化领域”的作用的。

5.2 语言课程与文化课程的关系问题探讨

暨大华文教育专业必修课中的文学文化类课程有 7 门，专业选修课的幼儿华文教育方向模块和中小学华文教育方向模块分别有 13 门和 18 门不同的选修课，其中分别有 4 门和 9 门文化类课程。文化教育课程与语言课程是什么关系？在对外汉语教学的课程设置都会碰到一个语言课与文化课孰多孰少的问题：总课时不变，语言课多了，文化课必然减少；文化课多了，语言课必然减少。强调语言教育的可能会认为：留学生来自他国，汉语基础薄弱，作为华文师资培养的对象，当然要以提高汉语程度及培养汉语教学水平为主要工作。所谓解决问题要抓主要矛盾，华文教育专业确需以解决汉语及汉语教学水平问题为第一要务。因此，实际执行的课程设置与前期的培养方案之间存在较大的距离，主要表现就是文化课程在专业选修课中所占学分较小。

但是，如果强调语言教育而忽视文化教育，就会走上一个极端。如上所述，华文教育专业如无文化类课程不但背离培养方案，而且无法培养出方案中所谓的“复合型”人才；同时以下三个方面的原因也提醒我们不能忽视文化教育：

首先，语言与文化相互之间的关系决定了语言教育与文化教育紧密结合的逻辑合理性。事实上，文化类课程与华文教育专业的特点、培养目标一致，且语言与文化类知识可以互相促进，文化类课程不是语言类课程的绊脚石，而是其合作者与同盟军。语言教学中语言与文化并重的现象反映出近年来对外汉语教学中呈现出越来越重视文化教育的趋势；同时也说明文化和语言密不可分，不可能脱离文化去教语言，也不可能脱离语言去教文化。

其次，若将华文教育专业的课程设置局限于汉语学习与教学能力的培养，是未深入认识华文教育意义的表现。潘懋元、张应强（1998）指出：“教育具有传承与弘扬民族文化的功能”，“华文教育的兴盛，首先是得力于华语的经济价值日益上升。华语经济价值的上升，是依托于华人经济圈经济的迅速发展，而华人经济圈经济之所以能迅速发展，从经济与文化的关系来看，主要是得益于中华优秀传统文化的精神特质。在这个意义上，我们可以说，华文教育兴盛的深层原因在于中华优秀传统文化的精神特质对经济发展的促进作用”。对外汉语教学秉承传播中华文化的重任，在语言教学中传播中华文化是当仁不让的。

最后，印尼华文教育的特殊性也要求我们必须注重文化教育。由于印尼曾经存在过数十年的华文教育全面禁止的时代，政府曾经的高压手段与民族之间的矛盾这些社会现象，给印尼华裔新生代在中华文化的认同与华文学习的积极性方面留下了一定的心理阴影。相对而言，在其他国家（例如泰国）推广华文教育就不存在这种情况。所以，目前在较为开明的印尼政府与基本正常的印尼社会环境下推广华文教育，就须注重文化认同，在此基础上（或与此同时）进行华文教育才会取得良好的效果。

6 结语

我们以暨大华文学院在印尼培训点的学员以及该校华文教育系的留学生为对象，对印尼华裔新生代的文化认同情况、文化认同与华文学习的相互影响及华文教育的实施情况进行了研究。这是理论与实证相结合的研究。研究表明：中华文化的认同有助于华文教育，华文教育发展反过来又有助于中华文化的认同。因此，我们应当重视中华文化认同在华文教育发展方面的积极作用，加强华文教育中的中华文化传播力度。正因语言教育不能代替文化传播，所以我们在华文教育的课程设置、教材、教法等方面都需要兼顾文化因素。

（本文原载于《海外华文教育》2016 年第 4 期。作者：刘玉红）

参考文献

百度百科：世界语．http://baike.baidu.com/link?url = CYTHbzIDdHTSpWyfiQxXD633YhURCFAOGMhXeKKkGrMo8TycLSYHzdQspioLHwM574Fvkpm5STy6iFWr5Iq8na，2015 - 01 - 19.

暨南大学．华文教育专业本科人才培养方案．http://www.jnu.edu.cn，2015 - 01 - 19.

林国立．构建对外汉语教学的文化因素体系：研制文化大纲之我见．语言教学与研究，1997（1）.

刘玉红．海外的华文教育．华夏文化，2013（3）.

刘玉红．华文教育专业中的文化教育探讨．广州华苑，2011（2）.

爱德华·萨丕尔（Edward Sapir）．语言论．北京：商务印书馆，1985.

潘懋元，张应强．华文教育：中华优秀传统文化现代价值的彰显．东南学术，1998（3）.

中国华文教育网．华文教育．http://www.hwjyw.com，2015 - 01 - 19.

第三部分

华语测试研究

华文水平测试总体设计再认识*

——基于印尼、菲律宾、新加坡的调查分析

1 引言

由于历史和现实的原因，海外华裔无论是在语言还是文化上都同一般的外国人有着很大的区别，以一般外国人为考试对象的汉语水平考试（HSK）在海外华裔这个语言群体上的适用性存在着问题（陈宏，1995；任杰等，2002）。为此，暨南大学华文学院、华文教育研究院华文水平测试中心（下文简称“华测中心”）自2010年起开始致力于研发专门面向海外华裔的华文水平测试（简称“华测”，HSC），并于2013年正式向外推出了华测总体设计的理论框架，其中包括参考母语者能力标准设立华测等级标准、参考汉语母语标准构建华语标准、突出汉字和中华文化两大特色等设计理念（王汉卫等，2013）。这些设计思想的提出都是建立在华裔不同于一般外国人的理论基础上的，那么在实际情况中，这些测试设计是否符合或满足海外华裔的普遍需求？这需要实地调查来回答。因此，华测中心赴海外开展了较大规模的需求调查，实地深入了解海外华裔的测试需求，以进一步明确华测的设计理论与方向，开发出真正意义上的符合华裔需求与特征的华文水平测试。

2 华测海外需求调查问卷的设计、发放与回收

2.1 调查问卷的设计

问卷的题目设置主要从华测总体设计的基本理论出发（王汉卫等，2013），具体设问主要围绕如下五大设计思想进行：

（1）华测的基本性质。以海外华裔为测试对象，这是华测研发与设计的出发点，也是最基本的理论依据。同时，华测面向的是海外的广大华裔，因此应定位为脱离具体教

* 本文是华文水平测试子项目“华文水平测试海外需求调查”（项目批准号：20120611）阶段性成果，暨南大学华文学院赴海外教学的多位老师都为调查的实施付出了心血，海外众多华语教师接受了我们的调查，编辑部及匿名评审专家对本文提出了宝贵意见，谨此一并致谢。

材、考查应考者实际汉语水平的水平测试。

（2）参考普通话标准建立华语标准。海外华语在语音、词汇、语法诸方面都跟普通话有所区别，形成了自己的变体。理论上，变异永远是存在的，也是正常的。如果忽视这些客观存在的变异，一味地强调普通话的标准，等于无视变异的存在，华语背景的被试就会得到抑制性的评价——这不是我们实施华测的初衷，也不利于“汉语家族”（即“大华语”）在世界的传承和传播。所以，我们应该尝试参考普通话标准和华语的实际情况建立华语标准，这个“华语标准”的建立是华测赖以成立的基础之一。

（3）参考一般中国人的语文能力建立华测能力等级标准。这个想法原本就是受华人社会的启发（陈宏，1995），海外华裔想知道，跟中国大陆的母语者进行横向比较，自己的汉语（华语）水平是什么样的，这也是海外华裔最朴素、最基本的需要。理论上，如果能力标准的设计不跟中国国内中小学的语文能力标准相关联，考试成绩就难以简单解释为相当于什么程度的中国人。反之，这个问题就会迎刃而解。

那么，我们是不是应该按照母语者的能力标准去要求海外华裔呢？恐怕不是，曲高和寡，没有多少人能实现的标准无异于虚设。反过来，我们也不应该以一般外国人的水准来要求海外华裔。例如新 HSK 最高级（6 级）的词汇范围仅仅为 5 000 高频词（国家汉办/孔子学院总部，2010），对于一般的外国人来说，达到这个水平已经不错了；但对于海外华裔来说，能够达到这个级别的人很多，远远超过这个级别的人也很多。HSK 的量程不够，从测试后效来说，这将会抑制海外华裔华语水平的发展。所以，以一个什么样的能力标准要求海外华裔，这是一个非常严肃的问题，而且不可能从理论上推演出明确的答案，这就需要广泛调查，然后再权衡。

（4）华测应以突出汉字为特色之一。汉字作为汉语（华语）的书写工具，是中华文化的重要载体，是海外华裔与祖籍国身份认同的重要凭证，也是最容易流失的祖籍国特征（陈松岑等，1999；王汉卫，2012）。因此，相对于一般外国人，华测应该在“读写测试”中适当提高对汉字的要求，具体怎样把握，需要对海外华人社会进行深入了解。

（5）华测应以体现中华文化为特色之二。长期以来，对外汉语教学及考试，对中华文化多采取回避的策略。学术界好像有一种担心，如果我们重视在教学和考试中融入中华文化就变成文化沙文主义了。笔者的看法是：第一，文化是语言的灵魂、是民族的灵魂，语言从来都不是、也永远不会仅仅是“工具”；第二，华测的设计对象是华裔（我们当然不排斥非华人参加该考试），跟华人谈中华文化，不但可以，而且应该。总之，文化的话题对华测来说也是不能绕开的。

以上五大设计思想都是从华裔不同于一般外国人的理论基础出发而初步确立的华测理论架构，而这些设计是否真的满足了华裔的实际诉求，具体的松紧度如何把握，等等，需要相关调查数据的支持。

本文主要总结分析上述五个方面的相关数据，并研究探讨数据背后应有的启发和认识，以佐证或修订华测总体理论设计思想。

2.2　问卷的发放与回收

东南亚是海外华侨华人最集中的地区之一，也是华侨华人人口最多的地区（陈奕平，2010）。据估算，东南亚华人华侨总数约 3 348.6 万，约占全球 4 543 万华侨华人的

73.5%（庄国土，2009）。其中，印尼又是最有代表性的国家：区域大国、华侨华人数量最多（一般估计有800万到1 000万，甚至更多）、华文教育经历波折最大、二十世纪末以来华文教育恢复也最为迅猛（宗世海等，2007）。新加坡和菲律宾的华侨华人人数在东南亚各国中位居前五，其中新加坡的华侨华人人数更是占到了该国总人数的77%（郭熙，2007）。因此，受限于现实的调查条件，我们借助工作的方便，对印度尼西亚、菲律宾、新加坡的一些地区进行了实地调查。我们认为，具备华文教学实践经验的教师对华测的态度最值得重视，因此海外华语教师成为我们此次调查的主要对象。

本次调查共发放问卷1 160份，回收615份，有效问卷605份，有效回收率为52.16%。

2.3 数据处理

采用数据处理软件Excel 2003和专门的统计软件SPSS 17.0对问卷数据进行统计处理。

2.4 调查问卷的信度

信度（Reliability）反映了问卷的可靠性程度。Cronbach α 信度系数是目前最常用的信度系数，一般认为可接受的α系数不应低于0.70（秦晓晴，2003）。本次调查问卷的α系数为0.745，说明本次调查问卷数据具有较高的可靠性。同时，α系数还受到问卷题目数量的影响，题目数越多，系数可能越高。本次调查问卷共设13个问题，分别指向华测设计的五大方面，α系数能够达到0.745在很大程度上显示出了问卷较高的内在一致性程度。

3 问卷调查结果的统计分析

本部分我们对调查结果按照上文所谈的五个方面分别进行展示，希望调查数据能够对我们的原有认识形成验证或修正。

3.1 华测的基本性质

关于华测的基本性质，主要有两个方面的问题，一个指向华测的对象，另一个指向华测的考试性质，即成绩测试还是水平测试。问卷调查数据如表3－1、表3－2所示：

表3－1 华测专门以海外华裔为测试对象

国别	选项及人次					加权均值
	1	2	3	4	5	
印度尼西亚	12	18	64	62	103	3.87
菲律宾	12	31	50	34	69	3.60
新加坡	14	21	29	24	54	3.58
总体	38	70	143	120	226	3.71

注：①1、2、3、4、5分别代表“非常不同意”“有些不同意”“一般”“有些同意”“非常同意”。下同。

②加权均值＝（1×人次＋2×人次＋3×人次＋4×人次＋5×人次）/总人数。均值越大表示同意的程度越高。除特别说明，下同。

从上表可以看出，三个国家和总体的加权均值分别为3.87、3.60、3.58和3.71，这意味着华测专门针对海外华裔开发测试这一设计思想获得了来自印度尼西亚、菲律宾、新加坡这三个国家调查数据的较高支持。

表3-2　不结合具体教材，考查考生的实际水平

国别	选项及人次					加权均值
	1	2	3	4	5	
印度尼西亚	16	42	89	67	43	3.31
菲律宾	12	28	51	40	66	3.61
新加坡	17	11	18	34	57	3.75
总体	45	84	157	135	169	3.51

上表数据显示，表达支持华测开发成水平测试的仍占多数，印度尼西亚、菲律宾、新加坡和总体的加权均值分别为3.31、3.61、3.75和3.51。数据表明，华测开发成水平测试的设计思想也获得了较高支持。

上述两个问题的调查结果总结起来就是：华测应该是针对海外华裔开发的华语水平测试。

3.2　关于华语标准

评价标准就像一把双刃剑，太宽太严都不利于汉语（华语）的发展。太严了打击学习者的积极性，而且实际上也做不到；太宽了不利于全球华人语言的一致性，变异太大最终导致交流上的障碍，需要格外小心。因此，在这一部分我们分别设置了语音、词汇、语法方面的宽严度问题，以了解海外华裔对于华语标准的态度。

表3-3　严格按照普通话的语音标准而非华语的语音标准

考试等级	国别	宽严度及其选择人次					加权均值
		1	2	3	4	5	
低等级	印度尼西亚	56	71	68	40	22	2.61
	菲律宾	46	50	42	39	20	2.68
	新加坡	34	40	33	22	11	2.54
	总体	135	164	148	98	48	2.60
高等级	印度尼西亚	14	18	59	67	99	3.85
	菲律宾	12	17	57	56	52	3.61
	新加坡	7	11	41	45	35	3.65
	总体	33	46	157	168	186	3.73

注：从“1”到“5”标准越来越严，均值越大表示标准越严格。

上表数据显示：低等级的语音标准，印度尼西亚、菲律宾、新加坡三个国家和总体均值都在 2.7 以下，而高等级的均值则都在 3.6 以上。我们对高等级和低等级的加权均值作差异检验，$\rho = 0.00 < 0.05$，低等级和高等级的宽严度具有显著差异。词汇方面，低等级的均值在 2.3 左右，高等级的均值在 2.6 左右；语法方面，低等级的均值在 2.6 左右，高等级的均值在 3.4 左右；且低等级和高等级的宽严度都具有显著差异。篇幅所限，不再展示词汇和语法方面的具体数据。

从调查数据可以看出：①大多数受访者都认为应该承认华语的存在，不能完全以普通话的标准为华测的标准。②初级倾向于在语言形式诸方面采取较为宽松的评价标准，随着等级的提高，渐渐收窄标准。

这样的调查结果跟我们原有的认识也是吻合的，既尊重普通话标准，又尊重海外华语的现实，以一定程度的调和为基调，在高级水平上引导学习者向普通话标准靠拢，这才是务实和理性的华测态度，也是在“汉语国际教育”“大华语”等概念下应有的态度。

3.3 参考一般中国人的语文能力建立华测能力等级标准

华语能力标准跟华语标准紧密相关，都需要一个平衡，合适的标准才能发挥积极作用，跟母语者直接关联的标准也才能得到最多的解释。关于华语能力标准，我们设计了三个题目，调查结果如下：

表 3－4 华测能力等级参考中国人的语文能力

国别	选项及人次					加权均值
	1	2	3	4	5	
印度尼西亚	11	19	59	104	64	3.74
菲律宾	12	27	43	50	61	3.63
新加坡	10	13	23	41	52	3.81
总体	33	59	125	195	177	3.72

从上表可以看出，表达支持“华测能力等级参考中国人的语文能力”的占绝大多数，三个国家和总体的均值都在 3.6 以上。

我们进一步调查了海外华语教师认为海外华裔的听说和读写能力应该达到中国人的什么程度。数据显示，无论是听说能力还是读写能力，达到中国人的 60%、70%、80% 这三个选项上的得分较为集中，在三个国家的加权均值中，读写和听说能力都集中在 70% 左右，听说为 72.66%，读写为 70.57%，读写的比例略低于听说（详见表 3－5、表 3－6）。对于海外华裔来说，汉语（华语）的听说较容易，要求相对高一些；读写较难，要求相对低一些。数据与华裔的实际能力水平相吻合，充分表明了所得调查数据的可靠性。

表 3－5　海外华语教师认为海外华裔的华语听说能力大概应该达到中国人水平的百分比

国别	百分比及其人次					加权均值
	60%	70%	80%	90%	100%	
印度尼西亚	83	68	61	30	14	73.13%
菲律宾	92	41	36	26	3	70.25%
新加坡	36	35	33	29	6	75.25%
总体	211	144	130	85	23	72.66%

表 3－6　海外华语教师认为海外华裔的华语读写能力大概应该达到中国人水平的百分比

国别	百分比及其人次					加权均值
	60%	70%	80%	90%	100%	
印度尼西亚	120	54	52	21	9	70.04%
菲律宾	93	40	36	23	6	70.35%
新加坡	54	33	29	18	5	71.87%
总体	267	127	117	62	20	70.57%

3.4　华测与汉字

汉字是汉语（书面）能力最基础的指标。汉字作为汉语（华语）的书写工具，是中华文化的重要载体，是海外华裔与祖籍国身份认同的重要凭证，也是最容易流失的祖籍国特征（陈松岑等，1999；王汉卫，2012）。因此，相对于一般外国人，华测应该在“读写测试”中适当提高对华裔的汉字要求。从表 3－7 可以看出，这一设计思路获得了海外教师的高度支持，印度尼西亚、菲律宾、新加坡三个国家及总体数据的加权均值都在 3.96 以上。

表 3－7　读写测试适当提高对汉字的要求

国别	选项及人次					加权均值
	1	2	3	4	5	
印度尼西亚	11	15	55	70	107	3.96
菲律宾	5	10	36	61	81	4.05
新加坡	3	6	27	42	59	4.08
总体	19	31	118	173	247	4.02

那么在读写测试中如何适当提高对汉字的要求？这需要关联国内母语者的识字标准与要求。表 3－8 的数据显示，1 500 字、2 000 字的选中率远高于其他选项，从均值来看，印度尼西亚、菲律宾、新加坡和总体均值分别为 2 132、1 855、1 929、1 994，可见

2 000 字左右是一个大概的识字量标准。

表 3－8　相对中国小学毕业 3 000 字的识字要求，华裔小学毕业的识字量应为多少

国别	选项及人次				加权均值
	1 500	2 000	2 500	3 000	
印度尼西亚	86	67	54	50	2 132
菲律宾	102	56	17	15	1 855
新加坡	58	56	14	12	1 929
总体	246	179	85	77	1 994

根据表 3－6 的调查数据，一般海外华裔的读写能力应达到中国人的 70.57%，乘以国内小学毕业要求的 3 000 字，得到 2 117 字。这跟表 3－8 的数据十分接近，得到了相互的佐证。

3.5　华测与中华文化

文化方面我们设计了对儒家文化等七方面文化因素的调查，调查受访者认为哪些方面的文化内容应该在测试中得到重视。该项调查是多选题，调查显示，无论是印度尼西亚还是菲律宾和新加坡，在上述调查项中脱颖而出、独占鳌头的都是中华民俗，其次是当代中国和中国历史。文化的问题其实就是这么简单，什么是华人，什么样的华人才“最华人”，这样的调查结果就是通俗的答案——中国人的后裔保持了中华民俗，并对中国的过去（中国历史）和现在（当代中国国情）保持强烈兴趣（了解和关注）。具体数据如下图所示：

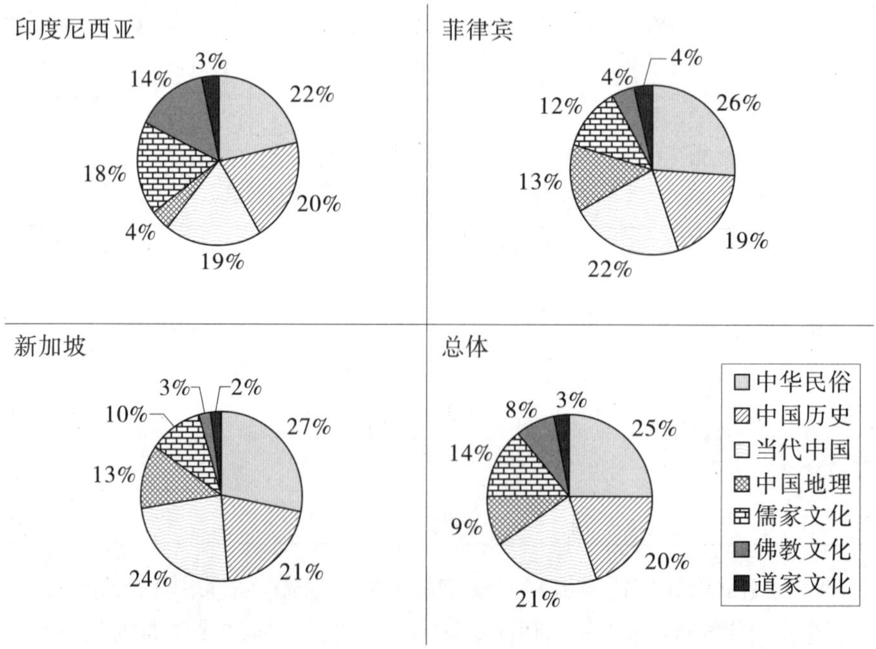

图 3－1　海外华语教师认为华测应该重视的中华传统文化

4　基于调查结果的华测设计再认识

通过本次华测海外需求调查，我们对海外华裔的需求有了更加深入的了解，获得了非常重要的参考信息。这些信息一方面验证了我们早前关于华测的总体设计思路，同时也将华测的具体设计往前推进了一步。

4.1　调查结果对华测总体设计的验证

早前我们对华测有一些基于“理论”的总体设计（王汉卫等，2013），本次调查验证并强化了我们原有的一些认识，也让我们进一步明确了华测开发的基本思路：

①华测的基本性质应该定位为针对海外华裔研发的华文水平测试。这不仅是海外华裔的普遍诉求，同时也是维系华语世界大融合的必要举措，对此，华测责无旁贷。

②华语标准。海外华人社会语言状况复杂，华语标准的制定需要尊重华语实际，权衡“标准”和“变异”，求取一个能够基本代表海外华人社会现有最大语言共核的“大华语”标准。

③华测能力标准的制定应以中国人的语文能力标准为参照依据，经过调整，确立华测的能力标准。

④汉字和中华文化应该在华测中突出体现。

4.2　以汉字为落脚点的华测能力等级设计——调查结果对华测具体设计的推进

调查结果显示，海外华裔大多希望自己的测试成绩能够解释为相当于什么程度的汉语母语者。而要跟中国国内母语者挂钩，汉字是最重要的一个立足点。落实了汉字这个立足点，阅读和写作的能力分级大体可以得到初步定位，听说能力也可以获得一个重要的参考依据。如何设定以汉字为落脚点的华测能力等级？我们主要结合国内义务教育语文课程标准中的相关汉字要求及海内外汉语（语文）学习者的实际来进行考虑。

《义务教育语文课程标准》（2011 年版）中的学段汉字标准如下：

表 3－9　国内义务教育语文课标中的汉字能力标准

年级	汉字能力标准	
	汉字认读	汉字书写
小学二年级	1 600	800
小学四年级	2 500	1 600
小学毕业	3 000	2 500
初中毕业	3 500	无明确标准

从上表可以看出，中国官方对学前的汉字学习没有明确的要求，但总体来说汉语母语者一般既没有可能学前不具备听说能力，也没有可能完全不具备汉字能力。

因此，首先需要考虑的是学前识字的问题。如果华测有一个入读小学的能力等级，对小学华语教学的规划，无疑有着重要的意义。有了这个标准，也便于提醒海外家长注意对孩子汉语汉字的启蒙。所以，不管是海内还是海外，“学前识字”不是问题，问题是“学前识多少字”。综合国内儿童的识字情况、最小交际平台所需要的最低词汇量（史有为，2008），以及学龄前较长的时间段，我们暂且将入读小学的汉字水平（认读）定位为600字。

另外，根据语言习得理论，2岁到青春期（12岁）之前为关键期（Lenneberg，1967），习得越早，也就相对越容易习得。至于汉字，正因为它不是拼音文字，不易自学，而汉字又直接影响了阅读能力，阅读能力则直接决定了个人自主学习的能力，所以，这一切都决定了汉字的要求（尤其是认读要求）不能太低，否则汉语汉字的价值将被我们自己否定。特别是在基础阶段不但不能放松，而且宜采取前紧后松的策略，使汉字能够成为孩子们认识世界、自主学习的工具。因此，我们参考调查结果的2 000字左右，适当提高了4级（小学毕业）的识字量，定为2 400字。

基于以上的数据和考虑，我们将华测六个等级（王汉卫等，2013）的汉字能力标准设计如下：

表3－10　华测六个等级的汉字能力标准

等级	汉字能力标准	
	汉字认读	汉字书写
1级（入读小学）	600	不作要求
2级（小学2年级）	1 200	600
3级（小学4年级）	1 800	1 200
4级（小学毕业）	2 400	1 800
5级（初中毕业）	3 000	2 400
6级（高中毕业）	3 500	3 000

5　结语

此次海外需求调查，虽然未能在大范围内铺开，但调查结果也为华测的研发设计提供了重要的参考。通过对华测的基本性质、华语标准、华语能力标准、华测与汉字、华测与中华文化五个主要方面问题的调查，我们进一步明确了华测设计的总体思路，即应将华测研发设计为专门针对海外华裔研发的、关联母语者能力标准的、突出汉字与传统文化的水平测试。除此之外，此次华测海外需求调查也使我们的研发设计进一步深化、具体，在调查结果的基础上，我们设立了以汉字为落脚点的华测能力等级。我们有理由相信，基于调查结果的华测设计必将更好地服务于海外的华语教学，带动海外华人的华语学习热情和迎来华语发展的崭新局面。

（本文原载于《华文教学与研究》2014年第3期。作者：王汉卫）

参考文献

LENNEBERG E H. Biological foundations of language. New York: John Wiley and Sons, 1967.

陈宏. 关于考生团体异质程度对 HSK (初中等) 信度的影响//北京语言学院汉语水平考试中心. 汉语水平考试研究论文选. 北京: 现代出版社, 1995.

陈松岑, 徐大明, 谭慧敏. 新加坡华人的语言态度和语言使用情况的研究报告//李如龙. 东南亚华人语言研究. 北京: 北京语言文化大学出版社, 2000.

陈奕平. 东南亚华侨华人与广东软实力: 思路与建议. 华侨与华人, 2010 (1).

郭熙. 华文教学概论. 北京: 商务印书馆, 2007.

郭熙. 华语研究录. 北京: 商务印书馆, 2012.

国家汉办/孔子学院总部. 新汉语水平考试大纲 HSK 六级. 北京: 商务印书馆, 2010.

任杰, 谢小庆. 中国少数民族考生与外国考生 HSK 成绩的公平性分析. 心理学探新, 2002 (2).

史有为. 对外汉语教学最低量基础词汇试探. 语言教学与研究, 2008 (1).

秦晓晴. 外语教学研究中的定量数据分析. 武汉: 华中科技大学出版社, 2003.

王汉卫. 华语测试中的阅读研究. 北京: 北京大学出版社, 2012.

王汉卫, 黄海峰, 杨万兵. 华文水平测试的总体设计. 华文教学与研究, 2013 (4).

张晋军, 解妮妮, 王世华, 等. 新汉语水平考试 (HSK) 研制报告. 中国考试, 2010 (9).

中华人民共和国教育部. 义务教育语文课程标准 (2011 年). 北京: 北京师范大学出版社, 2012.

庄国土. 东南亚华侨华人数量的新估算. 厦门大学学报 (哲学社会科学版), 2009 (3).

宗世海, 刘文辉. 印尼华文教育政策的历史演变及其走向预测. 暨南大学华文学院学报, 2007 (3).

以华测促华教，以华测兴华教
——王汉卫教授专访

编者按：我们在教学对象及其特点上已经认识到华裔和非华裔是不同的，在教育教学、教材、教师培养与培训等方面以及相应的社会组织机构和主管部门的设置上，也已有所区分。但由于种种原因，评估（语言测试）这一环还没有将两者区别开来。事实上，语言测试对于教学有极大的反拨作用，同时在水平认定、身份认同、移民政策等方面能产生巨大的社会效应。据不完全统计，海外华人数量已达六千万之多，语言状况十分复杂，同时在全球化背景下，华侨华人的祖语保持需求日益迫切，要推动华文教育和华人社会的进一步发展，语言测试是必不可少的工具之一。为此，国务院侨务办公室委托暨南大学华文学院进行华测的研发工作，这是专门针对海外华侨华人的祖语水平测试。本期专访邀请到了华测研发项目的主持人——暨南大学华文学院华文教育研究院华文水平测试中心主任王汉卫教授，就华测相关问题展开深入探讨。王教授从学理上论证了华测的必要性，又从其反拨作用和社会效应方面阐明了华测对于华文教育乃至整个海外华侨华人社会和国家的重要意义和价值。作为一项开创性的工作，几乎是“摸着石头过河”，需要有深厚的研究基础和极为审慎的逻辑思辨进行论证和实施，我们在与王教授的访谈中感受到了这种“战战兢兢”和“夙夜不敢忘怠”的心情，也更深切感受到了华文教育工作者对于华教事业的拳拳之心。

问：要实施和普及一项成熟的语言测试，需要哪些方面的研究和条件来支撑，华测是如何考虑的？

三个方面。一是测试本身要符合语言测试的基本规律，有较好的区别度、信效度等，一句话，得有过硬的质量。一个不好的测试，就好像不好的产品，终归会被市场淘汰，所以说语言产品本身的质量是第一位的；二是市场，这个测试得有潜在的市场，我们提出华测，正是因为华测有这么一个足够庞大的潜在市场，海外华人的数量有数千万，这个市场足够大；三是如何激活这个市场，这是非常重要的一点，光有前两点，一个测试是“站”不起来的，最热门的考试一定是最有用的考试。如何激活潜在市场？就是政策。我们现在急需的是国家给予政策支持，赋予华测高利害性、高风险性。具体来说，一个考试的优胜者，他应该获得、能够获得什么奖励？这个奖励可以是多方面的，可以是一种社会性的认可，比如说入学，这其实就是一种认可；也可以是一种物质性的奖励，比如说奖金。像猜题竞答为什么那么多人愿意参加？就是因为其背后有高额的奖金做支撑。语言测试是一样的道理，如果参加这个考试没有什么用，那我为什么要参加考试？考试总归不是一项愉悦的体验吧？这三方面的支撑，对一般语言测试来说是这样，华测当然也如此。

问：华测对海外华人的要求是不是应该更高一些，这是不是不利于华测的推广？

考生没理由选择一个同等效力的更难的考试。华测的起点高、要求高，面向的是海外华人，他们的汉语水平和针对一般外国人开发的考试是不可一概而论的，对海外华人和对一般外国人的要求也不宜整齐划一。这样既有利于海外华人社会的祖语保持，也解决了推广的后顾之忧。所以，说到底，我们不必担心要求高会不会有负面影响，而是要积极呼吁国家有关部门针对海外华人和一般外国人出台不同的语言标准——这才是非常关键的问题。

问：从最早提出“华测”，到后来的研究、开发、试测，经历了一段很长的时间。您能否介绍一下华测从最初的构想到论证、研发，再到实测的具体过程？

这的确是一个漫长的过程。开发华测最初是我于2003年提出来的，是跟郭熙老师、齐沪扬老师聊天的时候提出的，当时也就那么一说，没想到一步步走到现在。

说起来我打内心深处感谢北语汉考中心的老师们，是他们的测试实践孕育了华测，他们的贡献不可磨灭。倒退二十年，我那会儿比较勤奋，兴趣也比较广泛，重要期刊的文章，语音、词汇、语法方方面面，包括测试，我都涉猎。偶然看到了陈宏老师的一篇文章——这也许是对我影响最大的文章，没有之一。陈老师是HSK的元老之一，他说新加坡的考试数据不支持HSK的有效性——好像有点自黑，但就是这样非常客观的态度给我很大触动，我觉得这个有道理，然后就想：我们华文学院是干啥的呀，我们是不是应该开发华测呢？别人可以不做，但我们不做就近乎渎职。

后来我跟随郭熙老师读博，他就建议我做这个题目。测试这行当，我是零基础，怕呀！要不怎么说郭老师英明呢，他坚持让我做这个，我拗不过，就做呗。所以，华测的开山祖师是郭熙老师，我只不过是践行者。从2005年读博开始，到2009年报项目，2012年成立华测中心，2015年项目批下来，2017年完成华测的能力标准、大纲、样卷、试测，你看，时间过得就这么快。

问：据我所知，海外华人社会的祖语水平差异也很大，华测的目标人群具体是怎么确定的呢？

一个考试就是一个测量工具，测量工具背后首先要明确的是测谁，就是常模定位的问题。正如你所说，海外华人的祖语水平差异非常大，具体而言，针对哪个人群呢？郭树军老师就说过：“唉哟你们这个比HSK复杂多了，这个全距太大了，我都替你们头疼。”说实话，有大概两三年的时间，我先是整不明白，然后有点想法了，但下不了决心。

以前我们的焦点落在国家和地区上：是针对东南亚呢？还是针对欧美？这就没有抓住重点。我们眼中看得最多的是东南亚老华人社会和美国的老华人社会，以及美国的新华人社会，其他的基本没有考虑。这样一来就会让人觉得，如果80%的华人在东南亚，那我们不把东南亚作为重点考虑，似乎就不对。

后来想，我们常说做事要抓重点，真正的重点不单是数量上的考虑，也不是仅仅着眼当前的考虑，而更应该有辐射性、前瞻性、引导性上的考虑——面向哪个群体对整个海外华人社会有积极意义，哪个群体才是真正的重点。这样我就豁然开朗——代系才是应有的着眼点而不是国家或地区。

从代系的角度出发，问题迎刃而解——真正的重点就是第二代。华二代意味着高水平，是整个华人社会群体离母语水准最近的一个群体，抓住他们意味着抓住了华人社会的祖语未来，具有前瞻性和引导性。从家庭语言的代系蜕变来看，华二代也是最重要、最关键的一类人群，如果他的语言保持成功了，那他就有信心让他的孩子成功，如果他自己语言都没成功保持，怎么可能有信心、有兴趣成就孩子的中文呢？所以，他们对华三代、华四代……具有决定性的影响。因此，开发华文水平测试，首先就应该面向华二代，常模样组应该由此构建。

问：那老华人社会，比如说东南亚，就不考虑了吗？

话不是这样说，东南亚老华人社会中也有大量祖语水平保持良好的人，例如新马、缅北、印尼的某些地区等，同时，整个东南亚也有不少新华人的加入，特别是新加坡。

我们锁定华二代，就是希望优秀的华文水平能够得到鉴别、确认，并得到应有的回报（效用问题咱前面说过），希望以此来对海外华人祖语保持和产生一个积极的社会影响——别人的华文水平能够如此好，也得到了回报，我为什么不能呢？见贤思齐的心其实人人都有，问题是你得让人“见到”。

反过来，我们也必须承认，时空的因素、政治的因素、其他语言的因素，家庭语言规划、语言态度的因素，等等，许多海外华人祖语水平不保，这也多少是无可奈何的事情。我们必须清醒——不能受他们的影响，而且，照顾低水平（学习者）的汉语考试不是有吗，华测不必再去凑热闹。

问：我们谈华文教育的对象，通常是指华裔，这个是从对象的身份来说的，但是华裔的语言文化水平具有极强的异质性和多样性，从零起点到以汉语为母语，这两个点中间是模糊、多样、连续、变化的状态。在没有了解华测之前，我一直在想，华测是怎么处理这种异质性和多样性的？您在之前的文章里就说这个参照常模是典型华裔，说明您当时可能是不是自己也没想清楚一点，现在就明确了，这个参照常模就是华二代？确定了常模以后是不是就可以确定标准了？那标准是拿什么做参照呢？另外，即使锁定了华二代为常模，这个群体内部也是有很大差异的。您怎么处理这些问题？

所以说，我是一个特别笨的人，点滴的进步都需要花好多时间。没错，确定了目标群体以后就可以确定标准。我们一定是参考母语者标准——是“参考”而不是“按照”。汉语的母语教学标准虽然不十分具体，但有个大体，教育部不是有《全日制义务教育语文课程标准》吗，这就是母语水平的大概模样，而且是涉及了质和量两方面。

这样一来，华测跟 HSK 就有了质的不同：华测要参考母语标准，HSK 不管这个，开发的过程就不一样了。一方面参考母语标准，另一方面根据我们的调研、分析、思考，去调整现有标准，最终得到华测的标准——我们不能苛责这个“标准”是否十分准确，但有了这标准，我们才有可能开展下一步的工作，进一步开发测量工具，然后再通过将来的使用效果和数据进一步调整标准，除此之外没有更好的办法，只能摸着石头过河，这样华测这盘棋才活了。

当然理想的状态是在正式考试推出之前，就确立一个近乎完美的标准，但凭借研发阶段有限的人、财、物，以及时间因素，这不可能做到，而且从行为方式上说似乎也完全没有这个必要。我们只能确定一个大的方向，没有理论上的大缺陷，然后就应该撸起袖子加油干了。

至于说“华二代内部差异也非常大”，我们的应对是进一步把华测对准“有家庭语言环境”，就是在家使用中文的人。这样，华测听说读写的能力等级标准，以及配套的汉字、词汇、语法大纲就都先后出来了。我们再根据这个标准、大纲，开发试卷，开展试测。

问：可能大家对这个测试有某种程度上的误解，不知道这个是针对华二代的。一直以来我们把华裔学生看作一个整体，但是并没有严格地对这个群体进行细分，尽管我们也知道华裔的内部差异性特别大。另外对东南亚华人社会的关注较多，也认识到确实有的地区必须得按二语方法来教学了。我们编的教材大部分也是以这一认识为基础的。如果能够使大家认识到这个内部分层的问题，明确我们的教材就是针对华二代的，就是接近母语的，也就更能明确自己的定位和需求了。

对。需要进一步明确的是，我们不能局限于“华二代”这个身份，而是指华二代的语言能力，我们是以华二代的语言能力为目标的。比如说马来西亚华人，都多少代了，汉语水平并不逊于几乎绝大多数的华二代。我们试测的数据也肯定了马来西亚华人社会的努力。

至于说教材和教学，事实上，这些年来“二语习得”“对外汉语”对“华文教学”的影响远大于华文教学的理论和方法，不能否认，的确有些地区的华文教学需要“降准”，但如果一股脑地、长期地让二语理论统帅华文教学，个人认为，这不但是学术上大是大非的问题，而且几乎是严肃的政治问题。华文教育需要华测，也需要新一代的华文教材，这几乎是一回事。对于青少年这个群体来说，教、考一定是要结合的，不能是两张皮。某种程度上，新一代华文教材——包括主干教材和多样化的协同教材——比测试更加值得我们关注和投入。顺便表达一下，国别化、当地化并不是能解决问题的概念和思路，一己之见，未必正确。

问：我们注意到华测特别重视读写、重视汉字，这与主流的重听说的观点不一致，您这个是出于什么考虑？另外听说和读写能力不均衡的话，会不会在考试时造成干扰？

听说读写能力严重不均衡，这在海外华人社会非常普遍，如何应对这个不均衡？如何避免听说读写不同技能之间的干扰？我们有两个措施。

第一，让听说考试不受汉字的干扰。例如听力，我们不会让学生听后阅读选项来作答，当然被试也可以阅读，但与此同时他还可以听到，也还可以看到选项汉字的拼音。认识汉字也好，不认识汉字也行，你只要能听懂就好，所以汉字的干扰就被消除掉了。

第二，在一定程度上降低读写的标准。听说读写不均衡，听说相对好，读写相对差，那我们就要求听说标准比读写标准适当高一些。

至于华测特别重视读写、重视汉字，这是必需的，不这样，就等于没有把握好华测的特点。不高度重视汉字的华教，也不是有高度的华教。当然，我们也会考虑跟现状的妥协，既保持对汉字要求的张力，尽量跟海外华人社会当中汉字水平相对比较高的人群吻合，同时适度放宽，以降低给其他人群的冲击感。

对汉字教学的认识和设计安排，对外汉语界跟小教界有明显的差异。对外汉语（汉语国际教育）、华文教育的大纲、教材通常的做法是平均分配，甚至是前少后多；而义务教育课程标准以及小教语文教材都是往低年级倾斜，越往高年级，新增汉字量越少。这并不是说低年级的识字能力更强，而是说要尽快过识字关，过了识字关，才能阅读、才能自学、才能正常运用、才能真正感受到中文学习的价值。能听说而不能读写，就像一条腿走路，且不说走得快不快，正常来说，恐怕是“能不走就不走，尽量少走”——对于语言保持来说，“能不用就不用，尽量少用”，这才是最要命的。

规划的识字量低，再加上发展缓慢，学很长时间以后，还是读不了书，对于学习者来说，他要么认为汉字太难，汉语太难，所以学不会；要么觉得自己太笨，所以学不会。不管是哪一种解读，都严重挫伤他的学习积极性。

问：所以您是认为应该在一段时间内集中识字？我们接触到很多海外一线教师和家长也提出要集中识字，让学生尽快进入自主阅读阶段，特别是新移民，他们对过这个汉字关好像尤其重视。

没错。开个玩笑，谁的孩子谁亲。对海外低幼龄儿童的识字量提出要求，这是一个很重要的问题。国内可以不要求，但是海外不一样。为什么？因为海外面临语言竞争，因为学龄前是最抓得住的年龄，最有时间的年龄，一入学就抓不住了，所以海外家长很早就开始汉字读写，特别是认读的教学。

德国汉堡汉华中文学校的周开雰校长说，他们的学生用那种偏二语的教材，易，但学不下去；用人教版的语文教材，难，反倒能学得下去。人教版《语文》尽管也不好用，总归是要比像《中文》这样的二语性质的教材好用一些。她问我这怎么解释，我说好解释：学习是要见成效的，“易”有什么用，不见效果嘛，难点不怕，有效果就能学下去！所以，也许是我性子急，个人认为，针对海外华人的适度偏难的测试标准以及配套理念的新教材，应该尽快推出。作为龙头的华测我们已经准备好了，期待有关部门尽快决策。

问：为什么说“重听说的教学和测试模式更适合非华裔”？又明确提出要“以测试促进汉字读写”，这是不是说华测的主要对象是“文盲”华裔？一般来说，测试肯定有一定的导向作用，如果华测更强调读写能力的话，对华文教学是否会产生相应的影响？

首先我希望华测能有“相应的影响”，尽快有，越快越好，越大越好。

然后我们应该从战略层面弄清楚一件事：华文教学绝不单纯是华文学校及相关机构的事情，学校的教学只是华文教学的一半，另一半是华人家庭，如果华人家庭不想或无力承担这一半的责任，华文教学也就略等同于一般汉语二语教学了。听说能力是家庭的责任，学校负责的就是读写能力。很多新移民家庭可以创造说汉语的环境，但是他在家里不说中文。个人认为，我们应该有一种博大的宽容胸怀，尊重他们的语言选择；但与此同时，我们自己的华文教学、华文测试等相关设计和理念必须清晰地定位于此——不但学术界要清晰，上至国家高层，远至海外华人社区都应该明确这一点。不从顶层设计上明确这一点，就会直接影响到我们的教材、教学、考试——很遗憾，现有的华文教学并没有明确这个顶层设计，这就导致了华文教学跟汉语二语教学基本上是异名同指。

问：华语状况的异质性和多样性，使华测还要解答很多其他问题。比如，会说流利方言的华语人群怎么进行测试？

方言并不是华测考虑的问题，现在没有，将来大概也不会考虑，因为华测毕竟不是某种方言能力的测试。对那些流利使用汉语方言的人群来说，学普通话本就很简单，只要他愿意，方言能力可以转换成普通话能力，用赵元任的话说，他已经掌握了“90%的普通话”。

问：华测对文化方面的测试是怎么安排的？

文化不独立作为考点。比方说我们不会考什么是端午节，哪一天，纪念谁，屈原是为什么跳江的，等等。我们涉及文化的主要方式是，比如有一段语料，当中包含了中国文化，我们基于这段语料出题，出题的方向是看被试能不能读懂这段语料，只要能读懂，就能回答问题。第一，我们虽然重视文化，也开发了文化大纲，但是毕竟华测是一个语言考试，不是文化考试。第二，中华文化并不唯我独尊，我们也考虑普世性的东西；第三，文化并不是全部，比如科普类的文章、一般性的日常生活或者交际活动等，也是华测语料要涉及的内容。

我们有一个语料结构，文化类的、日常生活类的、科普类的语料等，把它们的比例分清楚，然后进一步往下分，中国传统国内的语料占多少？海外华人社会的语料占多少？特别是海外的，每个国家的文化考点是不变的，但是承载文化考点的语料来源是可变的。我们就用这样一套规则来控制，所以整张卷子里文化的东西有，但又不至于过于扎眼。同时它反映的是普世文化还是中华特有文化？我们都有考虑。这样一套试卷设计很少量的文化点，但是做出若干套试卷之后，就会慢慢就形成一个比较全的文化覆盖。

问：文化大纲也是有分级的，这个是怎么得来的？

这个是参考国内外的语文、华文教材，看这些文化点在教材上是什么时候呈现的，做一个统计，有个基本认识，然后再经过人工干预，最后暂时给它放一个位置，程序就是这样。

问：您也提出了华测应该有一个标准系统，比如华语的语音、词汇、汉字、语法等标准，认为这“是华测构建的核心要素，是华测主体面貌之由来”。这意味着我们首先要对华语的面貌进行全面的描写性研究，然而华语研究目前虽已有很多成果，但整体而言还不够全面、深入。这对华测的研发有什么影响？

所谓全面、深入，其实几乎是一个永久的过程。问题的关键是，我们应该如何定位“标准”，如何认识华语研究跟华测的关系。

华测的做法是首先把听读和说写分开。听力和阅读是输入性的，我们会坚持普通话的标准，严格标准。这个跟任何地区的华语面貌没关系，跟华语的多样性复杂性也没关系，也不会影响到评分标准的设定。说写是输出性的，而且涉及主观题，涉及评分标准的设定，我们就放宽一些，比如说轻声、儿化、词汇、句法等，我们的要求就不那么严——当然随着等级变化也还有不同的要求，这就是倾向于考虑华语的情况，换句话说就是华语的标准，这就需要参考华语研究的成果。

传统上，华语研究以东南亚为重点，现有成果也大多在此。假如华测是为东南亚华人开发的考试，如何处理华语特色就是很大的问题，华语研究跟华测研究的关联性也就很强，而华测从一开始就是面向全球、面向华二代、面向未来的，所以，二者之间各自有着较大的独立性。

问：关于华测的纵向结构和分级体系，您已有了初步描写，其划分的依据是什么？如何对考试成绩进行评价？

严格说起来，华测现在还没有细致的分级体系，暂时只有纵向结构和这个结构下隐含的粗分体系。为什么这样说呢？我们的纵向结构一到五级，是一个粗线条的，是根据学生的年龄发展来分级，首先有一个高起点，然后逐步往上递增。刚才一开始也说过，参考国内的标准和海外的情况，制定了粗线条的分级体系。至于进一步的每一级的内部分级，我们现在还没有，这倒不是我们有什么过失，因为这原本就不是现阶段的事情，如何评价考生的成绩，这是实测和应用测试结果时候的事情，是决策。

咱回过头来说说结构。纵向结构是宏观的分级，这个分级体系跟 HSK 有巨大的不同，HSK 是在一个年龄段上，按照语言能力分出来很多等级，但是被试无从知道自己适合哪一个等级，那可能每一级都要考一下。华测就是按年龄来，如果你是八岁，那就考一级；18 岁，那你就考五级。考试的结果就可以表明是你是否达到了这个年龄应该达到的水平，这样才跟同龄人（包括母语者）有可比性，也方便跟国内的学制挂钩，三级就是小学毕业，五级是高中毕业。这样的结构也方便将来做研究、做决策。

问：从这么多年的华测研发工作来看，您认为当前的华语研究、华文教育研究还有哪些领域和课题有待开发和深入？

这些年，我们真的是持续地思考这些问题，慢慢也多少有了些自己的认识，对不对我就姑且一说。

第一，新移民、华二代研究就涉及好多领域：新移民自身的描写研究，代际差别研究，不同代际的教材、教法研究等。

第二，汉字的教学研究，特别是汉字的早学、快学研究，这太重要了，汉字是汉语学习的牛鼻子，汉字抓住了，其他方面的学习就不成问题，可惜国内学术界对于汉字的早学、快学投入的力量还非常少，听说领先、读写跟上的二语教学模式还在华文教学界发酵，汉字难的悲观认识还几乎为每一个地球人所接受。

第三，我们开发的华测现阶段是面向青少年的，它还应该向两端延伸，包括童年、青少年和成年，形成全覆盖。比如向下延伸，开发一些有趣的、活泼的、以考促学和促教的考试。一个孩子就是一个家庭，假如国外一个四岁的孩子中文学得特别好，这肯定是全家的投入。所以他要是考得很好，并能得到奖励，那将一定产生非常积极的影响：

当事人对中国的认同会增强，对其周围的华人家庭也会有积极的影响，所以这是非常值得我们国家和政府大力去做的事情。

第四，华文教材要赶快更新，要融入读写为主的新理念，要跟华测相适应。举个例子，《中文》的汉字设计是基本平均发展，高年级甚至比低年级更多些，坦率说这是非常严重的失误，恰恰相反，应该破除平均向下集中。我们不能拿反映旧理念的教材所产生的学习效果来支撑我们的考试，华测这个考试出来，也等于启动了新时代华文教材的编写任务，用新的教材去塑造新的华人社会。

这几点是华文教育的方向和增长点，下面的小课题就很多了，难以赘言。

问：关于目前华测情况的介绍，您还有什么进一步说明的吗？

关于华测，我还想补充两点。

第一点是试测。张凯老师说，测试一头联系着实践，另一头联系着理论，测试结果的可靠也验证了理论的有效。这话用到华测上，就是说华测在理论上已经得到了确立。

试测是在全球范围内进行的：有华二代的，也有非华二代的；有英语国家的，也有非英语国家的；有新移民，也有老移民；有发达社会的，也有不发达社会的。试测的九个国家，基本上全球情况都包含了。试测下来的结果表明，数据跟理论能契合，我很开心！这方面的情况我已经写进《华文水平测试的设计与初步验证》这篇文章，发表在《世界汉语教学》2018 年第 3 期。

第二点是实测。试测之后，经过数据分析和调整改进，我们马不停蹄地着手准备新试卷，在经过更多打磨之后，我们已经准备好了一套完整的新试卷，并编写好了培训命题员的命题手册。华测中心的年轻人，经过这些年、这些事的打磨，在命题上也都有了一定的经验。经过试测，华测在海外也已经有了广泛的影响，很期待华测早日正式开考。

万事俱备，只欠东风，我们一起期待吧。

（本文原载于《世界华文教育》2018 年第 4 期。策划：白娟、李嘉郁；整理：白娟）

华文水平测试汉字大纲研制的理念与程序*

1 引言

由于目前还没有专门针对华文教学和测试的字表，长期以来，华文教材编写、课堂教学、习作文本用字分析都只能以对外汉语教学和测试的汉字大纲为参照。但这些大纲与具有祖语（郭熙，2015，2017）性质的华文教学并不能很好地匹配，究其原因，主要是因为面向的对象不同。对外汉语教学和测试的汉字大纲主要是为“汉语二语者”开发，而海外华裔青少年华测是针对海外华裔中具有较好祖语水平的人群开发的考试。这就决定了华测需要开发自己的汉字大纲，而且也必然跟 HSK 有很大不同。

在现代文明社会的大背景下，文字是语言的保证，没有文字的保驾护航，仅停留在听说层面的语言将难以在语言竞争的态势下在海外华人社区中存留下来（王宁，2015，2016），所以，汉字对海外华人社会有着至关重要的意义（王汉卫，2009）。面对这样的情况，华测将强化汉字能力作为一项特别追求，对各级别的汉字认读和书写提出明确的定量要求。

研发面向华裔青少年的汉字大纲，直接目的是用于华测，长远目的是希望通过考试的反拨作用促进汉字教学和学习，并对海外华人社会的祖语保持起到积极的作用。本文将从研制基础、研制理念、字表定量和定级、字表检验等方面简要介绍华测字表的研制过程。

2 研制基础

基于现有的字表及汉字大纲（国家语言文字工作委员会，1988、1992、2013；国家汉办，2010）、母语课标（教育部，2011）、语文教材（苏新春，2007）、华文教材（暨南大学华文学院，2006；北京华文学院，2007；人民教育出版社，1999—2002；马来西亚教育局，2013—2015；新加坡教育部课程规划与发展司，2007—2014）以及华裔考生

* 本文是国务院侨务办公室基金项目“海外华裔青少年华文水平测试”（侨文函［2015］153 号）、国家社科基金重大项目“汉语交际能力标准与测评体系研究”（项目批准号：15ZDB101）、国家社科基金重点项目“华二代祖语保持研究”（项目批准号：16AYY005）的阶段性成果。

对自身汉字量的评价①，可以得到以下几点认识：

（1）具有中等以上受教育水平的汉语母语者识字量一般在3 500字以上。

（2）对外汉语教学用的字表汉字量一般在3 000字左右，华文教学专用字表尚无。

（3）母语教学课标对会认、会写字量提出了明确要求，但对字序、字种没有严格规定。

（4）不同版本的语文教材虽字次量相差较大，但共用字种多，字种量相差不大，且都在生字表中对会认字和会写字已明确列出。

（5）语文教材普遍采用初级阶段集中识字的理念（李如龙，2001），识字写字任务集中在小学前两学段。

（6）不同版本的华文教材字次量、字种量都相差较大，除了马来西亚教材外（小学课文字种量为3 000字以上），其他国家教材的字种量都偏低（2 000字左右）。

（7）华文教材生字教学任务主要集中在小学阶段，但除了马来西亚教材在第一学段的识字量显著集中外，其他教材的生字教学用字在小学各学段分布趋于平均。

另外，根据我们的调查，海外考生对自己的识字量、写字量有大概的认识。各级考生自我判断的识字量、写字量都有一个相对集中的范围，一至五级考生识字量主要集中在：800字左右、1 400～1 800字、1 900～2 100字、2 300～2 900字、2 700～3 300字；一至五级考生写字量主要集中在：400字左右、600～800字、1 200～1 400字、1 500字左右、2 100～2 300字。但同级考生识字量的一致程度相对较高，写字量的差异较大。

上述国内外字表、教材及调查数据可为华测字表确定总字量和分级字量提供一定程度的参考。与此同时，华测字表的定量应体现导向性，引导华裔学生的识字量和写字量保持在一个较高的水平。

结合华测的整体设计（王汉卫，2016）、测试对象的特点、汉语学习规律（李大遂，2006）以及海外华裔的汉字学习现状（马燕华，2003；李嘉郁，2006；罗庆铭、王燕燕、闵玉，2017；王燕燕，2017），华测汉字大纲确立了以下研制理念。

3　研制理念

3.1　总体原则

（1）字量适中，向下集中。

识字是阅读和写作的基础，有限的识字量无以掌握书面语，影响该语言的使用（特别是高阶使用），最终导致放弃学习和使用该种语言，所以华测字表将适度提高汉字量的要求。因此，“字量适中”的意思是指在汉语母语者与汉语二语者之间找到一个适合的定位，相对于对外汉语汉字大纲和当前一般华文教材的汉字量，华测字表会适度提高总字量。

---

① 华测在海外试测期间，对9个国家（澳大利亚、德国、巴西、菲律宾、柬埔寨、肯尼亚、马来西亚、意大利、印度尼西亚）各级考生的识字量和写字量进行了简单调查，用选择题的形式，让学生勾选自己的识字数量和写字数量，或者直接写出识字量和写字量数据。

“向下集中”是指重点增加初级字表的汉字量，以求尽早尽快扩大学生的识字量，实现汉语的自主阅读。尽管中国国内的公立幼儿园不强制要求学前识字，但学前识字事实上广泛存在（王鹏，2011；丁培培，2016）。在海外因为语言竞争的存在，学前识字更是为广大家长追捧。华测字表的设计也应考虑这些情况，打破平均分布的惯例，向下集中，突出学龄前及小学低年级，使海外儿童尽早实现自主阅读。

（2）认写分开，多认少写。

“认写分开，多认少写”是指华测字表分为认读字表和书写字表（董兆杰，2013），包含先认读后书写、多认读少书写的含义，“认读字”只要求会认、会读，“书写字”还要会写、会用。

“认写分开，多认少写”既对汉字的认与写提出了定性与定量的要求，也适度降低了学习者写汉字的负担。从汉字认知心理学的研究结果来看（赵静、李甦，2014），笔画多、结构复杂的字不一定难认，但准确记忆字形的每个细节是个问题，这就导致了难写。从认读字中选出一批使用活跃同时字形简单的字列入认写字表，控制认写字量（尤其是初始阶段的认写字量），既是为了减少初学者写汉字的负担，同时也保证了华裔青少年的认读汉字量。

3.2 认读字表研制原则

（1）常用性原则。

常用性直接体现为汉字在语料库里的出现频率，但字频数据强烈依赖于文本，因此华测的字表将综合多种语料库的字频数据，选取综合使用频度高的字。

（2）词表关联原则。

词表关联原则是调整认读字种和字级时依据的原则之一。

由综合使用频度初步定下认读字级后，某字的认读级别与之所在词条在华测词表的级别需要进行核对。初学者认识汉字需以了解字义为基础，所以某字在字表中的级别不能超前于词表，同时也不宜落后于词表太远（说明：因为词表兼顾了听说，所以可先于字表）。

（3）文化性原则。

作为专门为海外华裔青少年开发的测试，华测内容蕴含中华文化本身是其一大特色，这也会在华测字表中得到体现。例如常见的姓氏人名用字、重要地名等。

（4）系统性原则。

系统性原则主要用于检验认读字种选取与定级的系统性，综合使用频度相差不大时尽量定级一致。如日常起居类“枕”“膏”“梳”置于同级；蔬果类“橘（桔）”“橙”置于同级；饮食类“饺”“馒”置于同级；餐具类“筷”“勺”置于同级。

3.3 书写字表研制原则

（1）字用优先原则。

使用价值高直接表现为汉字本身的综合使用频度高，在研制书写字表时，除了考察汉字的综合使用频度外，还需将其构字能力作为指标之一。优先掌握构字能力强的字，对学习其他汉字具有较大价值。

（2）兼顾字形原则。

认读字表与书写字表分开的出发点是降低学生写汉字的负担，要求书写的字是从认读字中选出的字形难度相对较小的字。在此，字形难度是指书写上的复杂度。认字是对汉字进行整体辨认，除非遇到字形相近的字，一般不需要进行精确辨识和记忆。而写字需要对汉字的笔画、部件、结构和整字进行逐级的加工和再现，是认知上的精加工，字形复杂度不一定影响汉字认读，但会直接影响书写难度（佟乐泉、张一清，1999）。

因此，在筛选书写字时，字形也是重要的考虑因素。字频高而笔画、结构较为复杂的字会考虑适当降级。

4　字量和字种的确定

华测字表的研制程序是：理论先决，定量随后，干预收尾。

具体的程序依次是：大体确定总量及分级字量，确定选字的底表，对底表汉字进行量化标注，依据定量数据逐级筛选认读字，对认读字进行人工干预，确定认读字表，从认读字中依据定量数据逐级筛选出书写字，对书写字进行人工干预，确定书写字表。

4.1　总量及分级字量的预设与底表的选取及标注

按照“字量适中”的原则，华测字表的认读字总量初步定在 3 200 字左右、认写字总量初步定在 2 200 字左右。按照“向下集中”的理念，小学和中学的认读和书写字量都大致设定为 8∶2 的比例。具体如下：

表 3－11　华测字表大致字量及等级分布

	一级	二级	三级	四级	五级	合计
认读字	1 300（40.6%）	800（25.0%）	500（15.6%）	400（12.5%）	200（6.3%）	3 200（100.0%）
书写字	450（20.5%）	650（29.5%）	700（31.8%）	300（13.6%）	100（4.5%）	2 200（100.0%）

这是华测字表基于原则的大致设计，具体字量需待字种选取和调整后方可确认，但异于以往而体现了对华裔汉字量的较高要求，以及早识字多识字的基本面貌呼之欲出。

依据哪些语料库/字料库作为华测字表的来源底表，以及如何认识、如何使用这些底表是华测字表研制过程中最基础、最重要，也是最花精力的事情之一，有些可以免费获取，有些需要购买，有些是项目组自己研制。华测字表依据的原始语料库/字料库如下：

表 3－12　华测字表依据的原始语料库/字料库

语料库/字料库	数据来源	语料来源	总字次	总字种	学段等级
语委现代汉语语料库字频表①	国家语委	“五四”以来社科、自科、中小学教材语料	2 000 万	5 667（出现次数大于 5）	3 ～5
中国语言生活绿皮书媒体用字库	教育部语言文字信息管理司	2010—2012 年新闻、广播电视、网络媒体语料	30 亿	13 006	3 ～5

① 国家语委现代汉语语料库字频表，http://www.aihanyu.org/cncorpus/Resources.aspx.

（续上表）

语料库/字料库	数据来源	语料来源	总字次	总字种	学段等级
国内小学生作文库	北京师范大学	2000—2007 年国内 162 所小学生电脑打字文本	1 126 万	3 964（出现次数大于5）	1 ～3
国内初中生作文库	华测项目组	初中生优秀作文网 1 998 个文本	120 万	5 061	4
国内高中生作文库	华测项目组	高中生优秀作文网 1 409 个文本	112 万	4 723	5
国内 4 套中小学语文教材课文用字	厦门大学	人教版、苏教版、北师版、语文 s 版 1 ～9 年级语文教材课文	159 万	5 069	1 ～5
国内人教版初中课文用字	厦门大学	人教版初中语文数学历史地理物理教材课文	158 万	5 158	4 ～5
7 套中小学华文教材课文库	华测项目组	具体信息见脚注①	78 万	4 315	1 ～5

华测字表以国家语委现代汉语平衡语料库中字频超过 5 的用字作为字种选取来源，也就是底表，共 5 667 字种。

选取字种前，先将底表中的每个汉字标上在各语料库/字料库（见表 2）中的字频序位、构字能力信息、字形难度信息、学段等级。字频序位信息源于各大语料库/字料库，构字能力依据《通用规范汉字表（1 级字）》里参与构字的个数和使用次数。字形难度标注为笔画数和笔素数（王汉卫、刘静、王士雷，2013）。“学段等级”的完整表述应该是“拟用于华测字表的学段等级参考”。作文、教材用字的频率信息按年级对应学段，语委现代汉语语料库字频表和绿皮书媒体用字表的语料来源与 6 ～10 岁的儿童认知水平相差太远，所以其频序信息用于小学第三学段、初中段、高中段。

4.2 认读字表研制

4.2.1 定量选种与定级

华测字表对应 5 个学段，需要对底表字按 5 个学段的频度信息进行 5 次综合使用频度排序，排序结果将作为选取各级认读字种的依据。

根据各库语料的规模、综合性、适应的年龄段，我们将底表字种在不同库的频序/使用度序赋予一定的权重，再求取综合序。绿皮书媒体用字表的语料虽规模大、时代新，但书面语色彩显著，许多日常生活常用字的频率相对偏低，所以赋予其权重比现代汉语语料库略低。

表 3-13 综合使用频度序计算方法

综合序一 = 小作序一 * 0.35 + 语文教材序一 * 0.40 + 华文教材序一 * 0.25
综合序二 = 小作序二 * 0.35 + 语文教材序二 * 0.40 + 华文教材序二 * 0.25

① 国家语委现代汉语语料库字频表，http://www.aihanyu.org/cncorpus/Resources.aspx.

（续上表）

综合序三 = 小作序三 * 0.30 + 语文教材序三 * 0.35 + 华文教材序三 * 0.20 + 现汉序 * 0.10 + 媒体序 * 0.05
综合序四 = 初作序 * 0.25 + 语文教材序四 * 0.25 + 华文教材序四 * 0.15 + 初学科教材序 * 0.05 + 现汉序 * 0.20 + 媒体序 * 0.10
综合序五 = 高作序 * 0.20 + 语文教材序四 * 0.20 + 华文教材序四 * 0.10 + 初学科教材序 * 0.05 + 现汉序 * 0.25 + 媒体序 * 0.20

表 3 - 13 中，“小作序一”是指国内小学生作文库第一学段作文的字频序，“语文教材序一”是指国内 4 套语文教材第一学段课文用字的平均使用度序，“华文教材序一”是指 7 套华文教材第一学段课文的字频序，后面“小作序二”“语文教材序二”等以此类推。“现汉序”是指国家语委现代汉语平衡语料库字频序，“媒体序”是指 2009—2012 年四年中国语言生活绿皮书（教育部语言文字信息管理司，2009、2010、2011、2012）媒体用字平均字频序，“初学科教材序”是指国内人教版初中语文、数学、历史、地理、物理教材课文的字频序。

按照综合使用频度序计算结果，底表中每个汉字都附上了 5 个学段的综合序位信息。再根据上文拟定的各级字量，初步选出各级认读字。

综合序一≤1 300 的共有 1 380 字，作为一级认读字。

综合序二≤2 100 的共有 2 143 字，去除一级已收字，剩余 777 字录入二级认读字。

综合序三≤2 600 的共有 2 661 字，去除一二级已收字，剩下 552 字录入三级认读字。

综合序四≤3 000 的共有 2 961 字，去除前三级已收字，剩下的 343 字录入四级认读字。

综合序五≤3 200 的共有 3 200 字，去除前四级已收字，剩下 211 字录入五级认读字。

由以上步骤共取出了 3 263 字，分别是一级 1 380 字、二级 777 字、三级 552 字、四级 343 字、五级 211 字，这 3 263 字即作为华测认读字表的初稿。

4.2.2　认读字种调整

（1）留字与删字。

为保证认读字表收录的是常用字，而且与《华测词表》相关联，删字时主要参考《通用规范汉字表（1 级字）》和《华测词表（主表）》用字。超出这两表中任意一表的字人工干预去留。具体如下：

表 3 - 14　超出《通用规范汉字表（1 级字）》或《华测词表（主表）》的字种

处理	字种	原因
保留（48 字）	刘吴蒋宋郭曹邓袁沈冯韩蔡贾潘姚（15 字）	常见姓氏用字①
	莎婷瑶倩娟鹏斌妮（8 字）	常见人名用字
	嫦娥甫孟秦魏蜀浙湘陕杭浦沪粤淮仑圳（17 字）	常见中国历史地理用字

① 属于 2012 年媒体用字姓氏调查排在前 30 位的单姓字，出自 2012 年度媒体用字用语调查：《中国语言生活状况报告（2013）》，北京：商务印书馆，第 203 页。

（续上表）

处理	字种	原因
保留（48字）	欧俄澳（3字）	常见地名/国名用字
	乙丙（2字）	常见天干地支用字
	噢嗯咦（3字）	常见叹词
删除（140字）	哩磷锡卢彭仲莱铝耶俺吾吕硅弗彪韦柯崔矣嘎佐咯薛阎喃陀杉咪畔匈喀炯籽茨咚伽尹噜廖嘟聂嗨霖瞥涅笃麓咀炽狄郡靖湛呱姬诧翰邹郝崽眺噬嘘窦兀迸眩苑汝邱攘汲嗒岚潺亨蓦谛陛嬉黝哉琶孜怅雍虞嘈楠螂涧曳踌厄奕侃茹桓眸黛啧憧朔栩鑫詹枭瀚盎咆柚珑嗖憬凋穹炙娅羁攒粼兮曦琪哽冕珲镭蚜皎涟鹂舜瑜晏禹尧颐俑庚（140字）	无上述品质

根据字表选字的常用性、文化性原则，保留常见的姓氏用字、人名用字、中国历史地理用字、地名/国名用字、天干地支用字、叹词用字共48个，将其他超出《通用规范汉字表（1级字）》或《华测词表（主表）》用字的140字种删除。

（2）增字。

比对《华测词表（主表）》用字，词表中有764字不在3 263字表内，其中有258字属于《通用规范汉字表（1级字）》。

鉴于字表总字量不能无限增加，词表所用字不需要全部纳入字表。在此，主要挑选字表未收而词表收录了的常用字——主要参考属于《通用规范汉字表（1级字）》，同时在国家语委现代汉语平衡语料库频序在4 000序位之内的字，按照常用性、系统性原则，主要挑选了以下32字，补入认读字表，大致分类如下表所示。

表3－15　增补的认读字种

比较	分类	字种	处理
《华测词表（主表）》之内、《通用规范汉字表（1级字）》之内	日常用品用字	袜	增补
	动物相关用字	羔	
	常见食物用字	丸馒蒜菠柠檬	
	身体相关用字	肪腮脯	
	常见物品/国名用字	柬	
	形容词性语素	畸诡馋懦憔悴	
	动词性语素	剃删拎挎捶晾漱浏贿赂矗	
	构字能力强的字	亢	
《华测词表（主表）》之内、《通用规范汉字表（1级字）》之外	常见水果名用字	莓	
	重要中华传统节日相关用字	粽	

认读字表初稿经过删字与增字处理，得到认读字表定稿为 3263 - 140 + 32 = 3155 字。

4.2.3　认读字级调整

（1）按关联词表原则调整。

按照字表研制时的词表关联原则，一般认读字的级别不得超前于该字在词表中首次出现的级别。

（2）按文化性原则调整。

按照文化性原则，认读字表中保留有 43 个超出《华测词表（主表）》的字，主要是常见姓氏、人名、地名、天干地支或重要人物姓名用字。这些字无法关联词表级别，按字频原则适当降级，将原位于一二级的调为四级，原位于三四级的调为五级，原位于五级的保持不变。例如刘、曹、欧、吴、宋、秦、郭、魏、嫦、娥等放在四级。篇幅所限，不一一列举。

（3）按系统性原则调整。

按照研制原则，为保证初级认读字的系统性，常见话题用字尽量收录齐全、定级一致。参考史有为（2008）对构建最小语言平台的最低量基础词汇表的词汇类别划分，结合儿童的认知背景，尽量将日常起居、运动、饮食、水果、动物几类话题常用字认读级别调为一致，例如"运动"，"足、篮、排"属一级，"乒、乓"也放在一级。

（4）按汉字构字能力调整级别。

以《通用规范汉字表（1 级字）》为统计范围，认读字中可作为部件参与构成这 3 500字的有 709 个，主要分布在前 3 级（原认读级别）。按汉字的学习顺序与汉语学习规律，常用的成字部件安排在初级字表中优先学习可发挥更大的价值。例如禾、立、令、京等词表首次出现在二级，字表调整为一级。经过调整，1—5 级认读字数分别是：1 127 字、743 字、595 字、390 字、300 字，共 3 155 字。

4.3　书写字表研制

4.3.1　定量选种与定级

书写字表的研制原则是"字用优先，兼顾字形"。字用价值高表现为两个方面，一是使用活跃程度高，体现在各语料/字料库的频率上，在此我们用各字在各学段的综合使用频度序位来约束；二是参与构字的频度高，在此采用在《通用规范汉字表（1 级字）》里构字能力来约束，例如"是"除了本字外还参与构成了"题""提""堤"，"是"的构字个数即为 3，构字使用次数为 4，构字能力值为 3.5。字形难度按画素数据赋值（见前文表述）。

综合使用频度、构字能力及字形难度不能直接做运算，同认读字排序时一样，也采用先将各字段数据转换成序位，再赋权重的方法进行运算。

表 3 - 16　书写序求取方法

书写序一 = 0.3 * 综合使用频度序一 + 0.4 * 构字能力序一 + 0.3 * 字形难度序一
书写序二 = 0.3 * 综合使用频度序二 + 0.4 * 构字能力序二 + 0.3 * 字形难度序二
书写序三 = 0.3 * 综合使用频度序三 + 0.3 * 构字能力序三 + 0.4 * 字形难度序三

（续上表）

书写序四 =0.4 * 综合使用频度序四 +0.2 * 构字能力序四 +0.4 * 字形难度序四
书写序五 =0.4 * 综合使用频度序五 +0.1 * 构字能力序五 +0.5 * 字形难度序五

表3-16中，“字形难度序一”表示一级认读字的画素值序位，“构字能力序一”表示一级认读字的构字能力值序位，“综合使用频度序一”为求取认读字序位时第一学段的综合序位；“字形难度序二”表示筛选完一级书写字后所剩一级认读字与二级认读字一起重排的画素值序位，“构字能力序二”表示筛选完一级书写字后所剩一级认读字与二级认读字一起重排的构字能力序位，以此类推。

在3 155个认读字中，可作为部件参与构成《通用规范汉字表（1级字）》3 500字的只有709个，且主要分布在前两级，其次是三级，又因初级阶段学会书写构字能力强的字更有价值，所以构字能力序在前两级所占比例更高，后面逐级递减。认读级别越高，字形难度大的字所占比例越大，所以公式里字形难度序的比例逐级递增。

一级书写字从一级认读字中选取，根据一级拟定的书写字量450字，“书写序一”排在前450序位内的字定为一级书写字。二级书写字从二级认读字以及筛选完一级认写字后所剩的一级认读字中重新排序选取，三、四、五级书写字的筛选方法依次类推。

由以上步骤共选入2 200书写字。

4.3.2 书写字种调整干预

（1）删字。

根据字表研制的文化性原则，认读字表收录了43个《华测词表（主表）》中未收录或者收于词汇附表里的字，这些字只需会认读即可，不作书写要求。

（2）增字。

筛选完书写字，余下的955认读字里还有少量字形复杂、构字能力弱或无构字能力的字，但鉴于其使用活跃，考虑补入。从一级认读字中选择以下13字补入书写字表：厨、摘、铅、矮、撒、摔、踩、踢、赢、懒、糕、袜、澡。因为这些字的字形大都偏难，书写级别应适当偏高，安排在书写字表第三级。

4.3.3 书写字级调整干预

书写字在排序定级时已经将字形、字用因素作为定量考察依据，调整认写字级是为了弥补定量操作的不足。

认写字级调整时除了遵循前文规定的“字用优先，兼顾字形”原则外，还尽量避免认读级别与认写级别相差太大。除非是字形难度很大的字，一般认读级别与认写级别相差不超过3级，也就是说，一级认读字尽量只安排在认写字表的前三级，二级认读字尽量只安排在认写字表的二至四级。

调整后各级书写字量分别是：450字、660字、725字、264字、94字，共2 193字。

5 结语

华测字表分为认读字表和书写字表，旨在促进华文学习者扩大汉字识字量，同时也注重写汉字。这是汉语国际教育界第一次以大纲的形式对汉字的“认”与“写”提出定性和定量的要求。

华测大纲（字表）配合海外华裔青少年华文水平测试而研发，其将作为华文水平测试的读写试卷的汉字命题依据，并可服务和引导华文教材编写，乃至海外华文教学的整体设计。

按照定性、定量与人工干预相结合的方法，认读字表和书写字表各分五级，对应6～18岁年龄跨度的学生，既照顾到了学习者的认知发展特点，也遵循了汉字学习规律。

本字表的研制坚持了“字量适中，向下集中，认写分开，多认少写”的理念，目前认读字和书写字的字量如表3－17所示。华测字表不是一成不变的，将在教学、测试中不断检验和修订，与时俱进，随着时代的发展而发展。

表3－17　华测字表各级字量

	一级	二级	三级	四级	五级	总计
认读字	1 127	743	595	390	300	3 155
书写字	450	660	725	264	94	2 193

（本文原载于《华文教学与研究》2019年第1期。作者：王汉卫、刘熹蒨）

参考文献

“汉字应用水平测试研究”课题组，中国应用语言学会，教育部语言文字应用研究所编．《汉字应用水平等级及测试大纲》研制报告．第五届全国语言文字应用学术研讨会论文集．沈阳：辽宁大学出版社，2007.

北京华文学院编．汉语（小学版）：1—12册．广州：暨南大学出版社，2007.

丁培培．华裔学前儿童汉语教材选编：以印尼培民国际学校幼儿园为例//北京大学对外汉语教育学院．第六届东亚汉语教学研究生论坛暨第九届北京地区对外汉语教学研究生学术论坛论文集，2016.

董兆杰．“认写分流”是科学识字理念．教育实践与研究，2013（7）.

郭熙．论汉语教学的三大分野．中国语文，2015（5）.

郭熙．论祖语与祖语传承．语言战略研究，2017，2（3）.

国家汉办/孔子学院总部．国际汉语教学通用课程大纲．北京：北京语言大学出版社，2010.

国家汉语水平考试委员会办公室考试中心．汉语水平词汇与汉字等级大纲．北京：经济科学出版社，2001.

国家语言文字工作委员会，国家教育委员会．现代汉语常用字表．北京：语文出版社，1988.

国家语言文字工作委员会，国家教育委员会．现代汉语通用字表．北京：语文出版社，1988.

国务院，教育部，国家语言文字工作委员会．通用规范汉字表．北京：语文出版社，2013.

暨南大学华文学院编．中文（小学版）：1—12册．广州：暨南大学出版社，2006.

教育部．全日制义务教育语文课程标准．北京：北京师范大学出版社，2011.

教育部，国家语言文字工作委员会．汉语国际教育用音节汉字词汇等级划分．北京：经济科学出版社，1992.

教育部，国家语言文字工作委员会．汉语国际教育用音节汉字词汇等级划分．北京：经济科学出版社，1992.

教育部语言文字信息管理司．中国语言生活状况报告．北京：商务印书馆，2009.

教育部语言文字信息管理司. 中国语言生活状况报告. 北京：商务印书馆，2010.

教育部语言文字信息管理司. 中国语言生活状况报告. 北京：商务印书馆，2011.

教育部语言文字信息管理司. 中国语言生活状况报告. 北京：商务印书馆，2012.

李大遂. 汉字的系统性与汉字认知. 暨南大学华文学院学报，2006 (1).

李嘉郁. 谈华裔学生汉字习得特点. 海外华文教育，2006 (1).

李如龙. 华文教学的基本字集中教学法刍议. 海外华文教育，2001 (2).

罗庆铭，王燕燕，闵玉. 新版新加坡小学华文教材汉字编写模式. 华文教学与研究，2017 (3).

马来西亚教育局编. 华文（小学）. 吉隆坡：马来西亚教育出版社，2013—2015.

马燕华. 论海外华裔儿童汉字教学的特殊性. 北京师范大学学报（社会科学版），2003 (6).

人民教育出版社编. 标准中文. 北京：人民教育出版社，1999—2002.

史有为. 对外汉语教学最低量基础词汇试探. 语言教学与研究，2008 (1).

苏新春，王铁琨主编. 基础教育语文新课标教材用字用语调查. 中国语言生活状况报告. 北京：商务印书馆，2007.

佟乐泉，张一清. 笔画繁简和词性差别对初识字儿童识记汉字的影响//小学识字教学研究. 广州：广东教育出版社，1999.

王汉卫. 论"华语测试"的三个基石. 暨南大学华文学院学报，2009 (1).

王汉卫. 华文水平测试（HSC）的基本理念. 语言战略研究，2016，1 (5).

王汉卫，刘静，王士雷. 笔素与汉字的难度序. 语言教学与研究，2013 (2).

王宁. 论汉字与汉语的关系. 民俗典籍文字研究，2015 (1).

王宁. 文字在语言教育中的重要作用. 语言科学，2016，15 (4).

王鹏. 海外华裔儿童汉语识字理论和实践. 香港大学教育学院中文教育研究中心，韩国汉字汉文教育学会. 亚洲汉字学与教国际研讨会论文摘要集，2011.

王燕燕，李运富主编. 新编新加坡小学华文教材汉字编写模式及教学策略. 第七届汉字与汉字教育国际研讨会论文集. 北京：中华书局，2017.

新加坡教育部课程规划与发展司. 小学华文：1－12册. 新加坡：EPB教育出版社；北京：人民教育出版社，2007—2014.

赵静，李甦. 3～6岁儿童汉字字形认知的发展. 心理科学，2014，37 (2).

华文水平测试词汇大纲研制的理念与程序*

华测是以海外华裔青少年为测试对象的华语文能力标准化考试。华测的配套大纲有：汉字大纲、词汇大纲、语法大纲、任务大纲、文化大纲。大纲研制的主要环节是条目收录、条目定级、条目标注。本文介绍词汇大纲的研制。

由于汉语字词的特殊关系，需先明确汉字大纲和词汇大纲的分工。

1　汉字大纲、词汇大纲的分工

首先，词汇大纲中的单字条目不同于汉字大纲中的条目。汉字大纲中收录的是汉字，所以都是单字条目。词汇大纲中收录的是词语（包含一些不成词的单字语素，见2.3.1），既有单字条目，也有多字条目。汉字大纲需要从认读字和书写字的角度对条目进行收录及定级，词汇大纲则需要从单字词或语素的角度对单字条目进行收录及定级。

其次，无论是单字条目还是多字条目，词汇大纲对词语的收录及定级不受词语用字难度的影响。比如“西瓜”“香蕉”在词汇大纲中都是一级，不会因为“香蕉”比较难写就将其放到较高等级。具体到听说读写考试，“香蕉”是一级，意味着该词在一级的听力考试和口语考试中可以考查，一级的阅读考试和写作考试能否考查，需要查阅其用字的认读级别和书写级别。

2　条目收录

一个具体的语言片段是否有资格进入词汇大纲，有两个判断标准：首先，是不是词；其次，是否超出考试的最高难度。前一个标准涉及汉语中“词”的界限问题，将在2.3讨论；后一个标准主要基于词频统计数据来掌控，词汇大纲的研制始于语料的收集和词频统计，由此得到一个初始的底表，见2.1。从底表中的词语到词汇大纲中的条目，还需经过删除、补充、修改、合并、拆分等操作，见2.2。

---

* 本文为国务院侨务办公室基金项目“海外华裔青少年华文水平测试”（侨文函［2015］153号）和国家社科基金重大项目“汉语交际能力标准与测评体系研究”（15ZDB101）的阶段性成果。

2.1 底表

小学、初中、高中的语料来源见表 3 – 18。

表 3 – 18 各学段语料库

学段	语料库	规模	加工程度
小学	北京师范大学“小学生作文语料库”，简称“小学库”	约 1 100 万字（72 064 篇）	分词版
初中	网上初中作文，简称“初中库”	约 120 万字（1 998 篇）	生语料①
高中	网上高中作文，简称“高中库”	约 110 万字（1 409 篇）	

我们对上述三个语料库分别进行了词频统计，并将得到的词语列表与《现代汉语常用词表（草案）》（2008）（简称《常用词表》）进行了关联。具体步骤如下：

（1）小学段词语的观察范围：小学库词语种数（type）47 141 种，保留频次大于或等于 10 的共 15 689 种，其中《常用词表》中没有的共 3 556 种，经人工干预，3 556 种中又回收了 464 种，进入小学段观察范围的词语为 12 597（15 689 – 3 556 + 464）种。

（2）初中段词语的观察范围：初中库词语 37 249 种，去掉已在小学段观察范围内的词语后剩余 26 124 种，保留其中频次大于或等于 3 且在《常用词表》中出现的词语共 4 916种。

（3）高中段词语的观察范围：高中库词语为 36 530 种，去掉已在小学段、初中段观察范围内的词语后剩余 21 685 种，保留其中频次大于等于 3 且在《常用词表》中出现的词语共 2 356 种。

（4）三个语料库的低频部分回收：小学库频次小于 10 的词语、初中库频次小于 3 的词语、高中库频次小于 3 的词语，三者取并集，去除之前已进入观察范围②的词语后剩余词语 15 779 种。对其通过人工干预进行回收，其中单字词语、三字及三字以上的词语逐个干预，决定是否回收；二字词语由于数量较多（11 559），只对《常用词表》频序在 30 000 以内的词语（6 540）进行了干预。总共回收 4 257 种。

经过以上四步，底表共有词语 24 126（12 597 + 4 916 + 2 356 + 4 257）种。

2.2 从底表词语到大纲条目

从底表中的词语到词汇大纲中的条目，主要涉及以下几类操作：删除、补充、修改、合并、拆分。

2.2.1 删除

需要删除的情况主要包括：

（1）更像是词组的“词”。语料库的词频统计是基于分词软件分词的，而分词软件自带的词表往往会包含一些超词单位，如“剩下”“离家”“多次”“每逢”“无人”“在外”“黑瘦”“是不是”等。

---

① 利用国家语委“语料库在线”（http://www.aihanyu.org/cncorpus/index.aspx）提供的字词频率统计工具进行词频统计。

② 比如“含蓄”一词在小学库的频次为 3，未能进入小学段的观察范围，但在初中库的频次为 5，已经进入了初中段的观察范围。

（2）重叠形式。分词软件对语料库中出现的 aa、aabb、abab 等重叠形式会动态识别，即会把“高高兴兴”等作为一个切分单位，而这类词语是受规则控制的，没必要收入词汇大纲。但有必要保留 ab 不是词的 aabb 式，如“轰轰烈烈”“跌跌撞撞”等。

（3）生僻词语。包括少见事物、现象等，如“茱萸”“悬梁”。

（4）语料中出现的字串与语文词典中的词语用字相同，但实际所指不同。比如“学友”，语料中的“学友”作为一个切分单位，是因为分词软件自带词表中有“学友”一词，“学友”确实可算是语文词典中的一个词，《现代汉语词典（第7版）》（简称《现汉7》）收为条目“【学友】xuéyǒu 名 同学：同三五～郊外踏青”。而语料中出现的“学友”是人名。发现这类字串时，会将其删除。

2.2.2　补充

为了保证系统性，需要补充一些底表中没有出现的词语。比如底表中有“厘米”“毫米”，没有“分米”，就需要将“分米”补充进来。再如有“阳性”，补充“阴性”；有“船长”，补充“机长”。

2.2.3　修改

修改操作主要集中在如下情况：

（1）只出现在更大环境的词语。比如“昙花”几乎只出现在“昙花一现”中，将“昙花”改为“昙花一现”。再如“系铃人”改为“解铃还须系铃人”，“作痛”改为“隐隐作痛”。

（2）有固定唯一搭配的词语。比如“远门”只和动词“出”搭配，尽管“出远门”中间可以插入其他成分（“出了一趟远门”），但搭配很固定，将“远门”改为“出远门”，再如“懒觉”改为“睡懒觉”。

（3）简称更常用。比如“高速铁路”改为“高铁”。

2.2.4　合并

将同义且难度无差别的词语进行合并。如“鞋子”和“鞋”合并为一个条目“鞋子｜鞋”，再如“芭蕾舞｜芭蕾”“冰淇淋｜冰激凌”“电扇｜电风扇｜风扇”“调换｜掉换”“天长地久｜地久天长”“百折不挠｜百折不回”“妈妈｜妈”。同义但难度有差别的词语不合并，如“狗”和“犬”不合并。

2.2.5　拆分

一些同形词、多义词的意义（义项）之间差别较大，不拆分无法分别定级，需要进行拆分。举例见表 3－19。

表 3－19　拆分后条目举例

条目	拼音	词类	级别	示例
米 1	mǐ	名	一	米和面
米 2	mǐ	量	一	1 米
正当 1	zhèngdāng	动	二	正当我走神时，老师叫我起来回答问题
正当 2	zhèngdàng	形	四	正当的理由

（续上表）

条目	拼音	词类	级别	示例
出口 1	chūkǒu	名	二	大厅出口
出口 2	chūkǒu	动	三	话一出口就收不回来了
出口 3	chūkǒu	动	四	出口商品

2.3 汉语“词”的界限问题及大纲收录

词汇大纲收录的对象理应是“词”，但汉语存在“词”的划界难题：“词”和“语素”的界限问题；“词”和“词组”的界限问题。

2.3.1 单字语素的去留

语素和词的划界问题其实是单字语素是否成词的问题。大纲既收了单字词，也收了一些组合能力较强的不够独立的单字语素。原因是后者如果不收，会导致伪超纲问题。

理论上，不够独立的单字语素不该收入词汇大纲，但是对于其中那些组合能力较强的，如果大纲不收，实践中会导致很多包含该类单字的组合成为超纲词，这些字组被大纲拒之门外的原因既非难度超纲，也非本身不是“词”（理论上包含不成词语素的语言片段一定是词，不可能是词组）。比如，大纲收了“学校”，又收了包含“校”的一些组合“校长”“校园”“校车”“军校”“母校”“华校”等，但没收“校”，也没收包含“校”的另外一些组合“校门”“校歌”“艺校”等，如此，当试题语料中出现大纲中未收的组合时，如出现“校门”，无论将其当作一个词还是两个词，都会超纲。此类超纲并非因为词语难度，而是伪超纲。解决之道就是将组合能力较强的不够独立的语素也收入大纲，如此虽不能彻底解决问题（组合能力弱的其构成的组合往往也不能绝对穷尽，比如“厕”，能想到的组合有“厕所”“公厕”“男厕”“女厕”“厕纸”“洁厕”，但也不能保证没有其他组合了），但可以在很大比例上解决问题。

具体做法如下：首先，已收单字条目的用字整理。已拆分的单字条目还原其用字，如“米 1”“米 2”还原为“米”，已合并的条目中包含单字条目的提取出单字，如“鞋子 | 鞋”，提取出“鞋”。整理后，已收单字条目的用字为 2 317 个。其次，单字组合能力的粗略统计。以国务院 2013 年公布的《通用规范汉字表》中的一级 3 500 字为观察范围，统计该 3 500 字在《常用词表》中构二字词语的数量，作为单字组合能力的指标。最后，将 2 317 字与 3 500 字作比对。3 500 字中构二字词数量大于或等于 30 的且未在 2 317字中的，补充进大纲。这样，又补充了“目”“务”“农”“联”“程”等25 个单字条目。

有两点说明：①补充数量不多。汉语中有大量不够独立但在分词语料中常常落单的语素，这类语素在词频统计结果中作为单字“词”的频率不低，已经存在于 2.1 的底表中了，在 2.2.1 的删除操作时，由于语素收录的理念，对其选择了保留。②语素的组合能力通过汉字来统计还很粗疏，原因是存在一字多义（包括同形和多义）。一字多义的存在，使得很多时候某一汉字的组合能力并不能准确反映某一语素的组合能力。不过，我们的目的是拾遗补阙，组合能力强的语素必然存在于组合能力强的汉字当中，因此，粗疏的统计是能达到目的的。

2.3.2　透明组合的取舍

汉语“词”和“词组”的划界问题集中在透明组合上。

关于透明组合，组合成分中至少有一方不独立的情况，在理论上一定是词，只是实践中无法尽收；组合成分皆独立的情况在理论上有双重身份（比如把“晴”看成自由语素，“天”看成自由语素，“晴天”在理论上就可以算作词；而把“晴”看成单纯词，“天”看成单纯词，“晴天”在理论上就可以看作词组），实践中同样无法尽收。为此，我们从“同聚类字组”的多少来考虑问题。透明组合分三种情况，见表3－20。这里说的“同聚类字组”是指一方组合成分相同（同用字、同意义、同位置），且组合关系相同。

表3－20　透明组合情况举例

情况	举例	备注
a. 没有同聚类字组	蓝天	天空的常态颜色是蓝色的，有“蓝天”的说法，虽然也有灰色的天空，但没有“灰天”“乌天”的说法，另外，“白天”“黑天”的“天”与“蓝天”的“天”义项不同，所以“蓝天”没有同聚类字组
b. 同聚类字组数量有限	晴天、阴天； 穷人、富人； 春季、夏季、秋季、冬季	“人”可以按很多角度分类，因此“人”的字组很多，这里是按比较细化的语义场聚出的小类，比如“男人、女人”是一个聚类，“高人、矮人、胖人、瘦人”也是一个聚类
c. 同聚类字组众多	暗示、暗杀、暗访、暗藏、暗笑、暗算、暗恋、暗含……	“暗＋动作行为”的组合很多，是开放集合

各种情况的处理如下：情况a，直接参照《现汉7》的取舍标准；情况b，每个聚类因成员有限而相对封闭，可以做到收录的系统性，同一聚类的组合收则皆收，弃则皆弃；情况c，每个聚类都是开放集合，意味着不可能做到收录的系统性，目前的做法是参照频率信息收录部分组合。

2.4　进一步补充

2.4.1　相关大纲词表

条目基本确定后，与相关大纲、词表进行比较，以进一步补充完善。

相关大纲或词表有：①1992年的《汉语水平词汇与汉字等级大纲》（8 822词）；②2010年的《汉语国际教育用音节汉字词汇等级划分》（11 092词）；③2010年的《新汉语水平考试大纲（词汇）》（5 000词）；④2015年的《HSK考试大纲（词汇大纲）》（5 000词）；⑤《义务教育常用词表（草案）》（14 323词）。

初步筛选：大纲①比较早，且大纲②可算是大纲①的修订①，因此直接考虑大纲②。大纲④是对大纲③的修订，直接考虑大纲④。词表⑤的具体条目未见公布，无法比较，

① 刘英琳、马箭飞（2010）指出：研制《汉语国际教育用音节和汉字词汇等级划分》不是对1992年《汉语水平词汇与汉字等级大纲》所做的简单的、一般性的修订。

暂不考虑。进一步筛选：大纲④的总词汇量是“5 000 及以上”，实际列出的条目是 5 000，规模太小，也不考虑。因此，只与大纲②做比较。

为表述方便，本文将华测的词汇大纲称为《华测词纲》，大纲②称为《等级划分》。

2.4.2 参照《等级划分》进一步补充

将《华测词纲》中的条目（已拆分、合并的条目还原为未拆分、未合并的条目）与《等级划分》中的条目［也存在一些拆分、合并的条目，前者如“对”有两个条目，后者如“爸爸｜爸”“混浊（浑浊）”等，做类似还原处理］进行比较。《等级划分》中有而《华测词纲》里没有的条目共 1 539 个，从中补充了 368 个。未补充进《华测词纲》的词语主要有以下类型：①偏难的词语。华测的最高级别是高中毕业群体，虽然已接轨成人，但有些词语离该群体的日常生活还是较远，如“兜售”“拜会”“隐情”等。②比较松散的结构。刘英琳、马箭飞（2010）指出《等级划分》中会收一些常见、常用结构，如“打电话、看病”“比如说、是不是”“请问、家里”等。这与《华测大纲》的收词理念不一样。③《华测词纲》“附录词语”收录的词语。《华测词纲》分基本词语和附录词语，后者收录一些特殊类别的词语，如地名、朝代名、节日等，见下文 5。《等级划分》包括：一（普及化等级词汇）、二（中级词汇）、三（高级词汇）、附（高级“附录”词汇），“附”级的词语与其“一”“二”“三”级的词语主要是难度上的区分，与《华测词纲》的“附录词语”所指不同。我们在比较时，实际的比对双方是《华测词纲》的基本词语和《等级划分》的全部词语，当发现 1 539 个词语已在《华测词纲》的附录词语中时，也不再将其作为基本词语补充了。比如“中秋节”在《等级划分》中，不在《华测词纲》的基本词语里，但在《华测大纲》的附录词语里，无须补充。

3 条目定级

根据华测的总体设计，共有 5 个级别：一级（小学二年级）、二级（小学四年级）、三级（小学毕业）、四级（初中毕业）、五级（高中毕业）。

基于作文语料库（语言输出性质）、教材语料库（语言输入性质），算法加人工干预，经过 3 次定级完成整个定级工作。

3.1 初次定级

基于作文语料库（2.1 中的小学库、初中库、高中库）的分布信息，进行自动定级。

小学库中的词语根据年级分布信息设定算法自动定级为一级、二级、三级。初中库中的词语初次定级为四级，高中库中的词语初次定级为五级。

小学库的相关统计数据见表 3－21。除了每个条目在小学库中的总次数，还按年级（一二年级、三四年级、五六年级）分别统计了次数，由于各年级段的语料规模不一致，进而计算了频率（技术上换算为百万词频，即实际频率统一乘以 100 万，含义为每 100 万词的语料中会出现多少次），然后根据频率计算出每个条目在各年级段的分布比例，最后按照统一的算法进行定级。具体的算法是：如果“一二年级比例”大于或等于 30%，级别为“一”；如果“一二年级比例”与“三四年级比例”之和大于或等于 60%，级别为“二”；否则级别为“三”。

表 3－21 初次定级统计数据及条目举例

条目	总次数	一二年级次数	三四年级次数	五六年级次数	一二年级百万词频	三四年级百万词频	五六年级百万词频	一二年级比例	三四年级比例	五六年级比例	初次定级
鼓掌	130	81	43	6	17	14	16	36.5%	30.3%	33.2%	一
奇特	130	44	51	35	9	17	92	8.0%	14.4%	77.7%	三

3.2 二次定级

人工干预进行二次定级。

首先，对不适合自动定级的词语，通过人工干预定级。三库中低频回收入底表的条目以及补充、修改、拆分、合并的条目，人工干预定级。

其次，对自动定级结果明显不合理的条目进行人工干预，重新定级。如“娶”的自动定级结果为“一”，人工干预后定级为“三”。

最后，语料分词错误会导致统计偏差，进而影响自动定级结果，也需人工干预来发现并调整级别。如“学会”一条，语料库中出现了大量的“学会”，其实是“学会做什么”的“学会”，并不是《现汉 7》中作为词的“学会”（【学会】xuéhuì 名 由研究某一学科的人组成的学术团体，如物理学会、生物学会等），经过人工干预，保留了“学会”，但将其级别由“一”调整为“五”。

3.3 三次定级

基于教材语料库，对各条目的级别做进一步调整。

所利用的国内语文教材和国外华文教材及对应级别见表 3－22。有的教材无法收集到从小学一年级一直到高中毕业全套，有的教材本身就不覆盖全部学段，此外，由于国外的学制与国内学制并不完全一样，所以国外教材的级别只是做了大致对应。

表 3－22 教材语料库

	教材	对应级别
国内	人教版（人民教育出版社）	一级、二级、三级、四级、五级
	苏教版（江苏教育出版社）	一级、二级、三级、四级、五级
	北师大版（北京师范大学出版社）	一级、二级、三级、四级、五级
	语文 s 版（语文出版社）	一级、二级、三级、四级
国外	《汉语》（暨南大学出版社）	一级、二级、三级、四级
	《中文》（暨南大学出版社）	一级、二级、三级、四级
	新加坡《小学华文》（人民教育出版社）	一级、二级、三级、四级
	新加坡《中学华文》（名创教育出版社）	

（续上表）

	教材	对应级别
国外	《菲律宾华语课本》（菲律宾华教中心）	一级、二级、三级、四级
	马来西亚《华文》（马文化出版社）	二级、三级、四级、五级
	马立平《中文》（HCC）	一级、二级、三级
	《朗朗中文》（江西教育出版社）	一级、二级

底表中各条目在教材库中的分布信息（在几套教材中出现），见表3－23举例。参照该信息，人工干预进行三次定级。比如“必然”二次定级为“四”，参照教材分布信息，三次定级仍为“四”；“习性”二次定级为“三”，三次定级调整为“四”；“袖子”二次定级为“一”，参照教材分布信息，似乎调整为“三”更合适，但教材的语料规模毕竟有限，仅供参考而已，考虑到“袖子”一词认知年龄很低且没有习得难度，仍保留为“一”。

表3－23　教材库条目分布信息举例

条目	二次定级	国内一级套数	国外一级套数	一级总套数	国内二级套数	国外二级套数	二级总套数	国内三级套数	国外三级套数	三级总套数	国内四级套数	国外四级套数	四级总套数	国内五级套数	国外五级套数	五级总套数	三次定级
必然	四	0	0	0	0	0	0	3	1	4	4	3	7	3	1	4	四
习性	三	0	0	0	0	1	1	0	1	1	3	0	3	3	0	3	四
袖子	一	0	0	0	1	0	1	2	3	5	3	2	5	2	0	2	一

3.4　等级分布

大纲基本词语等级分布见表3－24。

表3－24　基本词语条目等级分布

<table>
<tr><th>等级</th><th colspan="5">数量</th></tr>
<tr><td>一</td><td>2 162</td><td rowspan="2">4 987</td><td rowspan="3">9 286</td><td rowspan="4">14 290</td><td rowspan="5">20 897</td></tr>
<tr><td>二</td><td>2 825</td></tr>
<tr><td>三</td><td>4 299</td><td></td></tr>
<tr><td>四</td><td>5 004</td><td></td><td></td></tr>
<tr><td>五</td><td>6 607</td><td></td><td></td><td></td></tr>
</table>

4　条目标注

大纲中每个条目的标注信息，除了“等级”外，还有“拼音”“词类”“示例”。

首先，拼音。参考《现汉 7》发现，其拼音标注非常细致，会对轻读重读、多字条目中间是否可插入其他成分、多字条目是连写还是分写等进行区分，详见其“凡例 3 注音”。对词汇大纲来说，语文词典式的拼音标注过于烦琐，因此大纲采用最基本的音节加声调的标注。

其次，词类。基本采用《现汉 7》的标注，详见其“凡例 5 词类标注”。有几点说明：①参照《现汉 7》，大纲在词类标注上也对词与非词进行区分，非词包括：不够独立的单字语素条目给出的标记是“语素”；极少数二字条目（如“但愿”“极了”“没错”等 10 个左右）、一部分三字条目、绝大多数三字以上条目给出的标记是“～”。②《现汉 7》的词类标注是具体到义项的，所以不存在兼类，大纲收录的多义条目，如果义项间差别不大且不同义项没有难度差别，就不会拆分为不同条目，因此会有兼类情况。比如“陈设”标注为“动、名”，“韵”标注为“名、语素”。③基本参照《现汉 7》而没有完全严格按照其标注结果，原因是汉语“词”的类别问题和“词”的界限问题一样存在很多争议，比如《现汉 7》对“海啸”标注的是名词，而对“地震”标注的是动词，我们认为二者从内部结构看，构词成分同类、组合关系一致，从整体语义看属于同语义场，因此我们都标注为“名”。

最后，示例。为了区别拆分产生的条目，会给出“示例”信息，如表 3－19 所示。其他条目不给出“示例”。

5 附录词语

将收录的条目分为基本词语和附录词语。表 3－24 的统计数据是基本词语部分。附录词语不分等级。

附录词语类别包括：大写数字、天干、地支、笔画、朝代、货币、节日、民族、行星、星座、姓氏、地名—洲、地名—洲区划、地名—国家、地名—省中国、地名—城市中国、地名—城市世界、地名—洋、地名—山河江海、化学元素、节气、标点、字体、军衔、中国军队编制单位。

这些类别有的是封闭集合，有的是半封闭集合，有的是开放集合。每个类别在罗列所包含的词语时，有的穷举，有的枚举，规律性强的给出规律提示。见表 3－25 举例。

表 3－25 附录词语类别举例

类别	词语	集合性质	罗列	规律提示
大写数字	壹、贰、叁、肆、伍、陆、柒、捌、玖、拾、佰、仟、万	封闭	穷举	
朝代	夏、商、西周、东周（春秋、战国）、秦、西汉、东汉、汉、三国（魏、蜀、吴）、晋（西晋、东晋）、南朝（宋、齐、梁、陈）、北朝（北魏、东魏、西魏、北齐、北周）、隋、唐、五代（后梁、后唐、后晋、后汉、后周）十国、北宋、南宋（辽、西夏、金）、元、明、清	半封闭	枚举	～朝～代

（续上表）

类别	词语	集合性质	罗列	规律提示
化学元素	氢（H）、氦（He）、锂（Li）、碳（C）、氮（N）、氧（O）、氟（F）、钠（Na）、镁（Mg）、铝（Al）、硅（Si）、磷（P）、硫（S）、氯（Cl）、钾（K）、钙（Ca）、铁（Fe）、铜（Cu）、银（Ag）、锡（Sn）、碘（I）、金（Au）、汞（Hg）、铅（Pb）	封闭	枚举	汉字偏旁
姓氏（单）	常见：李、王、张、刘、陈、杨、赵、黄、周、吴、徐、孙、胡、朱、高、林、何、郭、马、罗、梁、宋、郑、谢、韩、唐、冯、于、董、萧、程、曹、袁、邓、许、傅、沈、曾、彭、吕、苏、卢、蒋、蔡、贾、丁、魏、薛、叶、阎、余、潘、杜、戴、夏、钟、汪、田、任、姜、范、方、石、姚、谭、廖、邹、熊、金、陆、郝、孔、白、崔、康、毛、邱、秦、江、史、顾、侯、邵、孟、龙、万、段、漕、钱、汤、尹、黎、易、常、武、乔、贺、赖、龚、文 较常见：齐、莫、付、曲、严、章、施、庄、丘、肖、陶、郎、兰、聂、卫、匡、颜、霍、骆、邢、覃、葛、韦、卓、牟、詹、樊、狄、穆、鲍、滕、鲁、柳	开放	枚举	～

6 结语

本文首先明确了华测汉字大纲与词汇大纲的分工，然后介绍了词汇大纲条目收录、定级、标注的具体工作。

大纲收录的都是现代汉语普通话词汇，没有涉及海外华语特色词，是基于以下两点考虑：（1）华测是面向海外华裔群体的通用考试，并非针对某个国家或地区开发，而华语特色词具有地域专用性，因此不适合作为通用条目收入大纲。（2）大纲主要服务于输入性考试（听力、阅读）的语料难度控制及考点词汇选择，当考生在输出性考试（口语、写作）中使用了华语特色词时，华测采用接受的评判标准。

（本文原载于《华文教学与研究》2020 年第 2 期。作者：王洁）

参考文献

董秀芳. 汉语的词库与词法. 北京：北京大学出版社，2004.

冯志伟. “理论词”和“语素”的概念在语言学上的严重缺陷. 现代语文（文学研究），2011（3）.

符淮青. 现代汉语词汇（第 2 版）. 北京：北京大学出版社，2004.

高翀. 语义透明度与现代汉语语文词典的收词. 中国语文，2015（5）.

郭熙. 中文（初中版）. 广州：暨南大学出版社，2010.

国家对外汉语教学领导小组办公室汉语水平考试部，北京语言大学汉语水平考试中心（刘英林主编）．汉语水平词汇与汉字等级大纲．北京：北京语言学院出版社，1992.

国家汉办/孔子学院总部．新汉语水平考试大纲．北京：商务印书馆，2010.

国家汉办，教育部社科司《汉语国际教育用音节汉字词汇等级划分》课题组．汉语国际教育用音节汉字词汇等级划分．北京：北京语言大学出版社，2010.

国家语委语用所《现代汉语通用词》课题组，厉兵（执笔）．《现代汉语通用词》选词原则．语言文字应用，1998（2）．

黄伯荣，廖旭东．现代汉语．北京：高等教育出版社，1997.

贾益民．中文（小学版）．广州：暨南大学出版社，2006.

姜德梧．关于《汉语水平词汇与汉字等级大纲》的思考．世界汉语教学，2004（1）．

江西中文天下文化传播公司．朗朗中文：小学．南昌：江西教育出版社，2009—2010.

教育部，国家语言文字工作委员会．通用规范汉字表（国发〔2013〕23号）．

孔子学院总部/国家汉办．HSK考试大纲．北京：人民教育出版社，2015.

刘英林，马箭飞．研制《音节和汉字词汇等级划分》探寻汉语国际教育新思维．世界汉语教学，2010，24（1）．

马来西亚教育局．华文．吉隆坡：马来西亚教育出版社，2013—2015.

马立平．中文．立平：中文网站，2012.

沈文，杨石泉．菲律宾华语课本．马尼拉：菲律宾华教中心，2006.

苏新春．《义务教育常用词表（草案）》研制的理论与方法．语言文字应用，2017（3）．

谭景春．词的意义、结构的意义与词典释义．中国语文，2000（1）．

谭景春．名名偏正结构的语义关系及其在词典释义中的作用．中国语文，2010（4）．

王汉卫，黄海峰，杨万兵．华文水平测试的总体设计．华文教学与研究，2013（4）．

王汉卫，凡细珍，邵明明，等．华文水平测试总体设计再认识：基于印尼、菲律宾、新加坡的调查分析．华文教学与研究，2014（3）．

王洪君．《信息处理用现代汉语分词词表》的内部构造和汉语的结构特点．语言文字应用，2001（4）．

《现代汉语常用词表》课题组，现代汉语常用词表（草案）．北京：商务印书馆，2008.

新加坡教育部课程规划与发展司．华文．新加坡：EPB教育出版社；北京：人民教育出版社，2007—2014.

苑春法，黄昌宁．基于语素数据库的汉语语素及构词研究．语言文字应用，1998（3）．

张博．关于词汇大纲语言单位取向问题的思考：兼议《新汉语水平考试大纲》“重大轻小”的收录取向．语言教学与研究，2015（1）．

中国社会科学院语言研究所词典编辑室编．现代汉语词典．7版．北京：商务印书馆，2016.

华文水平测试文化分级大纲研制理念与程序*

1 前言

20世纪80年代以来，文化研究在对外汉语学界受到重视，“交际文化”理论引起反响（张占一，1984；赵贤州，1992；周思源，1992；许嘉璐，2000），文化教学的探讨颇为热烈；随着“语法等级大纲”“词汇与汉字等级大纲”问世，文化大纲研制就提上日程。陈光磊（1994）提出应建构着眼于语构、语义、语用文化的文化大纲，林国立（1997）提出“制订一个文化因素教学大纲”；张英（2004，2009）提出制定以文化为本的“独立”的大纲，内容以“跨文化交际中的文化”为主：这4篇文章探讨的是文化大纲以语言为本还是文化为本的根本性问题。尽管制定文化大纲“比研究文化因素、文化教学更为复杂和艰巨”（李晓琪，2006），但学人们也一直在努力地探索着。卢伟（2005）《中国文化教学大纲》把中国文化内容分为3种类型、10个总类、31个子类、190个文化素，属于文化因素教学大纲，又因它是针对《乘风汉语》教材编写而制定的，所以并不是真正意义上的文化大纲；孔子学院总部/国家汉办（2010）《国际汉语教学通用课程大纲》中附有《中国文化题材及文化任务举例表》，分为五级文化题材，列举若干交际性话题，其一定程度上有益于国际汉语教师教学与教材编写，但也不是文化大纲。施仲谋（2014）面向香港中小学生制定《中华文化教学大纲》，按四个学习阶段编制不同内容，有其积极意义，但等级的划分有待斟酌。我们认为，文化大纲的研究总体上成绩不很突出，迄今尚未有大纲的出版，这对文化教学的规范存在着影响。

华测文化分级大纲研制始于2013年，它是“华文水平测试”课题之标准系统的组成部分（王汉卫等，2013），主要任务是为测试的文化语料建设提供支持，即直接服务于听、说、读、写各分项语言技能测试。换言之，华测文化大纲并非为文化考试服务——文化不是测点，而是语料属性的标识，所以它与一般的文化考试大纲不同，与文化教学大纲也有差异。华测文化分级大纲业已完成，今不揣浅陋，将研制情况汇报如下，以求教于高明。

---

* 本文为国务院侨务办公室基金项目“海外华裔青少年华文水平测试”（侨文函［2015］153号）的阶段性成果。

2　研制原则

2.1　系统性原则

系统性主要体现在两大方面：一是框架结构的系统性。首先是大类的划分。文化是语言的管轨，本大纲确定“根据文化自身的本质属性进行分类”原则（许嘉璐，2000），采用“物质、制度、行为、心态”四分法呈现文化内容（张岱年等，2004）。其次“大类”下设为“小类—子类—文化点—内容举例”，使上下位有紧密的逻辑关系。如，“物质文化”包括衣、食、用、住、行五小类；“衣”又包括帽饰、布料、服装、鞋子等子类；“服装”又包括古代服装、近代服装、当代服装等文化点。这一结构从横向上保证了分类的系统性。

二是内容的体系性。文化项目存在着结构交叉现象，例如“建筑”，既属物质文化，又属制度文化、心态文化，因此在确定文化项归类时，依其显现的物质形态而定位为“物质文化”，而不在“心态文化”中设项。这一设计既避免了重复，又使结构清晰。

2.2　开放性原则

“文化点”包含丰富，难以穷尽，本大纲采取“内容举例”方式，通过示范性举例引导人们举一反三，自我扩充相关内容。如文化点“远古神话”，其“内容举例”列有“盘古开天、共工怒触不周山、女娲造人、后羿射日”四例，人们可根据需要增补“女娲补天、精卫填海、大禹治水”等内容。当然，大纲的开放性并不是无限度的，它主要由目标被试语言水平与内容的契合度所决定。

2.3　针对性原则

华测文化大纲文化点以及等级的分布，是根据华测总体设计、单项测试的等级标准以及华裔青少年学习的阶段性特点确定。如，“心态文化”下有“语言汉字”小类，主要针对华裔初级学生语言学习的实际而设；“行为文化”下有“交际行为文化”小类，主要检验初中级学生语言与行为交际的实际面貌；在一些“古代＊＊”文化点下并列“当代＊＊”，目的是增强华裔青少年对当代中国的了解与认知。

2.4　思想教育性原则

既然是语言测试，自然可通过一些文化类语料进行。我们希望借此“连带”增强华裔青少年对中华文化的认知，对祖籍国的了解。因此文化项目要突出以下几点：其一，观念具有普适性、现代性特点：它既是中国的也是世界的，既是古代的也是当代的，具有永恒性。其二，观念富有民族性，体现民族文化的精髓，如天人合一观念、中正和谐观念等。其三，古代内容也要充满正能量，不选取“负面”“丑陋”和落后的东西。其四，对当代中国的发展成就予以宣扬，如“一路一带”、高铁等。当然思想教育性是隐性的，它不能喧宾夺主，更不能是政治说教。

3　基本内容

文化内容与汉语非母语者的学习阶段相关。周思源（1996）、张英（2004）等提出初级阶段的文化主要是语言中的“文化因素”或“文化背景知识”；而到中高级，“也不仅以交际文化为主”，涉及更多专门文化，即“对外汉语文化教学”的文化知识。可见文化因素、交际文化只是文化教学的部分内容。文化大纲的主体内容包括：

其一，具有本质属性的文化知识，包括物态文化、制度文化、行为文化和心态文化，即具有生命力的中华传统文化知识、观念及其现代化内容（王汉卫等，2014；赵日彰等，2014；李泉，2011）。自然，当代国情的相关内容也分列于四类文化中。

其二，结合语言教学和学习特点而加以细分的内容。

（1）在“心态文化”部分专设“汉字”，着重“汉字故事”及其反映的政治、经济、文化风貌。

（2）在“行为文化”部分专设“交际行为文化”，探讨行为规约及背后的深层观念。

（3）在“制度文化”中重视揭示语义文化，如透析“席地而坐、主席、酒席、席位”等词汇，以更好理解古代礼仪制度。

本大纲在内容上希望以更广阔的视野将优秀的中华文化通过具体语料表现出来，既包括物质文化，也包括精神文化；既包纳与语言学习相关的背景文化，也融合显性特征的文史哲文化。

4 框架结构

本大纲采用树状结构（张英，2009），按“大类—小类—子类—文化点—内容举例”五级列项，使纲目相衔相续，贯通一体。

4.1 文化大纲的根干：大类—小类—子类

以树为喻，则文化的四“大类”即为树根，21“小类”为树干，101“子类”为枝干。详见表3-26：

表3-26 文化大纲的分类表

大类	小类	子类（文化点数量）
物质文化	服饰	布料（1），服装（3），鞋类（1），帽饰（1）
	饮食	饮食观念（2），菜品（9），主食（2），小吃（1），茶（10），酒（4），中国饮食的全球化（3）
	器用	草木器用（1），铁制器用（1），陶瓷（11）
	建筑	宫殿（2），民居（1），军事建筑（1），陵墓与祭祀场所（2），宗教建筑（1），文化体育建筑（2），商业建筑（1），园林（5）
	交通	公路（2），铁路（1），水路（2），航空航天（3），信息传递（2），物资流动（2）

（续上表）

大类	小类	子类（文化点数量）
制度文化	宗法制度	宗法制度的确立（2），宗法制度的影响（2）
	姓氏制度	姓氏的产生与确定（2），名字的确定（1）
	婚姻家庭制度	婚姻观念（2），婚姻形态（2），婚姻功能（1），婚礼习俗（2），婚姻美满的典范（2），家庭观念（2），家庭生产（2），家庭教育（2）
	经济制度	土地制度（2），经济模式（4），资源的保护与开发（5），对外经济（2）
	政治制度	疆域（3），人口（4），基本制度（2），中央行政制度（2），地方行政区域制度（2），官员选拔制度（4）
	民族与对外交往制度	民族制度（5），对外交往（2）
	学校教育	教育观念（2），办学形式（3），教育内容（4）
	礼仪制度	祭祀（2），礼器（1），人生礼仪（1），学校礼仪（2），生活礼仪（1）
行为文化	民俗行为文化	传统历法与节日（8），当代节日（4），生活民俗（2），游艺民俗（1），民间观念（2）
	交际行为文化	言语（8），体态（4），态度（5），表达方式（2）
心态文化	思想观念	世界观（3），价值观（3），伦理道德观（1）
	语言文字	国家通用语（1），汉语方言（2），汉字的发展历史（2），汉字的文化及应用（3）
	文学	古代文学（38），现代文学（9），当代文学（8），民间文学（6），儿童文学（6）
	历史	先秦（9），秦汉（8），三国魏晋南北朝（4），隋唐（4），宋元明清（13），近现代（7）
	古代哲学与宗教	儒家（9），道家（4），墨家（3），法家（3），兵家（3），原始信仰（3），道教（3），佛教（6）
	艺术	音乐（5），戏曲（5），书法（4），绘画（4），雕刻（4）

从上表可见，其一，下位的类别能较全面地体现上位的基本内容。如，小类“思想观念、语言文字、文学、历史、古代哲学与宗教、艺术”之于大类“心态文化”，就体现了这一特点。其二，在同类之间并列项的排列上，大纲或以历史的先后为序，如文学，先列“古代文学”，再到“现代文学”“现当代文学”；或先整体再个体、先抽象再具体，如婚姻家庭制度，先列“婚姻观念，婚姻形态，婚姻功能”等观念制度文化，再到“婚礼习俗，婚姻美满的典范”等具体表现形态。总之，大纲十分重视内容的完整性、体系性，排列次序的逻辑性、合理性。

4.2 文化大纲的分枝：371 文化点

4.2.1 文化点的呈现

本大纲共设 371 个文化点。其虽称“点”，实则具有“类”的特征（见表 3－27）。如“当代饮食观念”，它包含“注重营养与原汁原味，重视健康与养生，关注食品安全等”若干文化项。

表 3－27 文化点的呈现样例

序号	大类	小类	子类	文化点
7	物质文化	饮食	饮食观念	传统饮食观念
8	物质文化	饮食	饮食观念	当代饮食观念
9	物质文化	饮食	菜品	著名菜系之鲁菜
10	物质文化	饮食	菜品	著名菜系之川菜
11	物质文化	饮食	菜品	著名菜系之粤菜
12	物质文化	饮食	菜品	著名菜系之湘菜
13	物质文化	饮食	菜品	著名菜系之苏菜
14	物质文化	饮食	菜品	著名菜系之闽菜
15	物质文化	饮食	菜品	著名菜系之浙菜
16	物质文化	饮食	菜品	著名菜系之徽菜
17	物质文化	饮食	菜品	非著名菜系之特色菜肴
18	物质文化	饮食	主食	特色面食
19	物质文化	饮食	主食	特色米食
20	物质文化	饮食	小吃	特色小吃

4.2.2 文化点的择取原则

（1）以中外文化的比较为横坐标，中国文化的古今联系为纵坐标，共同构成了文化点择取的主坐标。

“中外文化的比较”指以中国文化为主体，以外国文化为参照，“寻找”中国文化的独特点。如丝绸等“传统布料”，陶瓷等“日常器用”，高铁、移动支付等“当代交通与物流”，皆为此类；而西服、运动鞋等无中国文化要素，则不选。

“中国文化的古今联系”重在探讨中华文化的生命力，具体表现为传统文化生生不息（李泉，2011），虽时代演替，但依然葆有青春活力。如“传统饮食”，不但历久弥新，而且享誉海外；古代“天下大同”世界观，当代发扬光大为“构建人类命运共同体”；古代的丝绸之路，当代拓展为“一带一路”倡议。总之，寻根探源，架起古今文化的桥梁让华裔学生感受文化、学习语言不无益处。

（2）对照中国古今文化的显著差异，以彰显社会的发展，国家的进步。如在子类

"公路"下，列有"古代公路"与"现代公路"两文化点；在"对外交往"下，列有"古代的对外交往"与"当代的对外交往"。自然，对于古有今无、古无今有者，则存"有"阙"无"，不可机械对照。如"铁路"，仅列"现代铁路"。

（3）对历史、文学、哲学部分，择取重要历史人物与事件、优秀科技成果，主要作家、作品，主要哲学流派、思想等内容，依照知识性、趣味性、思想性、审美性的标准取舍。

4.3 文化大纲的茂叶：内容举例

枝繁叶茂是树木旺盛的表征。"内容举例"即是"大类—小类—子类—文化点"生发的"茂叶"，其以举例的形式展示"文化点"，内容有启示性，使人推而广之，触类旁通，拓展出更大空间。现以"交通"部分为例，见表3-28。

表3-28 文化大纲的内容样例

序号	大类	小类	子类	文化点	内容举例	等级
71	物质文化	交通	航空航天	古代飞天梦想	1. 神话中的飞天：嫦娥奔月。2. 飞天的"参照物"：木鸟与风筝。3. 飞天壮举：明代万户飞天	二—四
72	物质文化	交通	航空航天	现代航空	1. 中国近代航空第一人：冯如。2. 当代国产大型客机：C919	三—五
73	物质文化	交通	航空航天	现代航天	1. 中国当代的太空探索：神舟系列载人飞船，发射空间实验室，嫦娥探月工程等。2. 重要时刻：杨利伟乘载人飞船"神舟五号"进入太空等	四、五
74	物质文化	交通	信息传递	古代信息传递	1. 采取的方式：驿传与驿站，飞鸽传书，烽火与狼烟。2. 传说与故事：苏武鸿雁传书，柳毅传书	三、四
75	物质文化	交通	信息传递	现代信息传递	1. 惠及百姓的技术：互联网+，微信，脸谱识别，物联网等。2. 手机制造：华为，小米，VIVO，OPPO等。3. 国家前沿技术：北斗卫星导航系统，中国"天河二号"超级计算机	三—五
76	物质文化	交通	物资流动	古代物流	1. 运输工具：车，木舟，马等。2. 运输道路：丝绸之路，茶马古道，京杭大运河等。3. 第三方物流：镖局，驿站	三—五
77	物质文化	交通	物资流动	现代物流	1. 表现形式：电子商务，网购，移动支付（支付宝、微信支付等）等。2. 杰出代表：淘宝、京东物流模式，顺丰速运，圆通等	三、四

从上表可见，“内容举例”重视文化的代表性，尽量避免碎片化现象；同时突出内容的知识性与适用性，尽量摒弃无谓的条目堆积。

5　文化点的分级

本大纲对文化点的等级定为五级（王汉卫，2016），分别是一级（小学2年级水平），二级（小学4年级水平），三级（小学6年级水平），四级（初中毕业水平），五级（高中毕业水平）。

5.1　等级的划分依据

（1）综合衡量目标被试的认知水平、语言水平、文化点的难易度、语料的呈现形式等多种因素。

其一，目标被试的认知水平，这是分级的首要标准。如“陶瓷”，海外华裔在小学阶段较少接触相关文字内容，到初高中才有所了解，故定级为四、五级。而“春节”则不同，很多学生从小就有节日体验、文字学习，初中毕业则基本了解了春节文化，故定为一至四级。

其二，一般来说，行为文化、姓氏文化、儿童文学、民间文学等相对容易些，制度文化，心态文化相对难些。分级时可适度参考文化点的“类”属难易度，但不可唯类是从。如“孔子”，内容涉及面广，难易跨度大，故其等级为一至五级。

其三，词汇尤其是呈现文化点内容的“关键词汇”的等级，也是考量要素。如“川菜：麻婆豆腐，宫保鸡丁，鱼香肉丝”，“关键词汇”有豆腐（三级），麻辣（三级），切（四级）等，故定为三、四级。“园林”类建筑，所涉建筑布局、风格特点、审美观念等词汇较艰深，故定为四、五级。

其四，文化语料的呈现方式对等级划分有直接影响：故事性内容或叙述性文体则理解难度偏低，说明、议论性文体则难度偏高。如“航空航天”类内容，若以“嫦娥奔月”“明代万户升天”故事来表现古人飞天梦想，则语料浅易；若介绍“神舟系列载人飞船”“嫦娥奔月工程”，则较为深奥。由于文化大纲不能“绑定”其呈现形式，这给分级带来了不确定性，因此我们大多会设定在某个等级范围内。

（2）参考现有教材文化点的使用及分布。

其一，文化点的数量统计。所统计教材总10套，包括华语教材7套——印尼《千岛华语》、菲律宾《华语》、新加坡《华文》、马来西亚《华文》、马立平《中文》、暨大《中文》、北京华文《汉语》；对外汉语教材1套——北语《汉语阅读教程》；国内教材2套——人教小学初中《语文》、苏教小学《语文》。统计发现：文化点总共167个，占本大纲总量的45%，这说明本大纲的文化点设置较为理想：它既没有脱离教学实际，同时又不受限于教材，有较大的“自主”空间。

其二，文化点在教材中的分布颇为复杂。一是有些文化内容被多套教材选用，如物质文化的饮食、中国“世界文化遗产”类建筑，制度文化的古代对外交往，行为文化的节日，心态文化的传统美德、寓言、典故与成语故事、四大古典小说、民间传说，以及四大发明等。二是有些文化点仅出现于一本教材中，约占30%。如“川菜”，仅马立平六年级《中文》选取。三是同一文化点在不同教材的使用年级较为一致，约占20%，如“古代宫殿——故宫”，分布于新加坡《中学华文1B》、马立平《中文》、人教版《语文》中都在七、八年级。而使用年级差异稍大的，约占50%，如“人物传说——鲁班”，分别为苏教版一下、人教版二下、暨大《中文》二上、马立平《中文》三年级、《汉语》四下、《千岛华语》五上。然而细加分析，抛开母语背景、具体编选内容有异这些因素，我们发现使用年级基本在三上、下“波动”。这就说明：文化点是可以衡定在某一等级范围，教材中文化点分布可为本大纲分级提供参考指数。

总之，参互考量“被试—文化点内涵—文本呈现—教材”等各个要素，对于准确划定文化点等级十分重要。

5.2　分级面貌

本大纲根据具体的“内容举例”，分文化点为五级。详见表3－29：

表3－29　文化大纲各级对应的文化点数量

分级	一级	二级	三级	四级	五级
总数	21	75	232	292	160

需要说明的是：①一、二级的文化点数量较少，大多是一般交际话题；三至五级的数量较多。其中，四、五级大多是词汇等级高、蕴含深奥道理的内容，如制度文化、心态文化。②前已言明，文化点有些具有类的属性，故在分级上或为单一等级，或为2～5个等级（表3－30），这就是表3－29的一至五级总数多于371的原因。

表3－30　文化点与大纲等级的对应关系

单一等级的文化点			有两个等级的文化点				有三个等级的文化点			有四个等级的文化点		有五个等级的文化点
三级	四级	五级	一、二级	二、三级	三、四级	四、五级	一至三级	二至四级	三至五级	一至四级	二至五级	一至五级
14	35	26	3	25	94	76	10	25	52	5	3	3
75			198				87			8		3

6　语料与文化点的对接

前已言明，华测文化大纲是为语言测试选取文化语料服务的，基于此，我们明确：

（1）文化语料所涉及的文化不是考察点，被试对文本本身的语言理解能力才是，比如“神农氏发现茶”传说故事，我们不探讨被试对茶历史、分类、功用等知识的认知。

（2）本大纲的文化点不等同文化词汇，它是以语段、语篇的形式存在，如“我喜欢喝茶”一句中“茶”属于词汇范畴，归在词汇大纲部分；而关于为什么“我喜欢喝茶”“喝茶的好处”等文本，才是本大纲文化点所指向的内容。

（3）文化点常以背景知识的形式现身，也有以主题的形式出现，但归根到底都以语言水平测试为根本。如据《广州日报》2016 年 1 月 12 日《露牙齿有酒窝，菩萨此笑所为何》修改的文本：

双手合掌，细目长眉，脸带微笑，露出牙齿，有一对酒窝。这是一尊十分罕见的露齿菩萨石刻像，它藏在云冈石窟的一个洞窟中千余年，直到最近，人们从摄影展览的照片中见到了它的模样，引起了众人的关注。

世界遗产云冈石窟位于大同城西 16 公里，距今已有 1 500 余年的历史，现存主要洞窟 45 座，大小造像 51 000 余尊。这个微笑露齿的菩萨佛像“住在”第 8 窟，像高约 2 米，距地面约六七米。

该摄影作品的作者张海雁说，早在上世纪 90 年代他就注意到了这尊露齿菩萨像，但由于光线暗，当时并没有看到脸上的两个小酒窝。……

这段关于“宗教—佛教—佛教石窟”文化点，重在新发现的露齿菩萨石刻像，兼及云冈石窟介绍，语料自然活泼，清新有趣。

下面重点谈谈文化点如何以语料形式完成向测试文本的转化。

（1）依据认知年龄确定文化题材。如一至三级重在“语言中的文化”及趣味性故事类内容，四至五级适当增多说明类、议论类文化主题。我们确实不能简单地将文化点的等级与语料的难度等级画等号，这需要对文化点等级、学生认知水平、语言水平等要素进行综合评定。

（2）注重知识的可读性。文化语料不是为了考核文化知识，所以可通过活泼多样的形式表现文化的某一侧面，突出知识的趣味性，而不必面面俱到地叙述该知识。

（3）重视揭示文化观念。学生“超越中国文化产物以及习俗的知识性学习，从而理解透过这些文化表象反映出来的中国式的世界观”（娄毅，2006），是可取的。

（4）重视文化词汇背后的政治、经济等文化因素。如“靠山”，“简、典、册、删”与“韦编三绝”等都很好地揭示语言与文化的深层关系，对于被试学习语言有所裨益。

文化语料纷繁多样，颇有“乱花渐欲迷人眼”的意味，只要我们把握住“语言中的文化”问题，以及中国文化知识与观念、文化传统的延续与变革关系，就能很好完成语料与文化点、内容举例的有效链接，达到服务语言测试的目的。

（本文原载于《华文教学与研究》2019 年第 3 期。作者：马新钦）

参考文献

北京华文学院．汉语（小学版）．广州：暨南大学出版社，2007.
北京华文学院．汉语（初中版）．广州：暨南大学出版社，2010.
陈光磊．从“文化测试”说到“文化大纲”．世界汉语教学，1994（1）.
孔子学院总部/国家汉办．国际汉语教学通用课程大纲．北京：外语教学与研究出版社，2010.
郭熙．中文（初中版）．广州：暨南大学出版社，2010.
贾益民．中文（小学版）．广州：暨南大学出版社，2006.
江苏中小学教材编写服务中心．语文（小学版）．南京：江苏教育出版社，2011.
课程教材研究所．语文（小学版）．北京：人民教育出版社，2015.
课程教材研究所．语文（初中版）．北京：人民教育出版社，2012.

李泉．文化内容呈现方式与呈现心态．世界汉语教学，2011，25（3）．

李晓琪．对外汉语文化教学研究．北京：商务印书馆，2006.

林国立．构建对外汉语教学的文化因素体系：研制文化大纲之我见．语言教学与研究，1997（1）．

娄毅．关于AP汉语与文化教材文化内容设计的几点思考．语言文字应用，2006（S1）．

卢伟．《乘风汉语》的中国文化教学研究//刘颂浩，《乘风汉语》教学设计与研究．北京：世界图书出版公司北京公司，2005.

马来西亚教育局．华文．吉隆坡：马来西亚教育出版社，2013—2015.

马立平．中文．旧金山，2012.

沈文，杨石泉．菲律宾华语课本．马尼拉：菲律宾华教中心，2006.

施仲谋．中华文化教学大纲探究．世界汉语教学学会通讯，2014（3）．

王汉卫．华文水平测试（HSC）的基本理念．语言战略研究，2016，1（5）．

王汉卫，黄海峰，杨万兵．华文水平测试的总体设计．华文教学与研究，2013（4）．

王汉卫，凡细珍，邵明明，等．华文水平测试总体设计再认识：基于印尼、菲律宾、新加坡的调查分析．华文教学与研究，2014（3）．

新加坡教育部课程规划与发展司．华文．新加坡：EPB教育出版社；北京：人民教育出版社，2007—2014.

许嘉璐．语言与文化．中国教育报，2000-10-17.

印尼东爪哇华文教育统筹机构教材编写小组．千岛华语．印尼泗水．（未注明年份）．

张岱年，方克立．中国文化概论．北京：北京师范大学出版社，2004.

张英．对外汉语文化教材研究：兼论对外汉语文化教学等级大纲建设．汉语学习，2004（1）．

张英．“对外汉语文化大纲”基础研究．汉语学习，2009（5）．

张占一．汉语个别教学及其教材．语言教学与研究，1984（3）．

赵日彰，蔡雅薰，郭伯臣，等．基于语言知识模式之汉语交际能力评量研究．华文教学与研究，2014（3）．

赵贤州．关于文化导入的再思考．语言教学与研究，1992（3）．

周思源．“交际文化”质疑．汉语学习，1992（4）．

周思源．论对外汉语教学的文化定位．语言文化教学研究．北京：华语教学出版社，1996.

“华文水平测试”雏形阶段的效度验证及改进*

1 引言

测试的效度研究，也就是为测试的使用提供有效性说明，是测试研究的核心任务。从1921年“效度”概念被明确提出起，效度问题就一直是教育与心理测量领域最重要的研究问题。效度研究经历了从分类观到整体观的发展过程。

20世纪50年代中期以前，效度被定义为测试是否测到了它想测的东西，其评价方法主要是检验测试与某个权威标准的相关关系。这个权威标准称为效标，它可以是某个测量的结果、教师对被试的评价或者被试的实际表现等（Cureton，1951）。通过这种方法得到的效度指标称为效标关联效度（criteria validity）。

但由于效标的可靠性难以保证，相关关系的解释力也有其局限性，大家很快就认识到了效标关联效度的不足。1954年，美国心理学会（American Psychological Association，APA）提出了构想效度（construct validity），也就是在测试设计之初对要测的能力进行分解，得到一个预想的能力结构，之后对测试得到的数据进行分析，检验是否能够从数据中得到预想的能力结构。通过这种分析得到的效度称为构想效度。同时，随着学校课程测试的发展，教育测量的相关各方也越来越关心测试的具体内容。对测试内容是否在所测能力范围之内的判断也被纳入了效度研究的范畴，即内容效度。构想效度、内容效度和效标关联效度成为那个时期效度检验的三大标准，这种分类效度观一直持续到20世纪80年代。

80年代中期，整体效度观打破了这种认识。Messick（1989）认为，所有类型的效度实际上都是一个整体，即包括分数的意义、价值和社会后果等因素在内的测试有效性。传统的各种类型的效度以及测试的信度都是证明测试有效性的组成部分。

整体效度观整合了之前的各类效度概念，但是当时在具体操作上还未形成统一模式。在这个方向的指引下，学者们不断探索效度论证从理论研究到实践应用的可行道路。比如Kane（2006）提出，效度验证应该包括对测试的范围界定、评估、推广、解释、推断

* 本文是国家社科基金重点项目“‘华二代’祖语保持研究”（项目批准号：16AYY005）阶段性成果。本文使用的数据来源于2016年9—10月进行的“华裔青少年华文水平测试（试测版）”试卷，基于综合效度论证的效度验证推动了“华测”的改进。

和应用等方面进行的完整论证；Weir（2010）从测试的事先和事后的角度区分了效度证据的类型；Bachman（2010）提出的基于使用的论证框架则认为，应该从影响、决策、解释和测试记录方面提出主张并提供证据证明测试使用的有效性。时至今日，整体效度观已成为共识，效度验证的考查角度和方法也日渐丰富，并逐步形成了基于综合论证的效度验证模式。

这种模式以整体性、过程性和逻辑论证的思想为基础。首先，效度概念是一个一元多维的整体概念，而证明效度的证据却应该是多元的。这些证据不仅包括传统的各类效度检验指标，还包括测试的社会价值和使用方面的反馈。任何能够证明分数有效的证据都是效度证据。从效度的本质出发，传统的效度观虽然都体现了测试使用的有效性，但是单独使用各项效度指标的方法难以全面地体现效度的全貌，同时也会存在概念上的交叉混合。整体效度观极大拓展了效度研究的视角，使效度概念更加系统、完整。其次，效度验证是一个有先后顺序的全面搜集各个方面证据的过程，证据搜集不应仅仅着眼于对测试结果的分析，而应该贯穿测验编制、实施、解释的整个过程。效度验证应该是一个环环相扣的链条，只有在上一步的观点得到证明的前提下，下一步的工作才有进行下去的基础。最后，在论证方法上，测试的效度验证应该采用逻辑推断的形式。

基于综合论证的效度理论不是对之前效度理论的否定，而是对效度概念认识的扩展和深化。在这个过程中，之前的概念被整合，一些新的研究方法也被运用到验证过程中。目前的效度验证理论的核心思想就是按照一定的步骤，收集各种资料，综合运用各种手段，来证明或者推翻测试使用的有效性。我们对于华测雏形的验证就是在这种模式下进行的。

2　华测（试测版）的效度检验

2.1　华测（试测版）简介

华测（试测版）针对不同年龄段的目标被试群体设计了5个级别：一级针对的被试年龄是8岁，二级10岁，三级12岁，四级15岁，五级是18岁。每个级别的测试都有笔试和口语部分，笔试包含听力、阅读和写作考试，口语单独组织考试。华测（试测版）各级别的试卷结构如表3－31至表3－35所示。

表3－31　一级试卷（试测版）结构

分测验	分测验内部版块	题型	题量
听力	听音辨音	一、听音辨音题	10
	听力理解	二、听后应答题	6
		三、听对话后选择	9
		四、听语段后选择	10

（续上表）

分测验	分测验内部版块	题型	题量
阅读	识字	一、根据所给汉字选择正确的拼音	10
		二、选择合适的选项，组成汉字	10
		三、根据字义选择正确的图片	10
	句段阅读	四、根据文本选择填空	20
写作	汉字书写	一、根据拼音，加一笔把汉字补写完整	10
		二、根据图片意思，补写出完整的汉字	20
	书面表达	三、根据图片，使用给出的词语写句子	10
口语	语音面貌	一、跟读儿歌	5
	口头表达	二、看图说句子	7

表 3－32　二级试卷（试测版）结构

分测验	分测验内部版块	题型	题量
听力	听音辨音	一、听音辨音题	10
	听力理解	二、听后应答题	6
		三、听对话后选择	10
		四、听语段后选择	14
阅读	识字	一、根据所给汉字选择正确的拼音	10
		二、选择合适的选项，组成汉字	10
		三、根据字义选择正确的图片	10
	句段阅读	四、根据文本选择填空	20
写作	汉字书写	一、根据拼音，加一笔把汉字补写完整	10
		二、根据图片意思，补写出完整的汉字	20
	书面表达	三、根据图片，使用给出的词语写句子	10
口语	语音面貌	一、跟读古诗	4
		二、看图说句子	4
	口头表达	三、看图说话	1

表 3－33　三级试卷（试测版）结构

分测验	分测验内部版块	题型	题量
听力	听音辨音	一、听音辨音题	10
	听力理解	二、听后应答题	5
		三、听对话后选择	11
		四、听语段后选择	14
阅读	识字	一、根据所给汉字选择正确的拼音	8
		二、选择合适的选项，组成汉字	8
	句段阅读	三、根据字义选择正确的图片	8
		四、根据句子选择填空	6
		五、根据文本选择填空	20
写作	汉字书写	一、根据拼音和词语搭配，补写汉字	20
		二、根据句子意思和拼音写汉字	10
	书面表达	三、根据图片，使用给出的词语写句子	5
		四、根据图片，写一个完整的故事	1
口语	语音面貌	一、重复词语	10
		二、重复句子	5
	口头表达	三、看图说话	1
		四、成段表达	1

表 3－34　四级试卷（试测版）结构

分测验	分测验内部版块	题型	题量
听力	听音辨音	一、听音辨音题	10
	听力理解	二、听对话后选择	15
		三、听语段后选择	20
阅读	识字	一、选择合适的选项，组成汉字	10
	句段阅读	二、选择与所给字读音相同的字	10
		三、根据句子选择填空	9
		四、根据文本选择填空	15
		五、根据文本选择正确答案	10

（续上表）

分测验	分测验内部版块	题型	题量
写作	汉字书写	一、根据拼音和词语搭配，补写汉字	20
		二、根据句子意思和拼音写汉字	10
	书面表达	三、作文（2选1）	1
口语	语音面貌	一、重复词语	10
		二、重复句子	5
	口头表达	三、成段表达一	1
		四、成段表达二	1

表3－35 五级试卷（试测版）结构

分测验	分测验内部版块	题型	题量
听力	听音辨音	一、听音辨音题	10
	听力理解	二、听对话后选择	15
		三、听语段后选择	20
阅读	识字	一、选择与所给字读音相同的字	10
	句段阅读	二、根据句子选择填空	9
		三、根据文本选择填空	18
		四、根据文本选择正确答案	17
写作	汉字书写	一、根据拼音和词语搭配，补写汉字	20
		二、根据句子意思和拼音写汉字	10
	书面表达	三、作文（2选1）	1
口语	语音面貌	一、重复词语	10
		二、重复句子	5
	口头表达	三、成段表达一	1
		四、成段表达二	1

坦言之，这个阶段的华测尚未从整体宏观结构上脱离二语测试“听、说、读、写”分技能测试的窠臼。但与此同时，华测作为追求基于汉语特点的继承语测试的面貌也开始初露端倪，例如阅读和写作，都已经把“字”（识字、写字）独立出来，作为与传统的“阅读能力”“写作能力”平行的结构。

2.2 对华测的解释性效度论证

依照基于综合论证的效度验证框架的步骤，我们采用Kane（2006）提出的框架，按照论证评分、概化、外推、用途有效性的步骤，从整个测试开发过程中收集到的资料以及试测提供的数据入手，尝试对华裔青少年华测（试测版）的有效性进行检验，并通过检验结果对试卷进行调整修订。

我们将测试开发伊始的材料、开发过程中进行的工作以及试卷试测的数据等各种材料进行分析，以期对华文水平测试的有效性进行检验。在测试开发前期，我们对测试的目标群体进行了需求分析，从语言背景、文化背景、年龄和认知特点等方面对其进行定位。这些工作为之后的试卷研制、各项大纲的制定奠定了基础。之后我们编制了试测版的各级别试卷，并进行了大范围的试测。试测共在10个国家进行，覆盖了几个大洲主要的华裔聚居区，这些资料和数据都会作为检验华测有效性的证据被详细分析。

2.2.1　主观题评分有效性的论证

评分有效性需要验证的是通过考生的表现得到观察分数的过程是否有效，验证过程涉及评分标准制定得是否合理以及评分过程中是否严格执行了这一标准（韩宝成，2013）。我们对于华测的主观题评分过程提出的主张是：通过考生完成测试任务时的表现，我们能够得到准确的观察分数。针对这一主张有两项假设，即评分标准制定合理；评分过程准确一致。

假设一：评分标准制定合理

论证解释：华测主观试题（写作和口语测试的部分试题）评分标准的制定基础是对于写作和口语能力的认识。我们认为，华裔学习者的华文学习属于继承语学习，从继承语学习的性质来考虑，写作能力应该包括：书写汉字的能力和用华语实现书面表达交际的能力。后者又包括遣词能力、造句能力、谋篇能力和写作策略运用能力。从交际任务的形式来看，写作测试包括完成书面表达型任务和书面互动型任务。口试部分考察口语能力的标准包括准确性、复杂性、流利性三个方面。其中准确性是针对语音、词汇、句法而言，复杂性主要是针对词汇和句法，流利性则是针对包括语速、不自然停顿等在内的指标。在这些认识的指导下，同时参考已有权威考试的评价体系，结合被试群体的特点，我们制定了口语和写作分测试主观试题的评分标准。

假设二：评分过程准确一致

论证解释：主观评分包括写作和口语分测试的部分试题，这部分试题的评分由人工完成。为了保证评分的准确一致，我们事先对评分员进行了培训，并对照评分标准试评，之后调整评分员个人的评分偏差。每道试题由两位评分员进行评分。最后主观试题评分的有效性通过计算评分员间信度来考查，结果如表3-36所示。我们可以看到，每道主观试题的两位评分员给出的分数的相关系数最高达到0.95，最低的也达到0.88，均在0.05水平上显著。这说明评分员间的一致性较高。

表3-36　主观试题评分员间信度

级别	题型	评分员一致性系数
二级	口语看图说话	0.92*
三级	口语看图说话	0.88*
	口语成段表达	0.93*
	写作根据图片写故事	0.95*

（续上表）

级别	题型	评分员一致性系数
四级	口语看图说话	0.91*
	口语成段表达	0.90*
	写作作文	0.89*
五级	口语成段表达	0.91*
	写作作文	0.89*

这些证据可以支持我们的假设，即华测所界定的考查能力是合理的，由此制定的评分标准具有可操作性，评分员的评分准确一致，因此测试有较高的评分有效性。

虽然上述数据基本支持口语和写作的主观题型，但需要补充的是，上述结果是在极为严格的控制下实现的。这个结果并不能推论到长时期的、多次的、大规模的、评分员不能固定的考试。主观题本质上无法避免评分员效应，在进行了主观题命题、考试、评分的完整过程实践之后，锻炼了华测队伍的同时，也更加坚定了我们摒弃主观题的决心，并最终实现华测完全为客观题型的追求。

2.2.2 概化有效性的论证

这里所指的概化是从被试本次考试的表现推知完成其他类似任务的过程（胥云，2011），概化有效性本质上是测试环境下的语言任务能够代表被试在其他场次考试的表现。关于这个过程我们的主张是：被试的得分能够反映考生在类似任务上的表现。相应的假设是：测试任务选取合理；题目数量足以控制测量误差。

假设三：测试任务的选取合理

论证解释：我们用于证明测试任务合理性的理由就是各项考试大纲制定的方法和步骤是规范合理的。华测的汉字大纲以国家语委现代汉语平衡语料库的用字表作为字种选取来源，综合考虑字频序位、构字能力、字形难度、汉字在对应词表中所处的等级等信息，结合人工干预，最终确定了认读和书写分开的汉字大纲。词汇大纲的建设首先以北京师范大学“小学生作文语料库”和自建的初高中作文语料库为基础切词语料，形成词汇条目底表，然后对底表进行删除、补充、修改、合并、拆分等操作，再经过三次定级得到最终的词汇大纲。语法大纲则使用计算机自动识别结合人工校对完成条目收录工作，之后统计相关数据按统一算法自动完成定级，在此基础上进一步人工干预调整级别。

在命题方面，我们采取了计算机和人工结合的方式。对于汉字、词汇等基础知识部分的命题，由计算机在大纲中随机抽取后，再由命题人员从难易配比、是否重复出现等方面进行检查。其他题型的命题则以人工命题为主，计算机对命题语料进行与大纲的比对为辅的形式进行。

假设四：题目数量足以控制测量误差

论证解释：测试的内部一致性是信度分析的重要内容，构成试卷的题目之间的一致性是试卷质量的评价标准之一。由计算结果看出，五个级别的听、说、读、写共20套试卷试测的内部一致性信度系数，除了口语，其他绝大多数达到了0.8以上，特别是阅读，均在0.9以上，且均在0.05水平上显著。这对于试测阶段的数据来说，是比较令人满意的。

表 3－37　试卷内部一致性信度

级别	分测试	克隆巴赫 α 系数
一级	听力	0.896*
	口语	0.862*
	阅读	0.935*
	写作	0.919*
二级	听力	0.876*
	口语	0.776*
	阅读	0.949*
	写作	0.942*
三级	听力	0.859*
	口语	0.836*
	阅读	0.945*
	写作	0.819*
四级	听力	0.914*
	口语	0.848*
	阅读	0.944*
	写作	0.958*
五级	听力	0.833*
	口语	0.796*
	阅读	0.954*
	写作	0.972*

从试卷内部题目一致性的试测数据分析来看，试测试卷具有较高的内部一致性信度。由此，测试的概化有效性也得到了证明。

2.2.3　外推有效性的论证

在评分和概化有效性得到证明之后，我们要研究的问题就是被试在测试情境下的表现能否体现其实际使用华文的能力。这一过程涉及的就是外推有效性，即用全域分推断目标分，我们关于外推有效性的主张是：被试在华文水平测试中得到的分数能够解释考生使用华文的能力。根据这一主张，我们做出的假设是：测试任务对于考生的华文使用情况具有代表性；测试的数据结构能够体现其真正的华文能力。

假设五：测试任务对于考生的华文使用情况具有代表性

论证解释：语言测试任务反应被试在现实生活中目标语的使用能力是测试真实性的

要求。要达到这种要求，我们就必须对被试真实生活中的华文使用任务有比较清晰的认识，并根据这种认识，形成任务大纲指导命题。语言任务表由听力任务表、口语任务表、阅读任务表和写作任务表构成，分别对应华文水平测试的四项分技能考试，针对这些技能的性质，形成具体的测试任务。大纲以具有代表性的中文（华文）教材、课标和教学大纲、中小学课程体系及国内现有任务大纲为来源，选取合适条目后，通过关联能力标准、统计原级别信息和人工干预最终确定条目等级。这样建立的任务大纲充分体现了每个年龄阶段目标被试群体的认知特点和语言使用领域，能够在很大程度上代表对应被试的实际华文使用情境。

假设六：测试的数据结构能够反映考生的华文能力结构

论证解释：我们对听力、阅读、写作三部分进行了探索性因素分析，以检验试卷中考查的能力是否与设计思路一致。（注：参加口语试测的人数较少，不适宜用因素分析方法，不进入本次计算）

我们在这两项检验上得到的结果如表 3－38 所示，显示本次试测的数据适宜使用因素分析方法进行分析。从表 3－38 因子所能够解释的总方差来看，各套试卷的题目能够归纳出解释大部分总分变异的方差。

表 3－38　KMO 和 Bartlett 检验

	KMO 值	Bartlett 检验 Sig. 值	解释的总方差
一级	0.890	.000	69.80%
二级	0.899	.000	72.19%
三级	0.936	.000	70.66%
四级	0.923	.000	78.59%
五级	0.915	.000	77.66%

具体到各个级别具体的因子归属，一级试测数据分析如表 3－39 所示：

表 3－39　一级试测数据因子分析

	成分		
	1	2	3
一级听力一大题	-.104	.615	.418
一级听力二大题	.140	.798	.040
一级听力三大题	.170	.833	.056
一级听力四大题	.160	.812	.130
一级阅读一大题	.335	.054	.788
一级阅读二大题	.233	.108	.820
一级阅读三大题	.477	.374	.550
一级阅读四大题	.507	.242	.540

(续上表)

	成分		
	1	2	3
一级写作一大题	.845	-.001	.212
一级写作二大题	.823	.069	.355
一级写作三大题	.759	.323	.171

表3-39得到的因子结构与预先设计一致，这说明一级测试的题型选取和安排体现了我们对于该被试群体的华文能力的认识。

二级试测数据见表3-40：

表3-40 二级试测数据因子分析

	成分		
	1	2	3
二级听力一大题	.219	.736	-.093
二级听力二大题	.144	.774	.215
二级听力三大题	.055	.748	.410
二级听力四大题	.146	.743	.351
二级阅读一大题	.271	.183	.784
二级阅读二大题	.601	-.002	.455
二级阅读三大题	.402	.232	.738
二级阅读四大题	.359	.333	.746
二级写作一大题	.883	.163	.147
二级写作二大题	.841	.228	.323
二级写作三大题	.693	.292	.386

上表显示，阅读分测试的第二大题“选择部件组成汉字”，与写作部分的各个题型被归为一个因素，这说明对于二级被试来说，选部件组成汉字这个题型所考查的能力与被试写汉字的能力密切相关。我们可以推断，对于处于这个年龄和华文水平的被试来说，将部件组合成正确的汉字的能力与正确写出汉字的能力是一致的。

三级测试的试测数据见表 3 -41：

表 3 -41 三级试测数据因子分析

	成分		
	1	2	3
三级听力一大题	.093	.211	.944
三级听力二大题	.339	.764	.128
三级听力三大题	.436	.734	.030
三级听力四大题	.378	.797	.076
三级阅读一大题	.813	.030	.042
三级阅读二大题	.825	-.017	-.066
三级阅读三大题	.787	.216	-.068
三级阅读四大题	.784	.193	-.116
三级阅读五大题	.832	.215	-.083
三级写作一大题	.880	-.092	-.061
三级写作二大题	.778	.013	.186
三级写作三大题	.759	.071	.081
三级写作四大题	.745	.039	.113

上表表明：听力的“听辨音”题型是一个单独因素、听力的其他各题型合并为一个因素，说明了“听辨音”的独立价值。阅读和写作的各个题型被归结为一个因素，这个结果在一定程度上说明了“读、写”能力的高相关性。

四级测试的试测数据见表 3 -42：

表 3 -42 四级试测数据因子分析

	成分		
	1	2	3
四级听力一大题	.025	.607	.787
四级听力二大题	.692	.517	-.239
四级听力三大题	.791	.350	-.248
四级阅读一大题	.716	-.370	.276
四级阅读二大题	.857	-.202	.057
四级阅读三大题	.740	.057	-.151

（续上表）

	成分		
	1	2	3
四级阅读四大题	.882	.126	-.114
四级阅读五大题	.823	.186	-.028
四级写作一大题	.835	-.283	.178
四级写作二大题	.829	-.341	.220

如表 3-42 所示，数据更不支持考试设计，不但阅读和写作由同一个因素解释，甚至大部分的听力题型也被纳入进来。

到了五级，如表 3-43 所示，听辨音和作文各为一个因素，其他题型都反映了同一种能力。

表 3-43 五级试测数据因子分析

	成分		
	1	2	3
五级听力一大题	.105	.073	.901
五级听力二大题	.791	.069	.337
五级听力三大题	.757	.028	.315
五级阅读一大题	.686	.578	-.135
五级阅读二大题	.811	.377	.021
五级阅读三大题	.854	.357	-.017
五级阅读四大题	.741	.232	.035
五级写作一大题	.677	.608	-.139
五级写作二大题	.638	.637	-.119
五级写作三大题	.084	.837	.232

基于最初设计的考试结构和试卷题目的因素分析结果，带给我们极大的刺激和反思，是华测蜕变成长的依据与动力。

2.2.4 使用过程有效性的论证

测试分数使用的有效性是指目标分数的合理性。结合华测的用途和目标群体，我们关于这个过程的主张是三个假设：华测的成绩能够反映不同地区考生团体的差异；华测的成绩能够反映不同代际的差异；考生分数得到了来自一线教师的佐证；分项技能成绩反映了海外华裔“听、说、读、写”的实际情况。

假设七：华文水平测试的成绩能够反映不同考生团体的差异

论证解释：对试测数据的分析结果体现了海外华裔青少年华文水平的现状。

海外华文水平参差不齐，我们的试测数据比较真实地反映了这一情况。按照试测分数均值大体上可以将海外各国分为三个梯队（出于尊重合作伙伴的考虑，本部分不详列具体数据）：第一梯队是在各个级别的各项分测试上的得分都比较高的国家，例如马来西亚，是海外华人社会中华文教学体系保持最为完整的国家，再例如意大利，是新华人社会中移民向心力较强的国家；第二梯队，在各级别各分测试上的表现基本都处于中间位置，即非英语国家，也非落后国家，同时还不是老华人社会，如澳大利亚、德国等；第三梯队大部分测试的得分均较低，比如美国、印度尼西亚等，这些国家要么是老华人社会综合国力、整体教育落后，华文教育式微的国家，要么是像美国这样的超级大国、英语为强势语言、华人向心力较弱，祖语保持意愿不强的国家。

这个结果也显示，华测虽在雏形设计期，但已经体现出华测之为华测的价值，华测的效度在更宏观、更综合的层面上得到了体现。

假设八：华测的成绩能够反映不同代际的差异

论证解释：代际分数差异的单因素方差分析如表 3－44 所示：

表 3－44　代际分数差异的单因素方差分析

	F 值	Sig. 值
一级听力	13. 329	. 000
一级口语	2. 672	. 035
一级写作	5. 919	. 000
二级口语	3. 727	. 007
二级阅读	3. 856	. 004
二级写作	6. 862	. 000
三级写作	3. 647	. 003
四级听力	6. 442	. 000
四级写作	2. 603	. 036

从移民的代际差异来看，新移民的华文水平要高于老移民。我们以移居代数作为自变量，成绩作为因变量，对 5 级别共 20 个分测试的数据进行了单因素方差分析。表 3－44 的分析结果显示，在多项分测试中都出现了移居代数成绩差异的显著效应。通过事后多重比较发现，第三代及其之后华裔被试的表现要显著低于第二代，这与之前学者推断的情况是一致的（王汉卫，2018）。

这项检验一方面强烈支持了华二代祖语保持的重要性，另一方面也支持了华测应该重点以华二代作为第一目标群体。海外华人社会是一个异质性差异十分巨大的群体，我们不可能笼统以海外华侨华人为目标，这不是严谨的常模意义上的目标，而必须缩小目标群体，突出重点，树立榜样，“以先富带后富”。

假设九：考生分数得到了来自一线教师的佐证

论证解释：以教师评价为效标，检验测试的有效性。我们收集到了印度尼西亚、马来西亚和澳大利亚的部分教师评价。将这部分数据与相应的测试成绩进行了相关分析，分析结果显示各级别的测试成绩与教师评价之间存在切实的相关关系，所得相关系数均在0.01水平上有显著意义。具体结果如表3－45所示。

表3－45　教师评价与测试成绩的相关分析结果

级别	教师评价与测试得分的相关系数
一级	0.56**
二级	0.53**
三级	0.61**
四级	0.63**

这个结果能够反映出华文水平测试的结果与教师的判断具有一定程度的一致性。

假设十：分测试成绩反映了海外华裔听说读写的实际情况

论证解释：从语言技能表现的差异来看，海外华裔的一般情况是听说读写4项技能发展不均衡，自然习得的听说先于读写；反过来看，语言在磨蚀的过程中，先丢失的应该是读写，然后才是听说（王汉卫，2018），应该说，这是海外华人社会祖语保持的基本面貌，也是大家的共识。而本次试测的分数数据却并未呈现出这样的规律，除一级的写作和一二级的阅读之外，读写与听说的成绩分布总体差异不明显。这说明，各项分测试的整体难度对于被试群体来说是偏低的，坦率讲，这正是华测开发初始阶段，尚未摆脱二语测试影响的一个证据，对海外华裔的水平估计偏低，题目偏简单。从具体的题目来看，各级别不同难度的题目比例如图3－2所示：

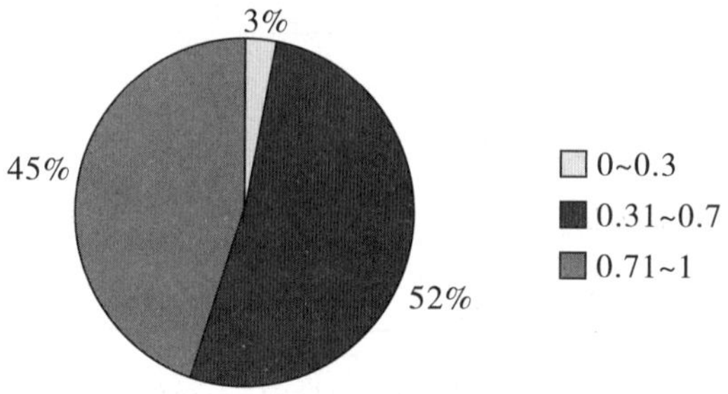

图3－2　题目难度分布

45%的题目难度在0.7以上，难度在0.3以下的较难题目仅占3%。这样的结果不能支持关于分数使用有效性的假设。

3　基于效度分析的华测改进

在上述基于验证的效度论证框架下，对于测试资料的分析可以看出，华测（试测版）的有效性假设并未被全部证实。未被证据支持的假设提示我们，测试的设计还应该进一步修改完善。这次试测之后，我们对华测的设计进行了大规模的再设计，包括分测试种类、试卷结构、题型、题目难度等方面。修订后的试卷结构如表 3－46、表 3－47 所示。

表 3－46　华文水平测试（阅读）各级别试卷结构

级别	板块	题型	比例
一级、二级	识字	合字	60%
		字音	
		字义	
	读文	断句	40%
		根据句意找别字	
三级、四级	识字	合字	50%
		字音	
		字义	
	读文	断句	50%
		根据句意找别字	
		根据句意找缺字	
五级、六级	识字	字音	40%
		字义	
		根据词义找别字	
	读文	断句	60%
		根据句意找别字	
		根据句意找缺字	
		瘦身	

表 3－47　华文水平测试（写作）各级别试卷结构

级别	板块	题型	比例
一级、二级	写字	按笔顺听写汉字	50%
		听写汉字	
	作文	填字成词	50%
		组词成句	

（续上表）

级别	版块	题型	比例
三级、四级	写字	听写汉字	40%
		听写词语	
	作文	选项填空	60%
		组项成句	
		组句成段	
五级、六级	写字	听写词语	20%
	作文	选项填空	80%
		组项成句	
		组句成段	
		瘦身	

华文水平测试还处于起步阶段，再加上信息收集规模和范围的局限，效度论证工作还需要反复论证，有效性证据需要不断积累，我们也将持续报告相关研究成果。向内，推动华测自身的完善；向外，增强华测效度的解释。

（付佩宣、王汉卫）

参考文献

American Psychological Association. Technical recommendations for psychological tests and diagnostic techniques. Psychological Bulletin, 1954 (51).

BACHMAN L & PALMER A. Language assessment in practice: developing language assessment and justifying their use in the real world. Oxford: Oxford University Press, 2010.

CURETON E F. Educational measurement. Washington: American council on education, 1951.

KANE M. Validation educational measurement 4rd. edition. Westport: Greenwood publishing, 2006.

MESSICK S. Meaning and values in test validation: the science and ethics of assessment. Education research, 1989 (2).

WEIR C J. Language testing and validation: an evidence-based approach. London: Palgrave Macmillan, 2010.

韩宝成，罗凯洲．语言测试效度及其验证模式的嬗变．外语教学与研究，2013 (3).

王汉卫．华文水平测试的设计与初步验证．世界汉语教学，2018 (4).

胥云．语言测试中基于综合论证的效度验证模式述评．外语教学理论与实践，2011 (4).

华文水平测试设计与实施

1 开发华测的必要性

1.1 汉语测试现状

随着中国在国际社会地位上的提高，汉语作为第二语言的教学浪潮也持续升温。越来越多的学者开始寻求汉语作为国际语言的发展之路。从语言测试的角度来看，与英语考试相比，汉语的考试产品研发节奏比较慢，品种和服务功能还有待改善。（王汉卫，2018）要想让汉语成为国际语言，必须加快汉语考试产品的研发。

最早的汉语标准化考试是由日本在1981年研发的“中国语检定”（陆庆和，2003）。由中国人自己研发的标准化考试始于1984年，即当时的北京语言学院研发的汉语水平考试（HSK）。经过多年的发展，已经产生了众多HSK系的考试产品，例如HSK（商务）、HSK（旅游）、HSK（少儿）等。目前，在市面上与此相同的考试产品还有美国的SAT-Ⅱ中文考试、AP中文考试、英国的GCSE及A-level中文考试，以及中国台湾地区的华语文能力测验等。（王汉卫，2012）

以上所提到的考试种类，皆是汉语作为第二语言教学的标准化考试。以HSK为例，根据北京语言大学汉语水平考试中心的界定，HSK“是专门为母语非汉语者设计的标准化语言考试”，所谓“母语非汉语者”，包括外国人、华侨和中国少数民族考生。（刘英林，1996）但是考试实践证明，HSK“与少数民族汉语教学不相适应”（张凤璘，2004），因此国家教委于2001年组织相关人员，专门研发了“中国少数民族汉语水平等级考试”（MHK），并在2004年投入使用。

虽然早在1995年，陈宏就提出“有中国背景”的考生团体与HSK考生总体在异质程度上“存在显著差异”，属于“常模误用”，并提出要“开发专为有中国背景的考生团体而设的汉语考试”（陈宏，1995）。“华文教育”跟“对外汉语教学”或“汉语作为第二语言教学”是性质不同的两种教学。“华文教育”应该有专属于自己的考试，以此来形成完整的“华文教育”体系。（王汉卫等，2013）我们认为，海外华侨华人的整体祖语水平显著高于一般外国人，“常模误用”的长期后果必然会极大地抑制海外华侨华人群体祖语水平的保持。另外，从族裔上、文化上乃至社会心理上看，海外华侨华人也显然不同于一般外国人，笼统地将海外华侨华人等同于一般外国人，也不利于研发有针对性的考试，也阻碍了汉语成为国际化语言的发展。如同 MHK 施测于中国少数民族一样，针对海外华侨华人的祖语能力设计一个标准化的考试也势在必行。（王汉卫，2018）

1.2　华测的对象

鉴于此，原国务院侨务办公室（简称“原国侨办”）提出了“标准化、专业化、正规化”的“三化”标准，作为新时期华文教育发展的总体目标。为了顺应这一变化，暨南大学华文学院研发了“海外华裔青少年华文水平测试”。“华文水平测试”是专为海外华裔青少年研发的具有继承语性质的标准化水平考试。在华测的视角下，海外华裔青少年具备与一般外国人完全不一样的四个特点：

一是身份特点。华人是国籍上的外国人又是族裔上的中国人，华侨是长期客居在海外的中国人，但又不同于在中国大陆生长的中国人。

二是语言特点。海外华裔青少年的华文能力异质程度大。在每一个年龄段上几乎都存在零基础到接近母语者水平的人群。另外，听说能力和读写能力差距悬殊。在保持祖语的语言能力方面，不同地区、不同人群呈现出不同的衰退速度。有的在第二代祖语能力就几乎尽失，有的好几代传承下来，仍保持着良好的祖语水平，比如马来西亚等国。

三是文化特点。语言与文化息息相关。中国文化的许多传统都在海外，特别是东南亚一代得到了较好的保持甚至是发展。海外华裔青少年或多或少都受到中国文化熏陶。

四是考试诉求。海外华裔青少年中华文水平较高的学习者并不满足于与一般的外国人相比较，而很想知道自己的华文水平“相当于哪一级水平的以汉语为母语者”。（陈宏，1996；王汉卫等，2014）这个考试诉求是华人身份在测试需求上的生动体现。（王汉卫，2018）

以上四点阐述了华测的目标对象，但庞大且复杂的目标群体对于测试来说，想要保证测量的精度是十分困难的，因此必须有所侧重和取舍。华测的设立是为了影响和提升所有海外华侨华人的祖语水平，是为了引领海外华文教育朝着“永久传承”的目标不断前进。因此，华测的重点关注对象应是有较多或完全中文家庭环境的后裔，及华人开办的以华裔为主要招生对象，以中文为主要教学乃至部分教学工具的学校。

总之，华测的直接对象是具有良好祖语水平的海外华裔青少年，但实践上不排斥任何海外华裔青少年参加，希望参与者看到成绩或差距，以影响和提升所有海外华侨华人的华文水平。

2　华测的进展情况

2.1　华测的历史及现状

华测概念自 2003 年提出，2005 年开始研究，2012 年正式成立研究中心，2015 年由原国侨办批准立项。华测中心先开发标准和大纲，然后再依据标准和大纲开发试卷，2018 年 10 月通过原国侨办组织的专家鉴定，2019 年 4 月开始推广实施，彻底结束了华文教育“有教无测”的局面。

截至 2020 年 9 月，华测已在五大洲的 16 个国家建立了 47 个考点（见图 3－3）。

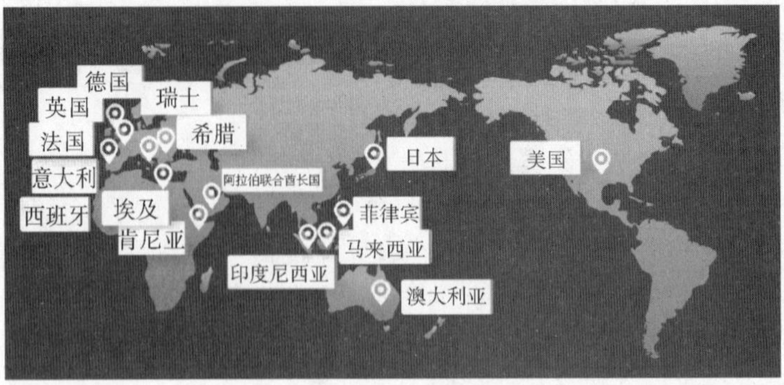

图 3 - 3　华测考点分布图

2019 年 11 月，华测的首次阅读考试在澳大利亚丰华中文学校顺利举行。2020 年 5 月 17 日，在全美中文学校协会的统筹下，华测中心联手图森祖笱中文学校，顺利举行了首场华测阅读网络考试。目前，华测阅读考试一至六级都已正式开考。截至 2020 年 9 月，参加华测阅读考试的人数已有一千六百多名。考虑到新冠肺炎疫情对全球华校的影响，华测将在 2021 年 12 月 31 日前对所有参加考试的考生免收考试费。

2.2　华测的作用及发展

提起考试，大多数的校长、教师、家长、学生都会关心一个问题，即华测有什么用？

从教育心理测量学来说，一个考试最重要的就是对教学活动给予评测、总结和反馈。只要测得准，教、学双方就能知道成效和不足，以及如何改进提高，这就是“教学之用”。致力于承载“教学之用”的华测，我们称作“华测 A”。“教学之用”是目前海外华校最为急需解决的难题之一，因此我们首先向全球推广华测 A。

华测 A 目的是尽力服务华教：一方面给世界各地的华校提供一个平等交流的平台；另一方面尽可能以考促学、以考促教，用真实可靠的数据给世界各地的华校和考生提供教学参考。有了华测 A，就有了教、学、考三个“点”，海外华文教育这个“面”方得以形成。未来，我们将在华测 A 的基础上，适时推出有“证书之用”的华测 B，用于服务个人需要、定级发证，同时，也将推出直接面向个人用户自检自测的华测 C。

3　华测的宏观结构

华测是一个“水平测试”，不与具体的教材、教学、教法挂钩，而是与汉语作为传承语的标准、华测的考试大纲直接挂钩。

基于包括大量海内外母语、二语、华文教材在内的文献研究和问卷调研，华测将标准确定在同年龄段一般中文母语者水平的 70% 左右。

3.1　华测的纵向结构

华测的等级结构的设计基于以下两点（王汉卫，2013，2016，2018）：

第一，语言与认知的关系。一定程度上，认知来自语言，但不依赖于任何一种特定的语言，相同年龄段的人以不同的语言接受普通教育，其认知水平大体上是相当的；一定程度上，语言——特别是非第一语言——服从认知，认知范围之外，语言能力无从体现。

第二，“母语水平”的适龄化认识。“母语水平”一般指的是成年人的语言水平，即认知能力发展较为成熟的语言水平。然而，毋庸置疑的是，3、6、12、18 岁等各个年龄段都有该年龄段的“母语水平”，华测是针对华裔青少年的，是关注“传承”、关注“发展”的，所以，“母语水平”必然不能泛泛而言。考虑到儿童和青少年处于语言能力和认知能力迅速发展阶段，因此华测关注认知发展的各个层次，明确区分不同的年龄段。

儿童是华测的起点，青少年承上启下，成年人则是华测的终点。华测主要依据基础教育学制，联合我们针对海外华文教学的实际情况调查，最终将测试按照不同年龄的一般认知特点分了六个学段（表 3 –48）。

表 3 –48　华测等级、年龄级学段的关系

级别	一级	二级	三级	四级	五级	六级
年龄	6 岁左右	8 岁左右	10 岁左右	12 岁左右	15 岁左右	18 岁左右
对应学段	学龄前	小一、小二	小三、小四	小五、小六	初中	高中

华测与一般“汉语作为第二语言教学”的考试（如新 HSK）有着很大的不同，突出表现为以下三点：

一是华测的一级不是单纯的语言能力的基础级或入门级，而是 6 岁的海外华人儿童应该达到的汉语继承语能力。以汉字大纲为例，一级认读汉字 600 个，词汇量达 1 000 多个。

二是从“学龄前”开始。“学龄前”本来就不是一个确切的学术概念，而是实践意义上的概念。中国教育的现行学龄是满 6 周岁，而世界上的其他国家，四五岁入小学的也有，澳大利亚的一项调查显示平均入小学年龄是 5. 2 岁。在古代中国，也是四岁左右启蒙。此外，结合海外华文教育的具体情况，汉语作为传承语在海外面临激烈的语言竞争，要尽可能抓住学龄前，为以后语言能力的发展打下基础。

根据年龄来划分等级是为了避免认知对语言能力的测量产生影响。因此，我们建议考生按照自己的年龄来选择相应级别的考试。

三是“三合一”的测量全距。华测的一张试卷不仅仅是一个等级。一张试卷好像一把尺子，容纳的题量和水平在理论上是可以无限增长的，而被试需要做、能够做的题量却是有限的。我们既希望为每一个级别准备“够多”的题目，以实现考试的精度；同时也希望尽量控制题目总量，力求“够少”，以提高测试的效率。

针对海外华文教育的复杂性，考虑到地区、国别、学校以及个体的差异，尽可能平衡测量的范围和精度，每一张试卷的能力全距下探两级（表 3 –49）。

表 3-49 各级内容权重

学段	各级内容（题量）的权重						总计
	一级	二级	三级	四级	五级	六级	
一级试卷	100%	—	—	—	—	—	100%
二级试卷	50%	50%	—	—	—	—	100%
三级试卷	33.3%	33.3%	33.3%	—	—	—	100%
四级试卷		33.3%	33.3%	33.3%	—	—	100%
五级试卷			33.3%	33.3%	33.3%	—	100%
六级试卷				33.3%	33.3%	33.3%	100%

为了实现这样的试卷结构，就必须要求题目和题型足够优秀，为实现测得多（水平多）、测得准（精度高）、测得快（用时短）的目标奠定了基础。

3.2 华测的横向结构："听说读写"的考试设计

对象是一般外国人的汉语考试往往是把"听、读、写"放在一起考查，然后再单独设置一个"说"的考试。这是因为一般外国人多为正规学校的在校生，"听、说、读、写"基本上是平行发展的。但是海外华裔青少年往往依靠自身的家庭环境，在正式学习前就已经自然习得了"听、说"两种能力。在海外华人社会中，常见的是"听、说"和"读、写"的能力严重脱节，甚至根本就是会听说而不会读写的文盲。

华文教育不是培养文盲的教育，华文的传承以是否有较为完整的书面语能力为标准。因此，"听、说、读、写"在华文教育中不是平行的能力，在华测中也不是平行的考试。

表 3-50 华测考试品种分布

级别	考试品种	考查能力
一级考试	阅读、写作	读、写、听
二级考试	阅读、写作、说话	读、写、听、说
三级考试	阅读、写作	读、写、听
四级考试	阅读、写作、说话	读、写、听、说
五级考试	阅读、写作	读、写、听
六级考试	阅读、写作、说话	读、写、听、说

在华测中，"听"不再作为一个独立的考试，而是作为"读、写、说"的刺激手段；"读"作为核心语言能力的地位得到突出，不仅有单独的考试，也在"写"的考试中进一步得到呈现；"说"更侧重考查语音面貌，从实践的角度上来看，说话考试操作难度较大，采取低密度的隔级设置（表 3-50）。

3.3 华测的"特别"追求

华测作为一款引导教学的标准化水平考试，在细节和技术上也有精心的设计。

3.3.1　基础知识和综合能力的双轨道发展

从卷面结构上来看，每种能力的试卷都包含基础知识和综合能力两大板块。以华测阅读试卷为例，分为“识字”和“读文”两大板块。基础知识即“识字”部分，呈逐渐递减的趋势；综合能力即“读文”部分，则是逐渐递增（图3－4）。

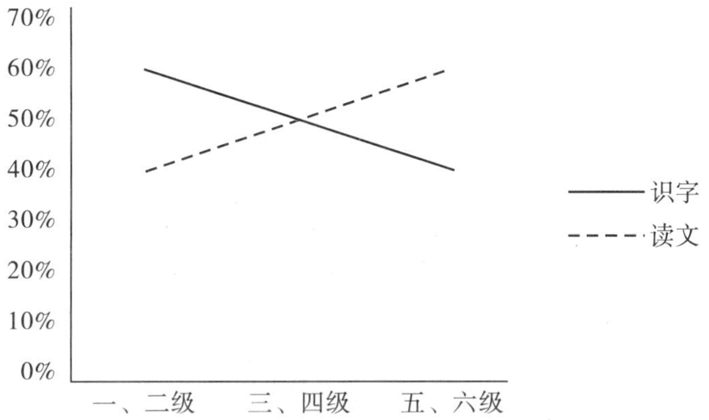

图3－4　华测阅读考试“识字”与“读文”分值权重

王汉卫（2012）认为，“民俗文化可算是相对最持久的祖籍国特征，比文化难保持的是语言，比语言更难保持的是文字。反过来，华人身份的流失，首先是从汉字开始的”。再加上激烈的语言竞争，因此在低年龄学段要特别注重汉字学习。

对汉字的重视，不仅体现在低年龄学段的“识字”部分分值大、测点多，更体现在华测的标准和大纲中。以华测的汉字大纲为例，按照“向下集中”的理念，小学阶段（包括学前）跟中学阶段的识字任务比设定为8：2① 即2 400：600（表3－51）。

表3－51　华测字表各级字量

	一级	二级	三级	四级	五级	六级	合计
认读字	600	700	600	400	300	330	2 930
书写字	400	400	700	600	500	330	2 930

考生在低年龄学段打好了汉字基础，克服读写困难，高年龄学段则更加注重对综合能力的考查。

3.3.2　卷面设计的引导性、一致性和客观性

引导性指华测卷面突出了对华文教育的导向，如汉字量的低龄下沉。听力和口语对语音、语调的准确性提出了目标和要求等等。华测希望通过这种考查形式促成一种积极的导向，以促进海内外汉语的协调和华人社会祖语能力的保持。

一致性是指华测的各类型试卷都遵循“由小到大”的设计理念，考查单位由“字”过渡到“文”。以华测的阅读试卷和写作试卷为例：阅读试卷分为“识字”和“读文”两大部分；写作试卷分为“写字”和“作文”两大部分。这种一致性正是华测对语言能

---

① 小学阶段：一级、二级、三级、四级；中学阶段：五级、六级。

力发展的解读。

客观性体现在华测阅读、写作、说话考试的每一个级别、每一个题型中，完全采用客观题型，避免主观题的评分标准难以把握的情况，降低误评的概率，同时，客观题型也有利于同时展开纸笔考试和网络考试，不管考生参加何种考试都是相同的难度。华测尽可能从考生角度出发，精简考试过程，增加测点，提高试卷信效度，尽可能做到客观公正。

3.3.3 最小语境的考查模式

最小语境是指能够使测试目标成为唯一目标的最短语境（王汉卫，2012）。坚持最小语境，一方面可以减少试卷上的冗余信息，在单位时间内增加测点，提高试卷信度；另一方面避免过多的无关信息会对考生产生干扰，提高试卷的效度，这也是华测客观性的一种体现。最小语境这种考查模式贯彻华测始终，这一点将在下章，结合题型进行详细叙述。

4 华测的卷面设计（以阅读试卷为例）

阅读作为华文能力中的核心语言能力，其卷面设计最能够体现华测的质量。因此，以华测阅读试卷为例展示华测试卷的设计。

4.1 试卷结构

华测阅读试卷的版面结构包括试题卷和一份答题卷。试题卷分为“识字”和“读文”两部分，一张试卷共有五种题型。“识字”部分将从形、音、义多方面考查考生的识字量；“读文”部分将从词汇量、语法和句读知识等方面来考查考生的综合阅读能力（表3－52）。

表3－52 华测阅读各级考试的试卷结构

试卷	板块	题型	板块题量及分值权重
一级试卷	识字	合字	60%
		字音	
		字义	
	读文	断句	40%
		找不常见双字词	
二级试卷	识字	合字	60%
		字音	
		字义	
	读文	断句	40%
		找不常见双字词	

（续上表）

试卷	板块	题型	板块题量及分值权重
三级试卷	识字	合字	50%
		字音	
		字义	
	读文	断句	50%
		找不常见双字词	
		根据句意找别字（后续增加）	
四级试卷	识字	合字	50%
		字音	
		字义	
	读文	断句	50%
		找不常见双字词	
		根据句意找别字（后续增加）	
五级试卷	识字	字音	40%
		字义	
		根据词义找别字	
	读文	断句	
		找不常见双字词	60%
		根据句意找别字（后续增加）	
		瘦身（后续增加）	
六级试卷	识字	字音	40%
		字义	
		根据词义找别字	
	读文	断句	60%
		找不常见双字词	
		根据句意找别字（后续增加）	
		瘦身（后续增加）	

4.2 题型讲解

华测阅读考试主要是以客观题的方式呈现，这能够保证在有限的时间内尽可能多地增加测点，提高试卷的效度。就像人测脑电波，电极片越多，则测到的脑电波的频率就越能反映大脑活动的真实状态。

4.2.1 识字部分

识字部分主要从汉字的“形、音、义、用”来测查考生的识字量。在命题的过程中，先通过汉字部首构字频次排序、部件构字频次排序、汉字在各语料库的频次、笔画数、构字书等多种数据的统计，再按照难度去筛选汉字，最后能保证每次抽样的客观性、覆盖性。识字部分主要有四种题型：合字题、字音题、字义题、别字题（表 3 – 53）。

表 3 – 53　识字部分题型

题型	例题	适用级别
合字题	选择能与方框中成字的一项。 例：日　[A]上　[B]月　[C]卜 解析："日""月"可以合成"明"，其他选项不能跟"日"合成字，所以在答题卡上将[B]涂■。	一至三级
字音题	选择字音个别的一项。 每题三个选项，其中两个在声、韵、调（或声韵调的组合）上有不同程度的共性，另外一个则没有。 例：[A]不　[B]白　[C]子 解析：其中，"不""白"声母一样，"子"跟"不""白"在声韵调各方面均不同，所以是个别项，在答题卡上将[C] 涂■。	一至六级
字义题	选择字义个别的一项。 每题三个选项，其中两个在意思上较为接近，另外一个则相去甚远，甚至完全不同。 例：[A]羊　[B]牛　[C]也 解析："羊""牛"都是动物。意思接近，"也"则完全不同，所以在答题卡上将[C] 涂■。	一至六级
别字题	选择有别字的一项。 例：[A]烦脑　[B]伯父　[C]反应　[D]尽力 解析："烦脑"的正确写法是"烦恼"，所以在答题卡上将[A]涂■。	四至六级

合字题是从"字形"的角度去考查考生对汉字的认读情况，只在低年龄学段出现。一、二、三级别的考生属于打基础阶段，重点学习汉字部件和部首的知识。此题型通过部首和部件的拼合能有效地考查汉字的认读情况。

字音题贯穿六个级别，低年龄学段设置 3 个选项，高年龄学段设置 4 个选项，按比例增加测点。根据试测的调查数据，我们了解到，海外的很多华校并不是从拼音开始学习华文的，而是直接学习汉字。因此，在研发过程中，我们充分考虑到海外考生的需求，不从拼音的角度去测查，而是直接选择汉字。在命题的过程中，除了按照各种数据对汉字进行排序选择测点以外，还控制了目标项与其他选择项的最大不同，尽可能减少干扰，以期望从更纯粹的角度考查认读。

字义题从“字义”的角度去考查考生对汉字的认读情况。“语素”是最小的音义结合体，诸多学者认为“在大多数的情况下，一个汉字记录了一个语素”（杨锡彭，2003；程雨民，2003；王汉卫，2012，等）。因此，字义题将汉字作为应答单位，去考查考生对汉字意义的掌握情况，能进一步凸显考生的语言能力。

别字题在四、五、六级代替了合字题。别字题是从“字用”的角度来考查汉字量。“用”与“形、音、义”相比，是一种更为综合的知识。在高年龄学段，随着认知地增长，单维的知识能力考查已经不能满足于此年龄段的考生，因此，从“字用”的角度考查汉字量体现了对考生更高的要求。

4.2.2　读文部分

读文部分考查华文综合阅读能力。题型有两种：一是断句题；另一种是找不常见的词题（表3－54）。

表3－54　读文部分题型

题型	例题
断句题	找出句子停顿处。 例：我想出去玩可是我生病了。 A B C D E F G H I J K 解析：这句话的停顿是“我想出去玩，可是我生病了。”所以选E，答题卡上将E涂■。
找不常见的词题	找出句子中不常见的双字词。 例：这是一个很贵重的东西。 A B C D E F G H I J 解析：“贵重”更不常用，所以选F和G，答题卡上将F和G涂■。

断句题是来自中国传统的“句读”知识，通过切分句子来考查综合阅读能力。考生只有通过语法、语意、语用等综合方面的分析才能知道句子该在何处停顿。句读知识是立足于汉语特点的传统文化，华测采纳这种题型不仅可以测量语言能力，同时也是一种文化传承。

找不常见的词题是断句题的延伸，是在真实的阅读语境中测查词汇量。级别不同，题目所涉及的话题、语法、长度等都有着相应的差别。“不常见的词”指的是华测根据试测结果、各项标准确定的词汇大纲中超过当级级别的词。从逆向的角度来测查词汇量。

华测阅读试卷的基本设计，从宏观结构到题型设计都体现了汉语作为继承语性质的特别追求，也期望能通过题型的改革促进华文教学效果的提升。

5　华文水平测试的线上考试实施

受新冠肺炎疫情影响，同时结合语言测试发展的新形势，考虑到海外华文教育的多样性，开启线上网络考试是华文水平测试的必经之路。

5.1 网络考试平台介绍

华文水平测试网络考试平台（以下简称“华测网考平台”）主要分为三部分，即报名系统、考试系统、管理分析系统。

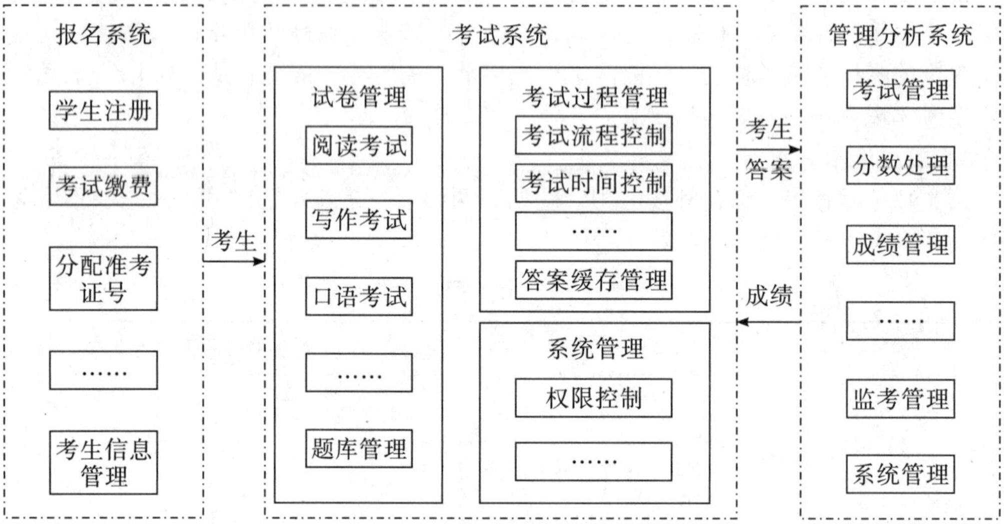

图 3-5 华测网考平台功能架构图

报名系统主要服务于各项考务工作，考试系统包括组卷、考试过程、考试监控等多项任务，管理分析系统主要负责成绩分析。

从技术层面来看，华测网考平台可以分为前端层、服务层、数据层。

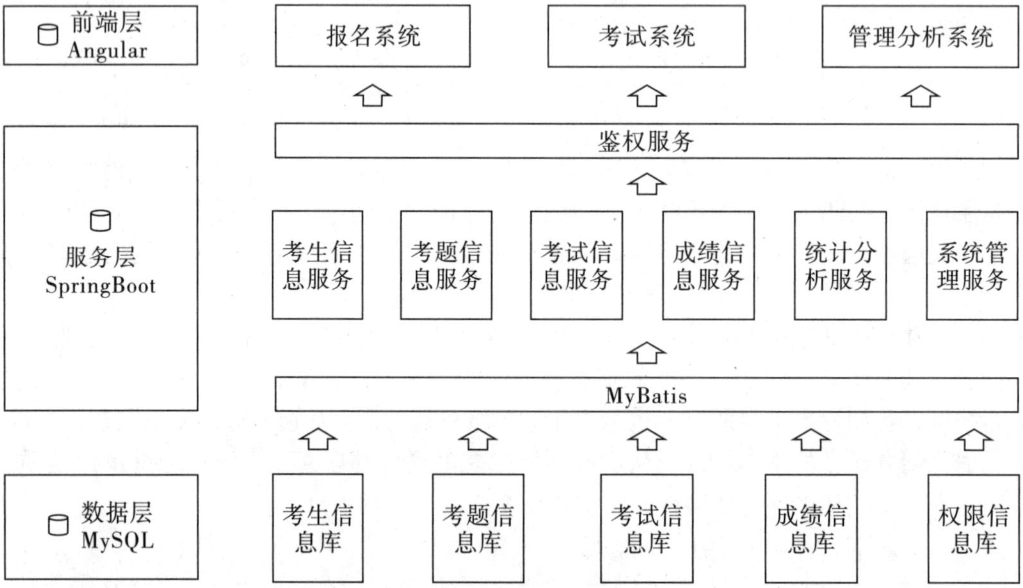

图 3-6 华测网考平台技术架构图

在流程方面，与传统考试相同，华测网考平台从系统层面将命题、答题两部分分离，出题者在管理平台对考卷进行操作，考生在网考平台进行作答。另外，管理平台内置了权限管理，通过权限管理，可以划分出专门的出题、组卷、发卷、批改、发布成绩等功能，实行更加精细的考试安全管理。

当考生登录网考平台准备考试时，网考平台会向管理平台要求下发试卷。管理平台会综合考试开始时间、试卷大小以及网络速度方面设定下发试卷时间，确保考卷不会过早地下载到考生的设备中。即便有人尝试绕过网考平台企图提前下载试卷，也不会对考试的公平性造成过大的影响。

在考生方面，华测网考平台又将其分为考生防作弊以及考生作答安全两方面。

网考平台中内置了多种防作弊检测方式，如当系统检测到考生在进行复制、剪切、粘贴等操作就能将其行为记录到日志中，同时把该考生的剪贴板清空。此外，网考平台还增加了水印功能，防止考生直接截图。另外即便作弊者断网操作，当其重新连入网络时，日志也会立即重传，向系统报告其作弊行为。

在考生作答安全方面，主要注重考生作答时答卷的安全。平台包含了答卷实时存储，当考生选择选项或输入内容时，平台会立即记录考生作答信息至本地存储中，并向服务器发送一份作答日志。在一定情况下，即便考生的设备损坏，通过技术人员手工操作，也可以恢复考生所选答案。

华测考试系统在流程设计方面也对考生作答安全方面作出了优化。考生平台采用了SAP技术，网页可以一次性下载，并作为一个内置在考生设备的程序，与服务器之间只有纯数据通信。一旦考生获得考卷，就可以完全不依赖服务器进行作答并交卷。考生平台支持应急导出答卷，即当无法与服务器通信时，可以手动操作将考生的作答数据加密导出，考生可以通过其他方式进行提交。

三横三纵的架构让华测网考的信息化服务更加全方位，简化考试流程，能够更好地应对海外庞大的试测人群。

5.2 考点开展网络考试的主要流程

在新冠肺炎疫情期间，华测紧急实施线上考试。考点申办网络考试的主要流程如下：

（1）考点于正式考试开始前45天发布考试信息，组织、指导考生报名；

（2）正式考试开始前15天截止报名；

（3）考生于考试开始前一个星期在华测网站下载准考证；

（4）正式考试开始前，考生确认设备和考试环境符合要求；

（5）考点借助ZOOM、钉钉、腾讯课堂等软件组建教室，确保一个级别一个考室，并按比例配备监考教师（每20名考生需一位监考教师）。在考试开始前30分钟，考生考试进入教室，并打开摄像头、话筒，将账号的名字修改为真实名字，并保持考试环境安静；

（6）监考教师核对考生名单，并宣读考试须知及考生守则；

（7）考试前15分钟，华测监考教师将考试链接发给考点，由监考教师通过考室发布给考生，考生复制考试链接至浏览器，并输入准考证号及姓名；

（8）考试前5分钟，华测监考教师将考试口令发给考点，由监考教师通过考室发布给考生，考生输入口令后即可开始作答；考试过程中，考生需保持安静，不可交谈；

(9) 考生必须在规定的考试时间内完成试卷，考试时间一到，系统将强制要求提交试卷；

(10) 考生提交成功后，即可安静离开教室；

(11) 考试结束以后，监考教师将会议录像、考场情况登记表上交给考点，由考点交回华文考试院留档。

5.3 作答示范

为了给考生更好的体验，华测网考系统是根据华测的题型自主研发的。针对不同的做题要求，设置了简捷的作答方式。以“断句题”为例（图3－7、图3－8）：

赶快回去吧天马上就要黑了

图3－7 断句题显示

赶快回去吧 / 天马上就要黑了

图3－8 断句题作答示范

当考生选择一个汉字时，该汉字的后面会出现一个“/”，表示句子断开。这样的设计有利于考生观察句子的断开次数。华测不仅强调考试的客观性，也尽量避免考试的猜测性。

在传统的作答方式中，一般的阅读考试会设置多个选项，让考生进行选择。这在一定程度上具有猜测性，且考生有时候会因为看错选项而造成误选等问题。在华测网考系统中尽可能减少选项设置，减少猜测的可能性，具体操作方式即让考生直接点击汉字，避免因错选等非语言能力因素造成测试的不准确。

6 成绩反馈

6.1 等级分数的划分

华测的标准是参考相同年龄的一般母语者的汉语水平制定的继承语标准，每一个考生参加考试，华测中心都会给出相应的继承语等级评价及学习建议。

以一级为例，一级试卷原始总分为30分。当考生考取的分数是0～16时，获得“加油!”的评价，即该考生的语言水平还有非常大地提升空间；当考生分数是17～20时，获得“1－”的评价，即该考生的语言水平尚未达到继承语水平；当考生分数是21～28时，获得“1”的评价，即该考生的语言水平达到了继承语水平；当考生分数是29～30时，获得“1＋”的评价，即该考生的语言水平已经超出了本张试卷的度量极限，有可能已经接近相同年龄的一般母语者的汉语水平，建议进入下一阶段的学习。

一级获得等级对应的分数段如下表所示：

表 3－55　一级分数划分

分数段	获评等级
0 ～16	加油!
17 ～20	1－
21 ～28	1
29 ～30	1＋

6.2　华测成绩报告

以一名一级考生的考试成绩为例，进行分析：

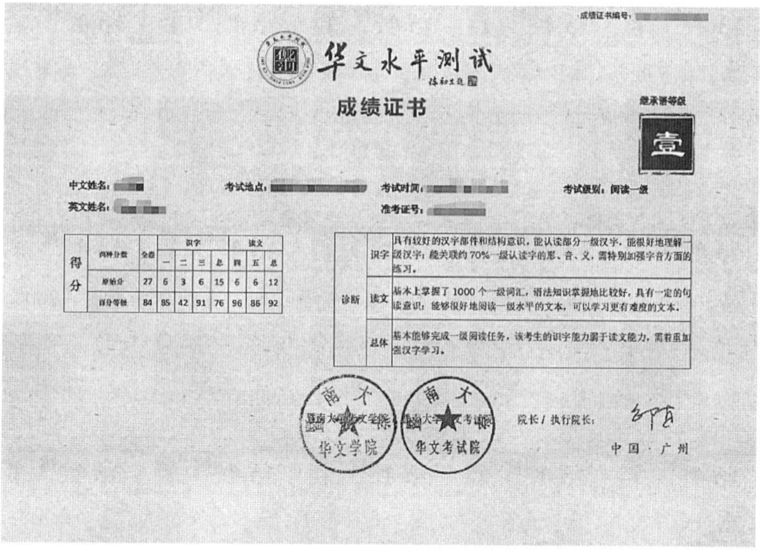

成绩证书编号：[redacted]

华文水平测试

成绩证书

继承语等级：壹

中文姓名：[redacted]　考试地点：[redacted]　考试时间：[redacted]　考试级别：阅读一级

英文姓名：[redacted]　准考证号：[redacted]

得分	两种分数	全卷	识字				读文		
			一	二	三	总	四	五	总
	原始分	27	6	3	6	15	6	6	12
	百分等级	84	85	42	91	76	96	86	92

诊断		
	识字	具有较好的汉字部件和结构意识，能认读部分一级汉字，能很好地理解一级汉字；能关联约 70%一级认读字的形、音、义，需特别加强字音方面的练习。
	读文	基本上掌握了 1000 个一级词汇，语法知识掌握地比较好，具有一定的句读意识；能够很好地阅读一级水平的文本，可以学习更有难度的文本。
	总体	基本能够完成一级阅读任务，该考生的识字能力弱于读文能力，需着重加强汉字学习。

暨南大学华文学院　暨南大学华文考试院

华文学院　华文考试院

院长 / 执行院长：

中国 · 广州

图 3－9　考生成绩证书

华测成绩证书主要分为“得分”“诊断”和“继承语等级”三个部分（图 3－9）。“得分”包括考生每道大题、每个部分及全卷的原始分和百分等级。按照“答对一题给 1 分，答错或未答给 0 分”的原则，所得到的分即考生的原始分；百分等级指分数低于该考生的人数的百分比。在“诊断”部分，会针对每一位考生的考试成绩做出个性化评价，并提出相对的学习建议。“继承语等级”则是给被试的继承语水平定性评价。

7. 结语

华文水平测试是专门为海外华裔青少年研发的具有继承语性质的标准化水平考试。既不同于汉语为母语的考试，也不同于汉语为外语的考试。本文从开发华文考试的重要性出发，论述了华文水平测试的总体情况。从纵向的等级划分到横向的“听、说、读、写”的考试设置，阐述了华文水平测试的特别追求。以阅读考试为例，说明了华文水平测试立足于汉语典型特点的题型设计。从考试平台的理论设计开始，说明华文水平测试线上考试的实施过程，最后以考生的成绩证书为例，体现华文水平测试对华文教育的引导。

（王汉卫、陆佳幸）

参考文献

陈宏. 第二语言能力结构研究回顾. 世界汉语教学，1996（2）.

陈宏. 关于考生团体异质程度对HSK（初中等）信度的影响//北京语言学院汉语水平考试中心. 汉语水平考试研究论文选，北京：现代出版社，1995.

程雨民. 汉语字基语法：语素层造句的理论和实践. 上海：复旦大学出版社，2003.

刘英林. 中国汉语水平考试十年（一）. 汉语学习，1996（4）.

陆庆和. 关于“日本中国语检定”. 世界汉语教学，2003（2）.

王汉卫，黄海峰，杨万兵. 华文水平测试的总体设计. 华文教学与研究，2013（4）.

王汉卫，邵明明，凡细珍，等. 华文水平测试总体设计再认识：基于印尼、菲律宾、新加坡的调查分析. 华文教学与研究，2014（3）.

王汉卫. 华测中的阅读研究. 北京：北京大学出版社，2012.

王汉卫. 华文水平测试（HSC）的基本理念. 语言战略研究，2016（5）.

王汉卫. 华文水平测试的设计与初步验证. 世界汉语教学，2018（4）.

杨锡彭. 汉语语素论. 南京：南京大学出版社，2003.

张凤麟. 中国少数民族汉语水平等级考试（MHK）简介. 延边教育学院学报，2004（5）.

华文水平测试的设计与初步验证*

1　汉考回顾与华测的提出

作为世界上使用人数最多的语言，作为世界上第二大经济体的官方语言，作为崛起中的大国语言，作为世界上人数最为众多的海外侨民、移民及其后裔的族裔语言，相比于英语考试，汉语①的标准化考试起步较晚、考试产品的研发节奏较为缓慢，考试品种和服务功能也还远未满足各方面的需要。

最早的标准化汉语水平考试（HSK）始于1981年，是我们的日本同行研发的“中国语检定”。HSK缘起于1984年，并于1990年通过专家鉴定。经过30多年的发展，HSK家族发展成为世界上影响最大的汉语水平考试，在HSK（初、中等）的基础上，增添了不少考试产品，完善了考试种类。国家汉办于2006年前后陆续推出了HSK（商务）、HSK（少儿）、“新HSK”（1—6级）等考试。几乎跟HSK系列考试的发展同步，作为非第一语言的汉语标准化考试在全世界也迎来了一个迅速发展期（王汉卫，2012）。需要指出的是，“少数民族”考生借由“中国少数民族汉语水平等级考试”（MHK）从汉考大军中分离出来，而海外华人尽管异质于一般外国人（陈宏，1995），一直以来并未做进一步区分对待。

这其实不单单是考试领域的事情，而是跟对外汉语教学（汉语国际教育）的大格局，以及跟华文教学与研究的现状相一致，虽然国际上继承语（heritage language）的研究始于20世纪70年代，但中文作为祖语的研究在国内真正产生影响几乎是近年来的事情。这些都为华测的研发埋下了伏笔。伴随HSK的开展，领域涌现出一大批研究成果，例如张凯（1995，2002，2004）、郭树军（1995）、陈宏（1995，1999）、王佶旻（2002，

---

* 本文为国务院侨务办公室“海外华裔青少年华文水平测试”项目的标志性成果，也是国家社科基金重大项目“汉语交际能力标准与测评体系研究”，（项目批准号：15ZDB101）及国家社科基金重点项目“‘华二代’祖语保持研究”（项目批准号：16AYY005）的阶段性成果。华测的设计近几年一直在不断完善中，以前也发表过阶段性认识的文章，如有先后表述的不同，以本文为准。华测的研发得到过国内许多专家学者例如张博、张凯、郭树军、王佶旻、柴省三、彭恒利、谢小庆、鹿士义、齐沪扬、苏新春、王晖、张一清、韩宝成、郑海燕等，以及众多海外专家、华校校长及教师们的鼎力支持，暨南大学华文学院的部分教师也不同程度参与过华测的研发工作。恕不一一列举，谨致谢忱！

① “汉语”跟中文、普通话、华语、华文、华语文等概念在内涵上有很大程度上的重叠，有时异名同指，有时又有不同的侧重，本文视行文的需要灵活使用这些概念。

2007，2011，2013）、柴省三（2002，2003，2012，2013）、鹿士义（2011a，2011b，2003）等，汉考的研究为华测的研发提供了经验，奠定了基础。

我们认为，将海外华侨华人从新 HSK 的目标群体中独立出来，不管是从语言测试的科学性，还是从语言测试相关的决策后效，及语言教学的角度，都有着十分重要的意义。海外华侨华人的整体祖语水平显著高于一般外国人，“常模误用”的长期后果，必然会极大地抑制海外华侨华人群体的祖语水平。另外，从族裔上、文化上，乃至社会心理上，海外华侨华人也显然不同于一般外国人，这些都是不争的事实，笼统地将海外华侨华人等同于一般外国人，也不利于研发更具有针对性的试卷。如同 MHK 施测于中国少数民族一样，针对海外华侨华人的祖语能力而设计一个标准化的考试——华文水平测试也势在必行。

2 华测的对象

在华测的视角下，海外华侨华人是一个独特的语言群体，该群体至少有以下 4 个特点需要我们认真考虑。

第一，身份特点：华人既是国籍上的外国人又是族裔上的中国人，华侨则是客居海外的中国人，但客居久了，又不同于一般的中国人。

第二，语言特点：一是参差复杂，二是逐渐衰退。所谓“参差复杂”，主要体现在两个方面：一方面是综合的祖语能力，在每一个年龄段上，都存在零基础到几近母语者水平的人群；另一方面是听说和读写两种能力差异悬殊，具有相当听说水平的文盲或半文盲众多。所谓“逐渐衰退”，是指海外华人的中文水平自移民以后会呈衰退趋势，但衰退的速度有快有慢，快的至第二代祖语能力即会尽失，慢的如马来西亚等地，好几代下来，不少人仍然保持着良好的祖语水准。

第三，文化特点：海外华人就是流着中华文化血液的人，考虑到文化习俗等人类学、社会学因素，完全意义上的所谓“香蕉人”实不多见。

第四，考试诉求：他们——特别是华文水平较高者——并不满足于跟一般外国人比较，而是很想知道自己跟什么样水平的中国人相当（陈宏，1996；王汉卫等，2014）。这个诉求既是基于理性的，也是基于情感的，是华人身份在测试需求上的生动体现。

海外华侨华人的祖语水平差异很大，从完全的零基础，到完全的母语者水平，这样大的差距，为保证测量的精度，华测在目标对象上不能不有所侧重，有所取舍。而且较低水平的人群已被现有不少考试所关注，例如新 HSK、台湾地区的华语文能力测试，以及外国所开发的相关汉语考试，都是为完全的汉语二语者水平所设计的考试，水平较低的华人被试可以选择这些测试。较新的数据认为全球有 6 000 万华人（郭熙，2015）。这其中，华测最关注的是两类人：一类是有较好华文水平的老辈移民及其后裔；另一类是新侨民、移民及其后裔。两类合成一类，即有较好华文水平的人群。这个人群是影响海外华人祖语传承最重要的海外因素之一，因此也是我们特别关注的对象。

总之，华测的直接对象是海外华裔人群中具有较好祖语水平的亚类人群，但实践上并不排斥任何海外华人参加，希望参与人看到成绩或差距，以影响和提升所有海外华侨华人的祖语水平。

3 华测的参照体系

3.1 常模和标准的关系问题

现有的汉语二语考试都是以目标群体为常模参照的考试（张凯，2002）。华测的参照体系如何设计，是常模参照、标准参照，还是标准和常模以某种方式结合在一起？这是华测最为核心的问题。

常模和标准的关系可以做以下理解：在任何测量领域内，以一个不够大的常模样组获取的常模是常模，而以一个无限大的常模样组获取的常模就是标准。所谓标准——假如这个标准还算合理的话——都必然是一个无限大的常模水平，这两个参照之间并没有天然的鸿沟。

在汉语水平上，“无限大”的常模样组当然不能停留于二语者或华语者，而是汉语母语者。这个常模样组囊括了古今中外所有以汉语为第一语言的人，汉语母语者水平就是这个常模样组的平均水平——这已经不是一个普通的常模水平，而是升华为标准，是所有想知道自己汉语水平的人都可以参考的标准。

3.2 关于“常模误用”的问题

上文必然引出常模是否误用的问题。如果拿二语者的常模去评判母语者水平，譬如拿市场上卖菜的杆秤去称大象，这必然是常模误用，而如果拿母语者常模去度量华语者或二语者，这算不算常模误用呢？我们认为：也算，也不算。这涉及两个问题：一个是标准的有效性问题，一个是测量工具的精确性问题。

我们当然可以拿母语者标准去评价华语者或二语者，海外华人想知道自己相当于什么水平的汉语母语者，想得到正是这个标准体系下的评价。但教育心理测量行为本身甚至不如测量的后效重要，拿母语者标准去评价华语者或二语者，对许多被试最直接的后效恐怕是“颇受打击”，于是大家会拒绝这样一个标准——于是对这个标准的有效性存疑。而且，作为一个测量工具，以母语者为对象的试卷用于华语者或二语者，其精确性也堪忧，譬如拿地磅称虫草，买卖双方都不会接受，这涉及的是精确程度上的问题。

3.3 华测的参照系：标准参照加常模参照

要保证海外华人社会祖语水平跟祖籍国中国的连接，首先必须保证测量体系的连接（不是等同），而要保证测量体系的连接，就必须有参考标准的连接。

为了保证对海外华人社会有良好的后效，华测要求既不能太高也不能太低：太高会对海外华人社会造成即时的伤害，长远作用也因此无法保证；太低就是放水，眼前热闹，长远看必然会抑制海外华人社会的祖语发展和保持。

所以，华测既不能简单参照母语者标准，也不能照搬新 HSK 的标准。而应在母语者标准的基础上，考虑海外华人社会的实际情况，适度地降低要求，使华测呈现出一个“适度偏难”的总体面貌——这就是标准参照加常模参照。至于降低多少才算“适度”，只能在一定认识的基础上提出“标准”，然后根据测试实践加以修正。根据我们的调查和考查，目前掌握的是相当于母语者 70% 左右的标准（王汉卫等，2014）。

4 华测的“特别”追求

4.1 听说和读写能力严格区分的试题追求

不管是一语还是二语，听说跟读写显然是相对独立的两种能力。而目前的听说测试却往往离不开文字，听力考试要“阅读”选项，口语考试也有依赖文字的“朗读”题型，这样的测试结果难说准确客观。

然而，现有汉语考试这样的做法也无可厚非，因为它们的对象多为正规的在校生，听说读写基本上相对平行发展。海外华人社会的情况则大不相同，不管是新、老华人社会，语、文脱节，听、说、读、写能力严重不均衡广泛存在，我们对此已有初步的调查和认识（王汉卫等，2014）。所以，我们应该致力于实现听说测试不依赖于文字，以使测试更加精确，解释更加合理。（为实现上述目标，我们在各级听力试卷的语音材料中添加了各备选答案的读音，以最大程度减小被试因不能识读某选项而误选、错选的概率。）尽管测试实践上并不容易完全做到严格区分听说和读写，但这至少应该是我们的追求。

4.2 强化汉字能力的追求

汉字难几乎是学界的共识，有调查显示，留学生四年的平均识字量仅为 1 600 左右（王又民，2002；李大遂，2003）。汉字的难对海外华人亦然（温晓虹，2011；曹贤文，2014）。

王汉卫（2012）认为：“民俗文化可算是相对最持久的祖籍国特征，比文化难于保持的是语言，比语言更难于保持的是文字。反过来，华人身份的流失，首先是从汉字开始的。”可以说，汉字一方面难，另一方面对海外华人社会也有着至关重要的意义。面对这种情况，开发对促进汉字学习有强力反拨作用的测试，正是华测的特征和使命。

4.3 强化中华文化背景的追求

中华文化是打上了华族印记的认知，体现了华族跟非华族的区别，面向所有“外国人”的考试，如过多呈现中华文化，等于是抹平了这两类人群的差异，会带来公平性问题。华测单独针对华族，不存在公平性的问题，也可以完全把“文化侵略”之类的顾虑抛开。因此，在认知的前提下，将中华文化作为语料选择的一个重要考量，这也是华测必须有的根本属性之一。

5 华测的等级设计

以下两点是华测等级结构的设计基础：

第一，语言与认知的关系：一定程度上，认知来自语言，但不依赖于任何一种特定的语言，以不同的母语接受普通教育的普通人，相同年龄段的认知水平大体是相当的；一定程度上，语言服从认知，认知范围之外，语言能力无从体现。

第二，“母语水平”的适龄化认识：通常而言，“母语水平”是成年人的语言水平，也即认知范围和能力发展较为成熟时期的语言水平。我们夸外国人的中文水平“跟中国人似的”，显然，这个“中国人”一般指的是成年人。然而毋庸置疑的是，3、6、12、

18 岁等每个认知阶段（年龄段）都有该年龄段的“母语者水平”，只不过认知范围和语言能力有不同，在一定年龄范围内，语言能力是随着年龄（也即随着认知）的增长而增长的。

华测是为了引导海外华人社会祖语能力的保持和提升，成人阶段的考试不是华测的全部，甚至不是华测的重点。恰恰相反，考虑到少年儿童是认知范围和语言能力迅速发展的阶段，为了有效影响、引导和提升海外华人社会的祖语能力，华测应该关注到认知发展的各个层次，明确区分不同的年龄段，以适龄性的原则定位和开发单独的语言测试，这是确定华测等级结构的基本考虑。

少年儿童是华测的起点，青少年承上启下，成年是海外华人祖语的稳定面貌。前后两端的测试尚未启动，目前的华测是青少年年龄段的华文测试，等级结构如下：

表 3－56　华测等级与其适应对象对照表

华测等级	适应对象	测试形式
1 级	8 岁左右，有家庭语言环境	笔试（听、读、写）为主测试，口试为选考
2 级	10 岁左右，有家庭语言环境	
3 级	12 岁左右，有家庭语言环境	
4 级	15 岁左右，有家庭语言环境	
5 级	18 岁左右，有家庭语言环境	

华测的等级跟现有某些考试有很大不同，不是从一个很低的起点开始。1 级对应的是 8 岁左右的认知水平，至于语言能力，如表 3－56 所示，1 级并不是语言能力上的基础级或入门级等蹒跚学步级的概念，而是 8 岁年龄较接近母语者水平的能力，以字词大纲为例，1 级的汉字认读 1 100 多个，其中认写字 450 个，词汇量则有 2 100 多个（我们并不想、也不应用“高达”这种表述方式）。其他级别也是一样的思路，不赘言（详见华测相关大纲标准，将适时发布）。

需要进一步说明的是，按照这个设计，如果某 8 岁被试的祖语能力超过同龄人，就意味着他祖语承载的认知能力一样超过了同龄人，那他可以考相邻的更高等级；而一个 18 岁的被试，如果他的语言能力不够好，那他可以向下自由选择任何一级。另外，对于听说和读写，华测追求的是相对独立的刺激方式，被试也可以根据自己的情况，选择参加不同等级的听、说、读、写来评测自己不同方面的祖语能力。

6　华测的卷面

前文的讨论已经确定了华测的大格局。我们进一步研制了一批决定华测卷面得以体现华测追求的标准、大纲，它们是：

华测听、说、读、写能力等级标准（8—18 岁，1—5 级，除有说明，下同）、华测汉字认读及认写等级大纲、华测词汇等级大纲、华测语法等级大纲（1—3 级）、华测中华文化大纲、华测文化金句库、华测任务大纲。在此基础上，进一步确定了华测的卷面结构。华测不是单纯的水平测试，而是随着华裔青少年的学段发展，既实现测评的功能，又追求引导功能的实现。为此，华测卷面确定的基本结构是“知识 + 能力”，并有一些能够实现此追求的细节上、技术上的设计，简要介绍如下。

6.1 基础知识和综合能力的双轨道发展

从卷面结构上来看，听、说、读、写都包含基础知识和综合能力两大板块。听力基础知识是听音辨音，综合能力为听力理解；口语基础知识是发音辨正，综合能力为口头表达；阅读基础知识是汉字认读，综合能力为文本阅读；写作基础知识是汉字书写，综合能力为书面表达。听、说、读、写基础知识和综合能力在整个测试中所占的比重（卷面分值）如下图，从中可以看出，基础知识呈逐渐递减的趋势，而综合能力则是逐渐递增：

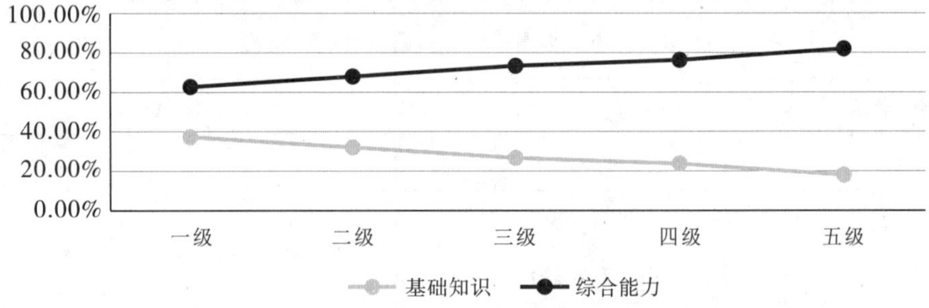

图 3 - 10　基础知识、综合能力在华测各级试卷中的分值所占比

强化汉字能力是华测的特别追求之一，这里暂且对汉字认读和汉字书写基础知识进一步加以说明。汉字认读和汉字书写在一至五级试卷中都占有一定的比重，具体如下图所示：

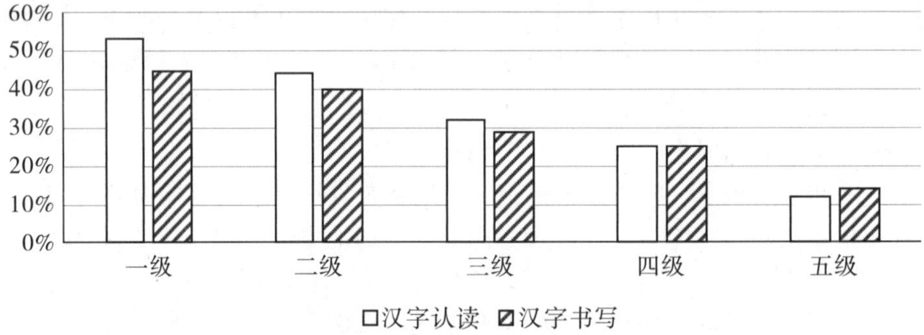

图 3 - 11　汉字认读、汉字书写能力在华测各级试卷中的比重

对汉字基础知识考查力度逐渐递减，主要是因为在小学阶段侧重基础认读、书写，可以很好地引导学习者打好汉字基础，克服读写困难。而到了中学阶段学习者的汉字认读和认写都发展到了一定程度，此时更应注重对综合能力的考查。从上图中还可以看出认读领先，书写跟上的要求；基础阶段重认读，认写逐渐提高跟上的要求。

6.2 卷面设计的一致性、多样性和引导性

一致性是指听、说、读、写卷面题型都遵循“由小到大”的设计理念。听力和口语从最小的音节到较长的语段；阅读和写作从最小的汉字到较长的语篇。这种一致性正是

项目组对听、说、读、写能力发展的解读。

多样性是指随着认知的发展，相同的题型表现为不同的考查形式。听对话后选择在一级听力中是一轮对话，二级变成了两轮对话；同样是考查语音面貌的跟读，一级口语以儿歌为载体，二级变为以古诗为载体。此外，对汉字的认读分别从形、音、义三个角度切入，全面考查。

引导性是指卷面突出了对华裔汉语学习的正确导向。听力和口语对语音、语调的准确性提出了目标和要求，阅读和写作对汉字认读和书写有所偏重。我们不苛求华裔学习者能和汉语母语者一样发音标准、行文流畅，但希望通过这种考查形式确立一种积极的导向，以促进域内外汉语的协调和华人社会祖语能力的保持。

6.3 最小语境的考查模式

最小语境是指能够使测试目标成为唯一目标的最短语境（王汉卫，2012）。坚持最小语境，一方面可以提高有效作答时间，在单位时间内增加测点，提高试卷信度；另一方面，可以避免臃肿语境对测点的干扰，实现对语言能力的直接测量，提高试卷效度。这种思路在听、说、读、写的卷面结构中都有一定的体现。认读汉字和认写汉字以最直接的方式，最大容量地考查了汉字的读写能力；听音辨音、跟读儿歌、跟读古诗以一种简单有趣的形式全方位覆盖汉语的声韵调。听语段后选择和语段阅读亦尽可能控制语料长度，以保证尽可能在一张试卷内涉及更多的话题内容。

7 华文水平测试有效性的初步论证

2017 年，我们在全球范围内进行了华测的选点试测工作，考试内容包括听、说、读、写五个级别的 15 张试卷。同时还对参加试测的考生和他们的教师发放了调查问卷，试点包括美国、巴西、德国、意大利、澳大利亚、印度尼西亚、菲律宾、柬埔寨、马来西亚、肯尼亚，每个国家基本上在 1 ～2 所华校实施试测。本次试测有的是项目组派人实地督导实施，有的是委托对方代理实施，而且不同国家内部的华人华文水平的同质性也有较大不同，所以试测的结果是对华文水平测试质量的验证，也是对影响华语文能力的因素的一些揭示，但并不能据此数据做过度推导，不能为参加国排序。由于肯尼亚的参试人数太少，华测的有效性分析主要依据美国等其他 9 个国家的试测数据进行分析。这 9 个国家的被试样本如下：

表 3－57 9 国被试样本总体情况

分测试	一级	二级	三级	四级	五级	合计
听力	461	517	497	404	302	2 181
口语	179	176	94	115	71	635
阅读	527	529	555	468	310	2 389
写作	538	558	560	444	312	2 412

从级别看，越高级，听、说、读、写的参加人数都越少；从分技能来看，由于口语

的组织实施难度较大，客观导致参加人数较少，但也取得了600多的样本，听、读、写的试测人数都在2 000人以上。

有效性论证是一个完整的链条，也是一个持续的过程，包括对评估、推广、解释、推断和应用过程的有效性进行的综合论证（Kane，2001；Bachman，2010；胥云，2011；韩宝成、罗凯洲，2013；赵琪凤，2016）。下文主要呈现和分析反映测试质量的一些基本指标：信度、难度、区分度、结构效度、效标关联效度，以及华测对语言学界的一些基本认识和一些基本事实的解释力和契合度，华测的有效性借此得到初步验证。

7.1 华文水平测试内部质量分析

7.1.1 评估过程的有效性

华测的试题包括客观题和主观题。客观题由阅卷机完成评阅，我们对机阅结果进行了随机抽查，确保准确无误。主观题包括写作和口语分测试的部分试题，项目组参考了现有考试的口语和写作测试（如HSK考试、C. TEST、YCT考试、台湾华语文能力测试等）的评分标准、现行国内外课程标准和大纲（如国内的中小学语文课程标准、民族中小学汉语课程标准、新加坡、马来西亚、菲律宾等国的华文教学标准和大纲以及澳大利亚、美国等国的中小学中文课程标准），再加上项目组研制的华测大纲和标准，本着科学和可操作的原则，制定了评分维度、标准和等级。经计算，所有主观题目的评分员间信度系数分布在0.88～0.95，说明评分员间的一致性程度较高。所以，本次试测的评分过程是有效的，可以得到一个有效的观察分数。

7.1.2 信度、难度、区分度

表3-58 听、说、读、写各级试卷信度、难度、区分度数据表

指标	能力	一级	二级	三级	四级	五级
α系数	听	0.90	0.88	0.86	0.91	0.83
	说	0.86	0.78	0.84	0.85	0.80
	读	0.94	0.95	0.95	0.94	0.95
	写	0.92	0.94	0.88	0.96	0.97
难度系数	听	0.68	0.74	0.78	0.71	0.72
	说	0.75	0.79	0.82	0.85	0.90
	读	0.51	0.54	0.59	0.61	0.58
	写	0.48	0.51	0.57	0.66	0.59
总点双列相关系数	听	0.50	0.41	0.35	0.42	0.34
	说	0.44	0.45	0.48	0.45	0.38
	读	0.56	0.59	0.60	0.57	0.61
	写	0.52	0.59	0.67	0.71	0.71

从上表可以看到，听说读写、一至五级各卷的全卷指标都比较理想，在试测阶段能

取得这样的结果颇可接受。

内部一致性信度上，听说读写各级试卷最低的是五级说话，但也在0.80，可能跟题量、被试人数，以及评分员标准掌握的一致性都有关系，还需要较多总结提升。相对最好的是阅读，几乎各级都达到了0.95的信度值。

从难度系数上看，各级各种试卷最难的是一级写作（0.48），最易的是五级说话（0.90），难度整体上大多控制在0.50～0.80的范围内，较为合理。数据上看，考生的读写反应明显比听说要难一些，这正好说明了整套测试体系的合理性（详见下文）。

良好的区分度是本次试测数据最为突出的两点，总点双列相关系数保持在0.40～0.59，显示了华测各试卷良好的鉴别能力。

总之，整体来看，华测试测能取得这样的数据结果应该说是很不错的，但这并不是“惊喜”，只不过是符合了项目组的预期。经过前期的调查研究→经过理论框架和顶层设计的反复和确定→经过等级标准和各项大纲的确定→经过试卷结构和题型的反复研讨、尝试和确定→遵循严格的命题原则、步骤、方法→尽量选取能代表全球华裔分布的试测点→获得初步效果。

7.1.3　结构效度与效标关联效度

分析显示，各张试卷的结构效度除了听力五级（98%）、口语二级（87.5%）和口语五级（65%），目前看，这个数据较差的最主要原因是试测样本量太少，其他各套试卷均达到了100%。

在效标关联验证上，随考试一起，我们分发了教师评价以及部分考生自评表，但限于时间紧张，填写回收的情况不理想。我们选取试卷和问卷能够对得上的考生，以教师评价和考生自评为效标，进行了相关分析，相关系数大部分在0.40以上，并在0.01水平上相关显著。

7.2　外部数据的证据

海外华裔分布范围广，华文保持情况复杂，也有一些显著的特征。一方面，这为考试的研发带来了很多的困难；另一方面，华测能否反映和契合这些特点也正是考试质量的验证。海外华文保持情况的复杂性主要体现在以下几点：

7.2.1　代际差异——华文能力通常随代际递减

华测数据显示，代际差异十分明显（马来西亚除外，见下文）。二代新移民的华文水平要高于老移民。在9个国家中，菲律宾、印度尼西亚、柬埔寨的成绩普遍不理想，这些都是老移民社会，并且原则上不接受新移民。以菲律宾的听力和阅读为例，一、二、三级都比较后进，而四、五级却名列前茅，特别是四级听力和阅读都雄踞榜首。起初这样的数据让我们颇感疑惑，怀疑试卷或数据处理的过程出了问题。电话回访得知，菲律宾华教中心安排的一、二、三级考点是能代表菲律宾一般情况的普通学校，而四、五级安排的考点是马尼拉的华侨中学，既是菲律宾最负盛名的华校，也主要由华二代移民构成，他们经常往来于马尼拉和祖籍福建。菲律宾华教中心负责本次考试的刘统厚先生说：“这样的结果正说明华测是可信的。”

由于东南亚多数国家几乎没有新移民，而欧洲大陆国家又很少老移民。我们抛开国别因素，观测华二代跟华三代、华三代跟华四代（由于数据量有限，本次研究合并了四代及以上的代系）之间的差异情况。以代际作为分组变量，各分测试成绩为检验变量，进行秩和检验，并进一步做了 Nemenyi 检验。结果表明，听力、口语和阅读这 3 个分测验成绩的代际差异都是在华二代和华三代、华二代和华四代间显著，华三代和华四代间没有发现显著差异，这个结果与之前一些学者的认识是一致的（Fishman，1966；Li，1982；吴英成、邵洪亮，2014；魏延军、王建勤、魏惠琳，2013）。本次考试没有发现不同代际考生的写作成绩有显著差异，写作成绩代际差异不显著的原因可能有三个：一是按照语言磨蚀的规律，写作的丢失速度要快于其他技能，也就是说，华二代新移民的听、说、读能力明显高于华三代和华四代，但是他们的写作能力已经降低到与老移民同等的水平；二是写作测试的难度可能不合适，没有真实地反映新老移民间的水平差异；三是我们选取的被试代表性不够。总之写作能力不可能单独游离于代际递减规律之外，我们将进一步调整写作试卷，进一步关注这个问题。

代际递减虽然在历史和现状上较广泛存在，但反过来，这并不意味着我们对此现象完全无能为力，只能无可奈何，马来西亚的情况又展示另一番不同的景象。

7.2.2 是否有完整的华文教育体系差异——完整的教育体系有助于保持华文能力

马来西亚华人骄傲地认为：除了中国，马来西亚是华文保持最好的地方。本次华测试测的结果非常清楚地证明了马来西亚华人社会的努力。马来西亚并不接受新移民，考生都是三代以上四代五代甚至更久远的移民后裔，但不管是听说读写，也不管是哪个级别，马来西亚的考生都站在了第一梯队，很多时候甚至高居榜首，完全不输给新移民。迄今为止，马来西亚华人社会跟中国之外任何一个国家相比的特点是：他们有董教总（马来西亚华校董事联合会总会和马来西亚华校教师会总会的联合总称，是推动马来西亚华文教育工作的最主要组织）领导和统筹华文教育，有独立、完整的从幼儿园到大学的华文教育体系。如何造就更多像马来西亚华人社会一样的海外华人社会，这是关心海外华文教育的人士不能不思考的问题。

7.2.3 听、说、读、写分技能差异——听、说、读、写能力的保持依次递减

语言技能表现的差异前文有所提及，从语言习得来看，听说读写 4 项技能的发展是不均衡的，习得听、说先于读、写；反过来，语言在磨蚀的过程中，最先丢失的必然是读、写，然后才是听、说（王汉卫，2012），华测数据完全契合了这个基本面（表 3 - 58）。特别是写，尽管我们考虑到汉字的“难”，为了不至于大面积影响考生的感受，在开发写作试卷的时候，已经有意通过题型的控制，来降低汉字书写的难度（例如只补充一笔，或只补充一个部件），但一些试测点考生的表现仍然是得分较低，甚至很低。20 世纪以来，世界各国的教育都有普遍的提升，现在更是已经进入了一个电子化、信息化的时代，“识文断字”更是须臾不可离开的能力，我们不能培养新文盲（包括半文盲）。如何大幅度提升读、写教学的效果（特别是阅读），让华语文阅读真正能够伴随和促进华裔子弟的认知发展，从过去这几十年的汉语教学的历史来看，无疑还任重而道远，但我们无可回避。

7.2.4 所在国语言影响的差异——所在国语言的强势或弱势对华语文能力保持的影响不同

所在国语言影响的差异，这其实是一个非常综合的因素，语言的影响力其实也是国家综合实力，进一步影响到华裔学习者及其家庭的语言态度。众所周知的事实是，英语

是当今世界最强势的语言，与此相关，美国、澳大利亚的华文读写能力相比之下不够乐观，而同样是拉丁语系背景的巴西和意大利在读写上却紧随马来西亚之后。也许取样的局限，上文的数据不一定具有完全的代表性，但这样的结果跟社会语言学、跟 HL 研究、跟华语研究等相关认识都能契合。这已经远远超出对华测质量的说明，而是指向更为顶层的海外华文教育规划，此处不赘言。

总之，上述来自华测试测的内外部证据初步支持了华测质量的可靠性，为测试的可推广奠定了基础。

8 结语

当前的汉语测试按被试可分为三种：面向国内汉语母语者的考试；面向国内少数民族人群的考试，面向国外汉语二语者的考试。华测是对被试人群进一步细化的结果，不管从语言、种族、文化哪一个方面，或者说综合考虑这 3 个方面，华测都应该独立出来。

考试跟教学息息相关，一如 HSK 对教师、教材、教法的影响，华测的意义也不限于测试，而将对汉语教学的整体格局、对海外华人社会祖语能力的保持和传承、对维系海外华人社会与祖籍国的关系都将产生十分有益的影响。

总体来看，试测结果表明，华测当前的设计比较可靠，但是我们也看到，由于华测还处于起步阶段，进一步的完善也还是十分必要的。在测试中成长，在测试中完善，使华测更好地服务于海外华人社会，将是我们今后努力的方向。

（本文原载于《世界汉语教学》2018 年第 32 卷第 4 期。作者：“海外华裔青少年华文水平测试”项目组；执笔：王汉卫）

参考文献

BACHMAN L F. Language assessment in practice: developing language assessments and justifying their use in the real world. London: Oxford University Press, 2010.

FISHMAN J A. Language loyalty in the United States: the maintenance and perpetuation of non-English mother tongues by American ethnic and religious groups. American journal of sociology, 1966 (72).

KANE M T. Current concerns in validity theory. Journal of education measurement, 2001 (38).

LI W-L. The language shift of Chinese-Americans. International journal of the sociology of language, 1982 (38).

曹贤文. “继承语”理论视角下的海外华文教学再考察. 华文教学与研究, 2014 (4).

陈宏. 关于考生团体异质程度对 HSK（初中等）信度的影响//北京语言学院汉语水平考试中心编. 汉语水平考试研究论文集, 北京: 现代出版社, 1995.

陈宏. 第二语言能力结构研究回顾. 世界汉语教学, 1996 (2).

陈宏. 语言能力测验的结构效度检验. 世界汉语教学, 1999 (1).

柴省三. 关于 HSK（初、中等）平行信度的实证研究. 汉语学习, 2002 (2).

柴省三. 汉语水平口试信度的理论与实证研究. 语言教学与研究, 2003 (4).

柴省三. 关于 HSK 阅读理解测验构想效度的实证研究. 世界汉语教学, 2012 (2).

柴省三. 汉语水平考试（HSK）阅读理解测验公平性研究. 语言文字应用, 2013 (4).

郭熙．关于新形势下华侨母语教育问题的一些思考．语言文字应用，2015（2）．

郭树军．汉语水考试（HSK）项目内部结构效度检验//北京语言学院汉语水平考试中心编．汉语水平考试研究论文选，北京：现代出版社，1995．

国家汉办．国际汉语能力标准．北京：外语教学与研究出版社，2007．

国家汉办．新汉语水平大纲（1—6级）．北京：商务印书馆，2009．

韩宝成，罗凯洲．语言测试效度及其验证模式的嬗变．外语教学与研究，2013，45（3）．

孔子学院总部/国家汉办．HSK考试大纲．北京：人民教育出版社，2015．

鹿士义，余嘉元．当前HSK中若干值得进一步研究的课题探讨．汉语学习，2003（4）．

鹿士义．商务汉语考试（BCT）与欧洲语言共同参考框架（CEFR）的等级标准关系研究．华文教学与研究，2011（2）．

鹿士义．商务汉语考试（BCT）阅读能力与欧盟框架的匹配研究．语言文字应用，2011（1）．

李大遂．中高级留学生识字量抽样测试报告．暨南大学华文学院学报，2003（2）．

王汉卫，邵明明，凡细珍，等．华文水平测试总体设计再认识：基于印尼、菲律宾、新加坡的调查分析．华文教学与研究，2014（3）．

王汉卫．华测中的阅读研究．北京：北京大学出版社，2012．

王佶旻．三类口语考试题型的评分研究．世界汉语教学，2002（4）．

王佶旻．初级阶段留学生个体背景因素与口语测验表现的关系．汉语学习，2007（5）．

王佶旻．初级汉语口语测验题型研究．考试研究，2011，7（5）．

王佶旻．汉语能力标准的描述语任务难度研究：以中级口语能力量表为例．世界汉语教学，2013，27（3）．

王又民．中外学生词汇和汉字学习对比分析．世界汉语教学，2002（4）．

温晓虹．美国中文教学面临的挑战与对应策略．世界汉语教学，2011，25（4）．

吴英成，邵洪亮．华裔汉语学习者解读：新加坡视角．世界汉语教学，2014，28（2）．

魏岩军，王建勤，魏惠琳．美国华裔母语保持与转用调查研究．华文教学与研究，2013（1）．

胥云．语言测试中基于论证的效度验证模式述评．外语教学理论与实践，2011（4）．

赵琪凤．留学生预科汉语综合统一考试的效度研究：基于解释性论据理论的探析//王佶旻主编．来华留学生预科教育标准与测试研究，北京：北京大学出版社，2016．

张凯．汉语水平考试结构效度初探//北京语言学院汉语水平考试中心编．首届汉语考试国际学术讨论会论文选，北京：北京语言学院出版社，1995．

张凯．标准参照测验理论研究．北京：北京语言文化大学出版社，2002．

张凯．HSK等级分数的问题．世界汉语教学，2004（1）．

第四部分

华语传承与社会文化研究

试论华语语音教学系统的构建及实施*

1 引言

随着汉语传播事业的加速发展，汉语教学的类型逐渐多样化。除了对外汉语教学、民族汉语教学，还有面向海外华人的华语教学。不同类型的汉语教学需要有不同的总体设计、教材、教学模式和测试体系。对外汉语教学已有汉字、词汇、语法大纲，也着手研发语音大纲（叶军，2003；施向东，2013）。华语教学作为汉语国际传播两翼的重要一支（李宇明，2009），也需要有自己的各类大纲。就语音教学来说，也应该设计华语语音教学大纲。

华语语音教学大纲是华语语音教学总体设计、教材编写和教学测试的重要依据。虽然说没有教学大纲，华语语音教学仍在正常进行，但缺乏标准化的参照，毕竟会给教学带来许多不便，也不利于华文教育事业和学科的长远发展。设计语音教学大纲应当先有语音教学系统。因此，如何构建华语语音教学系统，就成为摆在华文教育工作者面前的迫切任务，需要大家共同论证。

本文首先回顾以往华语语音教学系统的相关研究，调查、描写现有汉语（含华语）教材中的语音内容概况，总结当前汉语教材语音系统的共性与差异；然后重点讨论构建华语语音教学系统的方向和重点，即简化系统和去除轻声、儿化等要素；最后交代简化华语语音教学系统在实践中的相关事项。

2 华语语音教学系统的相关研究

华语语音教学首先需要确定“教什么”的问题。多年来，语音教学在“怎么教”的问题上已经取得不少成果。大体集中在：教学方法和途径、针对特殊难点语音项目的处理、国别化语音教学对策、语音项目教学呈现顺序、中介音偏误调查、实验研究等方面

---

* 本文为国家语委重点项目（项目批准号：ZDI125－37）、广东省高等教育教学研究和改革项目（粤教高函［2017］214号）、教育部人文社会科学项目（项目批准号：19YJC740125）的阶段性成果。本文先后在2016年北京大学对外汉语学院暑期教师发展研讨班和2017年台湾清华大学第16届台湾华语文教学年会暨国际学术研讨会上做过报告，得到过徐晶凝、汲传波、叶德明、高秀玲、李仙莉、刘旻洁、喻江等师友指教，谨此一并致谢！文中不当之处概由笔者负责。

（孙德金，2006；张宝林，2005 等）。相比而言，对研究语音“教什么”方面重视得很不够。

目前，业界对语音要“教什么、不教什么”尚未完全达成共识。赵金铭（1985）较早提出要简化对外汉语语音教学系统，在简化后的语音系统里，没有儿化和轻声。赵金铭先生的简化理念和方案得到不少认同，例如王汉卫（2002），陆丙甫、谢天蔚（2004），石锋（2007），李宇明（2009），马燕华（2014）从不同角度支持赵金铭的看法。相反，也有一些研究显示出没有注意或者不支持赵金铭，例叶军（2003）、毛世帧（2008）、施向东（2013）等。

比较上述两种看法，其症结在于国际汉语语音教学系统是简化普通话系统还是遵照标准普通话系统。应该认识到，随着汉语国际教育事业的蓬勃发展，学习汉语的人数规模在急速增长，汉语学习者的背景、动机和需求也呈现出更为多元化的趋势，要求所有的学习者都达到普通话语音标准，既不现实，也无必要。例如港台汉语教师和其他公务人员，对于他们的测试就不能完全照搬普通话水平测试系统，否则将会剥夺相当一批人员的从业资格，大大挫伤他们的积极性（郭熙，2008a）。徐杰、董思聪（2013）提出，原来的普通话标准已经发挥了历史作用，当前应将“以北京音为标准音”微调为“以北京音为基础音”，放宽标准是为了因势利导，加快汉语传播。李泉（2015）也认为，国内外汉语教学的语言文字标准均宜采用“双轨制”，在语言标准上，海外宜采取“普通话”和“大华语”双标准，多元标准有助于满足多元化汉语教学的需要，有助于加快汉语的国际化进程。在普通话之外提出“大华语”标准，就是基于华语教学的实际考虑。

世界英语（World Englishes）语音教学系统的讨论也可以给我们不少启发。随着英语的全球传播，以英语为通用语（ELF）的学习者已经远远超过母语者数量，学习者的交际对象多数都不再是核心圈母语者，师资也多是来自本土。本族语者和标准英语的权威地位受到动摇，英语语音教学的标准问题引发关注。英国学者 Jenkins（2000）提出了一个简化的英语语音教学系统，指出像 θ/ð 和长短音的区别、词重音等不影响交际，应该从系统中去除，只保留通用语的共核。她的简化系统一开始也遭到了来自标准英语传统学者们的批评（Keys & Walker，2002）。后来，Jenkins（2002，2006）对所构建出的语音系统反复论证，进而得到许多人的拥护和追随，特别是受到外圈英语教师的欢迎，包括传统阵营的许多学者也逐渐认同其理念，并出版了相关语音教材（Walker，2010），国际通用英语教学蔚为可观。

在国内，华文教学当地化也带来标准多元化的思考（郭熙，2008a；李宇明、施春宏，2017），同样也有学者表示忧虑和反对，认为这样会破坏汉语的纯洁性（戴昭铭，2014）。关于标准的争议肯定还会持续下去，本文在此不做过度阐释。

我们的一个基本观念是，既然英语传播包括英语通用语教学并没有破坏英语的根基，反而大大扩大了英语的影响力。那么在当前汉语国际传播的新形势下，我们是否可以在理论上做一些探索，探索构建华语语音教学系统的可能和方案，而且实际上很多教师在实践中已经开始这么做了，至少在可见的教材领域，语音教学的内容已有一些变化。

3 汉语教材中的语音内容考查

华语语音教学的内容由大纲和教学系统规定，主要体现、落实于各类华语教材中。

为此，我们主要以中山大学研发的“全球汉语教材库”为范围，考查了海峡两岸暨港澳不同类型的华语教材中的语音内容，调查的内容除了声韵调外，主要看其中是否有儿化、轻声以及音节、音变、语调等内容。调查范围分两块：一是专门语音教材，二是综合汉语教材。两块各25部①。调查结果如下表所示。

表4－1 汉语教材中的语音内容调查表

	专门语音教材25部		综合汉语教材25部	
	有	无	有	无
声母、韵母、声调	25	0	25	0
儿化	22	3	23	2
轻声	23	2	23	2
音节	25	0	25	0
音变	22	3	17	8
语调	20	5	15	10

从上表可以得出如下信息：

一是两类汉语教材中，语音教学的内容都大同小异。其中，声韵调、音节这四项是所有教材都会包含的，可谓必现内容。这也反映了主流教学界重视音素和音节教学的共识。

二是音变和语调教学内容在不少教材中未予呈现，特别是语调教学内容普遍不足。虽然不少人已经认识到学习者洋腔洋调主要是语调训练不足或者不得法（曹文，2010），但是教材方面仍然少有改观。事实上随着实验语音学的兴起，汉语句调、节律、语气等方面已经取得一些进展，不过大部分研究主要还是面向本体的分析，较少针对汉语教学的二次加工。这可能也是教材没有及时将语调研究的新成果及时吸收进来的原因。

三是目前的汉语语音教材大部分将儿化、轻声纳入教学内容，少数教材没有这方面

---

① 专门语音教材有：《汉语发音与纠音》《汉语语音教程》《对外汉语语音》《香港人学说普通话》《趣味汉语语音课本》《外国人汉语发音训练》《现代汉语语音教程》《汉语语音教程：基础篇》《现代汉语语音训练》《汉语普通话语音辩正》《经理人汉语·语音篇》《趣味汉语拼音课本（基础篇）》《轻松汉语正音课本》《普通话语音》《国际汉语语音与语音教学》《华语语音》《汉语语音100点》《汉语正音教程》《华语正音练习》《汉语语音导入》《现代汉语语音（海外华文教育教材）》《实用华语语音学》《汉语语音教程》等。综合汉语教材有：《中文》《当代中文》《朗朗中文》《阶梯汉语系列》《新概念汉语》《体验汉语》《长城汉语》《博雅汉语》《风光汉语》《环球汉语》《今日汉语》《我们的汉语教室》《新版实用视听华语》《汉语入门》《基础汉语课本》《外国人学中国语》《汉语教程》《发展汉语》《成功之路》《拾级汉语》《新实用汉语课本》《汉语纵横》《当代中文课程》《来去移民华语》《初级华文》及《现代汉语语音教程》［对外汉语（经贸方向）系列教材］。限于篇幅，参考文献对这些教材不再一一标明出处。

的内容。这说明对于是否教授轻声、儿化，业界的做法并非铁板一块，毫无分歧。至少在21世纪后出的华语教材里，部分教材已经不考虑教授轻声、儿化。

徐越（2005）具体考查过6套汉语教材的儿化情况，结果发现，北方教材中儿化词数量明显多于南方教材，与之相关的则是儿化词普遍存在三类问题：随意性较大、过于冷僻以及明显的错误。从她的调查也可以看出，不同教材对儿化的处理存在南北区域差别，儿化和不儿化的界限比较模糊。这就提醒我们，必须要认真考虑类似儿化、轻声这样的语音内容是否应该从华语语音教学系统中剔除。

语音教学系统涉及语音教学内容以及内容之间的位置顺序。因此，除了上述语音内容的数量调查，我们还略加考查了综合汉语教材中语音项目的位置和次序。就出现位置而言，包括首次出现的位置和最后出现的位置。声韵调和轻声儿化出现的位置差别较小，多是安排在初级阶段前期；对于变调、语调，综合汉语教材出现的位置差别较大，有的安排在初级阶段后期，有的安排在中级阶段。出现的次序则决定了哪些语音内容先学、哪些内容后学。考查结果也发现，各种教材彼此之间的差别微乎其微。就声韵调的教学顺序而言，全部遵循的是《汉语拼音方案》的顺序。

总体而言，针对海外华人华裔和一般外国人的语音教材内容并无大的不同，大部分对外汉语教材不加区别地都拷贝了普通话的语音教学系统，而针对华裔的华语教材又拷贝了对外汉语教材或是普通话教材系统。特别是几部冠以“华”字头的语音教材，实际上和一般对外汉语语音教材毫无二致。这不仅会给教师带来选择的困难，也会让学生产生困惑。细究教材的内容可知，华语教学的体系和对外汉语教学仍然难以体现出本质的差异。当然，这本身并没有什么大问题。因为无论是对外汉语教学还是华语教学，所教授的内容尤其是语音方面拥有共同的基础应该是确定的。

随着认识的深入，人们对母语教学、对外汉语教学、华语教学的性质、目标、内容和方法上区别看得越来越清楚（郭熙，2015）。曹贤文（2014）从继承语的角度阐述，发音操练和强调表达正确就不是狭义华文教学的重点教学内容。陆丙甫（2009）认为对外汉语声母教学、韵母教学顺序可以微调。赵金铭（1985）认为对外汉语教学不仅声母教学顺序可以重新组局，而且论证了对外汉语语音教学系统简化的可能、必要和依据。然而从教材实践来看，这些理念还多悬在空中，尚未落地。我们认为，他们的简化理念在对外汉语教学领域或许还有一些超前，但是对于对外华语教学的发展方向来说，却是很有预见性的。只不过，在构建华语语音教学系统问题上，我们可以抓住重点，稳步推进，先从一些系统性弱的项目上寻找突破口。

4　构建华语语音教学系统的方向与重点

4.1　简化华语语音教学系统

构建华语语音教学系统可以参考对外汉语教学大纲的设计。对外汉语教学各种大纲的设计思路，总体上是一种简化系统的做法，即是对母语文教学系统的简化。我们认为，构建华语语音教学系统，也应该走简化之路。原因是，华语教学和对外汉语教学一样，都是一种不完全习得（Incomplete Acquisition），华语学习者理论上不大可能完整地掌握自然母语者的语言系统，向他们提供的学习内容就应该是一种精简的语言教学系统。或许有人说，既然他们无法完全掌握母语者系统，就更要多给他们一些。这也是不现实的，因为实际上他们做不到像母语者一样终身学习，华语学习者基本上都是阶段学习，有限的学习时间决定了教学系统必须从简。而且，无论他们是将汉语作为外语、二语学习还是传承语习得，都是在一种不充分的语言环境中学习华语，环境决定了母语者语音教学系统需要作出一些调整。

华语语音教学系统的简化首先面临的问题就是取舍，哪些可以保留，哪些应该去除。我们的初步设想是，保留的应该是全球华语语音系统的最小集合，去除的是不具有普遍性的“儿化、轻声”等系统性不强的元素，并且后者是简化的重点。

华语语音教学系统的简化方向，应该是求得全球华语语音系统的共核（Common Core）。这个共核的内容应该是各地华语语音系统的交集，即最大公约数。而要求得这个公约数，前提当然是描写清楚各地华语的语音系统。然而除了普通话和台湾“国语”，目前我们对于海外各地华语语音面貌的认识还很有限，相关语音调查分析还比较少。一般讨论比较多的是中国香港、台湾以及新加坡、马来西亚和印度尼西亚华语语音概况，这些都是属于所谓南片华语，它们的语音共性是无轻声、儿化。基于此，我们认为简化华语语音教学系统可以首先去除儿化和轻声。简化后的暂拟华语语音教学系统如下表所示：

表 4－2　暂拟华语语音教学系统表

教学内容	项目数量
声韵调	21＋39＋4
变调	2（“一”和“不”）
语调	4（停顿、延长、重音、句调）

从上表来看，华语语音系统格局变动不大。《汉语拼音方案》是汉语国际教学基石（赵金铭，2013），也是华语语音教学的基础，声韵调的教学内容和数量保持不变。语调如前所说，需要加强。变调方面，减少连读上声变调、“啊”、“轻声”、“儿化韵”等内容。上声连读变调和“啊”变调，本质上都是自然语流现象，所谓的变调规律只不过是对自然音读格局的总结。从可懂度视角而言，自然中变调与否或是否按规律变，不会影响交际。这样来看，上述系统基本保留了语音教学系统的面貌，重点是去除了“轻声”“儿化”和“啊”以及连读变调。下面重点从交际、认同和经济三个角度阐述我们的理由。

4.2　儿化、轻声不必教论

从交际角度看，我们认为，儿化、轻声的价值较低，并不会影响交际，因此不必教。

语言的首要功能就是交际。主张教儿化的学者，理由是儿化有这样一些功能：①区别词性和词义。例如“帮—帮儿/错—错儿”；②区别词义。例如信—信儿/水—水儿；③表示感情色彩、附加意义。例如“冰棍儿、头儿、没事儿、玩儿、好好儿”。

但是，我们一旦把区分词义词性的儿化放到语境中，歧解就会得到消除。而风格色彩义对于基础阶段外国学习者来说，就更加不敏感。李倩（2015）提到的“天安门”说成“天安门儿”，“姚姐”说成“姚姐儿”，还有所谓“东直门儿、西直门儿、宣武门儿、午门儿”等笑话，对于外国学习者来说，恐怕是难以理解也是难以避免的。而且，跟非北京方言区的人一样，二语学习者在这个项目上也会有“过度泛化”的问题，在不该儿化的时候儿化。

儿化是北方话尤其是北京话的特征，而不是普通话的特征。张世方（2003）、彭宗平（2005）等诸多研究已经证实了这一点。端木三（2007）也提到，非北京人在讲标准语的时候，常常不用“儿”后缀，但是不会给交际带来任何问题。

儿化在普通话里并不成系统，哪些词儿化，哪些词不儿化规律性不强。华语学者陈重瑜（1985）指出：“儿化韵尾虽然是北方话一个普遍特点，然而由于儿化的词条各不相同，儿化实际上是一个地方性的特征。故此，不当出现于普通话中。”正因为如此，不少对外汉语语音教材后面不得不附上儿化词表。母语者要记住这些儿化词尚且困难不小，何况外国人。任崇芬（1998）通过对赵忠祥、倪萍等播音主持人的畅销书调查发现，他们在应该用儿化字的地方没有写“儿”，这跟人们长期把必儿化词同可儿化可不儿化词混为一类有关。

从实际使用情况来看，儿化在海外华社也不常见。《普通话水平测试用儿化词语表》里规定的必读儿化词，在海外华语口语里大多不读儿化。我们以词表中“号码儿、小孩儿、在哪儿、一下儿、差点儿、照片儿、一点儿、一会儿、聊天儿”9 个词为例，检索东南亚华文媒体语料库。结果显示，除了“一会儿”，其他 9 个词语不儿化的比例①远远超过儿化。由此可见一斑。

从教学效果来看，儿化的教学成功率也比较低。徐越（2005）对儿化教学现状调查表明，“教学效果一直不佳，尤其是在闽、粤、吴等方言地区，已成为对外汉语教学的一大难题”。徐越分析问题产生的原因在于：儿化本身无规律可循、儿化发音不容易掌握，实用性的问题、教学安排的问题。我们认为她的分析是符合实际的。此外，汉语国际教育环境的变化，也决定了不宜在儿化上过度用力。应该看到，非汉语环境下的海外汉语教学是当前的主流。一方面是学习者在国外环境下学习汉语，缺乏汉语、更缺乏标准音的环境；另一方面汉语教师绝大部分是本土成长的，难有标准音的知识技能背景。儿化教学势必难度更大、效率更低。再者，儿化韵不是全球华语的普遍共性。儿化的土壤只限于中国北方区域，为了让大家迁就这一区域的人学会儿化，难度系数可想而知。

退一步说，即便是学生掌握了这个项目，也可能面临无用武之地的尴尬。石定栩（2009）提到一个例子，上海高校几个留学生学会了儿化韵，去街头买“锅盖”问店主有没有“锅盖儿”，结果店主根本听不懂。这个例子说明，儿化韵在一些地方不但没有交际价值，反而可能成为阻碍沟通的因素。

社会语言学认为，语言不光有交际作用，还有认同价值。语音项目同样如此。坚持向外国人教儿化音的很大一部分理由是，儿化是标准音的象征，学会儿化意味着汉语地

① 具体出现比例是：号码 4193/号码儿 0、小孩 5 113/小孩儿 15、鞋带 39/鞋带儿 0、在哪儿 130/在哪里 1 874、一下儿 3/一下子 995、差点 1305/差点 46、照片 11 706/照片儿 0、一点 16 898/一点儿 140、一会 652/一会儿 499、聊天儿 1 515/聊天 0。

道，意味着是纯正的普通话。历史地看，儿化能够成为普通话的内容，是语言规划的结果，儿化本质上是北京音。而北京音成为现代汉语的标准音是语言规划的历史选择。李宇明（2004）论证了权威方言在语言规范中的地位，指出权威方言既指的是地域方言，也包括社会方言，语言规范应当采用地域方言和社会方言的双重参照。20世纪50年代在确定普通话标准时，权威方言指的是北京城知识分子所说的话、所写的作品。但是今天儿化已经不是权威方言中的必要成分了。张青（2005）通过北京机关公务员、外企白领、胡同串子的北京音系调查对比，证明了儿化、轻声都成了一种非都市化的身份标记。王玲（2014）对北京外来移民的儿化调查也发现，儿化成为移民融入北京市的重要身份标识，存在过度使用儿化现象，也就是说是北京人就说儿化——儿化仍局限于地域认同标识，而非社会认同标记。社会语言学不同阶段的调查表明，儿化词使用总体上呈逐步衰减趋势（彭宗平，2005；周晨萌，2005；张学增、高惠宁，2008；王玲，2014），甚至一些北京儿化地名急剧流失，到了需要保护的地步（郭风岚，2015）。

儿化在境外华语区的认同价值也很低。刁晏斌（2000）早就指出，台湾“国语”音系中儿化韵趋于消失、轻声脱落。Baran（2014）对于台北高中校园语言实践认同的调查发现，年轻人对于儿化音的使用和认同度很低。还有一个例子可以说明，华裔即使是学会儿化，回到所在华语社区也可能遭遇身份认同的问题。海外华语与华文教育方向第一位博士唐根基在中国学会了一口相当标准的普通话，儿化音也发得相当地道，然而尴尬的是回到家乡印尼巨港，却遇到了周围华人的白眼，有人认为他是在撇腔调。新加坡区域语言中心某老师也说，新加坡有的国际幼儿园，家长会让子女选班时刻意避开中国北方老师所在的班级，原因就是“嫌弃”北方老师带儿化、轻声的普通话。这里就涉及社会语言学的认同问题。本地华语社区的人总是能轻易地辨识非本地华语社区的语音特征。

从推广普通话的规律来看，推广某个音须要有广泛的群众基础，群众基础就是交际、认同等多重因素的结合。推广普通话前身的国语运动，采用杂糅北京音和南方音的老国音音系（含尖音和入声）来推广，结果是失败的。就连灌制国语唱片的语言学家赵元任也不无感叹地说：“在十三年的时间里，这种给四亿、五亿或者六亿人定出的国语，竟只有我一个人在说。”当然还有一种情况是有的学生非要学轻声、儿化不可。胡炳忠（1983）提到外国来华进修生有不少人曾要求辅导儿化韵，认为“无疑它是应该教的内容”。这种情况已成为历史，八九十年代的留学生很多是去北京学习汉语，这一点跟今天的汉语学习形势已经大大不同。根据统计，当前来华汉语学习者仅占全球汉语学习者的1%。绝大部分都是在国外学习汉语，根本不存在儿化使用的社区环境和需求。

近来，语言的经济价值为人们所重视（张卫国，2008；李宇明，2012；黄少安、张卫国、苏剑，2017）。李宇明（2012）比较全面地论述了语言的经济学属性。语言的经济功能意味着，语言学习作为一种语言行为或者语言选择，可以用经济学的效用理论进行分析（徐大明，2010）。学习某个语言或语音项目存在机会成本问题，学习儿化在获得利益的同时也意味着没有分配时间学习其他语音项目所带来的损失。教材编纂者用一章或更多的篇幅介绍儿化、轻声，教师是否都会去用？学习者花费大量时间操练儿化，是否都有效果？这都是需要考虑的。陆丙甫、谢天蔚（2004）认为从教学便利和效率的角度考虑，外国人学汉语时，是否需要教儿化轻声是很值得探讨的，并认为儿化韵和轻声在汉语中，其地位并不如我们以前强调的那样重要。

5　实施中的问题

上述简化的华语语音教学系统只是一种设想。如果能够成为语音教学大纲编制及教学的依据，还要考虑它落实在实践中可能产生的问题以及应对措施。

首先是教材编写。已经出版的教材在修订时，可以酌情删除有关内容。新编写的教材，尤其是在境外使用的华语教材，儿化、轻声可尽量不予呈现；一些专门用途的教材，除非是面向华文教师、播音员等特殊行业的，儿化和轻声也可回避。

其次是教师执教。人们常说教无定法，贵在得法。不同的教师处理相同的教材应该有不同的做法。如果学生要求学习轻声、儿化，教师可以酌情教授，但不宜要求过高。如果学生对于轻声、儿化没有明确的要求，教师则没有必要去触碰这些难点。曹文（2010）就儿化教学认为重点应该是有区别词性、词义功能和需要表达感情色彩的儿化韵，以及被普通话吸收的其他儿化韵（例如玩儿、一会儿等）。普通话必读儿化词的数量是有限的，对于境外华人来说，需要掌握的数量更有限。王幼华（2016）通过比较两岸儿化词使用情况就认为，应该区分必须儿化、可以儿化以及尽可能不儿化三种类型，采取柔性处理。对于台湾华语轻声的处理，邵敬敏（2016）也持类似态度。另外，对于不同需求、不同层次、不同年龄段的学习者，也需要灵活处理。例如零起点的学前华裔儿童，则无须讲解轻声、儿化，而对于职前华文教师，则可根据需要操练一些常见轻声词和儿化词，并且适当增加语调内容以及相关训练。

最后是正在研发的华文水平测试项目以及其他的华语口语水平考试里，应该尽量避免轻声、儿化以及变调的题项，减轻学生负担。

上述做法，在学者、教师或者学生群体里，都可能招致一些怀疑。焦点就是有人会担心简化后的语音教学系统会走样，变得不纯，甚至破坏汉语。这样的担心同样也存在于英语国际传播研究领域。世界英语研究专家 Kachru（1988）提出英语跨文化使用和使用者基本冲突的六个假想。人们总是假想英语的多样性或变异是语言衰败的象征，而限制这种衰败是母语学者和外语教学人员的责任。他认为，这个假想会带来这样的误区，即任何层面的偏离母语规范的形式都是错误的。Kachru 认为这些担心可以理解，但是没有必要。实际上，汉语也一直在变化，华语在海外也在发生变异，汉语的生命力不但没有衰退，反而愈加强劲，汉语的内涵因为华语的变异而源源不断得到滋养和丰富。那种自持语主身份而不允许丝毫改变的想法已经不合时宜。

6　结语

本文从两类华语语音教材调查入手，分析其中语音内容的共性和分歧。主要从交际、认同、经济属性等角度论述了华语语音教学简化的必要性和方向，构建华语语音教学系统需要走简化之路，重点是减少儿化和轻声等语音项目。

构建华语语音教学系统是为了实现语音教学的目标。这里有必要重申语音教学的目标。对外汉语语音教学的目标是教会学生正确的语音说话（程棠，1996；鲁健骥，2010），显然，这是语音教学的小目标。大目标是加速推进汉语的国际化。华语语音教学亦然。就小目标而言，何为正确的语音？我们必须要认识到语言是在发展的，普通话也是。标准语发展过程中肯定会有一些变异，这是在所难免的。过去，对于变异，语言学家总是采取一种追认观，等到大部分人都用才不得不承认它们的合法地位。这样的被动做法已经给语言学家的形象带来了一些负面影响。在汉语走向国际化的形势下，我们需要梳理汉语的标准是怎么来的。从历史的向度来看，汉语的标准并不是自然形成、变动不居的，而是不断发展、人为调节的结果。今天谁也不会再拿《中原正音》来作为汉语教学的系统。同理，我们应该顺应新时代的变化，迎接挑战。如果我们严守标准，继续花大力气教授在海外华人社会系统性弱且并不存在的轻声、儿化等项目，势必会给教师和学生双方增加负担（包括经济意义上的），不利于汉语教学大目标的实现。

探索构建华语语音教学系统是华文教育和汉语国际传播事业的需要，放宽语音标准是汉语国际化的重要一步（侍建国、卓琼妍，2013）。最后，让我们援引社会语言学家拉波夫关于推广普通话的一段访谈（石子强，1988）作为本文的结尾：

当一种方言或语言得到推广，成为大多数人的语言时，人们往往是说带有自己语言特色的标准语。同样，如果普通话成为人人的第二语言，或第二方言，普通话就发生变化，以适合山东人、广东人等各地人民的需要。

在法国，人们认为标准法语应该有七个元音。但实际上，讲标准法语的人只分辨五个元音。法国各地学习标准法语的儿童不得不坐在教室里白白浪费时间去学习那根本不存在的系统。我相信，这种情形在中国不会发生。因为中国人民有一种实事求是的精神。这是非常难得的。听说中国有句话叫“理论联系实际”。但是在语言学界，人们还不能充分认识理论联系实际的重要性。而这正是全体语言学工作者应该努力的方向。

（本文原载于 *Global Chinese*，2019 年第 5 期。作者：祝晓宏）

参考文献

BARAN D. Linguistic practice and identity work: variation in Taiwan Mandarin at a Taipei County high school. Journal of sociolinguistics, 2014, 18 (1).

DUANMU, S. The phonology of standard Chinese: 2 edn. Oxford: Oxford University Press, 2007.

JENKINS J. The phonology of English as an international language. Oxford: Oxford University Press, 2000.

JENKINS J. A sociolinguistically based, empirically researched pronunciation syllabus for English as an international language. Applied linguistics, 2002, 23 (1).

JENKINS J. Implementing an international approach to English pronunciation: the role of teacher attitudes and identity. Tesol quarterly, 2005, 39 (3).

JENKINS J. Current perspectives on teaching world Englishes and English as a lingua franca. Tesol quarterly, 2006, 40 (1).

KACHRU B B. The sacred cows of English. English today, 1988, 4 (4).

KEYS K, W R. Ten questions on the phonology of English as an international language. Applied linguistics, 2002, 55 (3).

WALKER Teaching the pronunciation of English as a lingua franca. Oxford: Oxford University Press, 2010.

ZHANG Q. A Chinese Yuppie in Beijing: phonological variation and the construction of a new professional identity. Language in society, 2005 (3).

曹贤文."继承语"理论视角下的海外华文教学再考察.华文教学与研究,2014 (4).

曹文.现代汉语语音答问.北京:北京大学出版社,2010.

陈重瑜.华语(普通话、国语)与北京话.语言教学与研究,1985 (4).

程棠.对外汉语语音教学中的几个问题.语言教学与研究,1996 (3).

戴昭铭.汉语国际教育中的规范冲突问题:与郭熙先生商榷.求是学刊,2014,41 (2).

刁晏斌.差异与融合:海峡两岸语言应用对比.南昌:江西教育出版社,2000.

郭风岚.论北京地名文化的保护:以儿化地名为例.中国文化研究,2015 (1).

郭熙.两岸汉语的差异与普通话水平测试的标准.(周荐)海峡两岸语言与语言生活研究,香港:香港商务印书馆,2008a.

郭熙.关于华文教学当地化的若干问题.世界汉语教学,2008 (2).

郭熙.论汉语教学的三大分野.中国语文,2015 (5).

胡炳忠.基础汉语教学中的儿化韵问题.语言教学与研究,1983 (3).

黄少安,张卫国,苏剑.语言经济学导论.北京:商务印书馆,2017.

李倩.香菇菜心和回锅肉的语言等级.北京:商务印书馆,2015.

李泉.国际汉语教学的语言文字标准问题.语言教学与研究,2015 (5).

李宇明.权威方言在语言规范中的地位.清华大学学报(哲社版),2004 (5).

李宇明.海外华语教学漫议.华文教学与研究,2009 (4).

李宇明.认识语言的经济学属性.语言文字应用,2012 (3).

李宇明,施春宏.汉语国际教育"当地化"的若干思考.中国语文,2017 (2).

陆丙甫,谢天蔚.对外汉语教学的经济原则.汉语学习,2004 (3).

陆丙甫.对外汉语语音教学两则.对外汉语研究,2009 (1).

鲁健骥.对外汉语语音教学几个基本问题的再认识.大理学院学报,2010 (5).

马燕华.论外国成年人汉语语音学习同化特征:基于汉语与13种语言语音系统对照分析.海外华文教育,2014 (1).

毛世桢.对外汉语语音教学.上海:华东师范大学出版社,2008.

彭宗平.北京儿化词研究.北京:中国传媒大学出版社,2005.

任崇芬.普通话儿尾词两议.语文建设,1998 (9).

邵敬敏.两岸汉语轻声词异同比较研究.语言文字应用,2016 (1).

沈阳,邵静敏.试谈香港地区普通话教学中的"儿化"和"轻声"问题.方言,1997 (3).

石定栩.书面汉语变体与对外汉语教学//吴伟平,李兆麟.语言学与对外汉语教学,香港:香港大学出版社,2009.

石锋.汉语语音教学笔记.南开语言学刊,2007 (1).

侍建国,卓琼妍.关于国家语言的新思考.语言教学与研究,2013 (1).

施向东.对外汉语语音教学总体思路和大纲研究.第九届国际汉语教学研讨会,2013.

石子强.美国社会语言学家拉波夫访谈录.语言学论丛,1988 (15).

孙德金.对外汉语语音及语音教学研究.北京:商务印书馆,2006.

王汉卫."标准"与"基石":基础阶段对外汉语语音教学的新思考.华文教学与研究,2002 (2).

王玲.身份认同与儿化使用:以北京儿化为例.暨南学报(哲学社会科学版),2014 (3).

王幼华.海峡两岸汉语儿化词异同比较研究.语言文字应用,2016 (1).

徐大明."有关语言经济的七个问题".云南师范大学学报(哲学社会科学版),2010 (5).

徐杰,董思聪.汉民族共同语的语音标准应微调为"以北京语音为基础音".语言科学,2013 (5).

徐越. 对外汉语教学中的儿化问题. 语言教学与研究，2005（6）.

叶军.《对外汉语教学语音大纲》初探. 云南师范大学学报（对外汉语教学与研究版），2003（4）.

张宝林. 语音教学的现状与对策. 云南师范大学学报（对外汉语教学与研究版），2005（37）.

张世方. 从周边方言看北京话儿化韵的形成和发展. 语言教学与研究，2003（4）.

张学增，高惠宁. 北京话儿化词情况调查分析. 人文丛刊，2008（3）.

张卫国. 作为人力资本、公共产品和制度的语言：语言经济学的一个基本分析框架. 经济研究，2008（2）.

赵金铭. 简化对外汉语音系教学的可能与依据. 语言教学与研究，1985（3）.

赵金铭.《汉语拼音方案》：国际汉语教学的基石. 语言文字应用，2013（1）.

周晨萌. 20 世纪 80 年代北京口语儿化词的使用情况. 语言教学与研究，2005（5）.

华语、华文教育与认同：以马来西亚为例

1　前言

马来西亚语境下语言、教育与认同的关系一直受到学者们的关注，他们从教育的角度（Lopez，2014）、政治科学的角度（Collins，2006）、第二语言习得的角度（Lee，2003）、语言规划的角度（Gill，2005）分析三者之间的关系。其中，华语与华人认同之间的联系是一个研究重点。这源于马来西亚华人广泛使用华语（Wang，2012），而且华语被视为华人身份的象征（Siah，Ong，Tan et al.，2015）。而作为一个离散社会，马来西亚华人的语言与认同问题一直与教育息息相关。这是因为华文教育一直被认为是马来西亚华人社会的三大支柱之一（Thock，2009），而且华文学校也被视为传承华人文化的最后堡垒（Collins，2006）。马来西亚华人在语言维护与通过华语的使用来建构认同方面与其他海外华人社会相比十分独特。有学者（Wong & Tan，2017）利用问卷调查了中国人、马来西亚华人与新加坡华人的语言对华人认同的建构，结果发现马来西亚华人在华语对于华人身份的重要性这一点上得分最高。这显示马来西亚华人认同语言是民族身份的内核。而良好的语言维护与强烈的语言认同很大程度上归功于华文教育。Lopez（2014）在谈到马来西亚的语言、教育与国家团结时认为允许使用“土语”（vernacular）进行教学是明智的选择。而所谓“土语”指的是华语和淡米尔语。华文学校和淡米尔学校的存在不仅满足了华人和印度人语言认同的需求，而且为全球市场提供了一大批华语和淡米尔语的使用者，使得马来西亚在国际市场中占有一定的优势（Lopez，2014）。

马来西亚的华文教育在促进华人认同、推广中华文化方面扮演着重要的角色。有学者对马来西亚不同教育源流的学生对华人价值观的看法做过调查（Siah et al.，2015），这些来自霹雳州国民中学（以马来语为教学媒介语）和独立中学（以华语为教学媒介语）的华裔学生都通过使用华语来实践他们的中华文化价值观。如Lopez（2014）所说，马来西亚的华人和印度人都竭尽全力保护他们的学校，因为他们与马来人一样坚信“语言是民族的灵魂”。马来西亚的华文教育者也被视为华人认同的维护者（Collins，2006），在他们的认知里，华文学校是中华语言与文化的传播者，对华人认同来说非常重要。华语、华文教育与认同之间的紧密关系即使是英语华人社群也能感受到，因为如果他们不会说华语的话，就很有可能被边缘化（Lee，2003）。

如前所述，现有文献已经揭示了华语、华文教育与认同之间的关系，然而似乎还没

有相关研究探讨华人认同如何在学校通过华语的使用以及语言规划措施来进行管理。而且，国民型中学与独立中学在语言与认同管理方面的差异也未见相关讨论。在此背景下，本研究希望回答以下研究问题：①国民型中学与独立中学分别有哪些针对华语的语言规划措施？②两类学校如何通过华语的使用来管理华人认同？③两类学校在语言与认同管理方面有何差异？

下文首先介绍认同管理与语言管理两个模型；然后分别梳理国民型中学和独立中学的特点；接着介绍本文所使用的研究方法；而调查结果则分为三个部分——两类学校针对华语的语言规划措施、华人认同的管理、两类学校之间语言与认同管理的比较；最后是讨论与结论。

2 认同管理模型与语言管理理论

Mahboob（2015）在分析巴基斯坦如何通过英语教科书来管理学生的认同时提出了认同管理模型。在这个模型里，认同管理定义为任何塑造或指导个人、群体认同的制度性的或者本土化的尝试。所塑造的认同可以是顺应规范，也可以是挑战规范的。个人的社会文化的定位包括两个层面：微观层面与宏观层面。前者主要通过与个人或群体的互动来实现，后者则通过制度化进程来实现（institutionalized processes）。在本研究中，互动的语境是教育领域，而教育是实践官方语言政策的重要领域。因此，学校提倡的通常是顺应社会规范的认同。不过，实际的情况往往比较复杂，尤其是多元族群、多元文化、多源流学校并存的社会。

就马来西亚来说，小学主要按照族群和语言来分类，有使用马来语为教学媒介语的马来文小学，使用华语为教学媒介语的华文小学和使用淡米尔语为媒介语的淡米尔文小学。中学阶段的教学媒介语比较统一，主要使用马来语。不过，那些于 20 世纪 60 年代改制的中学（NTCSS）仍然保留着浓厚的中华文化传统。而当年拒绝接受政府津贴的中学成为华文独立中学（ICSS），这些学校目前仍然使用华语为教学媒介语。这两类学校的学生大多是华人，同时学习三语，即马来语、英语和华语。在学校里，学生们与华人学生以及来自不同族群的老师使用三语互动。每一种语言都与认同有关。马来语是国家身份的象征；而华语与华人身份密切相关；英语作为国际语言，其认同比较中立。多重认同在马来西亚是常态（Lee，2003）。Wong 和 Tan（2017）的调查显示，65% 的马来西亚华人都说三到四种语言，这能反映他们实际的日常语言生活。在更广的社会语境下，华社也是一个多语社区，其中华语是共通语，而马来语和英语是族际沟通语。就认同来说，马来西亚华人在国家认同之外，具有很强烈的华人认同。在教育领域，国家认同应该通过教学来强调。不过，除了强调国家认同之外，族群认同在国民型中学和华文独立中学也应进行适当的管理。与单一族群社会不同的是，这些学校所遵循的准则实际是与华人社会的规范一致的。

语言管理的模型由三个部分构成：语言实践、语言信念与语言管理（Spolsky，2009）。这三个部分互相关联，能够解释特定社会的语言选择（Spolsky，2009）。Spolsky 通过对语言管理所发生的不同语言使用域的分析来解释他的理论模型，例如家庭域、宗教域、工作域、教育域、法庭、医疗、军队、政府以及跨国机构等。在这些领域中，教育域是主要的一个。学生的语言选择与实践，在很大程度上受到教师的语言信念以及在教室的语言实践的影响。校长和其他管理者对决定校园语言政策也影响甚巨。本文借鉴语言管理的模型，关注两类华文学校的语言管理方式，探讨它们如何通过学校的语言政策管理华语的使用，以及教师和学生如何看待华语的地位与作用。这些学校的独特之处在于它们都提倡华语，而华语在马来西亚是没有任何官方语言地位的。不过，华语和华人认同与文化有深刻的联系。更为值得研究的是，这些学校是如何在通过马来语的使用来强化马来西亚认同的同时，维护华语、加强学生华人认同的。

3　国民型华文中学（NTCSS）与华文独立中学（ICSS）

本文所涉及的两类华文中学为国民型华文中学和华文独立中学。前者是国家教育系统的一环，以马来语为主要教学媒介语。它们被视为华文学校，主要基于以下事实：①华文是必修课，每周至少 5 节课；②华文是 SPM（马来西亚教育文凭）必考科目；③在 20 世纪 60 年代改制之前，华语是这些学校的教学媒介语；④学生大多数是华人（90% 左右）；⑤这些学校持续地在校园提倡华人传统与文化（教总，2010）。目前，马来西亚有 78 所国民型华文中学，2009 年的学生人数为 124 916（教总，2010）。其中，有 10 所学校位于槟城州，即本次研究的主要调查地点。槟城钟灵国民型华文中学①（简称“钟灵中学”，2017 年的学生人数为 3 224）和大山脚日新国民型华文学校（简称“日新中学”，2016 年的学生人数为 2 974）为本文研究的两所国民型学校。

华文独立中学在马来西亚属于私立学校，不受政府津贴。这些学校因 20 世纪 60 年代拒绝将教学媒介语由中文改为英文而得名（郑良树，2003）。而这之前，它们早已在马来西亚有悠久的历史了。例如吉隆坡的尊孔独中于 1906 年建校，已是百年老校了。目前，马来西亚共有 60 所华文独立中学，学生人数在 2017 年达到 85 304 人。这些学校由马来西亚华校董事联合会总会（简称“董总”）管理，负责华文独中的教材编写、初中与高中统考等事务。董总的愿景为“引领马来西亚华文教育的永续发展”，其使命为“维护与发展华文教育，坚持与争取平等地位”②。独立中学采用华语为主要教学媒介语，英语和马来语是必修科目。学生以华人为主，大多来自华文小学（也是以华语为教学媒介语）的毕业生。槟城共有 5 所华文独立中学，其中韩江中学（2017 年学生人数为 2 000 左右）和日新中学（2014 年学生人数为 2 090）是本次研究的对象。

4　研究方法

本研究主要采用访谈法。访谈工作于 2013 年 8 月 25 日至 30 日期间进行，访谈对象包括三组人员：管理层（6 人），教师（9 人）以及在籍学生（9 人），共计 24 人。访谈对象来自两类学校（两所国民型中学和两所华文独立中学），在四所学校的具体分布情

---

① 钟灵中学的网址为：http://smjk. edu. my/school/index. php?schid = 12；日新中学的网址是：http://www. smjk. edu. my/school/index. php?schid = 11。

② 董总网站，http://www. dongzong. my/aboutus. php。

况见表4-3。管理层主要是指校长、副校长、学科主任等，教师主要是语言类教师，教授华文、英文或马来文，学生则由老师随机选择，每个学校至少两名。

表4-3 访谈对象资料

学校	管理层	教师	学生	总计
日新独中	2	3	2	7
韩江中学	2	1	2	5
日新中学	1	2	2	5
钟灵中学	1	3	3	7
总计	6	9	9	24

访谈采用结构式访谈的方法，于受访者所在学校进行①，并全程录音，录音时间大约8.5小时。访谈语言以华语为主，访问不谙华语的英文科主任或英文教师时则以英语为主。所有的访谈录音都转写为文字，然后用内容分析法加以分析。对管理层的访谈内容涉及学校推行的语言政策，以及受访者对于华文、方言、马来文、英文的看法等。对教师和学生的访谈则着重校园的语言实践以及他们对三语和方言的看法。

5 研究结果

对应三个研究问题，研究结果将分为以下三个部分报告：

5.1 针对华语的语言规划措施

这一部分主要讨论两类学校在使用华语方面的规划措施。首先考查行政会议、周会和学生课外活动的语言使用，表4-4汇总了两类学校的具体情况。就行政会议来说，由于国民型中学隶属于马来西亚教育部管辖，而马来语是马来西亚唯一的官方语言，因此马来语是校长②主持行政会议时的主要语言，而且会议记录也必须以马来文书写。如果参会的教职员都是华人，那么也可以说华语。相比之下，由于独中不受教育部管辖，在语言使用方面比较灵活。校长主持校长会议时，主要使用华语。唯一的例外是如果有教师听不懂华语③，他们会转用英语，马来语的使用是非常有限的。周会是每周一次的学生与校长和教师的集会，通常有重要的通告要宣读。槟城国民型中学的周会传统是必须使用华语，作为提倡华语和华人文化的一种方式。因此，日新中学和钟灵中学的周会，校长都对学生说华语。如果有重要的信息要传达给非华人教职员，那么校长会以马来语解释。如果周会刚好落在英语周，校长则只使用英语。而独立中学的情况不同，周会只使用华语。访问教师和学生时，我们发现两类学校的课外活动所使用的语言都以华语为主。

---

① 在此感谢所有参与调查的4所学校的教师和同学们。

② 所有国民型中学的校长必须是通晓中文的华人，这是国民型中学的一项不成文的规定（教总，2010）。

③ 这些教师或许不是华人，或许不会说华语。

表 4－4　两类学校在各类场合的语言使用情况

场合	独立中学	国民型中学
行政会议	华语、一些英语	马来语、一些华语
周会	华语	华语、一些马来语
课外活动	华语	华语

就以上情况来看，国民型中学周会使用华语是语言规划的结果，这也是国民型中学的特征之一（教总，2010）。除此之外，国民型中学所有的官方通知、给家长的信函等都是中、马双语（教总，2010）。这些措施都是为在校园提倡华语的使用，正如钟灵中学的校长所说，“这个（华语）是我们的华人传统。所以我们的华校必须要继续保存这个传统。我们一定（不管）怎样啊，都要鼓励我们的学生应用这个华语。尤其在校园里面必须要有。”而独立中学由于教学媒介语是华语，在以上场合使用华语就很自然了。而且，维护母语教育被视为华文教育工作者的使命。韩江中学校长认为，“我觉得我身为华人，也是一个教育者，华语是我们的母语，我们肯定要把它学得更好。我们不能忘根。从华语方面我们会了解到我们的文化……生活……为人……德育方面。”

就华语教学来说，两类学校都采取了一定的措施。在国民型中学，华文是必修科目。如果学生不能应付这一科目，那他们必须转学，毫无商量的余地。而且，国民型中学的华文节数比教育部规定的要多。根据 2010 年马来西亚华文中学校长理事会的一项调查，槟城的国民型中学是马来西亚华文节数最多的州属中学，介于每周 6 到 7 节课（教总，2010）。钟灵中学每周有 7 节华文课，而日新中学每周 6 节。实际上，马来西亚教育部是按照每周 3 节华文课的标准给学校配备教师的，那国民型中学是如何解决华文师资问题的呢？对此，钟灵中学校长如此解释：

全马只有钟灵是 7 节。我们自己规定的。教育部是给你 3 节罢了。他派的老师给你也是 3 节。我们的华文老师就要牺牲。这个没有人知道的。我们的华文老师真的牺牲。他们没有抱怨。他们都是为了华教而牺牲。他们是很伟大的。如果我们没有做一些东西来帮助推广我们的华语，那么我们的华语就完了。在学校一定是比较注重我们的华语的。

国民型中学的华文课都安排在正课时间上，而国民中学①则不然，它们的华文课通常都安排在放学之后。国民型中学除了华文课之外，华文老师也会组织许多相关的活动来提高学生的华文水平，营造中华文化的氛围，例如作文比赛、演讲、辩论、诗歌朗诵、书法比赛等。钟灵中学的华文教师陈老师强调了国民型中学华文教师的重要性：

（所以）我觉得华文老师在国民型中学扮演的角色就比较吃重，比较不一样。他们有事情或者什么要讨论，一般上是找华文老师。

槟城的国民型中学对于华文的公共考试有很严格的语言政策。所有学生都必须考大马教育文凭（SPM）的华文科。如果学生拒绝考华文，那么就必须转学。这与国民型中

① 国民中学的教学媒介语是马来语，华文不是必修科目。如果有 15 名学生提出申请，校方才考虑安排华文课。

学报考华文的人数急剧下降的情况形成鲜明的对比（Tan & Santhiram，2014）。据统计，超过40%的华文小学毕业生到了中学不再报读或报考华文。①

华文独立中学的华文课也是必修，而且所有学生都要参加由董总组织的统考。韩江中学和日新中学的华文课每周6节。就教学而言，独立中学利用网上教学平台辅助华文教学。例如，韩江中学的华文教师会准备额外的辅助教材上传到网上平台与学生分享。作为私立中学，独立中学在教师招聘方面有更大的自由度，可以从中国或其他国家直接招聘教师，而国民型中学只能依赖教育部调派教师。韩江中学的校长认为马来西亚的独立中学所设定的目标不是本地而是国际化，“（因为）他们未来的升学目标很远很大。他们会走国际顶尖大学。”在这样的愿景下，独立中学也招收国际学生。例如，在韩江中学就有大约200名来自中国、韩国等国家的国际生。招聘中国教师、招收中国学生本身就是一种间接的语言规划，因为马来西亚本地学生能接触到不同的华语变体，而且意识到马来西亚华语与中国普通话的差异。

5.2 华人认同的管理

马来西亚华人社会就其人口比例、认同、文化的维护等方面来说是一个独特的少数族群。据2017年人口统计，华人占马来西亚总人口的23.2%，大约666万人（马来西亚统计局，2017）。凭借庞大的人口、强有力的华文教育，马来西亚华人展现出强烈的华人认同。根据Wong和Tan（2017）的调查，说华语是定义华人的关键之一。语言是华人认同的重要组成部分。本文借鉴Marboob（2015）的认同管理模型，讨论影响或塑造华人认同的制度化、本土化的措施和努力。在本文的语境下，制度化的措施指的是学校为提倡华语、加强学生的华人认同而采取的举措或持有的态度。而个人的社会文化定位则体现在老师和学生对语言和认同的看法上。

国民型中学和独立中学都将华语看作华人身份和文化的象征。正如钟灵中学校长所说，华语是中华文化的一部分，语言与文化的传承对族群认同来说是非常重要的。在他看来，国民型中学对于华语的语言政策都是为了确保学生之间使用华语。在访谈期间，这位校长提到其他族群是不会帮助华人的，华人只能靠自己。在马来西亚语境下，其他人指的是其他族群，例如马来人和印度人。实际上，马来西亚华人对于华语的地位是非常清楚的，也非常关切它的未来发展。

> 这个是我们的华人传统。所以我们的华校必须要继续保存这个传统。我们一定（不管）怎样啊，都要鼓励我们的学生应用这个华语。尤其在校园里面必须要有。因为这些东西是靠我们自己嘛了。别人也帮不到我们。只有我们能帮自己。所以我们必须要鼓励他们。好像我们也逼他们必须考华文这样。如果我们没有逼他们考华文，我看很多都不会拿（学）。不过我们这样做下去也是（为他们）好，为了下一代。不然以后我们就像缅甸这样啊，印尼这样啊。（钟灵中学校长访谈片段）

在华人社会的公共话语中，华语被视为华人的母语。独立中学的使命之一便是传承母语教育。韩江中学校长认为，中华文化和传统通过华语才能传承给下一代。这个观点也得到教师们的支持。华文教育，在很大程度上，不仅仅是个别学校的事情，更是整个

---

① 《东方日报》，http://www.orientaldaily.com.my/s/128355，2016-02-25。

华人社会的根本问题。

我觉得我身为华人，也是一个教育者，华语是我们的母语，我们肯定要把它学得更好。我们不能忘根。从华语方面我们会了解到我们的文化……生活……为人……德育方面。(韩江中学校长访谈片段)

它是我们所强调，所谓的母语科……身为一个华人都需要学。因为它是我们传承思想文化方面的一个主要的沟通工具。所以如果说不学的话呢，其实对我们自己的后代的影响都很大。所以我认为是一个很重要的科目，从族群的角度来看。(日新中学教师访谈片段)

在个人的层面，国民型中学和独立中学的学生都展现了强烈的华人认同。在他们的认知里，会说华语是华人身份的关键。不会说华语，那么这个人就不是“纯”华人。这个结论也得到 Wong 和 Tan（2017）调查结果的验证，他们调查了马来西亚华人、新加坡华人和中国人对于说华语对华人身份的重要性，结果显示马来西亚华人的得分最高。在马来西亚，如果一个华人不会说华语，那么很可能被其他说华语的同侪排斥（Lee，2003)。在学生看来，这样的人不尊重传统，而且“如果一个华人不会说华语是不正常的”(学生访谈)。此外，学生们也把华语视为团结华社的工具。在访谈过程中，很多学生在回应华语的重要性时都直接说，“我们应该把华语传给下一代，因为我们是华人”。这显示华人学生把华语的维护与传承当成自己的使命和责任。近年来对于华语的认同有一个新的发展，即华语的工具性价值受到中国经济崛起的影响而得到凸显。在访谈中，一位受访的学生提到，说华语意味着更多的选择和机会。换句话说，学华语、说华语在族群认同标志之外，又增加了一层经济价值。

我们华人……一定要学会华语。因为这是团结的一个根来的，就是我们华人的根。如果一个华人，他都不能说自己的母语，他称得上是华人吗？就好像断了根一样。(钟灵中学学生访谈片段)

因为中国在崛起嘛，那如果会讲华语其实是给自己多一条路，多一个机会……（日新中学学生访谈片段)

5.3 国民型中学与独立中学语言与认同管理的比较

国民型中学和独立中学在推广华语方面有某些共性，两类学校都提出了一些鼓励学习和使用华语的积极措施，例如增加华文课的节数，组织与华语和中华文化相关的学生活动，将华文设为必修必考科目等。可以看出，两类学校在提倡中华文化、价值观、思想方面是十分坚定的（Siah et al.，2015)。在访谈中，我们发现两类学校的管理人员、教师、学生对于华语的重要性和价值都持相似的态度。他们都认同能够说华语是华人身份认同的关键。在马来西亚语境下，华文学校被视为维护母语教育的堡垒，而华文教育者是华人认同的保卫者（Collins，2006)。对于语言、认同与教育之间的关系，马来西亚华人社会一致认为华语是华人认同的核心，而华文学校是传承华语和中华文化的关键。

两类学校在语言与认同管理方面的差异主要源自它们在教育体系中的地位不同。国民型中学是国家教育体系的一部分，因此它们必须遵守国家教育准则和教育部的相关规定。国民型中学最突出的特点是马来语是主要教学媒介语，而马来语是国家认同的标志。

限于教育部的规定，国民型中学所有的行政会议的记录必须用马来语记录，大马教育文凭SPM的马来文科一定要及格。就华文科而言，国民型中学没有招聘教师的权利，所有教师由教育部统一调派。不过，它们可以增加华文科的教学时间。而教育部并不会为这些增加的教学时间调派额外的教师支援。这就意味着华文教师的工作量是超额的，不过他们都乐意接受。相比之下，独立中学不是国家教育的一环，也没有得到政府的资助。因此，它们在教师招聘和教科书编写方面享有一定程度的自由。例如，独立中学可以从中国和英国聘请教师教授中文或英文，它们也有来自中国、韩国、印度尼西亚、日本等地的学生。从某种意义上来说，独立中学比国民型中学更加国际化。而独立中学学生在华文教育的熏陶下，都以华人的身份和会说华语而骄傲。

6 讨论

本研究结果显示国民型中学与独立中学的华语使用与华人认同之间有密切的关系，这与之前的研究是一致的。这些华文学校针对华语采取了各种语言规划的措施以加强学生的华人认同。Marboob（2015）的认同管理模型中，群体的认同或者与社会规范一致，或者相逆。在马来西亚语境下，华文学校对华人认同的管理实际上反映了华人社会的认同情况，即多样性中的统一（unity in diversity）。首先，马来西亚华人拥有强烈的、以华语为标志的华人认同。本研究的许多受访者都认为华语是华人社会团结的工具，一位教师受访时告诉我们，“所以我认为它是一个很重要的科目，从族群的角度来看”（日新中学教师访谈片段）。马来西亚的语言问题从来都不是一个个人问题，而是一个社会问题，甚至是政治问题。在特定情况下，语言问题可以是非常敏感的，因为它与教育密切关联，而华文教育的持续发展对马来西亚华人来说至关重要。事实上，独立中学正是20世纪60年代抵制政府的学校改制计划、保卫华文教育的产物，70年代，华文教育工作者甚至提议成立一所华文大学（Tan & Santhiram，2014）。2003年，华文学校拒绝教育部英语教数理（Teaching Math and Science in English）的政策（2003—2012），最终政府与华校之间达成共识，以中英双语教数理作为折中的方案（Gill，2005；孙招娣、王晓梅，2014）。这主要是出于担心一旦改变教学媒介语，就改变华校性质的考虑。在某种程度上，华语的维护是为了全华社的利益。根据马来西亚华人社会语言状况的调查，华语实际上已经成为不同方言群之间的共同语（Wang，2010），马来西亚华人将华语看作族群认同的标志以及广泛交流的工具。因此，华文学校通过对华语的管理而进行的华人认同的管理实际上顺应了华人社会的现实情况。

其次，华文学校的多语现实与政府所提倡的单语政策似乎不太一致。1967年《国语法案》通过之后，马来语成为马来西亚唯一的官方语言和国语，自此之后，马来西亚政府在社会各个领域实践的是以马来语为中心的语言政策。如上所述，20世纪60年代，很多学校因为接受政府的津贴而选择改制为以马来语为媒介语的学校。华文独立中学拒绝改制，依赖华社的捐款和支持而生存下来。国民型中学则接受了改制要求，改变了教学媒介语，不过条件是必须保障华文科的教学时间。目前，华文独立中学强调中英文教学，因为学生的升学目标是国际化的大学。许多独立中学建立了英文中心以提高学校的英语教学水平。它们甚至从西方国家聘请英语为母语的教师。而国民型中学也同样强调英语教学，坚持使用英语教授数理课程。某些学校还开设额外的英文课程，例如剑桥英语。国民型中学与独立中学的区别在于前者的马来文基础较好，因为很多科目以马来语为教学媒介语。总体来说，马来西亚的华文学校基本上满足了马来西亚华人的认同需求：华语是族群认同的标志，英语是工具性语言，而马来语是国家认同的标志①。

陈志明（Tan，1997）指出，马来西亚人的族群认同是非常清楚的，或者是马来人，或者是印度人，或者是华人。一个马来西亚人可以认同其马来西亚人的身份，不过，他同时必须与某个族群身份相关联，因为马来西亚是一个有强烈族群认同的国家（Tan，1997）。马来西亚华人的另一特征是其华人认同并不与特定地域绑定，而是跨国的。泛华人认同或广义的华人认同（Tan，1997）被马来西亚华人普遍接受，而这一认同是通过使用华语来实现的。马来西亚华人可以通过其无界的华人认同与其他国家的华人联系起来的。同理，华文学校通过华语的使用来管理学生的华人认同也是要与整个华人世界联系起来的。华语的国际化或华语在世界范围内的传播对马来西亚的华语教学来说是助力，强化了学习华语的动机和华语的工具价值。中国的崛起不仅为马来西亚华人提供了经济发展的机会，也为学习华语和维护华校带来了更多的自信。

7　结论

本文主要讨论了马来西亚两类华文学校如何通过华语的使用来管理华人认同，主要结论是这些学校通过不同的语言规划措施强化了学生的华人认同。学校的管理层、教师、学生等对于华语的价值与地位抱持相同的态度与观点，都认为华语是华人认同的核心。而两类学校在语言管理方面的差异主要源自其在马来西亚教育系统内的地位差异。

华文学校突显华人认同是对马来西亚华人社会现状的回应。在马来西亚华人的多重认同中，华人认同是最重要的，因为马来西亚的种族认同是非常敏感与强烈的。华文学校的多语政策反映了马来西亚华人的语言需求与语言表现。然而，某种程度上来说，马来西亚的国家语言政策并不是很提倡多语，华文学校不得不依靠自己来解决教师不足与资金问题。当然，在华人认同之外，马来西亚华人仍然展现了强烈的国家认同。

（本文原载于《语言战略研究》2018 年第 3 期。作者：王晓梅）。

参考文献

COLLINS，A. Chinese educationalists in Malaysia：defenders of chinese identity. Asian survey，2006，46（2）.

Department of Statistics Malaysia. Press release，current population estimates Malaysia 2016 – 2017. Putrajaya：Department of Statistics Malaysia，2017.

GILL S K. Language policy in Malaysia：reversing direction. Language policy，2005，4（3）.

LEE S K. Multiple identities in a multicultural world：a Malaysian perspective. Journal of language，identity，and education，2003，2（3）.

① 《中国的崛起是马来西亚华人的机会吗？》，《东方日报》，2015 年 1 月 6 日，http://www.orientaldaily.com.my/s/60059。

LOPEZ C C. Language is the soul of the nation: language, education, identity, and national unity in Malaysia. Journal of language, identity, and education, 2014, 13 (3).

MAHBOOB A. Identity management, language variation and English language textbooks: focus on Pakistan//DJENAR D, MAHBOOB A, CRUICKSHANK K (eds.). Language and identity across modes of communication. Boston: Mouton de Gruyter, 2015.

SIAH P C, ONG S B C, TAN S M. Perception on Chinese values: a comparison of Chinese secondary students studying at national secondary schools and Chinese independent schools in Malaysia. The social science journal, 2015 (52).

SPOLSKY B. Language management. Cambridge, UK: Cambridge University Press, 2009.

TAN C B. Chinese identities in Malaysia. Southeast Asian journal of social science, 1997, 25 (2).

TAN Y S, SANTHIRAM R. Educational issues in multiethnic Malaysia. Petaling Jaya: SIRD, 2014.

THOCK K P. Impact of language policy and nation-building in ethnic Hegemonic state: the resilience of Malaysian Chinese schools. Conference paper presented at The 8th CAFIC International Conference. 11 – 14 June 2009. Beijing: Beijing Foreign Studies University, 2009.

WANG X. The sociolinguistic realignment in the Chinese community of Malaysia: past, present and future. Journal of multilingual and multicultural development, 2010, 31 (5).

WANG X. The spread of Mandarin in Malaysia. Kuala Lumpur: University of Malaya, 2012.

WONG Z-H K, TAN Y-Y. Being Chinese in a global context: linguistic constructions of Chinese ethnicity. Global Chinese, 2017, 3 (1).

《东方日报》, http://www.orientaldaily.com.my/s/60059, 2015 – 01 – 06.

《东方日报》, http://www.orientaldaily.com.my/s/128355, 2016 – 02 – 25.

《教总》, http://web.jiao.org.my/doc/2010/rnr/2010smjk_ survey.pdf, 2010.

孙招娣，王晓. 从数理英语化政策看马来西亚华人社会的语言观. 马大华人文学与文化学报, 2014, 2 (1).

郑良树. 马来西亚华文教育发展史（第四分册）. 吉隆坡：马来西亚华校教师会总会, 2003.

缅甸华人母语认同代际差异及成因

1　前言

缅甸华人总数约250万，遍及全缅各省邦。近百年来，缅甸华文教育经历了风风雨雨，不同年代出生的华人母语学习、语言生活不同，母语认同也出现各种复杂情况。历史上，缅甸华人对中国及中华文化有较强的认同感。近年华人社区出现一些新变化，如大勐稳华人一直努力融入主体民族，2016年有数万华人弃汉族为缅族，加入缅甸籍，缅甸试图为今后解决民族问题树立“模式”和“标杆”。而缅甸人对待华人较为亲近，称华人为“胞波”（Pauk paw），即同胞兄弟的意思。缅甸华人一般都可以自由地与缅人通婚，并且大约在三代以后就被同化。民族认同与国家认同存在显著的正相关关系。丢失了母语，对民族文化必将淡漠，民族属性也随之模糊。而随着中国经济发展和缅甸华文教育政策等因素的更迭，缅甸现在又出现了“汉语热”现象。这多重力量，对华人母语认同和民族认同将产生各种冲击。多年来，国内外对缅甸华人研究领域较广，民族、教育、经济等领域研究成果较多，其中不乏关于跨文化视角下民族身份、语言使用态度、文化认同等方面的研究，如王国强（2012）、白志红和钟小鑫（2014）、李枫（2017）、段颖（2018）、李丽虹（2020）等人，分别对缅北地区华裔青少年、佤邦特区、中缅边境地区的缅甸华人及其身份认同等进行分析。近年一些硕士论文如李珍珍（2017）、邓悦（2019）、崔梦娇（2019）等，分别对缅甸八莫、密支那、在华华裔留学生的民族文化认同进行调查和探讨。关于缅甸华人母语认同的研究成果较少，李春风（2020）从语言情感、语言规划和包容性等三方面对比，分析了缅甸华裔青少年的母语认同现状及特点。

本文试图通过对缅甸华人母语认同代际差异的研究，客观认识其现状及成因，对多元文化背景下语言认同与民族认同、国家认同的关系进行思考，寻求母语认同良性发展的对策。

2　调查对象及方法

20世纪60年代开始，缅甸实施严厉遏制华文教育发展的语言政策，直至90年代才有所松动。本文依据缅甸语言政策制定重大事件的年代，选择 60 和 90 两个年代，将调查对象（母语为汉语的缅甸华人）分为 6 ～ 19 岁（少年段）、20 ～ 29 岁（青年段）、30 ～59 岁（青壮年段）、60 岁以上（老年段）等四段，分析各年龄段的母语认同表现和特点，并分析成因。

国内学界对“语言认同”的界定有的侧重语言行为，有的侧重语言使用，有的侧重语言态度，有的语言态度和语言行为并重（周庆生，2016）。语言生活是“语言认同”的现实投射，透过语言使用现状面貌和社会背景，分析“语言认同”成因。语言态度和语言规划都反映调查对象的主观意愿，是研究“语言认同”的主要途径和手段。其中态度是语言认同的显性标志，能够体现其身份归属和身份认同；规划是语言认同的隐性标志，可据此推断其语言认同的倾向。我们认为三者并重，放在一起论述，更能揭示语言认同的规律。根据这一认识，本研究调查问卷内容涉及语言生活、态度、规划三个板块。

本次调查共发放调查问卷 170 份，回收有效问卷 166 份。其中，150 人选择中文问卷，16 人选择缅文问卷。各年龄段的分布情况是：6 ～ 19 岁 79 人；20 ～ 29 岁 45 人；30 ～ 59 岁 20 人；60 岁以上 22 人。调查对象来自缅甸曼德勒、毛淡棉、仰光、东芝、果敢、八莫、瓦城、景栋、腊戌、眉苗、当阳、密支那等地；学历从小学至博士；青少年以学生（小学生、初中生、高中生、大学生、硕士生、博士生、来华留学生）为主，调查对象还有华文教师、法律、教育、IT（信息技术）业、商业贸易、政府公务员、公司职员及自由职业等行业人士。我们还对其中一些调查对象进行访谈。

3 调查结果

对 166 名母语为汉语的华人进行的问卷调查及访谈表明，华人母语认同代际差异主要表现在五方面：语言选择、语言水平、语言学习时段及途径、语言学习动机、对下一代的语言期望等。

3.1 语言选择

在第一语言选择上，少年和老年段先掌握母语汉语的比例较大，青年和青壮年段先掌握缅语的比例较大。但第二语言的选择，60 岁以下的与第一语言选择情况呈互补状态，老年段 50% 选择了汉语普通话；也有一定比例选择学习英语，并且学习人数有上升趋势。

在第二语言选择上，60 岁以下的，第一语言学习汉语的，第二语言学习多为缅语，还有 21 人学习英语；青年、青壮年段学习汉语比例上升。但老年段情况不同，有 50% 第二语言选择汉语普通话。具体数据见表 4 – 5。

表 4 –5　语言选择情况（$N=166$）

年龄段	语言选择							
	缅语		汉语		英语		其他	
	第一	第二	第一	第二	第一	第二	第一	第二
	人数（%）	人数（%）	人数（%）	人数（%）	人数（%）	人数（%）	人数（%）	人数（%）
少年段（6 ～19 岁）	30（40）	44（55.7）	47（59.5）	26（32.9）	0（0）	7（8.7）	2（2.5）	2（2.5）
青年段（20 ～29 岁）	36（80）	13（28.9）	8（17.8）	22（48.9）	0（0）	11（24.4）	1（2.2）	0（0）
青壮年段（30 ～59 岁）	16（80）	3（15）	3（15）	8（40）	0（0）	8（40）	1（5）	0（0）
老年段（60 岁及以上）	6（27.3）	11（50）	16（72.7）	11（50）	0（0）	0（0）	0（0）	0（0）
合计	88（53）	71（42.8）	74（44.6）	67（40.4）	0（0）	26（15.7）	4（2.4）	2（1.2）

表 4 –5 数据显示：第一语言选择，少年和老年段先掌握汉语的比例分别是 59.5%、72.7%，先掌握缅语的分别为 40%、27.3%；青年和青壮年先掌握缅语的比例都是 80%，先掌握汉语的分别为 17.8%、15%。由此可以看出，少年和老年段掌握第一语言（母语）情况相似，因为这两段学习母语的政策比较宽松；青年和青壮年段掌握第一语言（缅语）情况相似，这是由于 20 世纪 60 年代以后的语文教育政策排斥华文教育。

第二语言选择，少年段有 2 人选择其他语言：景颇语、傣语。老年段仍有 50% 受访者将汉语作为第二语言，是因为有的人将汉语分为汉语方言和汉语普通话，表示会方言，还想要学会普通话。

3.2　语言水平

母语水平随年龄段降低而降低，国语（缅语）水平略有不同。但都是老年段水平最高，少年段水平最低。

被调查对象 98.8% 会汉语①，各段汉语水平从高到低的顺序大致是：老年段 > 青壮年段 > 青年段 > 少年段。100% 会用国语缅语，但水平不一。各段缅语水平从高到低的顺序大致是：老年段 > 青年段 > 青壮年段 > 少年段。详见表 4 –6。

---

① 就本次调查问卷显示，调查对象会不同程度汉语的高达 98.8%。课题组曾就此数据讨论，成员曹美爱博士（缅甸籍）认为，缅北青少年不会汉语的人非常少，缅南地区的汉语掌握情况稍差。本文仅就调查问卷数据讨论，缅北、缅南的语言差异性将作为后续研究。另，本研究调查问卷中的“汉语”包括汉语方言和汉语普通话，只会其中之一即为“会汉语”，2 名不会的华裔儿童正在中文补习学校学习汉语。

表 4－6 汉语、缅语水平（$N=166$）

语言水平	汉语程度				缅语程度		
	很好	一般，可以交流	不熟练	不会	很好	一般，可以交流	不熟练
年龄段	人数（%）	人数（%）	人数（%）	人数（%）	人数（%）	人数（%）	人数（%）
少年段（6～19 岁）	34（43）	30（37.9）	14（17.7）	1（1.3）	39（49.4）	36（45.6）	4（5.1）
青年段（20～29 岁）	22（48.9）	17（37.8）	5（11.1）	1（2.2）	38（84.4）	7（15.6）	0（0）
青壮年段（30～59 岁）	16（80）	4（20）	0（0）	0（0）	15（75）	5（25）	0（0）
老年段（60 岁及以上）	20（90.9）	2（9.1）	0（0）	0（0）	21（95.5）	1（4.5）	0（0）
合计	92（55.4）	53（31.9）	19（11.5）	2（1.2）	113（68.1）	49（29.5）	4（2.4）

如表 4－6 所示：老年段汉语水平最高，有 90.9% 的人“很好”，其余少年、青年、青壮年段汉语“很好”的比例分别是 43%、48.9%、80%。少年、青年段分别有 17.7%、11.1% 的人“不熟练”，还有 2 人“不会”。少年段有 4 人回答缅语不熟练，但经询问，他们可以与非华人用缅语交流。其中 2 人分别为 14 岁、15 岁，都由不会缅语的奶奶带大，奶奶只会汉语方言，所以他们的第一语言都是汉语方言。

3.3 语言学习时段及途径

学习时段和学习途径不断变化转移。少年、老年段多为儿童时期掌握汉语；青少年主要靠学校教育，老年段主要靠家庭教育。

从汉语学习时段看，少年、老年段学习期多为儿童时期，青年段青年时期比例高于儿童时期，青壮年段则与儿童时期、青年时期比例接近。从汉语习得途径看，家庭教育和学校教育在不同代际间所起作用不同。家庭教育对不同代际影响力的大小次序是：老年段 > 少年段 > 青壮年段 > 青年段，即家庭教育对老年段最重要，对青年段影响最小。详情见表 4－7。

表 4－7 汉语学习时段、途径（$N=166$）

年龄段	汉语习得年龄				汉语学习途径					
	儿童时期		青年时期		家里		学校/补习班		中国	
	人数	%	人数	%	人数	%	人数	%	人数	%
少年段（6～19 岁）	64	81	15	19	32	40.5	47	59.5	0	0
青年段（20～29 岁）	16	35.6	29	64.4	5	11.2	38	84.4	2	4.4
青壮年段（30～59 岁）	10	50	10	50	6	30	14	70	0	0
老年段（60 岁及以上）	18	81.8	4	18.2	22	100	0	0	0	0
合计	108	65.1	58	34.9	65	39.2	99	59.6	2	1.2

如上表所示：老年段100%都是在家中学汉语；青壮年、青年段家中学习比例分别骤减至30%、11.2%；少年段又升到40.5%。

学校教育对不同代际汉语学习的影响力大小次序是：青年段 > 青壮年段 > 少年段 > 老年段，即学校教育对青年段最重要，对老年段几乎没有影响。青年段在家中学会汉语的人最少，但在学校/补习班学会汉语的最多，达到84.4%；其次是青壮年段，占70%；少年段59.5%。

关于“华人子女什么时候开始学习汉语最好”，有75.3%共125人认为应该在上学以前，27人认为上学以后，还有14人认为什么时候都可以。

3.4　语言学习动机

在汉语学习动机上，老年段受父母影响最大，青年、青壮年段则表现出较强的自主性，少年段民族情感比重较大。

在问到为什么要学习汉语时，四个选项百分比从高到低的顺序分别是：“父母要求”为青壮年段 > 老年段 > 青年段 > 少年段，“自己感兴趣”为青年段 > 青壮年段 > 少年段 > 老年段，“将来好找工作”为青年段 > 少年段，青壮年、老年段为零。详情见表4－8。

表4－8　汉语学习动机（$N=166$）

学习动机	父母要求		自己感兴趣		将来好找工作		长辈是华人	
年龄段	人数	%	人数	%	人数	%	人数	%
少年段（6～19岁）	16	20.2	20	25.3	10	12.7	33	41.8
青年段（20～29岁）	12	26.7	22	48.9	9	20	2	4.4
青壮年段（30～59岁）	11	55	9	45	0	0	0	0
老年段（60岁及以上）	11	50	4	18.2	0	0	7	31.8
合计	50	30.1	55	33.1	19	11.4	42	25.4

选择“长辈是华人”的比例是少年段 > 老年段 > 青年段 > 青壮年段。少年段选择比例最高（41.8%），远超过其他三个选项，这说明少年段的民族认同度很高。老年段选择比例最高的是“父母要求”，有50%；还有31.8%选择了“长辈是华人”，对民族的认同也比较高。与青年、青壮年段的4.4%、0形成鲜明对比。父母影响力对少年段最小，对青壮年、老年段最大。

3.5　语言期望

在对子女掌握母语的期望值上，老年段多从民族情感出发，其他年龄段的多从社会经济价值考虑。

华人对后代子女的语言期望将影响母语的发展，而在一定程度上也能体现华人的母语认同度。调查对象选择“作为华人的后代应该掌握华语”的比例最大，其次是“多学一门语言比较有竞争力”。老年段认为“作为华人的后代应该掌握华语”的高达72.7%。少年段有22.8%的人认为“无所谓，看他们自己的兴趣”。详情见表4－9。

表4-9 对下一代学习和掌握华语的期望（$N=166$）

华语期待	A		B		C		D	
年龄段	人数	%	人数	%	人数	%	人数	%
少年段（6～19岁）	31	39.2	30	40	0	0	18	22.8
青年段（20～29岁）	20	44.4	21	46.7	1	2.2	3	6.7
壮年段（30～59岁）	10	50	9	45	0	0	1	5
老年段（60岁及以上）	6	27.3	16	72.7	0	0	0	0
合计	67	40.4	76	45.8	1	0.6	22	13.2

注：A：多学一门语言比较有竞争力；B：作为华人的后代应该掌握华语；C：通用性不大，先学其他外语，如英语；D：无所谓，看他们自己的兴趣

4 成因

缅甸华人母语认同出现代际差异并各具特点，原因是不同年龄段华人的生存背景不同，导致母语学习需求和动机不同，家庭和学校教育在各时代发挥的母语传承作用不同。还有不同时期国家语言政策的指挥效用也不同，这也受周边国家、世界发展潮流的影响。具体成因如下。

4.1 母语学习的需求和动机不同

不同代际华人的母语需求和学习动机不同，在情感、价值的需求上存在差异。老年段重情感，其他各段更重经济价值。

老年段缅甸华人，多在中国出生或是华裔第二代，对祖籍国怀有深深的眷恋之情，乡情浓厚，对中国的民族认同和母语认同度较高。如访谈中，一位68岁的华文教师对我们说，“我们这一代人，看到中国人就当是自己人”，这种对祖籍国的认同还表现在很多人要求子女必须学习母语汉语上。

少年、青年段母语学习的主要动机则是经济需求。如对表4-8“将来好找工作”选项的选择，30岁以下的有一定比例，30岁及以上的为零。少年段多为第四、五代华裔，出生在缅甸，对祖籍国中国的情感实际上已淡化。很多孩子从小在家庭或学校接受母语教育，受环境及家庭教育影响，可能产生隐性民族认同情感。加之近年在经济利益驱动下产生的“汉语热”，在一定程度上，创造了母语认同环境，提升了青少年学习汉语的自豪感，从而成为较高母语认同的原因之一。缅甸华裔青少年的母语认同是现实社会适应的需要。

少年、青年段的母语认同同中有异，也是因为需求略有不同。如问到“学好汉语的目的是什么”①，二者选择“便于与人交流”（分别是50.6%、37.8%）的都超过“不忘

① 四个答案分别是“找到好工作，提高收入”“升学”“便于与人交流”“不忘自己的祖宗”。选择“便于与人交流”的最多，分别为50.6%、37.8%；选择“不忘自己的祖宗”的分别为22.8%、35.5%；选择“找到好工作，提高收入”的分别为17.3%、22.5%；选择“升学”的都是少年段。

自己的祖宗”（分别是22.8%、35.5%），社会经济价值都占首位。表4－8对于“为什么要学习汉语”，少年段选择“长辈是华人”（41.8%）的超过“父母要求、自己感兴趣”（20.2%、25.3%），而青年段多选择“自己感兴趣”（48.9%）。这说明在民族情感与个体（个人、父母）需求之间，少年段更多选择民族情感，青年段更多选择个人兴趣，排列顺序分别为：少年段，民族情感>个体需求；青年段，个体需求>民族情感。未来随着少年段年龄增长，自我意识及自主选择性提高，也许会有新变化。

4.2　家庭和学校教育在各时代发挥的母语传承作用不同

家庭、学校教育是华人母语得以传承的两个重要基地，在不同历史时期都起着一定的调节作用，成为形成缅甸华人母语认同代际差异特点的原因之一。

历史上，家庭教育对母语传承曾起到绝对积极作用。如表4－8，调查对象中，老年段是生于20世纪60年代之前的华人，父母多为华一代，对祖籍国情感非常深，所以父母对他们学习母语的要求非常高，学习场所都是家庭（100%），学校教育作用不显著。

60年代的缅甸华文教育生存环境日益恶劣，尤其是1967年缅甸军政府下令，缅甸国内一律取消汉语和汉字，不允许教授华文（林清风，2008）。一些华人想尽办法承续华文教育之火，以孔教和佛经学校教育方式办华文补习班。青壮年段出生在60—90年代，他们的父母仍多对祖籍国和母语有深厚情感，要求孩子继续学习母语，学习场所的重心开始从家庭（30%）逐渐转移到学校/补习班（70%），学校母语教育的作用超过家庭，华人母语教育勉强得以延续。青年段生于90年代。此时华文教育政策虽有所放松，但30年来对华文教育的摧残，家庭母语教育生存空间已被极度挤压，甚至出现断代危机，很多华人即使想继续维持家庭母语教育也有心无力，于是形成了青年段家庭母语教育比例很小（仅有11.2%），学校/补习班母语教育比例极大（84.4%）的特点。学校教育对青年、青壮年段的影响最大，家庭教育影响较小。

少年段出生于华文教育政策放松后的10年，华人家庭越来越重视母语教育，家庭教育比重上升至40.5%，超过青年、青壮年段，这可能是受华文教育政策及中国经济发展的影响，青少年家长意识到学习汉语的重要性，开始在家中为青少年儿童创造学习环境等。家庭母语教育发展又见起色，对少年段的母语学习影响力上升，与学校教育影响力相当。

4.3　不同时期政府语言规划与民间需求的双向互动

缅甸政府的语言管理政策，犹如一根指挥棒，制衡家庭、学校在不同时期对母语教育影响力的作用和发展，影响华人家庭教育的语言规划。近30年来，受周边国家、世界发展潮流影响，缅甸政府根据经济发展需要和民间需求，对华文教育的管理逐步放宽，政府规划与民间需求双向互动。

1962年以后，缅甸军政府强制实施民族化政策，遏制了华文教育发展。这一时期出生的青壮年段（30～59岁）先掌握母语汉语的比例最小（15%）。90年代，随着中国经济对周边国家发展的影响，中缅交往日益频繁，缅甸对缅—汉语人才需求量越来越大。缅甸社会语言发展现状对上层决策者起到反推作用。缅甸华文教育政策逐渐放宽，这一时期出生的青年段（20～29岁）汉语学习略有回升（17.8%）。自“一带一路”倡议提出以来，缅甸国内掀起空前的“汉语热”，缅甸各华文教育机构、大学等，积极开展各项合作交流和培训，除了传统的华校、孔子课堂、佛经佛堂开展华文教育外，在边境地区兴起很多合作办学，汉语学习者不但有缅甸华人，还有其他民族的。因此近年第一语言为汉语的人数急剧上升，少年段（6 ～ 19 岁）第一语言选择母语的出现新高（59.5%）。这表明华文教育政策的稳定离不开中国经济发展对缅甸的影响。当前缅甸这种汉语教育发展形势对华人母语学习极为有利，对缅甸华人的母语认同也将产生深远影响。

5 思考及对策

认识海外华人不同代际母语认同差异及形成原因，有助于我们从国内外两个视角进行思考，并寻求对策。

5.1 认识华人母语认同模式，提高华裔母语学习积极性

不同代际的母语认同形成不同的母语认同模式，认同模式一旦形成，将对语言生活、态度及规划产生影响。本研究表明，缅甸老年段华人母语认同模式是：母语认同伴随民族认同而产生，对民族认同起强化作用，具有伴随性、稳定性特点。少年、青年、青少年段华人的母语认同模式是：母语认同在经济利益驱动下的母语学习中产生，即掌握母语后产生语言情感，进而激发、激活母语认同和民族认同，且不同时代背景出生的华裔青少年，在母语认同、民族认同度等方面还有差异，呈现出复杂性、矛盾性、不稳定性特点。

母语认同模式是一个动态变化的过程，其形成受不同代际母语学习需求驱动，与时代背景相关。研究华人母语状况，应透过认同表象，探索构建母语认同模式，总结母语认同的模式及其形成原因，进而归纳母语使用、认同的规律，丰富华人母语研究体系，为制定发展对策提供有效参考。母语认同模式随着时代经济的发展而发展变化，是动态的。缅甸青少年母语认同的首要驱动是社会经济需求，只要中国在经济发展的世界潮流中，保持稳定发展，中缅贸易合作顺利，就将对缅甸华人母语学习构成有力吸引，能够提高华裔尤其是华裔青少年学习母语的积极性。

5.2 发挥家庭教育与学校教育的合力作用，扩充华裔母语学习途径

在华人母语教育过程中，家庭教育起重要的内力作用，学校教育有重要的传承作用，二者融合发展，相互配合，势必对更多华人后代的母语教育、认同及规划产生积极影响。

当代缅甸华人社会母语社区虽然难以再建，但家庭母语教育从少年段开始又有所起色和恢复。家庭母语教育对华人母语学习、认同的作用不容小觑：是培养青少年形成高母语认同度的主要内力之一，影响着华裔青少年母语认同、民族认同的心理构建，尤其是在未成年以前，父母的选择、引导和决策，往往对青少年儿童的成长和母语认同产生深远影响。习得母语、掌握母语时段越早，对母语认同、民族认同度越高。表 4－6、4－7 数据也显示：少年、老年段母语学习期多为儿童时期，家庭教育比重超过其他两段，母语认同度也超过其他两段。本研究还表明，民族认同感强的，则对母语认同感强，认为不学、不说汉语非常可惜；民族认同感不强的，则对母语的态度多表现为无所谓，甚至认为英语更重要。华人社会可以号召尽早培养缅甸华人母语学习志趣，提高华裔儿童母语认同，进而影响其民族情感认同。

公立学校教育是贯彻实施国家语言政策、传播并传承民族语言文化的重要场所，缅甸华文补习学校则是守卫华人母语学习、母语传承的重要堡垒。20世纪60年代以后，缅甸华文教育事业靠学校教育（补习班）坚守。如果没有这种学校教育，缅甸华人母语传承就有断代危机。当代缅甸华文的学校教育方兴未艾、蓬勃发展，很多地方公立学校也设立汉语课堂，汉语教育对象不但包括华裔群体，还面向很多非华裔群体，走向各个领域、层次。这种发展趋势有利于华人母语的传播和传承。我们应通过鼓励合作办学，多渠道、多层次、多方位发展等形式，支持缅甸华文教育事业，与缅甸政府多渠道建立教育合作机制，为华裔青少年学习母语创造更多渠道和机会。如通过中国政府奖学金吸引优秀的缅甸学生到中国留学深造，或者增加到中国进行短期专业培训的机会等，让华文教育惠及华人社区。

5.3　编写本土教材，培养本土华文教师，制订华文教育事业长期发展规划

好的本土教材、本土华文教师是母语在异国"活"下去的重要凭借。本土教材不能与当地社会脱节，要从当地社会的优秀文化中汲取积极、有用的养分，立足本土，并根据华人母语学习需求调整教材内容，编写与当地实际情况相符合的教材，使学习者产生亲切感、亲近感并乐于接受这种形式的母语教育。缅甸本土华文教师是华文教育事业得以薪火相传的根本。我们还应扶持缅甸各种华文教育新生力量，制订华文教育事业长期发展规划，增强师资力量，为华文教师提供多种培训、认证渠道，提高教师自身教学素质，树立个人威信，这些对缅甸华文教育事业也能起到促进作用。

5.4　理性看待语言认同与民族认同新变化，拥有开放包容的语言态度和认同态度

语言认同、文化认同与国家认同、地域认同看似属于不同层级领域，实则相互牵动延展，语言认同、文化认同是显性认同，其认同往往蕴含着国家认同、民族认同。经过百年沧桑，缅甸华人与当地社会文化不断融合，产生语言认同、民族认同、国家认同的代际差异，这是客观事实，是华人社会逐步转型的重要过渡阶段。多元文化背景下，华裔离开祖籍国时间超过三代以上，母语认同、民族认同可能会出现模糊、困惑甚至转移，华人子女将面临"断代、失根之忧""身份认同危机"。承认并接受多元文化对华人的影响，拥有开放包容的语言态度和认同态度，对华裔个体、民族发展都是有利的。

缅甸华裔青少年能够积极理性地看待母语汉语、国语缅语以及世界通用语英语之间的关系，根据自己的爱好、需求及社会价值等进行理性选择。如在第一语言选择上，一些华裔父母的态度表现出矛盾心理，表示知道汉语重要，也希望子女能够掌握汉语，但认为在缅甸还是要先学会缅语。调查对象学历越高的，尤其是20岁以上的华人，多数都要先教孩子学缅语。第一语言的选择映射其对居住国的认同，这说明华裔青少年对其居住国越来越认同，母语与居住国通用语是可以共存并和谐发展的。再如，不同于老年段较单纯的母语认同，少年、青年段除了对母语汉语表现更大个人兴趣，还积极学习缅语，对英语也采取更开放包容的学习态度，关注比例上升。这说明缅甸华裔青少年在保持民族特征的同时，已逐渐融入所在国文化、社会生活和世界发展潮流，找到社会归属感。与20世纪50年代周恩来总理对缅华社会"立足当地，胸怀祖国，放眼世界"的期望相符，语言、民族与国家可以共存共荣，和谐发展（周恩来，1957）。

5.5 利用地缘优势，为缅甸国内稳定的华文教育政策营造良好周边环境

从缅甸百年华文教育发展特点看（李春风、莫海文，2016），缅甸不同时期的民族政策是制约华人语言生活的指挥棒，对语言社会功能、华文教育事业的影响是即时的，其效果有时是积极的，有时是消极的：民族政策宽松，华文教育发展就快；民族政策严格，华文教育发展就受阻。缅甸华裔整体母语认同度较高，一直坚守的华文教育事业有不可磨灭的功勋。

华文教育政策的稳定离不开中国经济发展对缅甸的影响。中缅边境线2 000多公里，中缅跨境民族的影响力可以辐射到中国境内100公里以上。随着中国经济稳定发展和“一带一路”的建设，当前中缅经贸关系稳定，缅甸华文教育前景乐观，华裔母语认同也将朝向积极乐观一面发展。如果华文教育被纳入缅甸国民教育体系，无疑将从内部对其产生巨大推动力。多元文化背景下，缅甸华裔母语认同、民族认同、国家认同将能够健康良性稳定发展。

（李春风）

参考文献

白志红，钟小鑫．无权者的权利“游戏”：缅甸华人民间信仰者的宗教建构及其身份认同．世界宗教文化，2014（5）．

崔梦娇．云南高校缅甸华裔留学生对中华文化认同现状的调查研究．昆明：云南师范大学，2019．

邓悦．跨国移民的文化认同：缅甸密支那侨生研究．昆明：云南大学，2019．

段颖．跨国流动、商贸往来与灵活公民身份：边境地区缅甸华人生存策略与认同建构之研究．青海民族研究，2018（1）．

李春风，莫海文．缅甸百年中小学华文教育发展及特点分析．八桂侨刊，2016（2）．

李春风．缅甸华裔青少年母语认同现状及成因．黔南民族师范学院学报，2020（2）．

李枫．缅甸佤邦特区的华人新移民．八桂侨刊，2017（3）．

李丽虹．GMS五国华人华侨中华文化认同研究．广西民族大学学报（哲学社会科学版），2020（1）．

李珍珍．缅甸八莫地区华裔学生语言使用和语言态度调查研究．昆明：云南大学，2017．

林清风．缅华社会研究第三辑．广州：缅华互助会发行，2008．

林锡星．缅甸华人与当地民族关系研究．东南亚研究，2002（2）．

王国强．缅北地区华裔青少年中华民族认同的现状分析．曲靖师范学院，2012（4）．

周恩来总理对缅甸华侨的讲话．侨务报，1957（2）//范宏伟．二战后缅甸华侨“双重国籍”问题研究．厦门大学学报，2005（4）．

周庆生．语言与认同国内研究综述．语言战略研究，2016（1）．

印尼华族集聚区语言景观与族群认同*

——以峇淡、坤甸、北干巴鲁三地为例

1 引言

印尼是世界上华人人口最多的国家，华族②总数约1 000万。从人口比例来看，华族仅占该国人口总数的5%，属少数族群。华族的语言“华语”是以普通话为核心的全球华人的共同语（郭熙，2006）。近年来随着中国经济实力的增强和“华语热”的兴起，印尼华族对于华语的传承力度和使用范围不断扩大（刘慧，2014a），其中所反映出的族群认同也值得关注。

综合Fishman和García（2010）、Starks等（2005）对“族群认同”的界定，我们将“族群认同”概括为：族群成员通过对族群文化、语言、习俗等特点的感知理解，从主观意识上接受、认可族群身份和行为模式，进而产生对族群的一种归属感。相关成果显示，族群语言的学习和使用有助于族群认同的建构（Asif，2005；Jaspal & Coyle，2010；Phinney et al.，2001；Pigott & Kalbach，2005）。

目前在华语与华人认同研究领域，主要研究视角包括华文教学（郭熙，2015；刘慧，2014b；李宇明，2009；王爱平，2006）、华语使用（郭熙，2007）、华语作为传承语教学（曹贤文，2014；周明朗，2014）等，本文尝试从一个不同的视角——语言景观（linguisitic landscape），考察其与华人族群认同建构的关系。

笔者于2013—2015年赴印尼峇淡、坤甸、北干巴鲁三地考察了当地华人用来聚会、举行节庆活动、华文教学的公共场所——弥勒佛院（下文分别简称“峇淡佛院”“坤甸佛院”“北干佛院”③），对其中的语言景观进行了穷尽性拍摄。同时选取三地中心商业区

* 本文受国家语委一般项目“东南亚华裔青少年华语习得与族群认同关系研究”（项目批准号：YB125－136），国家语委委托项目“海外华语使用情况调查”（项目批准号：WT125－8），重点项目“东南亚华社语言景观调查及资源库建设”（项目批准号：ZDI125－37），中央高校基本科研业务费专项资金资助（暨南启明星计划15JNQM013）。

② 根据庄国土（2002）的界定，东南亚华族的全称应是东南亚华人族群（ethnic Chinese groups in South-east Asia）。“华族”是由保持华人意识的中国移民及其后裔组成的稳定的群体，是当地族群之一，为当地国家民族（state-nation）的组成部分。庄文同时指出，“华族这一定义适用于解释东南亚华族”。

③ 峇淡佛院位于印尼廖内省峇淡市区，占地面积约5万平方米；坤甸佛院位于印尼西加里曼丹省首府坤甸市区，占地面积约1万平方米；北干佛院位于印尼廖内省首府北干巴鲁市，占地面积约9 800平方米。

的语言景观作为对照组，考察华人集聚区和非集聚区在语言景观方面的异同。本文关注的问题有：①华人族群认同的层级性及构成要素如何借助语言景观得以体现和建构？②华人集聚区与非集聚区的语言景观有何不同？③华人集聚区是否也是华人言语社区？语言景观在其中发挥了什么作用？④语言景观研究对华人言语社区和族群认同研究有何价值？

2 语言景观与族群认同

2.1 语言景观的概念

语言景观指的是现实环境中用以陈列展示语言文字的物质载体，如公共路牌、街名、广告牌、警示牌、店铺招牌、政府机构的公共标识等（Landry & Bourhis，1997），主要由语言标牌（linguistics signs）构成。语言景观研究最关注的是公共空间和场所中的语言使用。

语言景观不仅具有信息指示的功能，更重要的是，语言景观通过语言与空间的互动，反映并塑造着族群的权势和地位（尚国文、赵守辉，2014a），如强势语言的泛用、官方语言地位的凸显、设计者及阅读者的族群认同、少数族群语言的活化（revitalisation of minority languages）等信息（Durk，2006）。

2.2 族群认同的内容及层级

从内容上看，族群认同包含文化、历史、语言、身份、社区等多方面的认同。在东南亚华人族群认同中，起主导作用的是族群文化意识，而构成族群文化诸因素中最重要的是语言（庄国土，2002）。

从层级来看，族群认同不是平面、静态的，而是一个有层级、动态的系统。参考前人的研究成果，我们将“族群认同”划分为“族群知觉、族群态度、族群行为模式、族群归属感”四个层级。

简言之，“族群知觉”指的是族群成员对本族群历史、习俗、语言文化、本族与他族差异等特点的感知；“族群态度”是指族群成员面对本族群或其他族群的语言、文化、习俗等特点时，表现出的积极、消极、重视、轻视等态度；“族群行为模式”指族群成员在感知、认可本族语言文化习俗的基础上，展现出本族群特有的行为方式；“族群归属感”是族群成员对本族群产生情感及价值上的认同，认为自己与该族群不可分割。下文我们将结合语言标牌的各类参数特征，考察其对族群认同的建构情况。

2.3 语言标牌的内容与华人族群感知

我们将三家佛院语言标牌的内容分为中华文化介绍、佛教文化介绍、华语为主的多语教学、华族节庆宣传、物品名称、佛像名称、纪念标示牌、建筑及公共场所名称、公共服务、广告等10类。

从数量来看，沓淡佛院的语言标牌最多，为404条。在这404条标牌中，最多的是介绍中华文化的标牌，共173条。具体内容包括：①中国古代历史故事。如三国故事中的“刘关张桃园三结义”“关羽过五关斩六将”等。②中华传统道德。笔者考察期间恰逢当地华人在佛堂举办“孝亲节”宣传活动，见到了大量包含华语的“孝亲节”宣传标牌，如“百善孝为先”等标牌。③中华传统礼仪。如咨淡佛院以华语为主的三语教学标牌，其中华语优先的华—英双语教学标牌如“出必告，返必面（Greet your parents, teachers and the elderly）”“尊敬老师问声好（Respect your teachers）”等。

坤甸佛院各类语言标牌共34条，其中数量最多的也是传播中华文化的标牌，内容包括十二生肖和成语等，共12条。北干佛院各类语言标牌共14条，其中宣传弥勒教派文化的标牌最多，共11条，如“热心工作、热情做人、热爱生命、简单的生活、简约的行为、单纯的想法”等。这些内容具有普世价值，正成为当代印尼华族文化中的新元素。

从材质、面积、置放区域来看，传播族群文化内容的华语（或“华语优先”）标牌多为石刻或PVC塑料制成，面积3～10平方米不等，置于佛院主要建筑的外墙或大厅墙壁上。笔者初到咨淡佛院时，数量众多、面积较大的华语标牌置放在非常醒目的位置，使笔者感觉仿佛回到了中国。而笔者多次赴印尼其他地区参观考察，所见华文景观寥寥无几。

通过对佛院负责人和信众的访谈，我们得知三家佛院语言标牌的设计者都是华人，他们对本族群语言、文化、历史、礼仪、道德等特点的感知度较高，华人设计者希望通过华语标牌使族群成员认识华族的语言文字，了解华族的历史、宗教和文化。本文第三部分对标牌阅读者的访谈也显示，80%以上的受访者认为华语标牌有助于他们了解汉字和中华文化。这说明设计者的初衷和阅读者的反馈达成了一致，也初步回答了Backhaus（2007）所提出的语言景观研究的三个基本问题：语言景观由谁设计、语言景观供谁阅读、语言景观反映了哪些社会语言状况。关于最后一个问题即语言景观所反映的社会语言状况，后面将专门介绍。

2.4 标牌的语码参数与华人族群态度

这里所说的“语码参数”是指华人集聚区语言标牌的语码类型、语码取向。我们的统计分析结果显示，无论是在单语语码标牌还是在双语及多语语码标牌中，华语都属于优先语码，在数量和语言地位上均占据绝对优势。

从语码类型来看，咨淡佛院语言标牌语码类型及数量最多，包括华语单语标牌256条，华—英双语标牌40条，华—印双语标牌31条，华—印—英三语标牌31条，英语单语标牌18条，印—英双语标牌12条，印尼语单语标牌11条，印—英—华—韩四语标牌2条，韩语单语、华—印—英—日四语、华—英—印—韩四语标牌各1条。

坤甸佛院语言标牌的语码类型及数量为：华语单语23条，华—印双语5条，印尼语单语、英语单语、英—印—华三语标牌各2条。北干佛院语言标牌的语码类型和数量为：华语单语7条，华—印双语7条。

从总体上看，三家佛院包含华语语码的标牌共404条，其中华语单语标牌286条，带有华语的双语和多语标牌120条，二者共占总数的近90%。

“语码取向”是一个社会语言学的概念，指的是语言标牌中不同语码的重要性和社会地位的高低，社会地位较高的语码称为“优先语码”。一般来说，官方的、地位重要的语码属于优先语码，它通常位于标牌的中心、上方、左侧等显著位置，字体较大。而地位相对较低的语码属于非优先语码，通常处于标牌不显著的位置，字体也较小（尚国文、赵守辉，2014a）。

我们参照尚国文、赵守辉（2014a）、Ben-Rafael 等（2006）提出的判断标准，对三家佛院标牌的语码优先取向进行了定量统计和分类，结果显示，华语优先、印尼语优先、英语优先、其他语码优先的标牌数量分别为 382 条、43 条、26 条、1 条。华语在标牌语码类型分布和语码取向方面均属优势语码，这一现象的产生动因，与印尼华族的族群态度密切相关。

无论是在语码的“能见度”还是在“凸显度”方面，华语标牌都占绝对优势，反映了族群成员重视族群语言文化并主动传承的态度。国外语言景观研究成果表明，语言景观的能见性高不一定忠实反映实际语言活力，如威尔士语在语言景观中的高出现率是“上级”的主导行为，是受操控的结果，而非该语言真实活力的体现（尚国文、赵守辉，2014b）。反观华人集聚区的华语景观，其设计者和阅读者均为华人，作为“上级”的印尼政府对此的态度是既不支持也不反对，而当地华族多方奔走，捐款捐物，使得华语语言景观得以建成。

Eliezer 提出了构建语言景观的四条原则，尚国文、赵守辉（2014b）将其译为“凸显自我（presentation of self）原则、充分理性（good-reasons）原则、集体认同（collective identity）原则、权势关系（power relations）原则”。通过考察我们发现这四条原则之间的地位并不平等，“集体认同”原则应属上位原则，在上位原则的指导下，景观设计者采取“凸显自我”和“充分理性”的态度，兼顾标牌独特性及受众需求，决定标牌语码类型和优先取向，最终反映出标牌语码间的“权势关系”。结合华人集聚区的语言景观可以看出，华语标牌集中体现了华人“集体认同”的理念，通过凸显华族的文字，提升华语地位。

2.5 标牌文字顺序与华族行为模式

华语语码的书写顺序以从左到右为主，此类标牌共 293 例；其次分别是从上到下（37 例），从右到左、从上到下（32 例），从右到左（22 例），从左到右、从上到下（20 例）。

从右到左、纵向排列的书写顺序是中国古代传统的文字书写顺序，这些标牌多用来宣传华族文化和佛教文化，如“一粒米当思来之不易”“南海古佛”等。标牌设计者在遵循国际惯例的同时，采用了华族传统的书写行为模式，有助于本族成员了解族群文化行为模式。

从宏观层面来看，华族设计、创制、置放、阅读华语标牌，本身就是华族的行为模式。中国历来有通过语言实现群体认同的意识（郭熙，2015），上文 2.3 中的调查结果显示，印尼华族创设华语景观这一行为，达到了促进族群认同构建的效果。

2.6 标牌功能与华人族群认同

语言标牌的主要功能包括信息功能和象征功能两大类。从族群认同的视角出发，我们最为关注的是华语（或“华语优先”）标牌的象征功能。象征功能指的是语言景观包含着语言群体成员对语言价值和地位的理解，也反映了语言权势与社会身份和地位（尚国文、赵守辉，2014a）。华人集聚区语言标牌的象征功能主要包括语言赋权功能和语言文化传承功能，前者指向华族成员的身份认同，后者指向语言文化认同，而身份认同和语言文化认同是东南亚华人族群认同的重要组成部分（庄国土，2002）。

正如Hicks（2002）所言，如果某族群的语言出现在语言标牌上，人们会感觉该族群所使用的语言是有价值、有地位的；反之则可能会传递这样一种信息：该语言没有价值，社会地位也很低。其原因在于，语言景观作为一种特殊的语言实践，不是简单、静态的语言现象，而是一个管理机构、标牌设计者、所有者、阅读者多方互动的话语过程。这个过程典型地体现了语言的赋权（em-powerment）功能：官方通常希望利用语言标牌传达国家的语言政策及官方意识形态，并隐性地操控公众的言语行为，而公众则通过语言标牌为自身争取实际利益及身份认同（尚国文、赵守辉，2014a）。

在海外，华语很难出现在官方标牌上。华人在族群集聚区设计和置放了大量包含华语的民间标牌，体现“华人意识”（Chineseness），也就是对华人身份的认同。Landry 和 Bourhis（1997）的实证研究证明，语言景观中少数族群语言的出现，能够最直接地帮助该族群成员构建积极的族群和身份认同。这说明语言景观与族群认同之间能够互相促进。

2.7 华人集聚区与非华人集聚区语言景观的对比分析

我们在印尼峇淡、坤甸、北干巴鲁各选取了一个大型商业区作为对照组，三个大型商业区占地面积均在3万平方米以上，客流量较大。我们对其中永久性的语言标牌做了穷尽性统计分析，结果显示，三个商业区中能见度及凸显度最高的语码均为印尼语，印尼语优先的标牌数量为1 268条，分别占三个商业区标牌总数的49.3%、49.4%、44.6%。其次为英语优先的标牌，共952条。含有华语语码的标牌总数为175条，其中华语优先的标牌数量为95条，分别占三个商业区标牌总数的2.4%、7.5%、1.2%。

相比之下，佛院的华语标牌无论在数量还是在语码优先取向方面都远远超过了当地的商业区。由此可见，在官方语言印尼语和所谓国际语言英语的包围之下，印尼华人利用华语景观重塑（reshape）社区语言环境，而语言环境和语言认同有助于语言活力的保持（黄行，2013；Landry & Bourhis，1997）。华人集聚区内以华语为主的语言环境，对增进族群知觉、构建语言文化及身份认同，进而形成族群认同、增添华语活力等方面，均发挥着积极的作用。

3 华语景观与华人言语社区

语言景观对于我们了解印尼华人集聚区的语言生态、华语地位、华人族群认同等情况具有实证价值。此外，语言景观研究也不乏理论意义，它有助于我们验证、完善社会语言学的言语社区理论，更深入地认识语言与认同的互动关系。

3.1 三处集聚区的言语社区情况考察

言语社区理论认为，言语社区包括“认同、互动、地域、人口、设施”五要素，即一致的心理认同、一定的交际密度、在一定地理范围内聚集、一定数量的社区成员、共享某些公共设施、相似的生活方式等。其中“认同和归属意识”是言语社区最重要的特性之一（徐大明，2004）。

徐大明以新加坡华人社区为例，证实了同一族群的人并不一定构成言语社区。郭熙（2015）也指出，新加坡有两个华人社会，一个是英语的华人社会，一个是华语的华人社会。可见，判断言语社区是否形成，必须验证该社区的成员是否形成了较为一致的语言态度、语言认同、语言行为等特点。

以本文所调查的三处华人集聚区为对象，我们关注的问题包括：这些集聚区是否构成了华人言语社区？华人的族群认同、语言态度、语言使用情况、语言能力如何？华文景观在其中是否发挥作用，发挥了哪些作用？为此我们进行了问卷调查和口头访谈。

我们采用滚雪球的抽样方法，选取了三家佛院196名华人信众（岧淡佛院94人，坤甸佛院57人，北干佛院45人），共发放问卷196份，回收有效问卷180份，有效回收率约为92%。此外我们组织其中愿意接受口头访谈的110名信众（岧淡佛院48人，坤甸佛院32人，北干佛院30人），进行了正式的结构式小组访谈，每组访谈人数8～10人，每次访谈时间30～50分钟左右，三地访谈提问的内容和问题顺序一致。我们根据受访者的年龄将其划分为5个区间：15～20岁的男性9人，女性11人；21～30岁的男性13人，女性35人；31～40岁的男性15人，女性41人；41～50岁的男性8人，女性23人；50岁以上的男性7人，女性18人。在受访者的受教育程度方面，大学本科毕业的男性受访者10人，女性25人；高中毕业的男性13人，女性39人；初中毕业的男性15人，女性27人；小学毕业的男性14人，女性37人。95%以上受访者表示自己已经是很多代的华人。

问卷方面，我们对每位受访者同时发放华语—印尼语双语的MEIM（The Multigroup Ethnic Identity Measure）族群认同量表（Phinney，1992；Roberts et al.，1999）和语言态度、能力及使用情况问卷，其中族群认同量表曾在数十项调查研究中用来测量不同族群和年龄段人员的族群认同，阿尔法系数在0.80以上。语言态度量表我们采用重测法进行了检验，阿尔法系数也在0.80以上。两份量表均展现出良好的信度和结构效度。

从族群认同量表的单题调查结果可以判断，受试在族群感知和族群行为模式项目上得分较高，在族群归属感和认同感项目上得分很高。

族群量表总分统计结果显示，53%的受试者具有很高的族群认同；43%的受试者具有较高的族群认同。仅有4%的受试族群认同较低。可见，我们所调查的社区内部，华人的族群认同感一致性强，都比较高。

除族群认同外，我们还考察了佛院华人信众对华语、汉语方言、英语、印尼语的语言态度，受访者对四种语言（方言）进行情感评价、功能评价和地位评价。每项评价最高分值为5分。在情感评价方面，受访者对四种语码亲切度的评分从高到低依次为：华语（4.61）>英语（4.19）>汉语方言（4.02）>印尼语（3.90）；受访者对四种语码好听度的评分依次为：华语（4.56）>汉语方言（4.25）>印尼语（3.93）>英语（3.87）。在功能评价方面，受访者对四种语码实用性的评分从高到低依次为：华语（4.77）>英语（4.57）>印尼语（3.90）>汉语方言（3.70）。在地位评价方面，受访者对四种语码社会影响力的评分从高到低依次为：英语（4.51）>华语（4.33）>印尼语（3.89）>汉语方言（3.43）。

由此可见，华语在情感评价和功能评价方面都排在首位，也就是说，受访者认为华语是最为亲切、好听和有用的。在地位评价方面，华语仅次于英语，位居第二。可以看出，受访者对华语的认可度和接受度普遍较高。在最高值选项的人数比例分布方面，70%的受访者认为华语“非常好听”，75%的受访者认为华语“非常亲切”，86%受访者认为华语“非常有用”，48%受访者认为华语“非常有社会影响”。除了选择英语“非常有用”和“非常有社会影响”的受访者超过半数（均为66%）之外，受访者对汉语方言、印尼语及英语情感评价的最高值选项均未达到半数。可见，华人社区内部的语言态度的一致性很高，对华语的情感、功能和社会地位评价均较高。

此外，根据受访者对自身多语能力的评分，超过70%的人认为自己同时具备“非常熟练”或“较为熟练”的华语、汉语方言、印尼语能力，而英语能力较弱。因此可见，华—方—印三语（方言）能力平衡的受访者占绝大多数。语言能力的题型为自我估测型，能力最高的为5分，最低的为1分。超过70%的受访者具备“非常熟练”或“较为熟练”的华语、汉语方言、印尼语能力，英语能力较弱，因此可以视为能力平衡的华—方—印三语（方言）者。

在语言使用方面，受访者在家中多使用方言，在佛院多使用华语，在其他公共场合多使用印尼语。这表明受访者的语码选用随着场合的不同，呈现出较为一致的明显的变化。

我们的调查表明，以佛院为集聚区，华人言语社区已经形成。受访者在族群认同、语言态度、语言能力、语言使用情况方面呈现出的一致性较强，96%的受访者具有很高或较高的族群认同，70%以上的受访者不仅对华语具有较高的情感、功能评价，而且具备较强的华语和汉语方言能力，69%的受访者表示在佛院常常说华语。这些数据都与言语社区的特征相吻合。徐大明、王晓梅（2009）以语言认同和语言使用为标准，将全球华语社区划分为核心华语社区成员、次核心华语社区成员与外围华语社区成员。上述考察结果显示，三处受访的印尼华人在佛院大多讲华语，对华语的认同度都较高，可以认定其属于核心华语社区的成员。

3.2　语言景观与言语社区理论

近年来社会语言学界不乏对言语社区的考察，如杨荣华（2011）对英国华人言语社区、夏历（2007）对农民工言语社区的考察等。上述成果均未提及言语社区内部的语言景观。

通过此次实证调查可以看出，判断少数族群的言语社区是否形成，该社区公共空间的语言景观应该成为重要的参照指标。原因在于，语言景观对于构建少数族群的认同具有不可忽视的作用。

我们针对华语（或华语优先）语言景观，对110名受访者进行了简单的分组口头访谈。在口头访谈中，90%以上的受访者表示注意到并且可以读懂华语语言景观。对于语言景观的作用，我们将受访者的观点概括如下，其中有很多受访者同时提到了多个理由，分类统计结果如下：

（1）华语标牌可以让我认识汉字，了解华族的语言文化。89人，占80.9%。

（2）华语标牌可介绍佛教文化。93人，占84.5%。

（3）汉字是华人的文字，看到很多华语标牌就知道是华人聚集的地方。84人，占76.4%。

（4）不知道，没想过这个问题。11人，占10%。

Spolsky（1991，2009）等学者提出的公共标牌语言选择理论指出，公共标牌上的语言选择通常需要考虑三个条件或因素：①使用设计者熟悉的语码书写；②使用读者能读懂的语码书写；③使用能表明自己身份的语码书写。结合该理论和我们对受访者的口头访谈结果可以得知，华文不仅是标牌设计者及使用者都熟知、理解的语码，而且也能表明华族的身份和文化特征。

由上述分析可见，包含少数族群文字的语言景观，对社区成员的语言行为具有“激励效应”（carryover effect），华人公共活动空间随处可见华语（或“华语优先”）的标牌，一方面显示了华语的优势，另一方面视觉刺激转化为语言行为，有助于华人言语社区的形成。而华人言语社区的形成，吸引了越来越多的华人前来参观交流，阅读其中的华语景观，从而强化了族群认同。

4 结语

华人集聚区的语言景观不仅是本族和外族语码的汇集，也是宣传华族文化的媒介、彰显族群意识的主体性行为。借由空间维度上的华人集聚区以及语言维度上的言语社区，华语景观与华人族群认同紧密地联系在一起，并在某种程度上达到了互动性同构，即景观中华语语码能见性和凸显性不断增强，有助于华人族群认同的建构；而华人族群认同的强化，也有利于华文景观的大量出现和华语地位的提升。

认同需要建构。通过语言进行认同建构应该是语言教育的一个重要目标（郭熙，2015），也应该是海外华人社区创设语言景观的核心设计理念。根据本文的考察，海外华人已将目标付诸行动，而他们的行动，也为我们研究少数族群的语言与认同提供了一个不可多得的新的观察视角。

限于调查的范围及文章的篇幅，本文尚未对华语标牌内容的词汇、句法特征等进行分析，也未选取信奉其他宗教的华人集聚区的语言景观和族群认同情况进行对照考察。这是本文的局限，希望在今后的研究中得到完善。

（本文原载于《语言战略研究》2016 年第 1 期。作者：刘慧）

参考文献

ASIF S I. Seraiki language and ethnic identity. Journal of research（Faculty of Languages & Islamic Studies），2005（7）.

BACKHAUS P. Linguistic landscapes：a comparative study of urban multilingualism in Tokyo. Clevedon：multilingual Matters，2007.

BER-RAFAEL，E，SHOHAMY E，AMA-RA M H，et al. Linguistic landscape as symbolic construction of the public space：the case of israel. The international journal of multilingualism，2006（3）.

DURK G. Linguistic landscape：a new approach to multilingualism. The international journal of multilingualism，2006（3）.

FISHMAN J A，GARCÍA O. Handbook of language and ethnic identity：disciplinary and regional perspectives. New York：Oxford University Press，2010.

HICKS D. Scotland's linguistic landscape：the lack of policy and planning with Scotland's place-names and signage. http://www.linguapax.org/congres/taller/tall-er2/Hicks.html，2002.

JASPAL R，COYLE A. My language，my people：language and ethnic identity among young second generation British-born South Asians. South Asian Diaspora，2010，2（2）.

LANDRY R，BOURHIS R Y. Linguistic landscape and ethnolinguistic vitality：an empirical study. Journal of language and social psychology，1997，16（1）.

PHINNEY J S. The multigroup ethnic identity measure：a new scale for use with adolescents and young adults from diverse groups. Journal of adolescent research，1992（7）.

PHINEY J S，ROMERO I，NAVA M，et al. The role of language，parents，and peers in ethnic identity among adolescents in immigrant families. Journal of youth and adolescence，2001，30（2）.

PIGOTT B S，KALBACH M A. Language effects on ethnic identity in canada. Canadian ethnic studies journal（HTML），2005.

ROBERTS R E，PHINNEY J S，MASSE L C. et al. The structure of ethnic identity in young adolescents from diverse ethnocultural groups. Journal of early adolescence，1999（19）.

SPOLSKY B，COOPERR L. The language of jerusalem. Oxford：Clarendon Press，1991.

SPOLSKY B. Prolegomena to a sociolinguistic theory of public signage//GORTER D S E（eds.）. Linguistic landscape：expanding the scenery. London：Routledge，2009.

STARKS D，TAUMOEFOLAU M，BELL A，et al. Language as a marker of ethnic identity in New Zealand's pasifika community. Proceedings of the 4th international symposium on bilingualism. Somerville：Cascadilla press，2005.

曹贤文. “继承语”理论视角下的海外华文教学再考察. 华文教学与研究，2014（4）.

郭熙. 论华语研究. 语言文字应用，2006（2）.

郭熙. 以“国、中、汉、华、唐”为上字的词与社会认同建构. 语言教学与研究，2007（4）.

郭熙. 论汉语教学的三大分野. 中国语文，2015（5）.

黄行. 论国家语言认同与民族语言认同. 云南师范大学学报（哲学社会科学版），2012，44（3）.

李宇明. 海外华语教学漫议. 暨南大学华文学院学报，2009（4）.

刘慧. 海外华文教育与“中国梦”的继承//曹云华. 凝聚与共筑：海外侨胞与“中国梦”. 广州：暨南大学出版社，2014a.

刘慧. 泰国曼谷地区华裔青少年华语学习及背景情况研究. 世界华文教育，2014b（3）.

尚国文，赵守辉. 语言景观的分析维度与理论构建. 外国语，2014b（6）.

尚国文，赵守辉. 语言景观研究的视角、理论与方法. 外语教学与研究，2014a（2）.

王爱平. 印尼华裔青少年的身份认同与国家认同：华侨大学华文学院（集美）印尼华裔学生的调查研究. 武汉大学学报（哲学社会科学版），2006（2）.

夏历. 农民工言语社区探索研究. 语言文字应用，2007（1）.

徐大明，王晓梅. 全球华语社区说略. 吉林大学社会科学学报，2009（2）.

徐大明. 言语社区理论. 中国社会语言学，2004（1）.

杨荣华. 英国华人言语社区的结构模式研究. 华文教学与研究，2011（3）.

周明朗. 语言认同与华语传承语教育. 华文教学与研究，2014（1）.

庄国土. 论东南亚的华族. 世界民族，2002（3）.

语言景观视角下泰国华语使用及其变异*

1 引言

全球华语研究通常有两种路径：微观层面的针对世界各地华语本体的研究，宏观层面的围绕世界各地华语使用的研究。目前，这两种研究都取得了不少成果（王晓梅，2017；祝晓宏、周同燕，2017）。这两种路子的研究取材不同，所以基本上是独立进行的。通过语料描写华语特点的，很难再通过语料研究华语状况，通过社会语言调查华语使用的也难以具体地看出华语本身的情况。然而，语言即用法，实际上华语本身是不能脱离华语使用而存在的，两个方面的研究不应该被过分地割裂。我们认为，引入语言景观的视角，可以在一定程度上将微观和宏观研究综合起来，比较全面地认识华语状况。

语言景观研究的一大优势就是可以观察语言使用、语言生活、语言教育、语言政策乃至语言生态（Leung & Wu，2012）。近来，也有一些研究通过语言景观考察语言结构和语言变异（Bolton，2012），并提出创建"景观语言学"（陈卫恒，2016）。因此，从语言景观入手，有利于综合考察语言使用和语言变异。在海外华人社会，通过语言景观观察当地的华语生活和变异，更是一条便捷且有效的途径。

本文即以泰国华语为例，尝试从语言景观视角研究泰国华语使用及其变异情况。

2 相关研究简述

围绕泰国华语的研究成果，集中在三个方面。一是伴随着泰国汉语教学热而出现的华文教学、华语传播研究（吴应辉、杨吉春，2008；吴应辉等，2012；陈创荣，2011；李志凌，2012）。二是华语研究兴起背景下的泰国华语词语、语法研究（徐复岭，2007；施春宏，2015；方清明、温慧雯，2017），研究素材基本上是依据书面语语料，从一个方面揭示了泰国华语的特点。三是以针对青少年群体为主的华语使用情况调查（沈玲，2015；袁婉秋，2016），多以问卷调查展开，研究发现泰国年青一代在华语使用模式上倾

* 本文为国家语委重点项目"东南亚华社语言景观调查及资源库建设"（项目批准号：ZDI125－37）、广东省本科教改项目"面向汉语教学的语言景观资源开发与应用"（〔粤教高函〕2017214号）、国家社科基金重大项目"全球华语语法研究"（项目批准号：11&ZD128）的阶段性研究成果。

向于泰语而非华语。

关于泰国语言景观研究，以 Hueber（2006）、Troyer（2012）和 Wu（2016）等为代表。他们研究的关注点是泰国语言景观中的英语使用情况，尤其是英语在公共空间的扩散、功能和影响等问题，对于华语景观则着墨不多。Hueber（2006）调查了曼谷 15 个街区语言景观中的语言接触和语言混合情况，涉及曼谷唐人街耀华力路（Yaowarat Road）和石龙军路（Charoen Krung Road）上的华语景观，发现这两个地带以泰语—华语双语标牌为主，泰语和华语都是优势语言，华人华语向泰语文化融入。Wu 和 Techasan（2016）以民族志法调查了耀华力路的店名景观，发现对于泰国的顾客而言，华语更多的是象征功能，英语居于优势地位。陈宝云（2018）则将调查范围扩大到曼谷华人聚集区的语言景观，包括唐人街和暹罗广场等华人社区，但其重心偏向华语景观的数量统计，描写稍显粗糙。

泰国是海外华侨华人聚居人口最多且距离中国最近的国家。据数据显示，2018 年泰国华人达到 900 万，占总人口六分之一。泰国也是中国人最热衷的旅游目的地，搜狐网报道 2018 年赴泰游人次突破 1 000 万。前往泰国经贸、交流的国人与日俱增，华语在泰国城市公开场合的能见度越来越高，泰国社会学习和使用华语的人也会越来越多。基于此，有必要更深入地调查泰国华语景观的状况，考察华语景观中的语言变异。

3　泰国曼谷华语景观类型

3.1　调查方法

我们所说的华语景观，是包含且不限于中文字符的语言景观。它的制作主体通常是海外华人社会，也可能是华人旅居较多的所在国政府部门和相关机构组织。例如，曼谷唐人街上的泰京银行三语招牌上就有华语标识，而这家银行是泰国国有银行；游人如织的大皇宫景区和安葩洼（私人标牌上也有作“安帕瓦”）水上市场景区标牌上也有华语标识；曼谷机场更是容易看到华语景观。华人以华语景观实现信息沟通、身份认同、文化传承等目标，一些国家则以华语景观吸引中国游客、服务华族群体、塑造国家语言政策等为目标。因此，华语景观是观察该国语言政策、语言生态以及华人语言使用状况的一扇重要窗口。一般而言，有华人聚集或活动的地方就会有华语景观。

曼谷是泰国华人最多的城市，而新老唐人街、四面佛景区、湄南河岸码头夜市和西部美功火车市场，则是华语景观最为集中的地区，特别是近年来大中华区的游客逐年增多，使得这些地区语言景观呈现出更为丰富多彩的面貌。本项调查主要在上述 5 个地区展开，调查时间为 2017 年 8 月，共获得华语标识 852 例，全部照片由手机拍照所得。

3.2　泰国华语景观的语言类型

按照语种组合方式，泰国曼谷华语景观主要存在四种语言类型，在 5 个不同地区的情况如下表所示：

表 4-10 泰国华语景观的语言类型表

语言类型	老唐人街	新唐人街	四面佛景区	码头夜市	火车市场	总数
华语单语	16	30	2	8	10	66
华语 + 泰语	219	122	43	88	78	550
华语 + 英语	18	11	1	5	0	35
华语 + 泰语 + 英语	68	45	21	14	20	168
华语 + 泰语 + 其他	15	4	3	5	6	33
总数	336	212	70	120	114	852

从上表以及我们的观察来看，泰国华语景观呈现出几个明显的特点：

一是“华语 + 泰语”双语景观占据主流，占全部华语标识近 65%，而真正的华语单语（占 8%）和华语多语景观并不多见（占 23%）。单语华语景观大部分是历史华语景观，制作年代比较久远，其华文字在标识上的呈现顺序多为从右到左。相应的是，华语景观的材质多以木头和金属为主，字体多为繁体、楷体书写。

二是“华语 + 泰语”双语景观的结构布局，泰语总是处于中心或抬头位置，华语位置靠下或居于边缘。华文字体的大小和数量一般也不会超过泰语。根据泰国皇家法案部门规章第 5 章法律条文（1992 年），目前泰国的私人招牌交税有 3 种情况：①纯泰文的以每 500 平方厘米 3 泰铢计；②泰文加上外语且泰语在最上方、比其他语言大的以每 500 平方厘米 20 泰铢计；③无泰文的或泰文在下方、比其他语言小的以每 500 平方厘米 40 泰铢计。以上 3 种若总价未达到 200 泰铢，则以 200 泰铢来计算（陈宝云，2018）。

三是在双语或多语景观中的语言关系，泰语、英语和华语总是对译关系。华语多语景观在颜色上多以红色、黄色为主，透露出较为浓厚的中国风格。

3.3 泰国华语景观的功能类型

根据我们的调查结果，华语主要出现在菜单、店名、户外广告牌、警示牌、景区标牌等语言标识上，构成了不同功能类型的华语景观。不同地区的情况如下表所示：

表 4-11 泰国华语景观的功能类型表

功能类型	老唐人街	新唐人街	四面佛景区	码头夜市	火车市场	总数
菜单	136	45	4	16	22	223
店名	93	78	8	53	45	277
广告牌	75	64	12	44	50	245
告示警示标示	13	10	6	16	6	51
吉祥标识	19	15	8	6	8	56
总数	336	212	38	135	131	852

从上表来看，泰国华语景观的功能类型又表现出几个特点：

一是在新老唐人街上，绝大部分店名和广告牌都是金行、餐饮、特产、快递、药房、按摩、旅行社、酒店、银行等标识。换言之，华语主要是在这些行业标识中发挥信息沟通作用。在景区、夜市和火车市场，华语也主要是在这些行业标识中发挥信息功能。

有趣的是，随着中国移动支付的引入，唐人街上也出现了微信、支付宝等标识以及相关的华语信息。另外，我们还在曼谷曼德琳汉语教学中心附近看到一则药店广告牌上书写“华语药师”。可以想象，这些华语标识主要为了吸引和服务中国游客。

二是警示标示中有华语出现的时候，通常也有泰语和英文翻译。也就是说，在相对官方的语言景观中，华语须和泰语一起执行信息功能，单独华语本身不具有这样的功能。从数量上来看，华语在官方语言景观中的出现比例极少。

三是趋吉避凶的华语标识尚有身份、象征功能。在很多华人店面中，仍然保留以华语为载体的日历、对联、招贴等，对联或招贴上常有恭喜发财、财源广进、万事兴隆、福禄寿等吉祥话语，与室内外的灯笼、神龛、民间崇拜偶像等一起构成较为鲜明的中华文化环境。

4　泰国华语景观中的语言变异类型

华语景观是观察泰国华语使用的一扇窗口。根据我们的观察，华语景观中的语言变异大体可分为两种类型。一是泰国文化传承形成的语言变异，主要体现为一些华语词语的使用具有国别和社区特色；二是泰国华语习得造成的语言变异，主要体现为一些偶发性错误和常见性的语言差异。以下分类描述。

4.1　泰国文化传承形成的语言变异

4.1.1　泰国佛教文化形成的语言变异

佛教是泰国的国教，95% 以上的泰国民众信奉佛教，而首都曼谷则有“佛庙之都”的称号。除一般家庭设立佛龛、礼佛成风外，佛教文化早已渗透泰国社会的各个角落。在曼谷公共场所的华语景观中，佛教元素也是不时可见，这不仅体现在佛教各种符号的使用上，还有语言运用方面的表现。例如：

佛祖帕窝齐荫护，森林峻岭罩浓雾
鹤松堂创始于佛历二四七〇年
专镶佛像防水 100% 等待即时可领
佛来运转 R 泰国化妆品/护肤品
乐捐箱欢迎参拜吉祥天女拉克什米

上例华语景观中出现了“佛祖、佛历、佛像、佛来运转”等词语，还有衍生的“乐捐箱、参拜吉祥天女”等也是佛教文化带来的表达。这既是泰国佛教文化融入日常生活的一种表现，也是泰国语言生活的一个侧面。

4.1.2　泰国皇权文化形成的语言变异

泰国是保留皇室和皇权的国家，普通民众对皇室和皇家的尊崇无与伦比。泰国一些重大场合还可以看到标牌上书写：敬祝皇上，万寿无疆。对于广告设计者而言，利用“皇家”做文章，让商标带上“皇”或者“王”字来提高自家产品光环效应，从而吸引消费者注意，就成为商品销售的一种方便法门。在公共场所的华语景观中，也不乏这方面的语言元素。例如：

泰国皇家足贴、皇家足贴。
皇家医学水光针。
皇家乳胶产品
王权免税提货柜台

当然，这些含有“皇家”词语的招牌基本跟泰国皇室没有任何关系。根据泰国法律，在泰国注册公司时，公司名称里面是不得出现泰语“**หลวง**”（皇家）这个词的。有些商家想用“皇家”作为公司名称以提高公司档次，就借用英文“royal”，将英文 royal 发音写成泰语“**รอยัล**”，如此泰语就可作为公司名称使用了。这样的公司名称，会让外人以为是泰国皇家经营的企业。华语商标借用“皇家”无非也是看重了外国人会吃这一套。

4.1.3　旅游文化形成的语言变异

在泰国华语景观中，特别是在商品标牌中，还有很多“泰”字打头以及包括“泰”字的语言标识。例如：

泰货正品	泰货邦联批发中心	萨瓦迪店泰货正品批发零售直邮中国
泰南燕公司	泰燕堂	泰燕堂燕窝
泰福华专营中泰食品	泰福华精品店	泰地道
泰好吃（榴莲广告图片）	泰便宜	泰源
泰果（Thai Go）	泰正	泰式按摩
泰中意广外一条街	泰尚优品	东方泰 SPA
快通国际物流	爱泰行燕窝	原生泰
聚泰优品		

根据“泰”字后出现的语法成分，我们可以将上述“泰”字打头的商品品牌词语模式化为“泰×”组合。如果后面的×是名词或名词性成分，那么“泰”字开头的商品标识，强调其泰国属性或泰国品质；若×是形容词，其中的泰字容易谐音“太”，传达出商品品牌在×品质方面高程度的含义。需要注意的是，“泰×”组合的商品标识多出现在新唐人街区域，这块区域的目标消费群体主要是中国游客或者跨境消费者，“泰”可以突出商品源于泰国、泰国品质，满足或者迎合了部分国人的消费想象或消费需求。

4.1.4　汉语方言带来的语言变异

在泰国华语景观中，也有不少来自汉语南方方言的华语标识。例如：

泰盛基大饷当无限公司　　初顺发饷当
荣盛泉记（YONG SENG CHAN KEE）　和兴利双记　　邢泰记
发利海产和成丰（HUA SENG HONG RESTAURANT）
和兴利（HANG SANG AROON）
燕窝质素　　燉竹笙　　燉猪根
抵食　　档仔　　出菜　　好味点心

前 7 例是商店招牌。这些招牌多有“发、荣、和、兴、丰、利”等吉利字眼儿，在广府文化中利用这些字眼儿是为了图一个好意头；并且从后面的拼音来看，这些招牌语可能是来自潮汕方言；“××记”也是典型的广府招牌。后 7 例也是来自粤方言的表达，标准中文说法是：燕窝质量、炖竹荪、炖猪鞭、划算、档口、上菜、好吃点心。

4.2　泰国华语习得造成的语言变异

4.2.1　语序变异

在泰国一些华语景观中，华语词语的组合顺序有时会迥异于普通话。例如：

王龙虾　　鸡肉泰式炒面　　虾泰式炒面　　虾黑胡椒　　咖啡热

最好泰国的产品　按摩泰国（Massage Thailand）　　友谊中国（Chinese Friendship）

图 4－1　老唐人街曼谷医院

图 4－2　四面佛景区某大楼大堂告示牌

普通话的词语组合顺序通常是中心词置后。上面例子中的词序在普通话中应该是“龙虾王、泰式鸡肉炒面、泰式虾炒面、黑胡椒虾、热咖啡、泰国最好的产品、泰国按摩、中国友谊”。上图里的华语正常的语序应该是“唐人街曼谷医院从今天起正式开业”“所有进入该大楼的人都将被彻底检查”。很显然，华语景观中的词序变异，主要出现在菜单和服务类的商品语言景观当中。需要注意的是，出现词语顺序变异的情况，主要是发生在多个词语组合成定中结构的时候，如果只有两个词组合，则较少会出现变异。比如菜单中的“虾王”就没有写成“王虾”。另外，两种词序读法有时会造成读者的困惑。例如对于一般顾客而言，大金行招牌“利兴”“进成兴”“洽成发”，从左读或从右读，似乎都能成说。

4.2.2　语体/节奏变异

在泰国华语景观中，还有一类比较隐蔽的变异现象，即是语体变异或者节奏变异。所谓语体变异，指的是应该使用 A 类语体词的表达，却使用了 B 类语体词。像广告、告示等正式语体，使用的词语常是书面语体词语，一般排斥口语词，并且书面语词组合时倾向于遵照语体和谐律（孙德金，2012）。不过，我们在仔细观察华语景观时，却发现了一些语体不太和谐的表达。例如：

泰国特产品　只能用硬币　在这里出售　这里有销售

教汉语基础　换商品条件/退款

别攀登（no climbing）　补身体　补肺清除痰

上面的几种情况，在标准中文语言景观中，通常会换成："泰国特产、只能使用硬币、在此出售、此处有售、教授汉语基础、退换商品条件、禁止攀登、补身、补肺清痰"。

4.2.3　数量词变异

在泰国华语中，该写数词"两"的地方有时会误写作"二"。检索东南亚华文媒体语料库收录的《世界日报》，16个"二个"和9个"二种"组合里，就各有3个是错用的。这种混淆也反映在华语景观之中。例如：

二种甜点　二种配料　营业时间早上六点至晚上二点

每铢19 889铢　每甘1 312铢

以上数量短语标准华语应该是"两种"和"两点"。而计量黄金的数量短语"每铢"和"每甘"分别相当于中国的15.2克和1克。

4.2.4　文字书写变异

泰国华语景观中，存在两类汉字书写变异。一类是由音近造成的错别字，另一类是早期民间手写造成的俗字。例如：

请小心保管财务　特色拷鱼　真宗川菜　啦差达营业部

面汤粿条　粿条水　鸭肉倮条　果条　粿汁　稞汁

鱼旦云吞　水菓汁喝了身体健康

从上例来看，"财务"当为"财物"（见图4-3），"拷鱼"应为"烤鱼"，"真宗"当为"正宗"，地名"啦差达"为"拉差达"，这类错别字的出现大概是因为字音相近，输入时选择不当所致。这种情况比较少见，属于偶然错误。"粿条、粿汁"本是潮汕地区食物，由大米等材料制成，后随移民传至东南亚各国。泰国华语民间体存在"果、稞、倮"多种形式。如图4-4所示。《全球华语词典》（李宇明，2010）收录"粿、粿汁、粿条、稞条"四个词条。"鱼旦"当为"鱼蛋"，"蛋"在现在中国民间也常手写为"旦"，二简字曾经收录，后作废。"水菓汁"中的"菓"是"果"的异体字。

图4-3　码头夜市警示牌

图4-4　新唐人街某餐馆广告牌

4.2.5　翻译变异

在泰国语言景观中，英语的使用非常普遍，英语能跟现代化、全球化的产品与服务概念联系在一起（Mooney et al.，2011）。如前所述，华语、英语和泰语存在对译关系。在英语、泰语翻译成华语的时候，由于存在一词多译的可能，华语的译本往往会出现一些变异乃至问题。如下图所示：

图 4-5　码头夜市某乐器店招牌

图 4-6　曼谷素万那普机场标牌

图 4-5 中的“简单易学很容易发挥你可以发挥我们的”应该是从泰语**แสดงท่าที**生译过来的，而泰语**แสดงท่าที**除了有“发挥”的意思，还有“表演”之意。此处应该选用“表演”更为恰当。

图 4-6 中的“约见点”是从英文翻译过来的，有的机场译为“会客点”或“接客点”，有的机场译为“汇合点”等。不同的华语区有不同的译法，暂时尚未取得统一。这样的词可视为泰国华语词。在我们调查的华语景观中，也出现了不少这样的华语词，例如在新唐人街上有招牌上书“陶豪出售”“出售康多家私”。“陶豪”和“康多”分别是英语 town-house 和 condo 的音译，相当于中国的小洋楼和公寓。《全球华语词典》（李宇，2010）收录“陶豪”，“康多”未收。

英语对译华语，造成问题的还有 Best Seller。Best Seller 既可以是“热卖、畅销”的意思，也可翻译成“畅销书”。如下图所示。

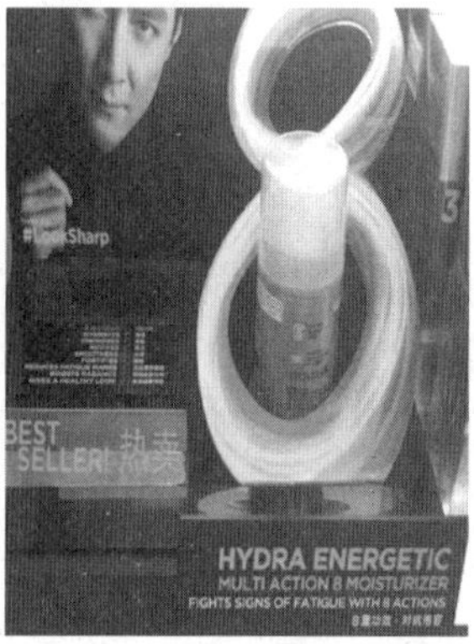

图 4-7　机场化妆品广告

图 4-8　新唐人街药品店广告

图4-7华语翻译成“热卖”无误，但图4-8实际上售卖的是药膏，而不是“畅销书”，这里应该是错译。在市区四面佛景区和老唐人街地带，也有招牌上正确地译成“畅销产品、畅销商品”。这说明，在正式的场所或者认真的态度下，华语出现变异的情况会有所减少，而在借助机器翻译且缺乏人工干预的私人场合，变异就容易发生。例如，唐人街某药店广告上的 Anaglsic plaster cool formula for muscular pain relief 就翻译成“镇痛凉塑料公式肌肉疼痛”。正确的表达应该是：凉爽配方止痛膏，缓解肌肉疼痛。

类似这样读来“疙疙瘩瘩”的华语景观还有不少。如某商场告示牌上书：“不予退款。商品、除了拍卖的商品之外，可以长达购买后7天的最后一天换商品，原始收据为依据。商品必须在原来的状态，只能用于相同或更高的商品价值交换。所差异的必须以现金方式计算。”如此长的语篇初看令人不知所云，细究之下，标准华语应表述为：“一经售出概不退款。除拍卖商品外，凭原始收据7天内可换。商品须维持原状，以置换等价或更高价商品，差价须以现金补齐。”很显然，这样的“机器翻译体”华语景观，在华语作为二语学习的泰国，还有存在的空间。

有的华语景观甚至令人百思不得其解。如下图所示：

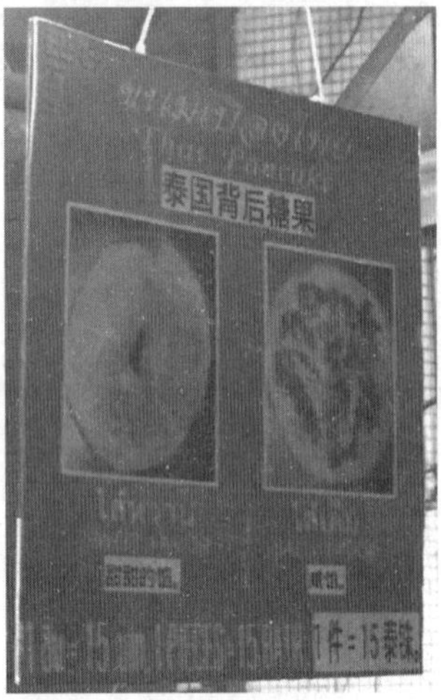

图4-9　老唐人街某食摊广告

图4-10　火车市场某店铺广告

图4-9中的泰国煎饼（Thai Pancake）为什么会翻译成“泰国背后糖果”，图4-10中的护肤品图片为什么写成“水果开护联品”？恐怕标牌制作者本人也说不出所以然。

4.2.6　标点符号变异

受制于语言景观本身的特点，语言景观中文本的长度一般较普通文本短，标点符号的使用也大大减少，能省则省。泰国华语景观中，标点符号也是很少见。但在符号的具体使用方面，会出现一些变异。例如：

牛，猪，鸡肉，鱼丸咖喱

鲜天下中餐馆，特色拷鱼，川菜，浙江菜，早餐，营业时间早上六点至晚上二点

治疗关节炎，痛风，指关节麻木僵痛，觞骨损伤，松弛觞骨，治疗抽筋，有助于治愈糖尿病患者的伤口

番茄，煎鸡蛋

根据《标点符号用法》（教育部语言文字信息管理司，2015），逗号、顿号都可以表达并列关系，然而逗号一般是用在复句内各分句之间的停顿，顿号的基本用法是用在并列词语之间。从上述例子来看，主要是标准华语中应该使用顿号的，在泰国华语景观中使用了逗号。出现这种变异现象的原因可能是泰文中表达并列的只有逗号，而没有顿号。

还有一个有意思的现象是，泰国华语景观中会简用数学符号中的等号来表达意思相等或价格相等。例如：

无海关盖章＝无法退税

泰国背后糖果甜甜的馅 1 件＝15 泰铢

使用等号而不是文字表达，一是信息传达简单显豁，二是可以大大节约书写空间，降低标牌制作成本，符合语言景观经济性原则。

5　结语

本文通过语言景观的视角观察泰国华语使用及其变异情况。研究发现，泰国华语景观只在曼谷唐人街等商业旅游地区能见度较高，语言组合类型和功能类型比较单一，主要发挥信息功能和经济功能。这与尚国文（2016）的观察是一致的。华语景观在泰国社会并不普遍，华语生活并不活跃。

我们曾把新加坡华语变异分为使用型变异和习得型变异（祝晓宏，2016）。当时提出使用型变异是为了强调新加坡仍有华语使用的巨大空间。鉴于泰国华语景观现状，本文将其变异现象分为泰国文化传承类变异和华语习得类变异。总体而言，正是在商业经济领域的华语使用，影响了这两类华语变异的面貌。

在如何看待语言景观中的华语变异问题上，我们认为，不妨持一种平常心。对于泰国华语使用中的一些错误不必锱铢必较，更不必动辄得咎。泰国华语景观目前主要是在商业和旅游领域发挥经济功能，在功能不广的情形下要求规范和标准，反而会限制华语的发展。在火车市场，笔者曾接受一位不懂华语的摊主的请求，为她售卖的虾米辣椒酱写一个中文标识，好招揽中国游客。这说明，泰国民众尚有使用华语的愿望。我们应该珍视泰国社会努力运用华语的这种愿望，而不是在变异问题上过于苛责。当然，至于有心采用华语景观来学习汉语的专业人士，则需要谨慎地使用这些素材。而就民众或一般商家而言，华语变异就留给市场这只无形的手来调节吧！

（本文原载于《中国语言战略》2018 年第 2 期。作者：祝晓宏）

参考文献

BOLTON K. World Englishes and inguistic landscapes. World Englishes, 2012 (1).

WU H, TECHASAN S. Chinatown in Bangkok: the multilingual landscape. Manusya journal of humanities special issue, 2016 (22).

HUEBNER T. Bangkok's linguistic landscapes environmental print, codemixing, and language change.

International journal of multilingualism, 2006 (1).

MOONEY A, STIWELL P J, LABELLE S, et al. Language, society and power: an introduction (5th edition.). London: Routeledge, 2011.

TROYER R A. English in the Thai linguistic netscape. World Englishes, 2012 (1).

LEUNG Y G, WU M-H. Linguistic landscape and heritage language literacy education. Written language & literacy, 2012 (1).

陈宝云. 泰国曼谷华人聚集区语言景观调查. 广州: 暨南大学, 2018.

陈创荣. 泰国汉语使用及发展状况调查. 哈尔滨: 黑龙江大学, 2011.

陈卫恒. 美国华语“景观语言学”初探. 语言规划学研究, 2016 (1).

方清明, 温慧雯. 泰国华语“增降”类动词变异考察. 华文教学与研究, 2017 (4).

教育部语言文字信息管理司. 语言文字规范标准手册. 北京: 商务印书馆, 2015.

李宇明. 全球华语词典. 北京: 商务印书馆, 2010.

李志凌. 泰国汉语快速传播对汉语成为全球性语言的启示. 汉语国际传播研究, 2012 (1).

尚国文. 语言景观的语言经济学分析: 以新马泰为例. 语言战略研究, 2016 (4).

沈玲. 泰国新生代华裔的国家认同与文化认同研究//贾益民, 张禹东, 庄国土, 等. 华侨华人研究报告2015. 北京: 社会科学文献出版社, 2015.

施春宏. 从泰式华文的用词特征看华文社区词问题. 语文研究, 2015 (2).

孙德金. 现代书面汉语中的文言语法成分研究. 北京: 商务印书馆, 2012.

王晓梅. 全球华语国外研究综述. 语言战略研究, 2017 (1).

吴应辉, 杨吉春. 泰国汉语快速传播模式研究. 世界汉语教学, 2008 (4).

吴应辉, 央青, 梁宇. 泰国汉语传播模式值得世界借鉴: 泰国汉语快速传播模式及其对汉语国际传播的启示. 汉语国际传播研究, 2012 (1).

徐复岭. 泰国华语特有词语. 曼谷: 留中大学出版社, 2007.

袁婉秋. 泰国中东部地区华裔青少年汉语使用情况的调查与分析. 郑州: 郑州大学, 2016.

祝晓宏, 周同燕. 全球华语国内研究综述. 语言战略研究, 2017 (1).

祝晓宏. 新加坡华语语法变异研究. 北京: 世界图书出版公司, 2016.

祝晓宏. 认识语言景观的多重功能. 中国社会科学报, 2017.

马来西亚华语传承：从语言意识形态到实践

1　语言意识形态与语言实践

语言意识形态与语言实践有一致的时候，也有不一致的时候，语言规划和语言实践之间执行与冲突并行。Spolsky（2004）的语言政策理论认为，一个社区、社会的语言意识形态决定了人们的语言实践。语言意识形态指的是人们赋予何种语言何种价值，他们认为应该使用何种语言；语言实践指的是人们实际使用了何种语言；语言管理指的是语言规划者为哪个人群规划使用何种语言。Curdt-Christiansen（2016）在新加坡的研究显示，虽然华人、马来人和淡米尔人都表示要学自己的母语，可是在家庭语言实践中，他们一律表现出亲英语倾向，语言意识形态与实际语言管理并不一致，当然这与新加坡国家层面的双语政策有密切的联系（李光耀，2013）。Dauenhauers（1998，引自 King，2000）在阿拉斯加观察到当地人口头上对民族语言支持，但课堂上学生学习民族语言缺乏帮助，而且学生们对于要不要学习民族语言也态度摇摆并感到困惑，意识形态与语言实践有出入。华语在马来西亚社会的成功传承和发展与马来西亚华人社会强烈的族群认同意识密不可分，他们做到了意识与行动一致，华人对华族身份的认同是他们学习和传承华语最主要的因素（王晓梅，2018）。近年来，随着中国经济发展，国际影响日益深远，新一代华裔青年还赋予了华语学习经济价值。

马来西亚是一个多族群多语言的社会，国家层面的教育、语言政策和不同族群语言使用者的冲突时有发生。1957 年，马来西亚独立后，华校的生存和发展经历了各种政策的冲击，甚至曾经到了生死存亡的关头。华人社团为华文教育奔走呼告，出钱出力，是必不可少的一个助力，这使得华文教育如今有一个繁荣的局面。1962 年华文中学改制，教育部要求华文中学接受政府管理，把学校的教学媒介语从华语改为马来语，这一政策遭到华人社会的强烈反对（柯嘉逊，1991）。根据最近的 DLP（Dual Language Programme，双语言课程计划，2016），教育部门欲在国小一年级和四年级及国中初中一年级推行“双语言课程计划”，学生用马来语和英语来学习数理学科，此政策一出台，华人社会集体签名抗议，DLP 止步于华小。

在马来西亚华人社会，华人家庭的语言意识形态、华人学校和社区的语言实践体现一致——华语是华人重要的身份标记，作为华人必须会说华语。本文将从语言意识形态到华语的传承实践来阐述华语在马来西亚的传承和发展。

1.1 马来西亚多元社会

马来西亚是一个多种族、多语言、多元文化社会。目前的人口比例，马来人占总人口的56%，华人占23%，原住民占11%（维基百科），淡米尔人占少数，其中槟城是唯一一个华人人口超过一半的州。在1957年马来西亚联邦独立的时候，甚至有一大批华人是文盲，他们仅靠讲方言在生活、工作上与人交流，并不具有读写英文、华文或马来文的能力。马来西亚华人祖上大多来自广东、福建沿海地区和海南，至今有的是第二、第三或第四代华人，他们大多会讲自己的母语，比如福建话、客家话、广东话或海南话等方言，而华语的口语掌握程度和读写能力却因人而异，原因也有很多：家长的语言意识形态、孩子就读的学校、生活的族群社区等。其中起决定性作用的是华裔是否有机会进入华校接受华文教育。尽管在家庭里人们可以各说各话，而学校却是决定孩子能否掌握某种语言读写能力的地方。

1.2 马来西亚华文教育体系

马来西亚的华文教育繁荣发展无疑是华语、中华文化得以传承的一个重要因素，马来西亚是全球唯一一个中国以外拥有从小学、中学到大学的完整华文教育体系的国家。例如，一个华裔小孩可以选择就读华文幼儿园、华文小学、华文中学、华文独立大学学院，完成从幼儿园到大学的教育，其接受的教学媒介语都是华语。

表4－12 2016年各源流小学入学人数

学校源流	2016年	学校源流	2016年
国小	2 039 229	特别模式	822
华小	542 406	特别模式（K9）	2 148
淡小	83 343	政府资助宗教学校（GARS）	15 738
特殊教育	1 178	关爱辅助	76
体育	33	总数	2 684 973

资料来源：教育部学校管理部门（截至2016年1月31日）。（教育统计，董总资料与档案局，2016）

董总资料与档案局（2016）在董总教育网站公布的教育统计数据显示（表4－12），华文小学目前的数量是1 297所，在校学生542 406人，华小学校数量占全国小学学校数量的16.8%，华小学生人数占全国小学生总数的20%。小学依据源流分为三大类，国小（教学媒介为马来文）华小（教学媒介为华文）和淡小（教学媒介为淡米尔语）。

到了中学阶段情况会稍微有点不一样，1962年，政府教育政策要求华文中学接受改制（华教60年大事记），自此马来西亚的中学（Secondary Schools）主要分为两大类：国民中学和私立中学，国民中学的教学媒介语是马来语，国民型华文中学，其教学媒介也是马来语，但有80%的学生是华裔子弟及华文是必修科目，华文师资由政府配送（表4－13）；1962年不接受政府改制的部分华文中学，则成为后来的华文独立中学，统一由董教总负责管理，没有政府资助，华文独立中学教育政策制定与执行独立于政府教育部之外。华文独立中学目前有60所，在校学生84 605人，从2000年至今，学生数量呈递增状，师生比为18.2∶1（表4-14），华文独立中学97%的学生是华裔学生（2016年全国华文独立中学基本资料统计）。近年来，由于部分华文独立中学办学质量优越，吸引不少外族及外国学生前来就读。

表4-13　2016年政府中学（MOE Secondary School）入学人数

学校种类	2016年	学校种类	2016年
普通	1 914 924	体育	1 479
全寄宿	39 079	艺术	818
宗教	38 694	特别模式（K9）	1 166
技术	4 803	政府资助宗教学校	69 924
职业	0	关爱辅助	36
特殊教育	886	职业学院（VOCATIONAL COLLEGE）	62 786
特别模式	10 703	总数	2 145 298

资料来源：教育部学校管理部门（截至2016年1月31日）。

表4-14　2016年各州华文独立中学的学生和教师概况一览表

州属	学校数量（所）	学生人数（人）	班级数量（个）	初中学生人数(人)	非华裔学生人数（人）	教师人数（人）	非教学职员人数（人）	平均每班学生密度（学生：班数）	师生比例（学生：教师）
柔佛	8	22 788	522	3 872	134	1 044	300	43.7∶1	21.8∶1
马六甲	1	2 288	57	389	11	141	42	40.1∶1	16.2∶1
森美兰	2	3 369	77	670	26	186	105	43.8∶1	18.1∶1
吉隆坡	4	14 992	288	2 795	167	807	204	52.1∶1	18.6∶1
雷兰莪	4	9 231	206	1 691	36	495	164	44.8∶1	18.6∶1
霹雳	9	8 456	230	1 477	83	492	216	36.8∶1	17.2∶1
吉兰丹	1	499	23	78	0	54	52	21.7∶1	9.2∶1
吉打	3	1 953	64	355	10	159	45	30.5∶1	12.3∶1
槟城	5	6 231	177	1 263	173	390	86	35.2∶1	16.0∶1
砂拉越	14	8 385	262	1 553	231	509	95	32.0∶1	16.5∶1
沙巴	9	6 413	162	1 177	766	360	100	39.6∶1	17.8∶1
总数	60	84 605	2 068	15 320	1 637	4 637	1 409	40.9∶1	18.2∶1

2 语言意识形态

2.1 华语成为马来西亚华人社会通用语，是族群认可的统一身份标志

华语，是马来西亚讲不同方言的华人交流往来的通用语，是华人认同统一的身份，认可相同的中华文化的重要标记之一（徐祎，2018）。早期移民到马来半岛的华人，大多来自中国广东、福建沿海地区。几个大的族群分别是福建、广府、客家、潮州、海南，他们讲不同的方言，恪守本族群的风俗习惯，各族群讲各自的方言，彼此间缺乏交通往来，很难有统一的身份认同。直到20世纪，随着中国白话文的推广，华文学校的兴办，华语在马来西亚华人社会传播，成为马来西亚华人社会的通用语。使用同一语言的人们容易形成相似的意识和价值判断，加深了情感，有了统一的文化认同和族群认同。

2.2 华人家庭语言意识形态

当地华人对华人身份、民族优良文化的认同，在孩子的教育方面，做出与意识形态一致的选择。在马来西亚，90%以上的华人都会选择把自己的小孩送到华小读书。康晓娟（2015）委托马来西亚教师总会，在当地幼儿园派发家长调查问卷（$N=100$）发现，马来西亚华裔家长对孩子掌握华文和英文的期望一样高，超过一半以上的家长希望孩子能掌握很好的华语读写能力，而且都希望孩子6岁之前尽可能多地学习华语。Sathian 和 Ngeow（2014）在吉兰丹州做田野调查时，采访当地一名46岁的农民："Ah Soon 说他自己不会说华文，因为他的爸爸当时决定送他去国小。现在他不想重复当年的错误决定，Ah Soon 把他的孩子们全都送到华文学校，这样他们可以在其他华人面前直起腰杆。"吉兰丹州是一个农业州，位于马来西亚北部，与泰国接壤。该州的华人后代大多是当地农民，他们强烈认同自己的华人身份，而且认为华人必须会讲华语，不然在其他华人面前抬不起头来，华人后代不会讲华语将会失去自己的族群身份。

2.3 华文学校的语言管理及华人认同

语言管理强调的是一种自下而上的基于个人和社区交际的语言管理方法，而传统意义上的语言规划是一种自上而下的语言管理方法，由政府或权威机构实施（魏晖，2018）。语言管理包括简单管理和组织性管理：简单管理指的是管理个人在交际过程中遇到的语言问题；而组织管理则从微观到宏观的层面，语言管理者在交际的过程中发现问题，进行评价，做出调节的计划然后付诸实施，例如国家通过法律设立官方语言、学校、教育机构商业机构所使用的语言（腾延江，2013）。马来西亚华文学校，有其独特的使命和愿景，"华文独立中学被视为负有延续、传承、维护和发扬中华文化的重要责任和使命，是学生人格的塑造和民族意识情操培养的场域"（陈美凤，2009）。在语言管理方面，华文学校从上到下，从组织管理者到教职员、学生都体现了一致的华人身份认同意识。

王晓梅（2018）在马来西亚槟城对比分析研究了两类华文中学，国民型华文中学和独立华文中学，以及他们如何通过华语的使用来管理华人的身份认同。在国民型华文中学，从学校管理层到教职员，再到学生，他们都有强烈的华人身份认同意识，华语教师甚至是奉献自己的时间来承受额外的华语教学任务。在华文独立中学，校长主持的会议，

或学生与校长、教师的集会使用的都是华语，主要的教学媒介语也是华语。他们认为学习、传承华语是华人应该做的事情，华人如果不会讲华语将有被边缘化的危机。

这些东西（华语）是靠我们自己罢了，别人（别的族群，指马来人和印度人）也帮不到我们。只有我们帮自己。所以我们必须要鼓励他们（华文独立中学的学生）。好像我们也逼他们必须报考华文这样。如果我们不逼他们，我看很多都不会拿（学）。我们这样做也是（为他们）好，为了下一代。不然以后我们就像缅甸这样啊，印尼这样啊。”（钟灵中学校长访谈片段，王晓梅，2018）

两种类型的学校都通过不同的语言规划措施强化了学生的华人认同，学校的管理层、教师、学生等对于华语的价值与地位保持相同的态度和观点，都认为华语是华人身份认同的核心。

3 语言传承实践——华文教育

3.1 华人族群维护母语学习的权利

马来西亚华人社会向来都坚持他们拥有母语教育的权利，而对这一权利的维护，始终贯穿在华人争取华文教育的各项斗争中。例如殖民地时代，英殖民政府颁布法令，通过经济束缚削弱这一基本权利。虽然殖民地政府也为华文中学主办会考，承认其文凭。华文中学每个学生每个月仅仅可以得到三块钱的津贴，比其他族群学校少得多。马来西亚独立后，1952 年的教育法令否定华人学习与发展母语的基本权利。1962 年，政府要求华文中学接受改制，接受政府的接管，要求华校把教学媒介语改成马来语。拒绝改制的华文中学，则脱离政府，没有政府的任何资助，仅靠华人社团的捐助及董事会的运营发展至今，即如今的华文独立中学。目前，在马来西亚，这样的华文独立中学有 60 所，在校学生达 8 万。华文教育能在马来半岛蓬勃发展，与华文独立中学的发展有密切的关系。时至今日，华文独立中学的毕业文凭仍未被马来西亚政府承认，独立中学的毕业生想要就读马来西亚国立大学必须另外参加政府组织的考试，俗称 PT3，或远赴他国学习，或就读当地华文独立大学学院。

Lopez（2014，引自王晓梅，2018）指出，在马来西亚，被允许用“土语”（母语）进行教学是非常明智的选择。土语指的是华语和淡米尔语。因为这样做不仅满足了华人和印度人语言、身份认同的需求，同时也为全球市场培养了一大批会说华语和印度语的人才，使得马来西亚人在就业市场上有优势（王晓梅，2018）。孩子用母语进行学习学科知识的效果是否会比用第二语言进行学习学科知识的效果要好呢？这个问题需要后续研究。

“双语言课程计划”遭华人社会坚决反对。马来西亚教育部 2016 年开始在全国 300 所国小一年级和四年级及国中初中一年级推行“双语言课程计划”。在这项计划下，有关的国小和国中使用马来文或英文来教导数学、科学、信息及通信工艺四个项目。2017 年，该计划继续推行并扩大到华小和淡小。此项计划遭到了华人社会的坚决反对。华社认为，华小学生用母语学习的效果更佳，并搬出了联合国教科文组织的文件“使用学习者的母语进行教学，是提高教学效果、促进身份认同的重要基础，母语教育应该放在初期阶段”（世界语言大会苏州共识，2014）。DLP 的执行会大大减少华语作为教学媒介的时间，失去华小的特色。“双语言课程计划”遭到华人七大社团抵制，并发起万人签名运动，呼吁 1 279 所华小董事会，家教协会站稳立场，坚决拒绝接受参与教育部“双语言课程计划”的提议。教育部从 2003 年开始推行的在各源流小学用英文教授数理的项目在 2012 年以失败告终。学生的英文水平并未因为用英文去学学科知识有任何明显的提高，相反，还影响了学科知识的学习。所以此项“双语言课程计划”目前并没有推行到马来西亚华小，只有符合资质的国小和国中接纳了此计划。从这起事件可以看出马来西亚的华人社会是非常珍惜和维护华人接受母语教育的权利的，以及为维护权利敢于争取，敢于付出的品质。

3.2 语言传承实践——华人社团各界的支持和努力

马来西亚的华人社会为华人后代能够接受华语教育、传承中华文化里面宝贵的道德、价值观，付出了巨大的努力，甚至是热血和牺牲。

Dauenhauers（1998）在阿拉斯加做了几十年的关于民族语言复兴和传承的研究，他观察到语言意识形态有一个逐渐清晰化、明朗化的过程。

> 如果你问当地人，“我们真的想保存我们的语言 Tlight，Haida，Tsimshian 和文化吗?”无论是从政治还是民族情感的角度，回应都是“是!”可是徘徊在人们心里的对传统语言和文化的恐惧、焦虑也许在暗示他们的真实答案是“不”。这意味着什么？我们发现通常那些嘴上说保护民族语言和文化的人实际上是期待着别人来保护，而自己不付出努力，承诺和参与。

在语言的传承与实践方面，马来西亚华人社会和其他国家和地区少数民族最大的不同在于其自强不息。他们在筹资办学、不遗余力保护发扬民族语言、文化方面是有很独特的眼光和举措的，这样的实践努力和马来西亚华人秉承的语言意识形态高度一致（图 4 - 11）。

华文教育管理组织——董总和教总。马来西亚华校董事联合会总会，成立于 1954 年，简称董总。董总的最高权力机构是会员代表大会，它由各州华校董事联合会和华校董教联合会各选派 5 名代表组成，并由代表大会选举出中央委员会。董总中央委员会之下设有行政部。各州董事联合会的会员基本上是州内的华文独中董事会和华文小学董事会。全国各地华人社区通过组织学校董事会，创办和管理学校。各社区的华校董事会是董总的基层组织，也是当地华教的保姆。长期以来，华校董事会办校办学，为民族、国家栽培人才，为政府分担教育责任。为抗拒单元化教育政策，董总更是不遗余力地捍卫和发展民族母语教育。

马来西亚华校教师会总会，1951 年成立，简称教总。最初只是各州华文中小学教师、校长组成的谋求同人福利，联络同道感情的联谊性组织。后因殖民政府出台不公政策，华校教师只好团结起来，寻求对策，教总应厄运而生，其宗旨是：①联络马来西亚各地华校教师感情，谋求教师福利及发扬中华文化；②研究及促进教育；③争取华裔国民获取华文教育的平等地位。在推动华文教育发展的工作上，教总的任务可分为两个方面：一是在政策上做出争取，要求政府给予华文小学公平的待遇，并关注各项教育措施的实行，以捍卫华文小学永不变质，全力确保华文教育和中华文化的永续发展；另一方

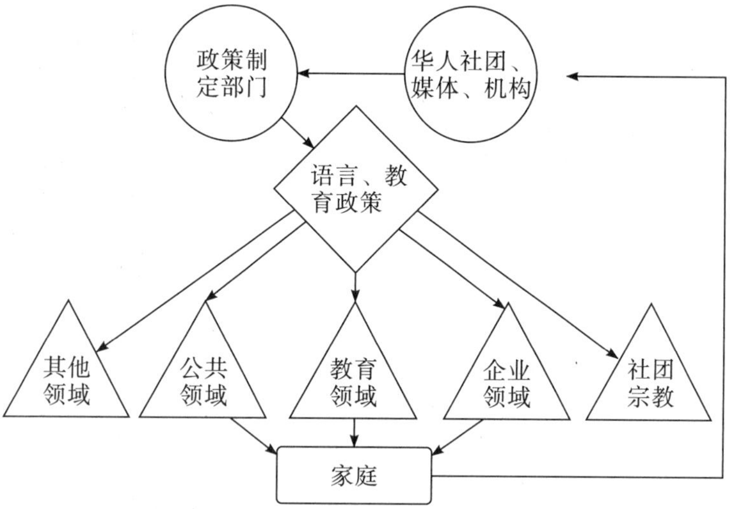

图 4－11 马来西亚多元社会——语言教育政策与华语教育关系图

面则是在提升教育本质的工作上做出努力。这些年来，教总长期主办各项华文小学和幼教教师在职培训课程和工作坊，以提升教师的专业素养。

董总与教总，合称董教总，董教总在马来西亚华文教育历史上发挥了关键作用，他们成立的时间甚至比国家独立还要早十几年。一个是各华校董事会联合总会，一个是各华校教师、校长联合总会，所代表的群体不同，他们并肩合作为华人教育争取民族利益，并肩奋斗至今已经 60 多年。在华文教育受到政策层面的冲击、华校生死存亡之际，董教总发挥了华教发言人和民间教育部的作用，与政策制定部门谈判，筹资办学，管理师资教学做出了卓绝的成绩，深得华人社会的信赖。

3.3 华人社团慷慨捐资助学

目前马来西亚的华文小学已经纳入政府管辖，享受政府津贴，华文独立中学和独立大学则独立于政府之外，依靠华人社团捐赠资助、各个华校董事会资本运营等获得办学经费。

3.3.1 结社

早期到马来西亚半岛的华侨人数不多，他们深感有互助团结，和衷共济的必要性，因此不同方言、职业、地区的华侨移民很自然地聚集起来，组成综合性的团体。例如槟城地区的宗亲组织，一种是基于血缘、地缘及方言纽带的地域性宗亲组织，他们来自同一村县，说同一种方言，例如邱氏龙山堂，谢氏世德堂；另一种是以比较大的亲缘和地缘为纽带，这些会员来自几个相邻的县府，承认一个比较久远的祖先，自身之间可沟通联系，例如张氏清河堂、南阳堂叶氏宗祠等。总的来说，这些宗亲组织成立的目的是加强宗亲间的纽带关系，也为了统一举办祭祖、祭拜神佛仪式的需要，同时为宗亲们提供福利、解决纠纷和发展教育。

3.3.2 捐资

华人社团从经济和信念上支持华文教育，与马来西亚社会的三大华教事业呼应：①支持创办独立大学；②支持华文独立中学复兴运动；③参与推广华语运动，坚持华语是华校的教学媒介语。雪兰莪叶氏宗祠（张卫东，1997）自40年代以来，就有资助华校，奖励学生，70年代以来还建立了健全的奖学金制度。雪兰莪叶氏宗祠是大马华人社会林林总总的基于地缘、血缘、业缘、宗教等社会团体支持华教的一个缩影。

殖民地时期，基于地缘组织创办的华文学校主要以华人商贾捐献为主，用于购买校舍、建校资金；1920年英政府实行注册制，学校的内部事务到华校董事会成员皆有政府的掌控，此时的华校也会获得部分资助，但相对于英校和马来学校来说是偏低和偏少的，柯嘉逊博士的《马来西亚华教奋斗史》序中这样描写：

在殖民地时代，华文中学，每个学生每个月还可以得到三块钱的津贴，殖民地政府也为华文中学主办会考，承认其文凭。独立了，当家做主了，华文中学一脚踢出成为“独立中学”，分文不再得！

失去政府资助的华文独立中学和后来创办的华文独立大学学院，有其一套运营的募资和办学方法，支持独立学校的良性发展。郑秋盈（2015）对马来西亚中西部的一所独立华文中学S学校办学资本的筹措进行个案研究（图4－12），总结出华文独立中学的办学经费主要来自：①华人社团的资助。②学杂费，由于目前不少华校都办学优秀，学生在各类考试中出类拔萃，获得政府肯定和嘉奖。不少华文独立中学成为名校，吸引外族子弟前来就读，例如泰国人、韩国人等。③获得政府的部分资助。④在各校董事会的领导和操作下，学校资本运营的得利。

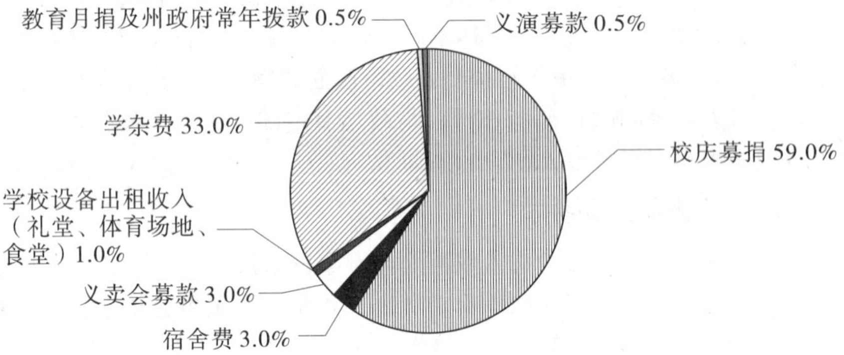

图4－12　S校办学经费的主要来源

4　华文教育的未来展望

4.1　青年一代的语言意识形态与实践

随着中国经济的影响力在亚洲和在全球逐渐扩大，现在全世界范围内有一股学汉语的浪潮，马来西亚的年轻人在学习华语方面的想法当然和祖辈有所不同。

我们华人……一定要会说华语。因为这是团结的一个根来的，就是我们华人的根。如果一个华人，他都不能说自己的母语，他称得上是华人吗？就好像断了根一样。（钟灵中学访谈片段，王晓梅，2018）

其实因为中国在崛起嘛，那如果会讲华语，其实是给自己多一条路，多一个机

会……（钟灵中学访谈片段，王晓梅，2018）

马来西亚华裔青年一代已经敏感感受到全球时代的脉搏和意识到华文的经济价值，除了认同自己的华人身份之外，学习华文的动机也多了一些外在的工具型动机。

4.2　马来西亚当地华文教学机构与“一带一路”汉语推广政策缺乏有机结合

牛杨杨（2018）在调查马来西亚华裔青年网络使用华语输入的研究发现（$N=100$），有超过68%的青年在网络上日均使用华语超过3小时，主要是使用华语进行聊天和观看视频，他们的华语使用呈现娱乐化、生活化的特点。调查研究发现，网络使用华语的时间长短与华语习得的高低水平无明显差异。也就是说，仅仅通过网络与同族聊天，华裔青年无法获得与高水平语言使用者的对话机会。而有中国留学经历的华裔青年华语水平显著高于无中国留学经历的青年，与母国华语使用者的互动能大幅度提高留学华裔青年的华语水平。

这个调查结果给我国目前的“一带一路”、孔子学院政策带来思考，中国政府在马来西亚的汉语推广机构和当地的华文教育机构缺乏有机合作，反而出现了“各自为政，分庭抗礼”的局面（王焕芝，2017）。例如，马来西亚孔子学院主要以非华裔族群的学生为教学对象；马来西亚自2008年起每年保送“零起点”的非华裔学生到中国来留学，学成后这些非华裔留学生被派到马来西亚国小教华文而不是到华文小学任教；2014年马来西亚教育部部长建议中国政府提供师资和专家到马来西亚的国小教授中文，这一举措并未获得当地华社的喝彩，相反个别华社领袖对于马来西亚政府打算从中国引进师资的做法反应冷淡（王焕芝，2017）。

因此，中国政府的汉语推广机构在马来西亚的工作需要充分发挥当地华社的领袖作用，和当地华文机构建立常态化的沟通机制，避免只向“非华裔”的学生推广汉语，应当加强和当地华文机构董总和教总及三所华文大学的合作，提高当地高校中文系的教学质量。

4.3　争论不休的华文独立中学统考

关于华文独立中学举办的中学毕业统考是否被承认，学生是否能参加独立中学的统考即可就读马来西亚的大学，而不需远走中国台湾、大陆或海外完成大学学业，这一议题是自1975年举行统考以来，每次政府换届选举，至今40多年仍在热烈讨论的话题。

支持派认为：

华人的诉求很简单，就是希望政府承认统考，使得参加统考的独中生不单能进入国立大学，同时符合申请成为公务员的入门门槛。在国阵执政的过去60年，政府对华文教育的心态是排斥的、打压的、不怀好意的，甚至是破坏的。（陈锦松，2018）

反对派认为：

某一族群所办的拟政府文凭考试，不但不同于政府所制定的政策，并且对国语等看似有所威胁。你是否会同意政府承认这考试制度？那么你是马来人，那么你又会怎样思考？（庄仁杰，2018）

建设派认为：

独中和统考，一方面关系建国时期华人作为关键族群的平等权益，另一方面则关乎一个民主社会应当如何从人权、民权、法治等文明标准来处理文化和教育。可惜的是，在国阵长久独裁期间，无论是建国史、社会发展史、世界观或意识形态教育各方面，都已经被严重扭曲、删改而影响了几代的国民走向偏狭、封闭、固执、甚至无知。（郑庭和，2018）

所以，华文独立中学的统考问题确实是影响到华文学子升学就业的重大议题，也是关系到华文独立中学能否负重前行，走出符合自己发展特色，制定出实现国际化目标的关键政策。如华文独立中学韩江中学校长所言“我们是有一个更长远的国际化目标”。

5 结语

马来西亚的华文教育历经风雨，是华人社会知难而进、不屈不挠、守护创建的结果。从语言意识形态，从家庭到学校，华人都强烈认同华人身份及华语的母语地位。语言实践和意识形态高度一致，既有保存母语、捍卫母语权利、守护中华文化的内在动力，亦有经济因素、语言价值方面的考量。同时，马来西亚社会是一个多种族、多宗教、多语共存、多元文化的社会，其前国家元首苏丹莫哈末五世亦呼吁政府维护及巩固国家团结和和谐，打击任何威胁国家团结的行为及想法，也停止挑起敏感种族议题。从国家层面到具体教育、语言政策的制定与执行都势必要考虑到多元文化共存的事实。今天华裔青年一代的马来西亚人，他们大多都有这个意识，认同华族文化，不忘根不忘本的同时亦和各族友好往来。

（本文原载于《语言政策与语言教育》2018 年第 2 期。作者：邹春燕）

参考文献

CURDT-CHRISTIANSEN X L. Conflicting language ideologies and contradictory language practices in Singaporean multilingual families. Journal of multilingual and multicultural development, 2016, 37 (7).

DAUENHAUER N M, DAUENHAUER R. Technical, emotional, and ideological issues in reversing language shift: examples from Southeast Alaska//Grenoble L A, WHALEY L J (eds). Endangered languages: current issues and future prospect. Cambridge: Cambridge University Press, 1998.

LOPEZ C C. Language is the soul of the nation: language, education, identity, and national unity in Malaysia. Journal of language, identity and education, 2014, 13 (3).

KING K. Language ideology and heritage language education. International journal of bilingual education and bilingualism, 2000, 3 (3).

SATHIAN M R, NGEOW Y M. Essentialising ethnic and state identities strategic adaptations of ethnic Chinese in Kelantan Malaysia. Asian studies review, 2014, 38 (3).

SPLLSKY B. Language policy. Cambridge: Cambridge University Press, 2004.

WANG X-M. Language maintenance or language shift? The role of religion in a Hakka Catholic community in Malaysia. International multilingual research journal, 2016, 10 (4).

陈锦松．承认统考岂可说了不算．东方日报，2018－07－17（A13）．

陈美凤．马来西亚新世代华人对华文教育态度之研究．互动与创新多维视野下的华侨华人研究，2009．

华教60年大事要记．董总．https://www.dongzong.my/resource/index.php/historical-figure/60year-important．

柯嘉逊．马来西亚华教奋斗史．雪兰莪中华大会堂出版，1991．

李光耀．李光耀回忆录：我一生的挑战　新加坡双语之路．南京：译林出版社，2013．

康晓娟．海外华裔儿童华语学习、使用及其家庭语言规划调查研究：以马来西亚3～6岁华裔儿童家庭为例．语言文字应用，2015（2）．

马来西亚华校董事联合总会，反对在华小推行"双语言课程计划"，https://www.dongzong.my/，2016－07－15．

牛杨杨．基于网络媒体的马来西亚华裔青年华语输入、习得及使用调查研究．文化学刊，2018（7）．

全国各源流中小学各项统计．董总资料与档案局整理．https://www.dongzong.my/，2016．

全国华文独立中学学生基本资料统计2016年．董总资料与档案局．https://www.dongzong.my/，2016．

腾延江．语言管理研究述评．外语艺术教育研究，2013（1）．

魏晖．试论语言管理及语言管理研究．语言科学，2018，17（1）．

王焕芝．世界"汉语热"背景下马来西亚华文教育发展的困境与出路．华文教学与研究，2017（2）．

王晓梅．马来西亚华文学校华语管理与华人认同．语言战略研究，2018，3（3）．

徐祎．马来西亚华语与华人族群认同的历时共变．文化软实力研究，2018，3（1）．

郑秋盈．马来西亚华文学校经费筹措的社会资本运营．南京：南京师范大学，2015．

庄仁杰．从反对立场思考统考争议．东方日报，2018－07－18（A16）．

郑庭河．统考课题和华教挑战．东方日报，2018－07－17（A13）．

张卫东．论叶氏宗祠对马来西亚华文教育事业的贡献．深圳大学学报（人文社会科学版），1997（2）．

美国华裔家庭父母语言意识类型及影响因素分析*

1 引言

根据斯波斯基（Spolsky，2004，2009）的研究，语言政策由语言意识、语言管理和语言实践三部分组成，而且语言政策的适用范围可以是国家、社会、政府、宗教组织，也可以是学校、家庭等较小单位。学者们将这一理论运用到家庭领域，研究继承语传承的相关问题，发展出家庭语言规划理论（Vivian & Gary，2005；Kendall & Fogle，2008；Xiao Lan Curdt-Christiansen，2009）。Kendall（2008）指出，家庭语言规划理论也是为了考察语言意识、语言实践和语言管理这三个组成部分的内容和关系。

语言意识，指的是语言使用者对语言可以用来做什么以及如何使用语言等内容的认知（Silverstein，1979；Kendall & Fogle，2008；Xiao Lan Curdt-Christiansen，2009）。家庭内部父母语言意识在家庭语言规划中发挥着“隐形语言规划”（invisible language planning）的作用。隐形语言规划是一种为了习得和使用某种语言而自发产生的、非政府性质的（none-government）语言规划（Pakir，1994，2003）。很多研究显示，父母语言意识影响子女继承语的发展。比如，Lisya Seloni 和 Yusuf Sarfati（2013）的研究发现，西班牙土耳其裔家庭父母由于认为主流语言的学习和继承语土耳其语的发展存在冲突，因此不太支持子女学习土耳其语；还有学者研究发现，由于父母对双语或多语学习持消极否定的态度，而阻碍子女学习继承语（Gabriela Pérez Báez，2013；Bernadette & Anik Nandi，2019）；此外，有些研究发现，父母语言意识与实际的语言选择存在冲突。比如，Chatzidaki和 Maligkoudi（2013）发现希腊阿尔巴尼亚裔父母虽然很认同自己的母语阿尔巴尼亚语，但并未采取积极措施促进子女学习阿尔巴尼亚语，常用的语言主要是希腊语。另外，同一族群间父母的语言意识也存在差异（Kendall，2000），而且可以分为不同的类别（Wiltshire，2017）。在中文作为继承语的研究中，对父母语言意识的研究内容有：父母对社会主导语言和中文的认知，比如，华裔父母对多语言文化能力认知与子女多语能力发展的关系研究（Xiao Lan Curdt-Christiansen，2009；康晓娟，2015）；还有关于华

* 本文为教育部人文社科基金项目“多语环境下美国华裔家庭隐形语言规划调查研究”（项目批准号：17YJA740052）、江苏省人文社科基金项目“家庭语言规划与城市方言的传承”（项目批准号：16YYB001）的阶段性成果。

裔父母语言态度与语言实践的关系研究。比如沈椿萱和姜文英（2017）对澳大利亚华裔父母的调查发现，华裔父母虽认同中文的重要性，但在为孩子提供中文学习的条件和态度方面却存在兴趣派和坚持派的差异。另外，有些研究还考察了影响父母语言意识的因素，比如父母的语言能力（Genevieve Leung & Yuuko Uchikoshi，2012）、受教育程度（Christof Van Mol & Helga，2018）、父母自身社会经历（Zhu Hua & Li Wei，2016）、父母的身份认同（Lydia Catedral & Madina Djuraeva，2018）、学校的多语教育政策（Bernadette & Anik Nandi，2019）等。有些学者还关注了父母语言意识的类别：有的根据需求层次理论将父母语言意识从低到高分为不同的层级（许静荣，2017），有的根据父母的语言态度对父母语言意识进行分类（李国芳、孙茁，2017；Arianna Berardi-Wiltshire，2017）等。这些研究深化了对父母语言意识的认识和研究。

不过，对家庭内部父母语言意识的研究仍有进一步思考的空间。首先，对同一族裔内部语言意识差异性的研究仍可以细化。以华裔家庭中文传承语的研究来看，多数学者关注的是华裔父母对社会主导语言与继承语态度的差异，但对中文作为继承语的认知分歧及其影响因素讨论较少。其次，当前对父母语言意识分类的研究也值得关注。比如，有学者将父母的语言期望等同为语言意识并进行分类（许静荣，2017）；还有学者根据父母对不同语言重要性及用途的认识等对语言意识进行分类（李国芳、孙茁，2017）等。语言意识分类方面的分歧，说明学者们在语言意识构成等内容上存在差异，而这值得进一步的讨论。父母语言意识的差异，会影响家庭内部语言选用，进而影响继承语的传承。除外，已有研究关注父母对继承语价值认知的居多，如何为子女创造习得条件的认知研究较少。最后，已有研究未能说明是宏观因素还是微观因素对父母语言意识起到更重要的作用，也未能充分说明哪些因素在父母语言意识形成中发挥着更关键的作用。基于此，我们认为对父母语言意识的研究，可进一步思考诸如“父母语言意识是否直接影响语言管理、语言实践，是否与父母语言意识完全一致”等问题。

2　研究理论、研究问题和研究方法

2.1　研究问题与理论基础

本文主要关注两个问题：①美国华裔家庭父母语言意识的类型有哪些？②父母语言意识的影响因素有哪些？

相关学者的研究显示，父母语言意识不是抽象的而是具体可察的。De Houwer（1999）的研究指出，可以通过考察父母的语言态度和父母语言信念来观察父母的语言意识。①父母语言态度指的是对某一特定语言的态度、对儿童双语（或多语）的态度以及对特定语言形式选择的态度。对某一特定语言的态度是指对一种特定语言本身的态度是积极还是消极；对儿童双语（或多语）的态度主要关注对儿童双语（或多语）能力发展是支持、中立还是反对等；对特定语言形式选择的态度是指对诸如语码混合或语码转换的态度。②父母语言信念（或影响信念），是指父母对儿童如何习得语言和父母自己在习得过程中的角色和作用的信念。父母语言信念是一个从强到弱的连续体。父母有影响信念是指父母认为自己对子女的语言习得可以产生影响。其中，强的语言信念包括父母认为自己有重要的示范作用，自己使用的语言对孩子将学会说某种语言有直接的影响；而且通过表扬、惩罚或提醒等方式能够影响子女对某种特定的语言形式的学习和掌握状况。弱的语言信念是指父母认为自己对子女习得某种语言的影响有限，子女从自然环境中能更好地学习和掌握语言。无影响信念指的是父母认为自己对孩子的语言不会有影响，无论他们说什么做什么都对孩子的语言学习没有影响，孩子是通过与父母无关的机制学会某种语言。综合 De Houwer（1999）对语言态度和父母语言信念的理论，我们将父母语言意识分为：①清晰积极类语言意识。它是指父母语言态度积极（比如对中文的作用认知清楚，对子女学中文态度上积极，能主动支持子女习得双语或多语以及支持子女对特定类型的语言选择和使用等），同时还具有很强的语言信念（相信自己的语言行为能对子女习得某种语言产生影响等）。②模糊被动类语言意识。语言态度方面，父母对中文持中立、矛盾或不明确的态度；语言信念方面，对子女习得中文的信念比较随意，父母对中文习得的目的和方式没有清晰的认知，认为子女一般会自然地从环境中学习语言。③否定消极类语言意识。它是指在语言态度方面，父母认为子女学中文对成长和未来发展没有作用等；在影响信念方面，父母无影响信念，认为自己没有能力也没有必要影响孩子对中文的习得。

父母语言意识出现差异，是受到各种因素影响的结果。King 等（2006）指出热点新闻、专家育儿建议、家庭背景、父母个人经验和语言学习状况等会影响父母的语言意识；李国芳、孙茁等（2017）发现所在社区语言状况、学校教育语言政策等因素也会影响父母语言意识；Curdt-Christiansen（2009）将影响父母语言意识的因素分为外部宏观因素、家庭微观因素以及父母个人自身因素等几个方面；Schwartz（2010）研究发现，家庭结构（家庭成员的构成）和家庭关系（家庭凝聚力和情感联系）等也是父母语言意识形成的影响因素。综合上述学者的研究，对父母语言意识影响因素的考察从三个方面展开：宏观因素包括社会语言状况、政治状况、经济文化等；微观因素包括父母对子女的期望、家庭的语言文化氛围、社会关系网络、家庭成员的构成等；父母自身的经历包括父母的教育程度、语言能力、父母经济收入、父母语言文字常识、多语言文化经历、父母社会关系网络、在美居住时间等。

2.2 研究对象与研究方法

本文的研究对象来自美国亚特兰大市的华裔家庭。美国是除东南亚以外华人聚居最多的国家，历史上有数次华人移民美国的移民潮（陈颖，2012）。2018 年美国联邦人口普查局发布的数据显示亚裔总人口达 2 140 万人，华裔人口已达 508 万，占据亚裔的首位。（中国侨网，2018）Kendall 和 Fogle（2006）研究指出，在美国，移民家庭如何将子女培养成为有双语（或多语）能力的一代仍极具挑战。通过对人口数量众多的华裔家庭父母语言意识的研究与分析，有助于发现影响移民家庭继承语传承的深层原因。

研究方法采用半结构化访谈法。半结构化访谈将非结构化、开放式访谈的灵活性与统计调查的规定性结合起来，能搜集质性的文本资料。这种方法能检验理论直觉或调查类研究的设想，也可以为解释性研究提供基础。（申苏尔等，2012）对父母的访谈，主要以家庭为单位，共访谈 34 个家庭，子女年龄在 10 ～40 岁。但需要说明的是，多数家庭只采访到父亲或者母亲，然后通过其中一位了解另一位的相关信息。访谈的内容包括背景信息，如年龄、学历、在美居住时间、职业等；反映语言态度方面的内容，诸如“您怎么看中文或中华文化”“您会让子女学中文吗”以及“您为什么让子女学（或放弃）中文”等问题；反映语言信念的内容，比如，是否相信自己会对子女学中文产生影响，如何支持子女学中文等问题。样本信息见下表：

表 4-15 访谈的家长背景信息（$N=34$）

父亲/母亲	父亲	14 人/41.18%
	母亲	20 人/58.82%
年龄	40～49 岁	11 人/32.35%
	50～59 岁	11 人/32.35%
	60 岁及以上	12 人/35.29%
学历	本科	11 人/32.35%
	研究生及以上	23 人/67.65%
在美居住时间	≤10 年	3 人/8.82%
	11～20 年	6 人/17.65%
	≥21 年	25 人/73.53%
职业	公司职员等	11 人/32.35%
	公务员、老师、医生等	16 人/47.06%
	家庭主妇、自由职业者	7 人/20.59%

3 访谈结果分析

3.1 清晰积极类语言意识

清晰积极类语言意识，是指父母对中文的作用有清晰的认知，同时支持子女学习中文，并且会通过某种方式帮助子女习得中文等。访谈信息如下。

（1）中文有文化传承和身份认同的作用。语言是文化的重要组成部分，也是文化传承的重要载体（Christof & Helga，2018）。美国华裔家庭中，很多父母对中文的作用认识清晰。

样本 22：父亲，40 多岁，硕士，公司职员，来亚城近 20 年。

语言和文化密不可分，如果学会了中文，通过中文他能够更好地了解中国和中国的文化。

样本 20：父亲，50 多岁，硕士，牧师，来美国 30 年，英语熟练。

主要觉得多会一种语言，就多了解一种文化。毕竟是中国人的后代，还是会说中文比较好。

样本 15：母亲，60 岁左右，学士，中文教师，在亚城生活近 30 年，英语流利。

种族歧视的存在，也让中文很重要。中国人的孩子，还是要会说中文，不然说不过去，黄皮肤黑眼睛，不管怎么样还是 Chinese-American。

对美国华裔家长而言，中文的重要性除了体现于文化传承的功能，中文也是族群认同的重要工具，能使子女保持与中华文化的联系。

（2）中文是沟通交流、强化情感的纽带。

样本 14：母亲，50 多岁，学士，医院护士，出生在美国。

我觉得小孩子应该学中文。……我们住的地方每一个华裔家庭，小孩都会被送到中文学校学中文。

样本 19：父亲，50 多岁，硕士，政府工作人员，来美国 42 年。

我儿子有几个好朋友是来自中国大陆的，跟他们玩，说中文方便。还有，我们的华人朋友大多数都把孩子送到中文学校了。会中文，他跟中国的朋友啊，以后去中国呀，都很方便融入。

上述访谈显示，社区的环境、交往的人群等也会对华裔父母的语言意识产生影响。父母所在社区或者自身的社会网络，如果主流趋势是认可中文的价值和作用，则会对华裔父母产生积极影响，有利于培养子女学习中文的氛围。在美国，很多中文周末学校是以社区为单位组织设立的，如果社区对中文学习表现积极的态度，也会带动父母对子女中文学习的积极性。

有些华裔家庭，祖父母一起居住，或者参与抚养下一代。很多老人不会英语或英语较差，在一定程度上为子女学习中文创造了有利条件。而且子女使用中文与祖父母沟通，可避免情感隔膜。

样本 5：父亲，50 岁左右，公司统计员；母亲，50 岁左右，公司技术人员。均来美国 31 年。

奶奶帮忙照顾两个孩子，奶奶不会英文，孩子必须学会中文和她沟通，不然家人之间没有办法交流和沟通，这样感情更亲近。让孩子学中文主要是为了家人之间情感沟通，中文交流更有感觉。

样本 16：母亲，60 多岁，大学教师，在美国居住 43 年。

从小和她说中文，从小的时候也有老人陪伴，不会说英文，只会中文。为什么不说中文呢？不然怎么和家人、长辈沟通。中文听起来很亲切呀。

样本 27：父亲，40 多岁，大学教师。

他是中国人的后代，学会中文以后跟同种族的人交流和沟通也更方便。

除了可以方便子女更好地与祖父母沟通，会中文也方便子女与其他说中文的人沟通。很多受访者表示，会说中文“可以和国内亲朋好友沟通”“孩子可以更好地和来自大陆、台湾的中国朋友玩、交流”等。

（3）中文有助于提升竞争力，促进未来发展。

样本7：母亲，50岁以上，博士，大学教授，出生在美国。

会说中文对孩子将来发展好，会增加竞争力和发展的空间。

样本6：母亲，60多岁，硕士，CDC员工，在美国生活37年。

中国经济越来越好，会说中文，多了一项技能，将来对找工作、个人发展都有好处。现在外国人学中文都很积极，为什么中国人的孩子不积极学习呢？

样本13：父亲，40岁左右，硕士，公司员工，在美居住10年以下。

自己经常来往中美，与中国有商业往来。如果孩子以后和中国人商业往来，也要用到中文。会说中文对孩子将来有好处。

样本25：父亲，50多岁，学士，在亚特兰大生活有30多年。

美国本身就是个多民族、多语言的国家，这个国家鼓励各民族的人都学说自己民族的语言，他们认为这会使他们的国家更强大。美国有这种意识，我们生活在其中，当然应该让自己的孩子在学英语之外学好中文，就会多认识一种文化，也会比较强大，对自己只有好处没有坏处。

当今全球化的背景下，中国经济发展得越来越好，会说中文能成为子女未来发展潜在的有利资源。华裔父母看到了中文的潜在价值，因此积极鼓励支持子女学习中文。“随着中国经济的发展，中文变成非常重要的外语”“中国日益强大，孩子学会中文对今后发展很有优势”，也有父母表示，支持子女学习中文，主要原因是“以后多一个选择”“今后可能会用到”“多会一门语言能增加工作就业机会”。

（4）学中文有助于认知能力发展，支持子女学中文并尽力创造条件。

一些华裔家长表示，学中文可以开发智力、开阔视野，促进子女认知能力发展。访谈中，一些华裔家长特别强调，学中文能“促进大脑发育，还多了一项技能”“学语言可以开发智力”“开阔视野，了解一个重要语言”。郭翔飞（2012）提出儿童语言的发展是其整体认知能力的一部分，语言发展能提高儿童其他认知能力。华裔父母重视子女的语言发展，与其对子女教育的关注密不可分。这一类华裔父母具有很强的语言信念，他们清楚意识到自己实际的语言使用可以起到示范作用，能直接影响子女的中文习得。“语言得多练才能学会”“语言需要使用”“爸妈说，孩子跟着说，语言才能学好啊”“家是练习巩固中文的重要场合，否则就没机会练习中文了”。

访谈信息显示，这类语言意识的形成是受到宏观、微观以及父母自身因素等多方面因素影响的结果。宏观层面，中国国际地位的提高，社会经济的发展提升了中文的国际影响，这些变化让这一类父母深切认识到中文的潜在价值。微观层面上，家庭的成员构成，家庭的情感联系、成员间的社会关系网络等现实，也让父母了解到中文作为族群、朋友间交际沟通的工具，值得去学习和掌握。此外，父母自身的社会经历，在社会上感受到的语言歧视，依靠中文语言优势带来的商业或职业利益、对中文自身的了解等，也让这类父母强化了帮助子女学习和掌握中文的信念。比如，访谈样本13中的父亲，在和中国做生意的过程中，因为中文熟练，给自身的事业带来很多便利。基于自身的经历，这位父亲对子女学习中文持非常积极的态度。

3.2 模糊被动类语言意识

这一类父母对中文的重要性和学习中文的必要性都有一些了解，但由于某些原因，在为子女学习中文提供的帮助、创造条件等方面态度随意，强调顺其自然。

样本2：父亲，60岁左右，大学教授，在美国居住20年以上。

老大刚出生，她妈妈带到5岁，主要用中文沟通，我们有比较多的时间陪孩子，所以老大会说中文。老二出生之后，我们都忙于工作挣钱。我们觉得孩子应该说中文，但不是最重要的事情，在美国说中文的机会比较少。而且在那个时候也没有精力和时间管理，所以就没有刻意留意孩子是否说中文。

从上可知，此类家庭中的华裔父母，对子女说中文持中立态度，他们虽然认为孩子应该说中文，但对于子女学习中文，没有尽力创造学习条件，态度上也不是积极支持。由于工作繁忙，他们没有刻意留意子女的中文学习，对自己在子女学习中文过程中扮演的角色也没有清晰的认知。

这一类父母语言意识的形成，主要是受父母自身经历的影响。父母工作的现状，使其没有时间和精力注意子女中文学习情况。宏观因素，美国语言生活的现状也对其语言意识产生影响。比如，说中文的场合较少这一现实，使得这类华裔父母对子女中文习得的态度不是很积极。

样本3：母亲，60多岁，学士，公司职员，在美国居住20年以上。

中文应该学的，可我们工作忙，没有时间照顾孩子，更没时间帮他学中文啦。主要由家里老人——爷爷奶奶、姥姥姥爷带大，老人不会英文只会中文，所以孩子只能用中文和他们交流，反而学会说中文。

这类父母并不否认学习中文的必要性，但限于个人状况，对于子女学中文并没有明确的支持态度，认为子女在语言环境中自然地习得中文。从访谈中可以发现，这类父母对中文的功能、作用等内容并没有太清楚的认知。他们不知道关于父母自身在子女中文习得中应该做什么，发挥什么作用，并没有清楚的语言信念。

样本34：母亲，40多岁，博士，大学教师，在亚城生活20多年。

虽然我们说中文，但没有坚持与儿子说中文，也送儿子去中文学校，但儿子有抵触情绪时，没有过分逼迫，顺其自然。我们觉得很难坚持与孩子说中文，和他用中文交流不太顺畅的时候，我们就会和儿子用英文。这样家庭气氛会好很多，一直逼他的话，容易争吵。

样本11：父亲，50多岁，博士，公司职员，在美国生活28年。

我和我太太都觉得应该学中文，毕竟中国现在发展这么好，会说中文没坏处的……对，我们也会送他去中文学校，可是我儿子太忙了，要打橄榄球、击剑什么的。他实在没有时间，就算了，也不好逼他的。我们家里，有时候会说点中文，不过没有坚持，小孩子还是觉得说英文比较舒服，我们也算了，不会特别逼他。

这类父母都认识到中文的作用，也支持子女学习中文，也有一些行动（比如送子女去中文学校等）。但对子女学习中文，采取顺其自然的态度。在家庭语境下，这类父母并没有坚持与子女说中文，如果交流不畅会进行语码转换；也没有尽力采取特别措施帮助子女学习中文。总体来看，这类父母的语言信念较弱，对于影响子女中文的学习或使用没有很强的信心和决心。其他的访谈案例也验证了这类华裔父母的共同想法，“孩子以后如果需要中文时自然会去学”“逼也用处不大，还得自己愿意配合才有效果”等。

3.3　否定消极类语言意识

这类父母对中文的作用以及中文可以用来做什么等持消极否定的态度，对子女学中文缺少必要的支持，也不会创造条件帮助子女学习中文。

样本32：母亲，47岁，硕士，音乐教师，来亚城20多年。

对于男孩会不会说中文无所谓，将来要想留在美国，发展顺利，还是得多跟白人交朋友，主要使用的还是英文，学好英文更重要。华人要被白人圈接纳不容易，学不学中文没有那么重要。

样本28：父亲，60多岁，博士，大学教授，来美国30多年。

她主要在美国发展，回中国看亲戚也能听懂，不会说无所谓，学不学中文是她的自由。

样本30：母亲，60多岁，博士，大学教授，来亚城30多年。

反正他们是美国孩子，将来会在美国长大、工作，不一定要知道中文，会不会中文影响不大。

这类华裔父母的观点，表明他们没有语言信念，认为子女学中文不重要，也没有计划帮助或改变子女的语言学习现状和语言使用现状。这类父母更认同子女所在国的身份，也更认同所在国家主导语言的地位和价值；他们觉得主导语言更有助于子女的成长和融入未来社会，因而否定了中文的作用和功能。这是宏观层面的社会文化背景因素影响的结果。在美国社会语境下，中文作为继承语从人数到使用空间，均不具备明显优势，这一现实就影响了这类华裔父母。“华人要被白人圈接纳不容易，英文一定要超级好，中文不重要”“他们是美国孩子，会不会中文影响不大”等是这类父母普遍的观点；另外，种族歧视、子女未来的发展和社会的融入等现实也是影响这类父母的社会因素，从而使这类父母否定中文的价值以及学习中文的必要性。

样本10：母亲，50多岁，全职太太，在美国居住36年。

我儿子小时候，我们的家庭医生说，小孩子学很多语言不好，会影响以后语言学习，所以我就不太管他们说中文。我孩子的朋友也没有说中文的。我就不太管孩子们说什么语言，也不会要求他们学中文。

由于受到家庭医生观点的影响，访谈中的华裔母亲对子女学习中文或其他外语持较为消极的态度，基本没有任何支持的行为。这类语言意识形成受到父母自身因素的影响，与父母自身对多语言能力的理解以及外界的干扰密不可分。另外有一些父母给出的原因包括“没有必要特意和子女说中文，语言只是沟通工具”“中文和其他外语相比，好像用处不大”“用英语就能沟通理解，不必强调说中文”等。这类父母对中文价值的认知较低，对主导语言或其他外语价值的认知偏高；语言信念方面，这类父母不会创造条件去影响子女语言的学习，也不认为自己能够影响子女语言的学习。

4 总结与讨论

根据 De Houwer（1999）的研究成果，父母语言意识是具体可察的，通过父母语言态度和语言信念可以进行观察。以此为基础，本文考察了美国华裔家庭父母语言意识的类型。结果显示，华裔父母语言意识可以分为清晰积极类、模糊被动类和否定消极类等三类（见图 4－13）。

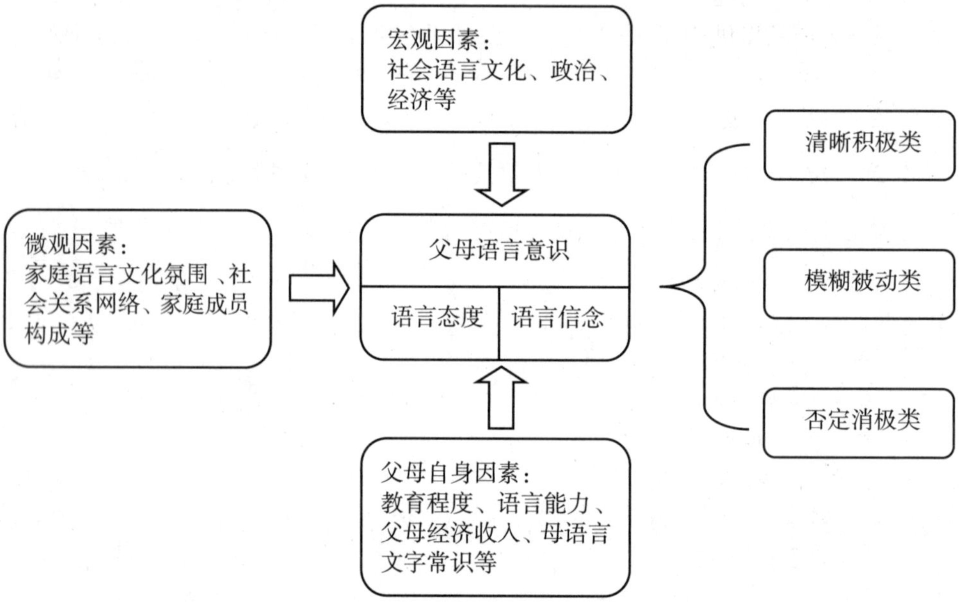

图 4－13 父母语言意识类别及影响因素

三类语言意识中，父母对中文的态度也从肯定—中立—否定依次变化；父母语言信念方面，呈现出从强—弱—无的递减特征。整体上，有清晰积极语言意识的父母，了解中文的重要性和学习中文的必要性，同时也认为自己有能力也有责任为子女学习中文创造条件，并且应该尽力支持子女对中文的学习，而且这类父母也坚信，自身的努力会对子女学中文的状况产生影响；有模糊被动语言意识的华裔父母，虽然承认中文的作用，也认可学习中文的必要性，但不会主动积极地创造条件或者尽其所能地帮助子女学习中文，主要采取一种顺其自然、随意的态度，这类父母也因此只有弱的语言信念，对通过自身努力影响子女学中文的信心不强；有否定消极语言意识的父母，更认同主导语言或其他外语的作用以及重要性，支持子女掌握主导语言或其他外语，认同这些语言更有助于子女未来的发展，因此这类父母无语言信念，不会采取任何行动或创造任何条件为子女学习中文提供平台。总体上，清晰积极类语言意识为主流，华裔父母持积极语言态度、强语言信念的居多，认同自身努力会对子女学中文产生影响。

这三类语言意识的形成是受到宏观、微观以及父母自身因素等多种因素影响的结果。

[redacted]

对中文价值和学中文的益处等有清晰认知的父母，主要受到宏观层面国际形势的变化、中国社会经济的发展以及美国当前社会现实等因素的影响；微观层面主要受到对子女未来发展的设想、家庭成员的构成、家庭社会网络、情感沟通等因素的影响；父母自身的因素包括自己对汉语言文化知识的了解、多语言知识的掌握、受教育程度以及职业等因素的影响。

已有的研究显示，父母语言意识一方面会影响语言管理和实践，塑造儿童语言发展的环境（Gary，2005；王玲，2016）；另一方面由于社会因素的多元性和复杂性，父母语言意识形态、实践与管理之间的联系可能是间接的，甚至是相互冲突的（Schwartz，2008）。基于这些背景，细化地考察父母语言意识，可以为进一步讨论父母语言意识与家庭语言规划的实施等问题打下基础，也有助于深入讨论家庭语言规划中的关键影响因素，从而为继承语的传承提供建议。

（本文原载于《华文教学与研究》2020 年第 3 期。作者：王玲、支筱诗）

参考文献

BERARDI-WILTSHIRE A. Parental ideologies and family language policies among Spanish-speaking migrants to New Zealand. Journal of iberian and Latin American research，2017（3）.

O'ROURKE B，NANDI A. New speaker parents as grassroots policy makers in contemporary Galicia：ideologies，management and practices. Language policy，2019（18）.

CHATZIDAKI A & MALIGKOUDI C. Family language policies among Albanian immigrants in Greece. International journal of bilingual education and bilingualism，2013（6）.

VAN MOL C & DE VALK A G H . European movers' language use patterns at home：a case-study of European bi-national families in the Netherlands. European societies，2018（4）.

DE HOUWER A. Environmental factors in early bilingual development：the role of parental beliefs and attitudes//EXTRA G，VERHOEVEN L（eds.），Bilingualism and migration. Berlin：Mouton de Gruyter，1999.

BÁEZ G P. Family language policy，transnationalism，and the diaspora community of San Lucas Quiaviní of Oaxaca，Mexico. Language policy，2013（1）.

BARKHUIZEN G P，KNOCH U. Missing Afrikaans：linguistic longing' among Afrikaans-speaking immigrants in New Zealand. Journal of multilingual and multicultural development，2005（3）.

LEUNG G & UCHIKOSHI Y. Relationships among language ideologies，family language policies，and children's language achievement：a look at Cantonese-English bilinguals in the U. S. Bilingual research journal，2012（3）.

KING K A. Language ideologies and heritage language education. International journal of bilingual education and bilingualism，2000（3）.

KING K，FOGLE L. Bilingual parenting as good parenting：parents' perspectives on family language policy for additive bilingualism. International journal of bilingual education and bilingualism，2006（6）.

KING K A，FOGLE L，LOGAN-TERRY A. Family language policy. Language and linguistics compass，2008（5）.

SELONI L，SARFATI Y.（Trans）national language ideologies and family language practices：a life history inquiry of Judeo-Spanish in Turkey. Language policy，2013（1）.

CATEDRAL L, DJURAEVA M. Language ideologies and (im) moral images of personhood in multilingual family language planning. Language policy, 2018 (4).

SCHWARTZ M. Exploring the relationship between family language policy and heritage language knowledge among second generation Russian-Jewish immigrants in Israel. Journal of multilingual and multicultural development, 2008 (5).

SCHWARTZ M. Family language policy: core issues of an emerging field. Applied linguistics review, 2010 (1).

PAKIR A. Education and invisible language planning: the case of English in Singapore//KANDIAH T, KWAN-TERRY K (eds.), English language planning: a Southeast Asian contribution. Singapore: Centre for advanced studies and times academic press, 1994.

PAKIR A. Language and education: Singapore//BOURNE J, REID E (eds.). World yearbook of education: language education. London, UK: Kogan page publisher, 2003.

SILVERSTEIN M. Language structure and linguistic ideology//CLYNE R, HANKS W, HOFBAUER C. (eds.) The elements: a parasession on linguistic units and levels. Chicago: Chicago linguistic society, 1979 .

SPOLSKY B. Language policy. Cambridge: Cambridge University Press, 2004.

SPOOLSKY B. Language management. Cambridge: Cambridge University Press, 2009.

DE KLERK V & BARKHUIZEN G. Anticipating language shift: Afrikaans speakers moving to New Zealand. Language matters, 2005 (2).

CURDT-CHRISTIANSEN X L. Invisible and visible language planning: ideological factors in the family language policy of Chinese immigrant families in Quebec. Language policy, 2009 (4).

ZHU H & LI W. Transnational experience, aspiration and family language policy. Journal of multilingual and multicultural development, 2016 (7).

陈颖. 美国华人社区的语言使用与语言认同. 南京: 南京大学, 2012.

郭翔飞. 儿童语言习得与儿童一般认知发展规律. 外语学刊, 2012 (4).

康晓娟. 海外华裔儿童华语学习、使用及其家庭语言规划调查研究: 以马来西亚3～6岁华裔儿童家庭为例. 语言文字应用, 2015 (2).

李国芳, 孙茁. 加拿大华人家庭语言政策类型及成因. 语言战略研究, 2017, 2 (6).

梁德惠. 美国中西部城市华人移民家庭的语言规划研究. 云南师范大学学报 (对外汉语教学与研究版), 2020, 18 (2).

沈椿萱, 姜文英. 儿童的汉语保持水平与父母的角色: 基于布里斯班五个华人移民家庭的个案研究. 海外华文教育, 2017 (1).

斯蒂芬L. 申苏尔, 琼·J. 申苏尔, 玛格丽特·D. 勒孔特. 民族志方法要义: 观察、访谈与调查问卷. 康敏, 李荣荣, 译. 重庆: 重庆大学出版社, 2012.

许静荣. 家庭语言政策与儿童语言发展. 语言战略研究, 2017, 2 (6).

王玲. 语言意识与家庭语言规划. 语言研究, 2016, 36 (1).

中国侨网. http://www.chinaqw.com/rqhr/2018/05-02/188036.shtml, 2018-05-20.